经济金融系列教材

# 国民经济核算教程

A Course on System of National Accounts

杜金富 等◎编著

中国金融出版社

责任编辑:黄　羽
责任校对:孙　蕊
责任印制:张也男

## 图书在版编目(CIP)数据

国民经济核算教程/杜金富等编著. —北京:中国金融出版社,2020.11
(经济金融系列教材)
ISBN 978 – 7 – 5220 – 0788 – 5

Ⅰ.①国… Ⅱ.①杜… Ⅲ.①国民经济核算—教材 Ⅳ.①F222.33

中国版本图书馆 CIP 数据核字(2020)第 172878 号

国民经济核算教程
GUOMIN JINGJI HESUAN JIAOCHENG

出版
发行　中国金融出版社
社址　北京市丰台区益泽路 2 号
市场开发部　(010)66024766,63805472,63439533(传真)
网上书店　http://www.chinafph.com
　　　　　(010)66024766,63372837(传真)
读者服务部　(010)66070833,62568380
邮编　100071
经销　新华书店
印刷　北京市松源印刷有限公司
尺寸　185 毫米 × 260 毫米
印张　21
字数　387 千
版次　2020 年 11 月第 1 版
印次　2020 年 11 月第 1 次印刷
定价　58.00 元
ISBN 978 – 7 – 5220 – 0788 – 5
如出现印装错误本社负责调换　联系电话 (010)63263947

# 经济金融系列教材编委会

**主　任：** 杜金富　倪海东

**副主任：** 宋晓玲　祁大伟　叶龙森

**委　员：** 杜美杰　徐晓飞　张爱玲
　　　　　王　岚　于　菁

# 总　序

随着经济全球化和金融自由化的深入发展，社会对人才的需求越来越大，对人才素质的要求越来越高。尽快为我国培养一支高素质的人才队伍，适应新的国际发展和竞争的要求，成为我们当前主要的任务。专业人才培养本科教育是关键，为此北京语言大学商学院组织有关专家学者编写了一整套大学经济金融专业基础教学教材。

本套教材涵盖了政治经济学、宏观经济学、微观经济学、财政学、会计学、金融学、统计学、国民经济核算教程、计量经济学等基础理论教材和经济金融专业教材。全套教材由相关领域的专家学者执笔编写而成，具有以下特点：一是按照教育部本科教学要求，满足经济金融专业学生本科学习需要，全面介绍基础知识，并根据经济金融最新发展，对有关知识进行了拓展和扩充，使学生在熟悉和掌握经济金融基本理论知识的同时，能够了解本专业最新理论和发展动态；二是根据本科教学特点，教材知识难度适中，并且具有针对性，主要是解决学生打牢基础知识的问题；三是理论与实践相结合，国内发展现状与国际发展现状相结合，既介绍最新经济金融理论，又介绍实务部门最新业务发展，使学生熟悉和了解本专业最新理论和实践动态；四是基础理论知识定性和定量相结合，充分关注数学和计量模型在本专业的应用成果，重点介绍数理经济模型和计量理论知识，让学生掌握最新的定性分析工具和方法，使学生能够做到分析问题定性与定量相结合；五是本套教材力图做到语言通俗易懂，由浅入深地介绍基本理论知识和各种数理模型以及相关研究分析方法，使学生易学易懂。

本套教材从国内国外经典教材和相关专业最新研究成果中获得许多有益经验和参考。我们将在相关高校教材内容的基础上，进一步形成具有特色的教材体系。本套教材编写的主要目的是供经济金融专业本科生学习使用，但对于相关岗位在职人员的学习也将会有极大的帮助。

本书如有不足之处，诚恳地感谢各位专家学者及学习使用者批评指正。

杜金富<br>2019 年 5 月

# 序　言

　　杜金富教授等编著的《国民经济核算教程》系统完整地阐述了国民经济核算的理论框架和中国国民经济核算的实践。它既充分借鉴了国民经济核算领域已有教材的优点，又具有自己突出的特点。这些特点主要表现在以下几个方面：一是把国民经济核算理论与经济理论紧密联系起来。已有的国民经济核算教材往往注重阐述国民经济核算理论，与经济理论的联系不够密切。但是，国民经济核算理论实际上是在经济理论基础上建立起来的，国民经济核算理论的建立和完善反过来又对经济理论产生重要的影响。本教材清楚地阐述了国民经济核算的有关概念与经济学对应概念之间的关系，把国民经济核算理论与经济理论紧密联系起来。这一特点有利于学生准确把握两者之间的关系，有利于提高他们运用国民经济核算理论解释经济现象的能力。二是密切对接国民经济核算国际标准。本教材在深入消化和把握联合国等国际组织颁布的国民经济核算国际标准《2008 年国民账户体系》的基础上，系统地阐述了国民经济核算的基本理论框架、基本账户体系、基本核算原则、基本统计单位、基本分类原则、生产核算、收入分配与使用核算、积累核算、资产负债核算、供给使用与投入产出核算，使学生比较完整地了解国民经济核算国际标准的核心内容，便于他们运用规范的国民经济核算方法观察和解释经济现象。三是紧密结合中国国民经济核算实践。本教材在系统阐述国民经济核算国际标准核心部分的基础上，系统介绍了中国的国内生产总值核算、资金流量核算和国际收支核算，使学生们不仅了解国际标准，也了解中国国民经济核算的实际情况，加深学生们对中国国民经济核算方法的把握，便于他们准确地运用中国国民经济核算数据客观地分析中国经济运行情况。

　　因此，《国民经济核算教程》是一部与经济理论紧密联系、与国际标准密切对接，与中国国民经济核算实践紧密结合的好教材。

许宪春
清华大学中国经济社会数据研究中心主任
2020 年 6 月 19 日

# 前　言

《国民经济核算教程》是经济金融专业的基础理论教材。本教材以联合国等国际组织颁布的《2008年国民账户体系》（2008SNA）为蓝本，系统并完整地介绍了国民经济核算的理论框架以及我国国民经济核算的实践。本教材在广泛吸收借鉴国内外优秀教材的基础上博采众长、自成一家。其突出特点是：清楚地解释国民经济核算的有关概念与经济学对应概念的关系，把国民经济核算的有关理论与经济学理论结合起来，加深对经济现象的认识；增加我国资金流量核算和资产负债表等内容，完整地介绍我国国民经济核算体系。

本教材的总体思路和基本框架由北京语言大学商学院院长杜金富提出，经编写组集体讨论确定后分工撰写。具体分工为：第一章、第二章、第三章、第六章、第十二章、第十三章由杜金富撰写，第四章、第五章、第十章（第一节、第二节）由朱尔茜撰写，第七章由张原撰写，第八章、第十章（第三节）、第十一章、第十四章由段琪斐撰写，第九章由贾晶晶撰写。全书由杜金富总纂，段琪斐协助总纂。在编写过程中，我们参考了大量的教材著作、译著，在此谨向所有参考文献的作者、编者和译者表示感谢。

本教材承蒙清华大学许宪春教授审定，在此向许教授表示感谢。

由于作者水平、精力、时间有限，书中难免存在错误或不妥之处，敬请读者指正。

杜金富<br>
2020年8月

# 目 录 Contents

第一章 绪论 ································································· 1
　第一节 国民经济核算的概念 ··········································· 1
　　一、国民经济 ······························································· 1
　　二、国民经济运行 ························································· 2
　　三、国民经济核算 ························································· 6
　第二节 国民经济核算的基本框架 ··········································· 8
　　一、机构单位和机构部门 ·················································· 8
　　二、交易与其他流量 ······················································· 9
　　三、资产和负债 ···························································· 10
　　四、产品和生产单位 ······················································ 10
　　五、核算原则 ······························································ 10
　　六、国民账户体系 ························································· 11
　第三节 国民经济核算的作用 ·············································· 11
　　一、对国民经济活动进行监测 ··········································· 12
　　二、对宏观经济进行分析 ················································ 12
　　三、进行国际比较 ························································· 12
　第四节 国民经济核算的起源与发展 ······································ 13
　　一、国民经济核算的历史考察 ··········································· 13
　　二、国民经济核算体系（SNA）的主要变化 ·························· 16
　　三、国民经济核算体系（SNA）仍需研究的问题 ····················· 19
　　四、我国国民经济核算制度的历史回顾 ································ 20

第二章 国民经济账户体系 ················································· 23
　第一节 国民经济账户体系概述 ··········································· 23

| 一、账户 | 23 |
|---|---|
| 二、国民经济账户 | 25 |
| 三、国民经济账户体系 | 26 |

### 第二节 经常账户 … 28
一、生产账户 … 28
二、收入分配账户 … 28
三、收入使用账户 … 30

### 第三节 积累账户和资产负债账户 … 32
一、积累账户 … 32
二、资产负债账户（资产负债表） … 33

### 第四节 账户的综合表述和账户体系的其他部分 … 34
一、综合经济账户 … 34
二、国外账户 … 39
三、货物和服务账户 … 39
四、账户核算中的总量指标 … 40
五、账户体系的其余部分 … 42

### 第五节 中国国民经济核算体系 … 42

## 第三章 存量、流量和核算规则 … 47

### 第一节 存量与流量 … 47
一、存量和流量的关系 … 47
二、存量 … 48
三、流量 … 48
四、平衡项 … 50

### 第二节 记账方法与记录时间 … 50
一、记账方法 … 50
二、记录时间 … 51

### 第三节 估值 … 53
一、估值的一般原则 … 53
二、交易的估价 … 54
三、其他流量的估价 … 54
四、金融资产和负债存量的估价 … 55

## 目 录

### 第四节 汇总、合并、轧差 ··················································· 55
一、汇总 ····················································································· 55
二、合并 ····················································································· 55
三、轧差（取净值）··································································· 56

## 第四章 机构单位与部门 ························································ 59

### 第一节 机构单位与部门概念 ··············································· 59
一、机构单位 ············································································· 59
二、常住单位与非常住单位 ····················································· 60
三、机构部门 ············································································· 61
四、国外部门 ············································································· 62

### 第二节 非金融公司和金融公司 ··········································· 63
一、公司的类别 ········································································· 63
二、特殊情形 ············································································· 65
三、公司的所有权与控制 ························································· 66
四、非金融公司 ········································································· 68
五、金融公司 ············································································· 69

### 第三节 政府部门 ··································································· 72
一、政府单位 ············································································· 72
二、一般政府部门 ····································································· 74
三、公共部门 ············································································· 76

### 第四节 住户部门及为住户部门服务的非营利机构部门 ····· 76
一、非营利机构 ········································································· 76
二、住户部门 ············································································· 79
三、为住户服务的非营利机构 ················································· 81

## 第五章 企业、基层单位和产业 ············································ 84

### 第一节 生产活动 ··································································· 84
一、生产活动的分类 ································································· 84
二、主要活动和次要活动 ························································· 85
三、辅助活动 ············································································· 85

### 第二节 同性质企业 ······························································· 86
一、生产单位的分类 ································································· 86

二、基层单位的数据和账户 ················································· 87
　　三、特定情况下原则的运用 ················································· 87
　　四、辅助活动产出的记录（或不记录） ································· 89

第三节　产业 ··············································································· 90
　　一、产业的概念及分类 ···················································· 90
　　二、市场、自给性和非市场生产者 ······································ 91
　　三、产业和产品 ····························································· 92
　　四、同质生产单位 ··························································· 93

第六章　生产核算 ·············································································· 95
第一节　生产的概念及其核算价格 ··················································· 95
　　一、作为经济活动的生产 ·················································· 95
　　二、生产核算范围 ··························································· 97
　　三、生产的核算价格 ······················································· 98

第二节　增加值、GDP 及其计量框架 ············································· 99
　　一、增加值、总增加值和净增加值 ······································ 99
　　二、增加值的不同测度 ··················································· 100
　　三、国内生产总值（GDP）及其计量框架 ·························· 101

第三节　产出的测度 ··································································· 103
　　一、产出核算的有关问题 ················································· 103
　　二、市场产出的测度 ····················································· 104
　　三、交易的记录和估算 ··················································· 105
　　四、存货变化的测度 ····················································· 105
　　五、为自身最终使用产出的测度 ········································ 106
　　六、其他最终使用产出的测度 ··········································· 106
　　七、非市场产出的测度 ··················································· 107
　　八、特殊产出的测度 ····················································· 107

第四节　中间消耗和固定资本消耗 ·················································· 114
　　一、中间消耗 ······························································· 114
　　二、固定资本消耗 ························································· 115

第七章　收入分配与使用核算 ···························································· 119
第一节　收入初次分配核算 ··························································· 119

### 第二节　收入再分配核算 ··· 123
　　一、收入再分配核算的概念 ··· 123
　　二、收入再分配核算 ··· 125
　　三、实物收入再分配 ··· 127
### 第三节　收入使用的核算 ··· 130
　　一、收入使用核算的概念 ··· 130
　　二、可支配收入使用的核算 ··· 131
　　三、调整后可支配收入 ··· 132
　　四、消费的核算 ··· 133
　　五、常用的消费统计指标 ··· 135

## 第八章　积累核算 ··· 141
### 第一节　资本形成核算 ··· 141
　　一、资产及非金融资产的概念 ··· 141
　　二、非金融资产交易核算形式——资本账户 ··· 143
　　三、主要资本交易项目的核算 ··· 145
### 第二节　金融交易核算 ··· 149
　　一、金融资产和负债的概念 ··· 149
　　二、金融账户 ··· 149
　　三、金融资产和负债交易 ··· 150
### 第四节　资产其他变化核算 ··· 159
　　一、资产物量其他变化核算 ··· 159
　　二、重估价核算 ··· 161

## 第九章　资产负债表 ··· 164
### 第一节　资产负债表概念 ··· 164
　　一、资产负债表的定义及特点 ··· 164
　　二、资产负债表的基本结构 ··· 165
　　三、资产负债表的主要项目 ··· 167
### 第二节　资产负债项目的核算 ··· 168
　　一、非金融资产的核算 ··· 168
　　二、金融资产和负债的核算 ··· 171
　　三、资产净值的核算 ··· 174

第三节　中国资产负债表 ················································· 174
　　　一、中国资产负债表编制的发展过程 ································ 174
　　　二、中国资产负债表的内容框架 ······································ 175
　　　三、中国资产负债表的编制 ············································ 178

第十章　供给使用与投入产出核算 ··············································· 182
　　第一节　供给使用表 ······················································· 182
　　　一、供给使用表概念 ···················································· 182
　　　二、供给表 ······························································· 183
　　　三、使用表 ······························································· 186
　　第二节　投入产出表 ······················································· 186
　　　一、表式结构 ····························································· 186
　　　二、平衡关系 ····························································· 187
　　　三、进口处理与非竞争型投入产出表 ································ 189
　　　四、投入产出表的编表方法 ············································ 190
　　　五、社会核算矩阵 ······················································· 197
　　第三节　中国投入产出核算 ·············································· 200
　　　一、中国投入产出核算的发展 ········································· 201
　　　二、中国投入产出表的编制 ············································ 202
　　　三、中国投入产出核算的不足与展望 ································ 206
　　　四、投入产出核算结果的应用 ········································· 209

第十一章　中国国内生产总值核算 ············································· 213
　　第一节　中国 GDP 核算的基本问题 ··································· 213
　　　一、中国 GDP 核算的建立与发展 ··································· 213
　　　二、中国 GDP 核算的基本方法 ······································ 215
　　　三、季度 GDP 与年度 GDP ·········································· 216
　　第二节　中国生产法与收入法核算 GDP 的实践 ··················· 217
　　　一、GDP 核算的行业分类 ············································· 217
　　　二、分行业年度 GDP 核算 ············································ 219
　　　三、分行业季度 GDP 核算 ············································ 222
　　第三节　中国支出法 GDP 核算的实践 ································ 224
　　　一、我国最终消费支出的核算 ········································· 226

二、我国资本形成总额的核算 ········································································ 229
　　三、我国净出口的核算 ················································································ 233
  第四节　国内生产总值核算结果的应用 ······························································ 234
　　一、增加值率分析 ····················································································· 234
　　二、产业结构分析 ····················································································· 235
　　三、要素收入比例分析 ·············································································· 236
　　四、最终使用结构分析 ·············································································· 237

第十二章　中国资金流量核算 ················································································ 240
  第一节　资金流量核算的基本概念 ······································································ 240
　　一、资金流量核算的含义 ············································································ 240
　　二、资金流量核算（账户）与国民核算体系（账户体系）的关系 ·············· 241
　　三、资金流量核算的起源和发展 ·································································· 245
  第二节　我国资金流量核算框架和核算内容 ······················································ 247
　　一、中国资金流量核算的范围及对象 ·························································· 247
　　二、中国资金流量核算的基本框架 ······························································ 247
　　三、中国资金流量核算的基本内容 ······························································ 251
  第三节　资金流量核算在我国的分析应用 ·························································· 253
　　一、交易项目分析——机构部门占有结构及流动结构分析 ······················· 253
　　二、机构部门内部的交易特征分析 ······························································ 261

第十三章　中国对外经济核算 ················································································ 266
  第一节　中国对国外经济核算的基本问题 ·························································· 266
　　一、对外经济核算的范围 ············································································ 266
　　二、对外经济核算的主要内容 ····································································· 268
　　三、对外经济核算的方式方法 ····································································· 268
　　四、国外账户核算的内容 ············································································ 268
  第二节　国际收支核算的基本原理 ······································································ 269
　　一、国际收支核算的基本概念 ····································································· 269
　　二、经常账户的核算 ·················································································· 271
　　三、资本账户的核算 ·················································································· 271
　　四、金融账户的核算 ·················································································· 272
　　五、储备资产的核算 ·················································································· 272

　　六、国际投资头寸 …………………………………………………………… 272

　第三节　中国国际收支核算 …………………………………………………… 273
　　一、我国国际收支平衡表 ………………………………………………… 273
　　二、我国国际投资头寸表 ………………………………………………… 280

# 第十四章　国民经济核算的比较 …………………………………………………… 286

　第一节　国民经济核算的比较概述 …………………………………………… 286
　　一、国民经济核算比较的内容与基本思路 ……………………………… 286
　　二、价格指数与物量指数 ………………………………………………… 288

　第二节　价格指数的编制 ……………………………………………………… 290
　　一、价格指数的具体编制方法 …………………………………………… 291
　　二、实践中的各类价格指数 ……………………………………………… 292
　　三、GDP 价格指数 ………………………………………………………… 294

　第三节　可比价 GDP 的核算 …………………………………………………… 294
　　一、可比价 GDP …………………………………………………………… 294
　　二、可比价 GDP 核算原理 ………………………………………………… 297
　　三、GDP 物量指数 ………………………………………………………… 301

　第四节　GDP 国际比较的汇率法 ……………………………………………… 301
　　一、汇率法的理论基础 …………………………………………………… 301
　　二、汇率法的实践 ………………………………………………………… 302
　　三、汇率法的缺陷 ………………………………………………………… 304

　第五节　GDP 国际比较的购买力平价法 ……………………………………… 304
　　一、购买力平价法的基本原理 …………………………………………… 305
　　二、生产法购买力平价 …………………………………………………… 305
　　三、支出法购买力平价 …………………………………………………… 306

　第六节　支出法购买力平价指数的编制 ……………………………………… 308
　　一、双边比较中购买力平价指数的编制 ………………………………… 308
　　二、多边比较中购买力平价指数的编制 ………………………………… 309
　　三、购买力平价法的实践——国际比较项目 …………………………… 314

# 第一章
# 绪 论

《国民经济核算教程》主要研究国民经济核算的基本理论、基本规则和基本方法。在介绍国民经济核算内容之前,需要明确国民经济核算的概念,了解国民经济核算的基本框架,弄清国民经济核算的起源和发展,以期对国民经济核算有总体了解。

## 第一节 国民经济核算的概念

国民经济核算是对一国经济运行及结果所进行的定量描述。要弄清楚国民经济核算的概念,我们需要从国民经济、国民经济运行及国民经济核算三个方面谈起。

### 一、国民经济

(一) 经济

"经济"一词是古希腊学者色诺芬在他的《经济论》中将"家庭"和"管理"两词结合后首次提出的。其后,不同的经济学流派给经济下了不同的定义,但迄今为止并未形成统一的定义。

传统的政治经济学认为,经济基础是指社会生产关系的总和,指人们在物质资料生产过程中形成的、与一定的社会生产力相适应的社会经济制度,是上层建筑赖以建立起来的基础。经济基础包括社会物质资料的生产和再生产过程,即物质资料的直接生产过程以及由它决定的交换、分配和消费过程。这里传统的政治经济学是从生产力和生产关系、经济基础和上层建筑相互关系方面来定义"经济"的含义的。

西方经济学对经济的定义比较模糊。它们把满足人类欲望的物品分为"自由物品"和"经济物品"。经济物品是指人类必须付出代价才能得到的物品。由于客观存在的稀缺性,便产生了如何利用现有资源去生产"经济物品"来更有效地满足人类欲望的选择问题。经济是指使有其他用途的、稀缺的经济资源在现在或将来生产各种物品,并把物品分配给社会的各个成员或集团以供消费,从而达到资源的合理配置。

总体来看,各流派都认为经济同生产、分配、消费等活动相关。

(二) 国民经济

经济按不同标志可以进行多种分类,如按经济活动的地域划分,可分为国际经济与国内经济;按经济活动的单体和整体划分,可划分为微观经济与宏观经济等。

国际经济是指世界各国的经济活动。国内经济是指一个国家的经济活动。由于世界经济联系不断加强,研究一个国家的经济活动,不可能不研究与其相关的其他国家的经济活动。

微观经济是指单个经济单位的经济活动。单个经济单位通常包括单个家庭、单个企业、单个金融机构、单个国家和单个市场。单个经济单位的经济活动是指单个家庭收入的取得和支配,单个企业的资源的筹措和使用,单个金融机构资金的筹措和使用,某一级的财政收支、单个国家与某国的进出口和融资、单个市场的供给和需求等。

宏观经济是整体经济。所谓整体,从从事经济活动的主体来理解,包括上述从事各种经济活动的微观经济单位,我们可以将林林总总的微观经济单位分门别类后形成国民经济部门。宏观经济就是各单位、各部门经济活动的总和。从从事经济活动的内容来理解,宏观经济又包括上述各经济单位和部门从事的形形色色的经济活动——生产经营活动、商品交易活动、金融交易活动、消费活动、投资活动、收支分配活动、进出口贸易活动等的总和。这些活动互为因果,相互衔接,不断循环,形成了国民经济的运行或社会再生产过程。从这个角度来说,宏观经济就是社会再生产各环节的总和。

国民经济是指一个国家或经济整体社会经济活动的总称,即经济各部门及这些单位部门活动内容的综合,是一个国家的整体经济。这样看来,国民经济与宏观经济概念的含义是相同的,但人们在运用时,习惯把国民经济状况分析称为宏观经济分析,将宏观经济核算称为国民经济核算。

## 二、国民经济运行

如前所述,国民经济活动包括活动的主体即各部门及其活动,也包括活动的客体即活动的内容。下面我们就从经济部门(经济活动主体)的运行和社会再生产环节(经济活动客体)的运行两方面来解释国民经济运行。

(一) 经济部门的运行

经济单位林林总总,要对经济单位进行核算,需要对它们进行分类,即把经济目标、功能和行为相同的机构单位归入一个部门,即机构部门。机构部门可分为住户部门(这里包括为住户服务的非营利机构)、非金融企业部门、金融企业部门、政府部门和国外部门。我们依次从两部门到五部门来描述国民经济的运行。

首先,我们描述两部门经济运行。假定整个经济社会由住户部门和非金融企业部门构成。住户部门向非金融企业部门提供劳动、资本、土地和自然资源等生产要素,非金融企业部门用这些生产要素生产各种产品及提供各种服务。在商品经济条件下,住户部门向非金融企业部门提供生产要素,非金融企业部门为了换取这些要素向住户进行支付,这些支付构成了住户部门收入;住户部门购买非金融企业的各种产品和服务,也必须进行支付,这些支付构成了住户部门的消费支出。两部门经济循环模型如图1-1所示。

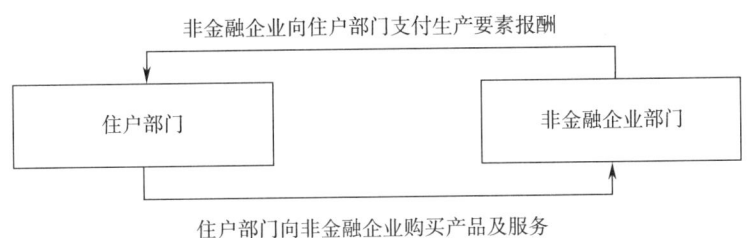

**图1-1 两部门经济循环模型**

其次,我们描述三部门经济运行。在上述两部门经济运行中,假设住户取得收入100亿元并未全部用于消费,而只消费了90亿元,剩余10亿元用于储蓄。住户少消费10亿元,非金融企业部门出售的各种产品和服务也减少了10亿元。为使这10亿元转化为投资,第三个部门出现了——金融企业部门。金融企业部门通过中介作用,或者提供金融市场服务,直接由非金融企业部门向住户部门发行证券,非金融企业部门筹资用于投资;或者住户部门将10亿元存入金融企业部门,金融企业部门再贷给非金融企业部门,非金融企业部门用于投资。三部门经济循环模型如图1-2所示。

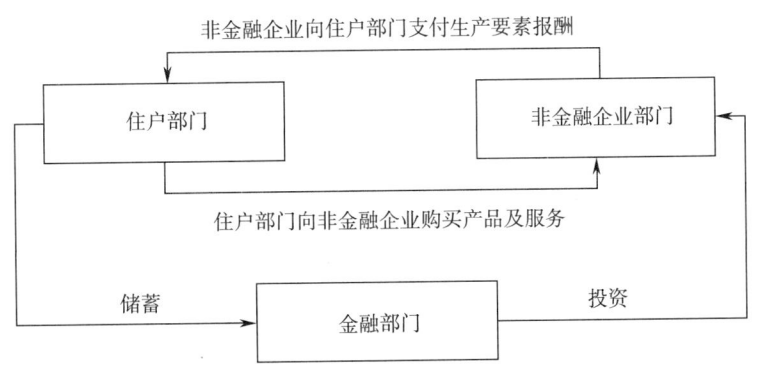

**图1-2 三部门经济循环模型**

再次,我们描述四部门经济运行。在上述三部门经济运行中,可加入政府部门。因为经济运行需要政府发挥职能作用,如建立有效的法律框架,维护社会安全等。政府部门要履行职能需要通过税收等手段筹集资金,以维护政府履职所必要的支出。四部门经济循环模型如图1-3所示。

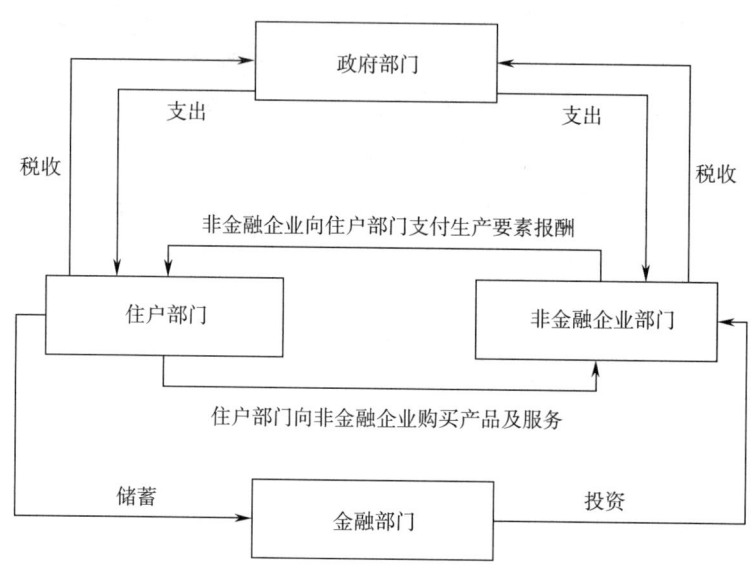

图1-3 四部门经济循环模型

最后,我们描述五部门经济运行。五部门经济运行是在四部门经济运行的基础上,加上对国外的出口和进口。

（二）社会再生产环节的运行

对于社会再生产环节运行的描述,由于研究问题的角度不同,会有不同的描述。一般国民经济的循环流程是从产品（货物和服务）的生产开始,产品经过流通交换环节,最终用于消费或投资。生产者出售产品取得收入分别用于人工成本支出、物质资料支出、资本的利息支出和交税等支出外,形成利润。我们把这个环节称为分配环节。这些价值分配后,最终还是止于使用（这里的使用与我们后面研究的"收入使用"账户的使用含义不同）。这四个环节之间的关系如图1-4所示。

从运行形态上区分,我们把"生产—流通—使用"这一过程称为国民经济的"实物运行"。在这一过程中,社会产品的使用价值与价值运行相伴而行,方向相反。我们把"生产—分配—使用"这一过程称为国民经济的"价值运行"。在这一过程中,社会产品和价值已经与使用价值分离。两种运行在脱离生产过程之时相分离,又在使用环节相汇合。

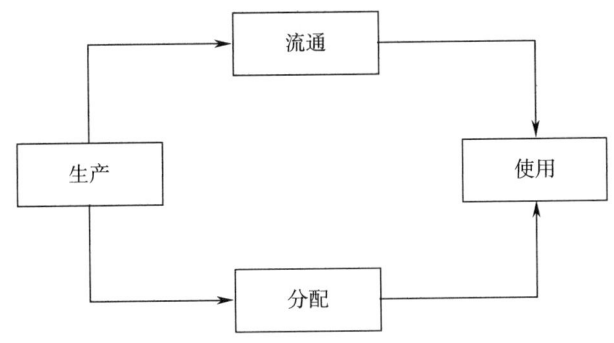

**图1-4 社会再生产四个环节关系**

我们在描述国民经济运行四个环节的分配环节时已经指出,分配环节是将生产过程中形成的价值在劳动力、资本所有者、政府等部门之间进行分配。为了更详细地描述国民经济运行情况,我们还可以细化分配环节,如政府及金融部门在社会再生产分配环节的作用。这里我们仅列举金融部门在社会再生产分配环节中的作用。在描述三部门经济运行时指出,当经济主体的收入并未完全用于消费时,就出现了融资这一环节。虽然融资仍然属于社会再生产的分配环节,但为了更详细地描述国民经济运行情况,我们把它作为分配环节的补充环节而独立出来。微观国民经济循环关系如图1-5所示。

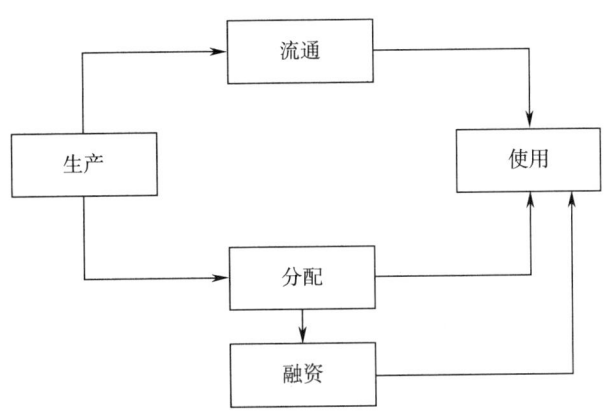

**图1-5 微观国民经济的循环关系**

以此类推,将对外经济往来引入国民经济循环。国民经济的循环关系如图1-6所示。

我们在前面描述国民经济运行四个环节时可以发现,各经济部门在经济活动中,其活动内容各有侧重,比如非金融企业部门主要从事生产、住户部门主要从事消费、政府部门主要从事再分配等,这部分内容我们在下一节及第四章还要详细介绍。

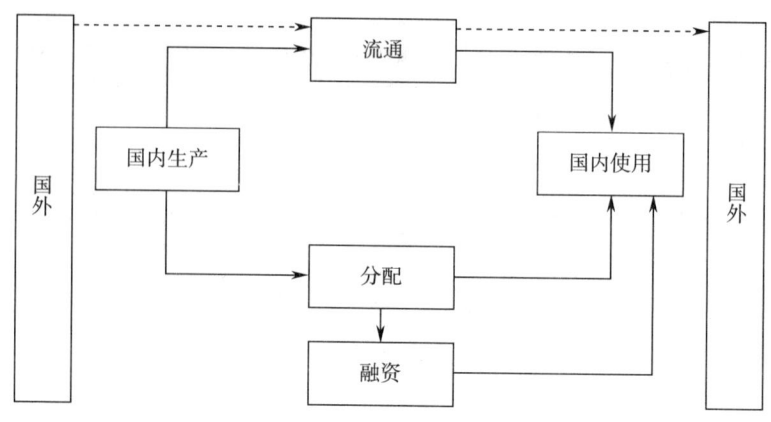

图1-6 国民经济的循环关系

《2008年国民账户体系》从国民经济核算角度，将国民经济运行分为生产、分配、消费、积累四个阶段。生产是利用劳动、资本、货物和服务作为投入生产货物和服务的活动，是创造价值的过程，也是国民经济运行的首要环节；分配是将生产创造的价值以各种收入形式分配给有关的参与者；消费是满足人民需要的使用；积累则是用于增加资产的使用。这四个阶段周而复始，形成国民经济循环过程。这部分内容我们在下一节及以后的章节还会作详细介绍。

### 三、国民经济核算

国民经济核算是按照一定的核算规则对一国经济运行及其结果情况进行的定量描述。

（一）国民经济核算的对象是一国经济运行总体情况

国民经济范围的基本定义：国民经济是由该国经济领土上的常住单位的活动组成的。

一国的经济领土是指由该国政府控制或管理的地理领土。如果一个机构单位在一国经济领土上拥有一定的活动场所（住宅、厂房或其他建筑物），从事一定规模的经济活动，并超过一定的时期（一般以一年为标准），那么就可以认为该单位在这个国家具有经济利益中心，是该国的一个常住单位，又称居民。只有常住单位的经济活动才构成该国国民经济的组成部分。

（二）国民经济核算的基本内容是国民经济运行及其结果

如前所述，国民经济既是机构部门经济活动的总和，又是经济活动各环节的总和。国民经济核算首先可以对国民经济各部门的经济活动进行核算，如核算非金融企业的生产活动，核算住户部门的收入和支出，核算政府部门的财政收支，核算金融部门的资金融入和融出，核算国外部门的进出口收支等。也可以根据需要核算某类国民经济机构部门，如核算政府部门的财政收支，可以扩大到广义政府，即在狭义政府的基础上，再加上非市场非营利机构部门，还可以扩大到公共部门，即在广义政府机构部门的基础上再加上公共公司。

其次，国民经济核算可以对国民经济运行各环节进行核算，如核算生产、分配、消费、积累等。也可以在各环节的基础上进行细划，如核算社会人口、核算资源环境、核算价格、核算投入产出等。

再次，国民经济核算既可以核算机构部门经济活动，也可以核算经济活动的各环节，把两者核算结合起来，如产业的核算等。

最后，国民经济核算可以根据需要核算其他经济活动，如除核算正规经济外，还可以核算非正规经济等。

（三）国民经济核算是采用一定的核算方法对国民经济运行及结果的描述

国民经济核算描述国民经济运行及结果，是通过数字来反映的。这些数字通过什么渠道获得资料，如何整理加工而成，就引出核算方法问题。国民经济核算方法一般包括统计核算、会计核算和业务核算三种互相联系的核算。

统计核算是指设计统计指标，这些指标或是通过全面调查，或是通过抽样调查等手段获取资料，然后加工整理而成，统计指标的数据反映国民经济运行中的各经济部门或各经济活动的状况。

会计核算不仅是指核算资料通过会计渠道获得，最主要的是指资料加工整理的方式，如采用复式记账互相钩稽的账户核算方式。国民经济核算体系就是国民经济账户体系，这实际是会计核算在国民经济核算中的运用。本教材所指的国民经济核算，就是国民经济账户体系的核算方法。关于国民经济账户体系，我们在后面的第二章还要做详细介绍。

业务核算是适应各种业务管理而建立的技术核算。不同的业务有不同的业务技术核算。

随着技术的进步特别是计算机的运用，三种核算特别是统计核算和会计核算呈现混合甚至统一的趋势。

以上我们谈到的核算方法仅指获取渠道及整理方法。国民经济核算还涉及经济活动中交易的记录时间、记录方式、计价方法、数据整理加工等核算规则问题。这些我们将在第三章作详细介绍。

（四）国民经济核算是对国民经济运行的定量描述

国民经济核算是通过数字定量描述国民经济运行及结果的。这里的定量及数字大体分为绝对数和相对数。绝对数又分为流量和存量。所谓流量是指一定时期的交易累计额,如国内生产总值(GDP)的总额、投资总额、储蓄总额、消费总额等。所谓存量,是指在某一时点上的总存量。如某年末货币供应量,某时点上的财政余额等。流量是一个时期的数量,存量是一个时点的数量。相对数是两个绝对数的比较,如经济增长速度、就业率、物价指数等。这些相对数都是在这两类数量基础上派生出来的。有关流量和存量的核算我们还将在第三章详细介绍。

## 第二节 国民经济核算的基本框架

国民经济核算的目标是描述经济流量和存量。经济流量可以从不同的角度来理解。例如,一个人买了一块面包。这个流量的特征是谁(一个人),做了什么(买面包),和谁(面包房或超市),交换什么(硬币或纸币)。

现实要比上述情况复杂。在流量发生之前,卖者在他的店里已存有一定数量的面包。出售面包后,他的面包减少了然而钱却多了。买者钱少了但面包买到了。这还要考虑买卖两者在流量发生前和发生后的存量情况。这就又引出谁拥有什么?即存量变化如何描述的问题。除此之外,还要回答交易如何核算和记录问题。总之,国民经济核算是对国民经济运行及结果的系统的描述。这个系统要回答下列基本问题:

谁在做交易　　　　　　　　——机构单位和部门;
交易的是什么　　　　　　　——交易与其他流量;
交易的存量是什么　　　　　——资产和负债;
谁交易和交易什么的其他方面——产品和生产单位;
交易如何核算　　　　　　　——核算原则;
交易和存量的整体核算　　　——国民账户体系。

### 一、机构单位和机构部门

在交易中,拥有资产和承担负债并能独立从事经济活动和其他实体进行交易的经济实体,称为机构单位。机构单位是一个微观的概念,要实现对国民经济核算的要求,还需要对机构单位进行分类,把经济目标、功能和行为相同的机构单位归入一个部门,即机构部门。

机构单位分为常住单位与非常住单位或居民与非居民。所谓常住单位,是指在一国的经济领土内具有经济利益中心的机构单位。如果机构单位在一国经济领土上不具有经济利益中心,则为非常住单位。

常住单位一般分为非金融公司、金融公司、广义政府、住户、为住户服务的非营利机构五个部门。

非金融公司是指主要从事市场产品和非金融服务生产的机构单位。

金融公司是指主要从事包括金融中介在内的金融服务活动的机构单位。

广义政府是指除了履行政治义务和经济监管职能之外，主要基于非市场基础为个人或公共消费生产服务、对收入和财富进行再分配的机构单位。

住户是指由一个人或一群人组成的机构单位。经济中的所有的自然人必须属于而且只能属于一个住户。住户的主要职能是提供劳动力，进行最终消费，充当企业主，生产市场产品和提供服务。

为住户服务的非营利机构是指主要从事面向住户或全社会的非市场服务生产的法人实体，其主要资源是志愿捐献。

在机构部门分类中，所有非常住单位放在一起组成一个部门，称为国外部门。对于国外部门来说，不是记录它所有的经济流量和存量，而仅仅反映它与常住国机构单位的交易活动。

通过上述机构单位划分，部门一般归纳如下：非金融性公司、金融性公司、广义政府、住户、为住户服务的非营利机构、国外部门。

## 二、交易与其他流量

（一）交易与其他流量的定义

机构单位承担着各种经济职能，生产、分配、消费、储蓄、投资等。在所有这些经济职能和经济活动的方方面面里，它们从事大量的基本经济行为。这些行为可以归纳为各种经济流量，通过这些流量（工资、税、固定资本形成等）创造、转换、交换、转移或清偿了经济价值。多数经济活动是按机构单位之间的相互协议而发生的，我们称为交易。

还有些活动仅涉及一个机构单位，如自给性固定资本形成，我们称为内部交易。

交易按有无货币参与，分为货币交易与易货交易两种。前者如产品买卖和缴税等；后者如学生的消费、由政府免费提供的教育服务等。

（二）交易与其他流量的主要类型

交易与其他流量数不胜数。按性质可以把流量分为若干个类别。主要有：

1. 产品和服务交易：反映产品和服务的来源（国产或进口）与使用（中间消费、最终消费、资本形成或出口）。

2. 分配交易：包括将生产创造的增加值分配给劳动力、资本、政府的交易，以及涉及收入和财富再分配的交易（如所得税、财产税和其他转移）。

3. 金融交易：是指针对各种金融工具的金融资产净获得或者金融负债净发生。此类变化通常是作为非金融交易的对应部分而出现的。纯粹的金融工具交易也属于金融交易。但或有资产和负债的交易不视为交易。

4. 其他积累项：包括改变资产和负债的数量或价值，不属于前面几种类型的交易和其他经济流量。这部分内容我们将在第八章详细介绍。

### 三、资产和负债

资产和负债反映的是在一个特定时点上由一个单位或部门或经济总体所持有的资产和负债的存量。资产是所有权的归属，所有者可以通过持有它或使用它而获取经济利益的财产。资产一般分为金融资产和非金融资产。金融资产与负债是相对应的。这部分内容我们将在第八章详细介绍。

### 四、产品和生产单位

产品是生产的成果。其可用于交换和其他各种目的，可作为其他产品生产的投入，作为最终消费品或投资品。机构单位可以生产不同的产品。这些产品生产过程会依所消耗的材料和用品、所使用的生产设备和劳动力，以及所采用的技术不同而不同。为了更细致地研究产品的交易，需要对主要产品进行分类。为了详细研究生产和生产职能，有必要使用生产较强的单位。一个单位除了其主要活动外，可能还包含次要活动，这种单位就是基层单位。

基层单位按其主要活动的相似性可以划分为不同的产业部门。基层单位还可以区分为市场生产者、为自己最终使用的生产者和非市场生产者。这部分内容我们将在第五章详细介绍。

### 五、核算原则

国民经济核算涉及如何根据期初存量和期间的流量核算出期末的存量，交易如何计价，交易的记录时间，如何加总、合并和轧差等核算基本问题。

（一）存量与流量

存量与流量的关系：

$$期初存量 \pm 期间的流量 = 期末存量$$

有关这部分内容我们将在第三章详细介绍。

（二）记账方法

国民经济核算借鉴工商企业会计核算方式，以复式方法为基础。每笔交易要根据所引起的资源流的不同性质，同时记录两次，在两个地方予以核算加总，一次作为来源，一次作为使用，两者在总额上相等。

（三）记录时间

在国民经济核算中，以权责发生制记录交易的时间，即以权益的形成或责任的发生为准，依据应收应付的原则记录交易。

（四）计价方法

国民经济核算基本计价原则是，尽可能地按核算期的现行市场价格对有关的经济流量和存量进行估价。

（五）加总、合并与轧差

在国民经济核算中，需要对数据进行汇集，这就涉及加总、合并与轧差。所谓加总，是指对同一组机构单位，将它们彼此之间的资产与负债，所有流量与存量汇集起来，资产与负债不予抵销。所谓合并，是指同一组机构单位彼此之间的资产与负债互相抵销，只反映它们与外部的流量与存量。轧差只反映净额，这与总额反映是相对应的。某机构或部门可能在同一项目下，既有资产业务，又有负债业务。在国民经济核算中，对这些机构或部门的该项业务，既可取总额，也可取净额，取总额即双方同时核算反映，取净额就是双方轧差单位反映。

记账方法、记录时间、计价方法、加总、合并与轧差等内容，我们将在第三章详细介绍。

### 六、国民账户体系

国民经济核算体系（SNA）采取账户的形式。这里的账户形式只是一个核算结构，真实的核算结果最终也可以采取报表的形式反映。所谓核算的结构，就是采取账户的形式，即对核算的内容分为不同的核算账户，如对生产、收入分配、收入使用各环节分别设置生产账户、收入分配账户和收入使用账户，分别核算生产、收入的形成、收入的分配和收入的使用等。每个账户分为左方和右方，分别表示资源的使用和获得。每一个账户都有一个平衡项等。全套账户序列或总的账户结构分为三类：经常账户、积累账户和资产负债账户。经常账户记录生产以及收入的形成、分配和使用；积累账户记录资产和负债的变化及资产净值的变化，包括资本账户、金融账户、资产数量其他变化账户以及重估价账户；资产负债账户表述资产和负债以及资产净值的存量。所有国民账户构成了国民账户体系。

## 第三节　国民经济核算的作用

国民经济核算在监测经济活动、分析宏观经济运行、进行国际比较方面，发挥着重要作用。

## 一、对国民经济活动进行监测

首先，国民经济核算得出的许多指标，如 GDP、人均 GDP 等，可作为衡量经济活动和福利的综合性、全局性指标，已获得广泛认可，这些指标的变动常被用来评估经济的总体表现，判断政府所采取经济政策的相对效果。正因为如此，各国都定期（一年、半年、季度等）进行国民经济核算。

其次，如前所述，国民经济核算不仅从经济部门的角度核算各个经济部门，如非金融公司、金融公司、政府、住户、为住户服务的非营利机构的经济活动情况，而且可以从经济活动内容的角度核算，如生产、居民消费、政府消费、资本形成、出口和进口等反映经济内容的主要流量指标的变化情况，还可以从存量的角度，核算上述部门的资产、负债及盈亏情况。国民经济核算所提供的数据足以监测到国民经济各部门、各主要经济活动内容、存量与流量等主要指标的变化情况，即监测一国经济总体的变化情况。

## 二、对宏观经济进行分析

宏观经济核算的时间序列数据，可以估算不同经济变量之间函数关系的参数，进而分析不同变量的变化对其他变量的影响。比如可以分析 GDP 的增加，对消费、收入、储蓄等影响方向及其幅度。

利用国民经济核算的数据评估近期经济行为和目前经济状况，再展望或准确预测未来发展趋势，为制定短期经济政策提供了信息支撑。

基于国民经济核算体系的宏观经济计量分析与中长期预测，广泛适用于各级政府经济政策的制定和企业经营决策的制定，以及投资机构的长期投资计划和专业机构为客户提供预测咨询服务。

## 三、进行国际比较

按照国际标准核算的国民经济数据，采用购买力评价方法调整，可以进行国际比较，如 GDP、人均 GDP 等，也可以进行结构比较，采用投资、税收和政府支出占 GDP 的比重，评价各国经济表现的特征与差异，经济计划实施的效果等。这些数据可以用于国际事务管理，如国际组织使用各国的 GDP 等数据来确定其是否有资格得到贷款、援助或其他资金，或决定一国得到此类贷款、援助或其他资金的条件。国际组织还通过不同国家核算的国民经济数据来决定各成员国所缴纳的会费。

## 第四节 国民经济核算的起源与发展

国民经济核算经历了一个不断完善的过程，其中包括两个相互联系的方面：一是国民经济核算理论方法的演进，所涉及的范围不断拓宽，核算方法得以不断完善；二是国民经济核算向世界各国不断推进并逐渐实现全球一体化。

### 一、国民经济核算的历史考察

国民经济核算是从国民收入统计发展而来的。世界上真正的国民收入统计，开始于17世纪英国古典政治经济学的创始人、现代统计学的先驱者——威廉·配第对国民收入的估算。这以后的发展划分为三个时期。

（一）从1690年威廉·配第对英国进行第一次国民收入估算到第一次世界大战结束

这一时期的国民收入估算具有两个特点：一是由个别经济学家或统计学家断断续续地进行，二是概念和方法还没有形成系统的理论。

威廉·配第是发展国民收入概念的第一人，并明确将其作为一种分析工具。他在1690年进行了第一次著名的估算，估算当时英国的国民收入是4000万英镑。他把"人民的收入"定义为每年人民劳动的价值和每年国民财富的收入之和，其中国民财富的收入指的是地租、利息和利润。另一边是人民每年的费用或消费支出，然后留下一部分盈余，实际上使用了反映收入和支出项目的复式记账法。

他的后继者金（Gregory King）进而为英国国民收入的各个项目下了明确的定义，还把英国的国民收入与法国和荷兰的国民收入进行了比较。

法国重农学派魁奈（F. Quesnay）的《经济表》是列昂惕夫投入产出法的先驱。重农学派已经看到资本存量在扩大国民收入中的作用，并把国民收入看作国民经济中货币和产品在不同部门之间的一种流量，但他们把生产部门局限于农业，且没有区分中间产品和最终产品。

中间产品和最终产品这对概念是法国著名化学家拉瓦锡（A. Lavoisier）在法国大革命期间奉政府之命于1791年估算当时法国的国民收入时，为避免重复计算，首次提出来的。

美国直到1843年才由经济学家特克尔（G. Tucker）进行最早的估算。他利用国情普查得出商品总量价值的资料，得出货物（不包括劳务）的国民产出价值总计为10.45亿美元。澳大利亚第一次估算始于1861年。1886—1890年，澳大利亚统计学家柯格兰（T. Coghlan）逐渐地做到对所有澳大利亚的殖民地收入每年进行一次估算。这是世界上第一次连续的官方估算，为其他国家进行类似的工作铺平了道路。柯格兰是国民经济核算史上第一个从国民收入的生产、分配和使用（或消费）三个方面来表示的学者，他还是第一个采用净产值的方法进行估算的学者。在这之后，日本（1902年）、意大利（1911年）、保加利亚（1915年）和西班牙（1917年）等国相继采用这种方法。

（二）从第一次世界大战结束到第二次世界大战开始

这一时期的第一个特点是估算国民收入的工作受到政府的重视。截至1919年，有13个国家进行国民收入的估算，编制了《国民收入计算书》，而到1939年已增加到33个国家。英国的罗威（J. Lowe）第一个公布以不变价格（以1792年的价格为准）计量1823年的估算数据。美国国民经济研究所（National Bureau of Economic Research，NBER）于1920年成立以后，就开始由国民收入专家西蒙·库兹涅茨领导按年编制出版国民收入资料。1932年，美国第七十二届国会参议员责成商务部计算1929—1931年的国民收入。

第二个特点是提供了国民收入及其构成的计量，进而从理论上和方法论上为国民收入核算建立了概念结构。英国经济学家凯恩斯在1936年出版的《就业、利息和货币通论》，为建立国民经济账户体系做了理论上和方法上的准备。他的理论模型直接成为国民收入统计进一步发展的理论依据，也对国民收入统计的完善提出了更高的要求。他在1939年亲自指导伦敦大学的米德（J. E. Meade）和剑桥大学的R. 斯通，为英国财政部编制国民收入估算，并在1941年4月的预算白皮书上发表。从方法论上说，这次估算的重要性在于：（1）采用了以收入为一方，以支出为另一方的复式记账形式。采用复式记账法是国民收入统计中的重大变革，标志着国民收入统计向国民收入核算体系的过渡。（2）强调了"国民收入和支出账户"的观念，把收入和支出看作是整个国民经济账户的两方，这样国民支出成为预算、计划和制定政策的必要基础。并推而广之，提出了企业收支账户、居民收支账户、政府收支账户和国外交易账户，并用复式记账法联系起来，形成国民收入核算账户体系。（3）对于国民生产是采用总值和市场价格的概念来计算的，包括了间接税和固定资产折旧。

我国的第一次国民收入统计，是在旧中国的中央研究院社会科学研究所巫宝三教授领导下进行的，编制了我国1931—1936年的国民收入估算。

1918年，列宁签署了"国家统计条例"，把整个国民经济纳入统计工作的范围之中，提出了编制国民经济和各个部门的平衡表。国民经济平衡表是进行国民经济综合平衡的重要工具。它是以马克思主义的经济学说（包括价值理论、再生产理论以及在《哥达纲领批判》中所提出的公式）作为编制国民经济平衡表的理论和方法论基础的。

1926 年公布的"苏联 1923—1924 年国民经济平衡表"，是一项统计实践的创举。它反映了当时苏联国民经济各部门之间的相互联系，表的形式是棋盘式的。它逐步研究确定了国民经济平衡表所包括的范围，物质生产领域与非物质生产领域划分的界限、部门分类和社会经济成分分类、社会产品、国民收入的内容和计算方式、社会产品的估价等，形成一个核算体系。

（三）从第二次世界大战开始至今

这一时期的特点是国民收入核算有了很大的发展，世界上估算国民收入的国家成倍增加，引起了国际机构的重视，而且由原来的国民收入核算逐步形成国民经济账户体系。在此之前，国民收入的研究主要是求得国民收入的大小和分析它的各组成部分，而国民经济账户体系，是以一套相互联系的账户形式来说明宏观经济理论的基本经济恒等式，这种发展的好处是有助于探索总收入、总消费、总投资、总储蓄、经济周期波动失业率、物价水平、通货膨胀及它们之间的相互作用和关系等问题。

首先，由于会计方法的采用，为表述国民收入概念公式引起的错综复杂的问题，提供了很好的帮助。会计方法把统计所收集的数据结合成一体，它们构成相互制约的关系。在为经济结构制定了特定的国民经济账户体系以后，对于规定应该搜集什么资料有了明确的方向，保证从各经济单位取得平衡的借方数据和贷方数据，从而大大提高了数据的准确性。

其次，美国在发展构成整个国民经济核算体系的各个组成系统方面，作出了很大努力。列昂惕夫 1932 年为美国编制，并在 1936 年发表了第一张投入产出表，到 1941 年修订较为完善，引起了美国劳动部统计局的兴趣。资金流量表的编制，是由美国康奈尔大学的柯普兰（M. A. Copeland）在他 1952 年出版的《美国货币流量的研究》中首先提出的。资金流量表与国民收入和产值账户结合在一起，为一国国民经济提供了更为全面的货币收支情况。凯恩斯在《就业、利息和货币通论》中，虽然已对存货数量、银行存款等存量的变动做了分析，但主要分析的是流量。第二次世界大战后，西方经济学在进行宏观经济分析时越来越多地增加了存量的分析。同时也为了建立动态投入产出表的需要，重新引起了经济学界对国民资产负债表和国民财富表的重视。耶鲁大学的戈德史密斯（R. J. Goldsmith）在 1962 年发表了《美国战后时期的国民财富》，用现行价格和 1929 年价格估算了 1896—1949 年的美国国民财富，并选择若干年份编制了国民资产负债表。1963 年，他又与李普赛（R. E. Lipsey）合著《美国国民资产负债表的研究》，对国民资产负债表和国民财富的编制作了全面论述。

米德在1951年出版的《国际收支》一书中，首次把国民收入与国际收支联系起来，分析国内支出变动对国民收入和国际收支的影响，分析国际收支平衡与不平衡对国民收入的影响。

最后是国际组织的推动。旧的国际联盟于1939年在《世界经济概况》中第一次公布了包括26个国家1929—1938年的国民收入估算。1947年，联合国发表了国际联盟统计委员会《国民收入的测算及社会账户的建立》的报告，为国民经济账户体系的国际比较提供了一个初步的基础。同时，专门从事这方面研究的"国际收入与财富研究协会"成立。1953年，联合国经济和社会事务部统计处出版了《国民经济账户体系及辅助表》（SNA 1953），供实行市场经济的各国参考，其后又进行了三次标志性修订。

经济互助委员会统计委员会根据苏联和东欧、古巴、蒙古国等在国民经济综合平衡统计工作方面的经验，拟定了题名为《国民经济平衡表体系的基本原理》（MPS）的文献，由联合国统计署在1971年出版，供实行集中计划经济的各国参考。

由于这两个体系在概念、定义、分类、计算方法及具体指标上的不同，为了进行国际间比较，指出两个体系之间的异同以及它们相互换算的原则和方法，联合国统计署于1977年又出版了《国民经济核算体系与国民经济平衡表体系的比较：第一篇》。接着于1981年出版了第二篇，利用市场经济的五个工业发达国家、三个发展中国家和实行集中计划经济的两个社会主义国家的真实数据进行实际换算，以检验在第一篇中所提出的那套概念结构。

1984年，经济互助委员会统计常设委员会发表了《编制国民经济统计平衡表的基本方法原则》（新MPS），根据经济互助委员会各国经济形势的发展，在理论基础不变的情况下，加强了对部门联系平衡表、居民收入和消费及非物质服务的反映。

两套国民经济核算体系并行了一段时间，但自20世纪70年代末起，各计划经济国家先后开始了经济体制改革，向市场经济体制转型，物质产品平衡表体系越来越无法适应转型后宏观经济管理的需求，于是这些国家也开始了其核算体系的转型——放弃MPS，转向按照SNA框架建立国民经济核算体系。事实上，到1993年SNA发布其最新版本时，国民经济核算体系已经基于SNA在全球范围内实现了一体化，MPS变成了一个历史名词。有数据显示，截至2010年，78%的联合国会员国遵循SNA 1993进行本国国民经济核算。到2011年，向联合国《国民经济核算：主要总量与细目表》报送数据的国家和地区已经超过200个。

## 二、国民经济核算体系（SNA）的主要变化

SNA自1953年编制以来，其后又进行了三次系统性的修订。

## （一）SNA 1953

SNA 1953 是一个系统描述国民经济运行状况的国民收入和生产核算体系，该体系包括 6 个标准账户、3 个部门、12 张标准表，由此"提供了一个具有普遍适用性的、报告国民收入和生产统计的框架"，可以作为"评价经济发展的可能性趋势、进行政府政策调整"的系统工具发挥作用。

## （二）SNA 1968

SNA 1968 与 SNA 1953 相比，国民经济核算体系的内容得到很大的扩展，在已有国民收入核算的基础上，引入了在此期间形成和发展起来的其他核算内容与方法。其中，最突出的扩展包括：引入投入产出表核算技术，扩展了原来的生产账户；引入资金流量核算技术，使核算能够将金融流量表扩展在内；增设了资产负债表，使核算的内容从经济流量扩展到经济存量；引入国际收支统计，使整个体系成为一个封闭、精巧的框架。此外，SNA 1968 还完善了核算中所涉及的各种分类，并将货物和服务可比价核算数据融入其间。通过整合和扩展，国民经济核算体系的内容框架得到完善，一方面可以更好地服务于宏观经济管理实践；另一方面可以作为国民经济和核算的标准文本，更好地发挥对各国国民经济核算实践的指导作用。

## （三）SNA 1993

SNA 1993 与 SNA 1968 相比，基本核算内容没有显著扩展，其贡献主要体现在对于国民经济核算原理的更新、澄清和简化、协调一致等方面。所谓更新，是指国民经济核算体系针对现实经济生活的进展所进行的改进，比如针对通货膨胀问题专门设置资产重估价账户，以反映通货膨胀的影响；加强服务活动核算，以适应服务业越来越重要的现实；界定资产核算范围和分类，使其向环境经济核算扩展，以应对环境和经济间相互作用这一日益重要的研究和管理目标。所谓澄清和简化，其目的在于对国民经济核算的基本原理给出更加明确的阐述，为世界不同类型的国家应用国民经济核算体系提供便利，使其可以依据这些基本核算原理针对各种情况和制度决定其实际核算处理方法，简化核算人员的工作。所谓协调一致，是指在概念定义、分类、统计方法方面，实现与其他统计体系之间的兼容和一致。

## （四）SNA 2008

SNA 2008 沿用了 SNA 1993 的基本理论框架，其修订主要体现在两个层面上。

第一个层面是核算内容和方法的改进，对经济中出现的一些重要新现象做了处理，对那些日益成为分析焦点的方面进行了详尽的阐述，并对很多问题的核算原则作出了澄清，使核算体系更能适应新的经济环境、方法研究的进展以及用户的需求。主要可分为六个部分。

一是对统计单位的进一步规定以及对机构部门的修订。包括在某些情形下，从事辅助活动的生产单位被确认为单独的机构单位；虚拟子公司不作为机构单位看待，除非对经济体而言，该子公司的常住性不同于某母公司；可确认为一个机构单位的非常住单位的分支机构，澄清了跨国企业的常住性；确认了特殊目的载体；划分为金融公司部门的控股公司；按照子公司的主要活动将公司总部划入相应机构部门；引入非营利机构部门的子部门；扩展了金融服务的定义；修订了金融公司部门的子部门；以反映金融服务、金融市场和金融工具的新发展。

二是包括生产边界在内的交易范围的其他规定。SNA 2008 规定研究与开发不是附属活动，改进了金融中介服务的间接测算方法，确认中央银行生产的服务可以分为金融中介服务、货币政策服务以及对金融公司的监管服务，改进了非寿险服务产出的记录，并参照直接保险来记录再保险，界定包括资本回报在内的住户与公司自给性产出的估价。

三是关于资产、资本形成和固定资本消耗的概念扩展及其进一步规定。引入了经济所有权变更、资本服务的概念、知识产权产品、针对自然资源的资源租赁概念；对资产定义和分类进行了修订，扩展了资产边界，将研究与开发包括在内，扩展了政府固定资本形成，将武器系统支出包含在内；修订了资产物量其他变化账户中的项目；修订了计算机软件资产类别，将数据库包含在内；详细阐述了关于所有权转移费用的处理，将原件与拷贝视为不同的产品，明确定义了矿藏勘探与评估、土地改良、商誉和营销资产以及在某些情况下被记录为资产的水资源；用相关资产的不变质量价格指数，按照加权的平均价格来测算固定资本消耗，使培育性生物资源的定义与非培育性资源的定义相对称。

四是关于金融工具和金融资产的处理和定义的进一步完善。详细阐述对证券回购协议、雇员股票期权、指数关联型债券证券、不良贷款、担保等的处理；修订了对外币关联型债券工具、非上市股权估价的处理；作为金融资产与负债处理的未分配黄金账户，修改了货币黄金和金块的定义；确认了特别提款权负债；将存款与贷款区别开来；确定对证券借贷和黄金贷款的应付费用的处理；修订了金融资产分类；确认基于经济所有权来区分融资租赁与经营租赁以及修订了记录养老金权益的方法。

五是关于政府和公共部门交易范围的进一步规定。澄清了私人、公共、政府部门的界限，详细阐述了对重组机构的处理、对政府发放的许可的处理，建议公营公司的异常支付应记录为权益收回，政府对公营准公司的异常支付应被记录为资本转移，按权责发生制记录税收，税收抵免，澄清了通过公私合伙所创立的固定资产所有权的核算原则，继续将持有收益税记录为所得和财富经常税。

六是 SNA 与国际收支和国际投资头寸手册第六版（BMP6）在有关概念与分类上的协调。确定主要经济利益中心是确定单位常住性的基本依据，明确指出常住性改变的个人的记录方法,建议根据所有权变更原则记录送到国外加工的货物并对三角贸易的核算给出建议。

第二个层面是内容编排的优化,将整个文本分为主干和延伸两个部分。主干部分继续以前版本的内容,阐述国民经济核算的中心框架;在延伸部分提炼不同专题,专门介绍为适应特定需要而对中心框架加以灵活应用的不同方式,从广义看,这些扩展与应用都可以作为中心框架的卫星账户看待。

综上所述,可以看到,经历了相当长的发展,SNA已经形成一套比较完善的方法,成为一国进行宏观核算和分析的必备工具。一方面,SNA可以为一国国民经济总体提供全景描述,核算形成的一套总量数据已经成为各国制定宏观经济政策和商业决策、进行宏观经济分析的重要参考依据;另一方面,SNA在整个政府经济统计体系中处于中心地位,其定义、分类、核算原则以及核算方法已经成为其他各种主要国际统计体系(包括国际收支统计、政府财政统计、货币与金融统计、综合环境经济核算等)的基准,使不同体系下的数据可比、能够衔接,为决策和研究提供了极大的便利。正因如此,世界各国都比较重视国民经济核算,而且比较重视遵循SNA的国际标准构建本国国民经济核算体系。

### 三、国民经济核算体系(SNA)仍需研究的问题

尽管SNA于1995年发布后经过了三次修订,但其完善是一个连续的过程。国民经济核算标准的发展应该是经济发展、统计估计和测量技术进展以及数据收集手段完善等综合作用的产物。SNA 2008并未对目前核算中所有有争议的核算问题给以结论。这些问题主要有以下四个方面。

1. 基本核算规则

主要有:国民经济核算体系与国际会计准则委员会的关系;进一步澄清信托机构的特征;公司的一些支出,如赞助文化体育赛事是否计入公司的最终消费;测算政府服务产出的其他方法;对国外的实物社会转移的处理;国民经济核算体系对基层单位的处理等。

2. 收入的概念

主要有:澄清国民经济核算体系中的收入概念与经济学中收入概念的联系与区别;通过生产法核算GDP,即用基本价格核算,其隐含之意为,产品税减产品补贴是收入的一种形式而不是收入的再分配,如果以基本价格对GDP估价,如何调整账户;产品税是一种收入还是作为消费税;对于人寿保险单,保险公司的留存部分来自准备金的持有收益,这些持有收益是属于投保人的,但是否低估了保险公司的产出;再投资收益、资产带来的收入和从事非正规经济活动所产生的收入的处理和研究等。

3. 与金融工具有关的议题

主要有：对贷款更多地使用公允价值计价和不良贷款拨备的处理等。

4. 非金融资产核算有关的议题

主要有扩展固定资产的边界（包括其他知识产权资产在内）。

### 四、我国国民经济核算制度的历史回顾

20世纪30年代，中国曾经进行国民收入估算。当时"中央研究院社会科学研究所"的巫宝三认为，要研究中国的经济问题，必须掌握国民经济的基本状况和数据，这就需要对中国国民所得问题进行研究。20世纪30年代末，他开始着手筹划这项工作。先是厘定国民所得的概念并进行理论探讨，于1943年撰写了《国民所得概论》一书，介绍了国民所得的含义和各国估计所用的方法，随后与汪馥荪等5位研究人员一起对中国国民所得的实况进行前所未有的精密测算，于1945年完成《中国国民所得（1933）》（中华书局1947年出版）。这是我国在此方面的第一部著作，得到国内外的高度重视和好评。联合国1948年出版的《各国1938—1947年国民所得统计》中的中国部分，介绍了该书并引用了书中的资料。

但比较系统的国民经济核算制度，则是在新中国成立后才开始建立的。与中国经济体制和经济管理模式的演变相适应，中国国民经济核算历史经历了三个阶段：MPS体系的建立和发展阶段，MPS体系与SNA体系并存阶段，在SNA体系下的发展阶段。

（一）MPS体系的建立和发展阶段

1952年，刚刚成立的国家统计局在全国范围开展了工农业总产值调查，从此开始了我国工农业总产值核算。后来，又从工农业总产值核算扩大到农业、工业、建筑业、交通运输业和商业饮食业五大物质生产部门总产值，即社会总产值核算。从1954年开始，国家统计局在学习前苏联国民收入统计理论和方法的基础上，开展了我国国民收入的生产、分配、消费和积累核算。这些核算为当时的国民经济计划和管理提供了重要依据。

1956年，国家统计局派团对前苏联国民经济核算工作进行了全面考察，随后在我国全面推行MPS体系。先后编制了社会产品生产、积累和消费平衡表，社会产品和国民收入生产、分配、再分配平衡表，劳动力资源和分配平衡表等MPS体系中的一系列重要表式。不幸的是，正当这些平衡表的编制工作刚刚起步的时候，恰逢"大跃进"时期的反教条主义运动，编制工作受到了批判，并停止了多数平衡表的编制。"文化大革命"期间，中国的国民经济核算工作完全陷入停顿状态。

"文化大革命"后，中国的国民经济核算工作陆续恢复和发展。首先恢复了

MPS 体系的国民收入核算，随后又编制出两张 MPS 体系的全国投入产出表，即 1981 年投入产出表和 1983 年投入产出表。这些核算在改革开放初期的国民经济计划和管理工作中发挥了重要作用。

（二） MPS 体系与 SNA 体系并存阶段

随着改革开放的深入和国民经济的发展，继续沿着 MPS 的方向恢复和发展的国民经济核算已经不能满足国家宏观经济管理工作的需要。在这种情况下，我国在继续开展 MPS 核算的同时，逐步研究和开展 SNA 核算。1985 年开始 SNA 体系的国内生产总值核算；1987 年开始编制 SNA 体系的投入产出表；1992 年开始编制 SNA 体系的资金流量表。与此同时，从 1984 年起，国务院成立了专门机构，组织领导新国民经济核算体系的研究设计工作。在这一机构的领导下，国家统计局会同有关部门在总结我国当时的国民经济核算实践经验和理论研究成果的基础上，制定了《中国国民经济核算体系（试行方案）》。该方案采纳了 SNA 的基本核算原则、内容和方法，保留了 MPS 体系的部分内容，是一个 MPS 与 SNA 的混合型体系。1992 年 1 月，国务院组织有关方面专家进行论证，通过了这一方案。同年 8 月，国务院办公厅发出了《关于实施新国民经济核算体系方案的通知》，要求在全国范围内分步实施这一体系。

（三） 在 SNA 体系下的发展阶段

从 1993 年起，以取消 MPS 的国民收入核算为标志，中国国民经济核算实际上已经从 MPS 体系和 SNA 体系并存阶段，进入了 SNA 体系的发展阶段。这一阶段，我国开始编制 SNA 体系的资产负债表和国民经济账户，并且对整个国民经济核算制度方法进行了不断的改革。从 1999 年开始，在总结 1992 年以来国民经济核算制度方法改革成果和实践经验、深入研究最新国际标准——1993 年 SNA 的基础上，国家统计局对《中国国民经济核算体系（试行方案）》进行了系统地修改，取消了 MPS 的核算内容，清理了基本概念，修订了基本框架，充实了核算内容，调整了有关表式的指标设置，形成了《中国国民经济核算体系（2002）》。新方案广泛地征求了各方面的意见和建议，已于 2003 年 3 月正式出版，用于规范和指导今后一定时期内我国的国民经济核算工作。

## 本章小结

1. 国民经济是指一个国家或经济整体社会经济活动的总称，即经济各部门及这些单位部门活动内容的综合，是一个国家的整体经济。

2. 国民经济核算是按照一定的核算规则对一国经济运行及其结果情况进行的定量描述。

3. 国民经济核算要回答下列基本问题：谁在做交易（机构单位和部门）；交易的是什么（交易与其他流量）；交易的存量是什么（资产和负债）；谁和什么的其他方面（产品和生产单位）；交易如何核算（核算原则）；交易和存量的整体核算（国民账户体系）。这些构成了国民经济核算的框架。

4. 国民经济核算在监测经济活动，分析宏观经济运行，进行国际比较方面，发挥着重要作用。

5. 国民经济核算是从国民收入统计发展而来的。1953年联合国经济和社会事务部统计处出版了《国民经济账户体系及辅助表》（SNA 1953）。1971年联合国统计署出版《国民经济平衡表体系的基本原理》（MPS）的文献。之后对SNA进行了修订，它是一个不断完善修订的产物。

## 本章重要概念

经济　国民经济　国民经济运行　国民经济核算　国民经济核算框架
SNA　MPS

## 本章复习思考题

1. 简述国民经济运行。
2. 简述国民经济核算的基本框架。
3. 简述国民经济核算的作用。
4. 简述国民经济核算的起源和发展。

## 本章参考文献

［1］联合国，等.2008 国民账户体系［M］.国家统计局国民经济核算司，中国人民大学国民经济核算研究所，译.北京：中国统计出版社，2012.

［2］国家统计局国民经济核算司.中国国民经济核算［M］.北京：中国统计出版社，2004.

［3］闵庆全.国民经济核算综论［M］.北京：经济科学出版社，1989.

［4］高敏雪，李静萍，许健.国民经济核算理论与中国实践（第三版）［M］.北京：中国人民大学出版社，2013.

# 第二章
# 国民经济账户体系

国民经济账户体系，对SNA来说，又称国民经济核算体系。它提供了国民经济核算的结构。本章对国民经济账户做一个综合的概述，为以后各章介绍国民经济核算的内容做铺垫。

## 第一节 国民经济账户体系概述

国民经济账户是借用会计账户形式说明国民经济核算结构的核算工具。要理解国民经济账户体系的内涵，我们首先从账户谈起。

### 一、账户

（一）账户的含义

账户通常是指会计账户。经济主体活动的内容纷繁复杂，要想使这些活动内容便于识别和核算，需要进行科学、细致的分类，赋予不同的名称。这些分类核算的项目称为会计科目，如"库存现金""银行存款""固定资产"等，通过这些科目，可以明确地反映其记录和核算的项目，如"库存现金"科目是记录核算现金情况，"银行存款"是记录核算存款情况，"固定资产"是记录核算固定资产等。会计账户是对会计科目所反映的经济业务内容进行连续系统地记录的一种工具。会计科目与账户之间既有联系又有区别。它们的共同之处在于：两者的名称、内容和分类基本相同。两者的不同之处在于：会计科目没有结构，仅说明反映的经济内容，而账户具有一定的结构能够反映特定内容的增减变动及结果。

（二）账户的基本结构

账户结构，即账户由哪几部分组成，每一部分反映什么内容。不同的记账方法，账户结构是不同的，即使是相同的记账方法，不同性质的账户结构也是不同的。但无论如何，经济业务发生，从数量上来分析，不外乎增加和减少两种情况。因此，账户的基本结构相应地分为两栏：一栏记录增加，另一栏记录减少。增减相抵后的差额为余额，分为期初余额和期末余额。期初余额、本期增加发生额、本期减少发生额和期末余额之间的关系可以用下列公式表示：

期末余额＝期初余额＋本期增加发生额－本期减少发生额。

为便于表述，我们可以将分类账户简化为"T"形账户，如图2-1所示。如果在账户的左方记录增加发生额，右方记录减少发生额，如图2-2（a）所示；反之，如果在账户的右方记录增加发生额，左方则记录减少发生额，如图2-2（b）所示。究竟哪一方记录增加发生额，哪一方记录减少发生额，取决于所采用的记账方法和账户所记录的经济内容。账户的余额方向一般与记录的增加发生额在同一个方向。

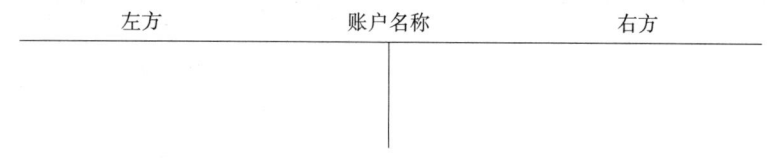

图2-1 账户示意图

| 左方 | 账户名称 | 右方 |
| --- | --- | --- |
| 期初余额增加值 | | 减少额 |
| 本期增加发生额 | | 本期减少发生额 |
| 期末余额 | | |

图2-2 账户示意图（a）

| 左方 | 账户名称 | 右方 |
| --- | --- | --- |
| 减少额 | | 期初余额增加值 |
| 本期减少发生额 | | 本期增加发生额 |
| | | 期末余额 |

图2-2 账户示意图（b）

（三）复式借贷记账法下的账户结构

复式记账法以"资产＝负债＋所有者权益"这一会计等式作为理论依据，对任何一笔经济业务都要在两个或两个以上相互关联的账户中以相等的金额予以记录。借贷记账法是以借贷作为记账符号的一种复式记账法。采用借贷记账方法，每一个账户均设置"借方"与"贷方"两个相反的记账方向，一方反映账户的增加额，另一方反映账户的减少额。账户仍然分为左右两方，习惯上把左方称为借方，右方称为贷方，到底哪一方记录增加额，哪一方记录减少额，取决于账户的性质。所谓账户性质就是账户记录的主要内容，一般分为资产、负债及所有者权益、成本、损益类四种性质的账户。资产类账户的借方登记资产的增加额，贷方记录资产的减少额，余额一般在借方，表示余额的实有数，如图2-3所示。

| 借方 | 资产类账户名称 | 贷方 |
|---|---|---|
| 期初余额<br>本期增加额 | | 本期减少额 |
| 本期借方发生额 | | 本期贷方发生额 |
| 期末余额 | | |

**图 2-3　复式记账的账户结构——资本类**

根据"资产=负债+所有者权益"这一会计恒等式，负债及所有者权益类账户的结构与资产类账户的结构正好相反，其贷方记录负债及所有者权益增加额，借方记录负债及所有者权益减少额，余额一般在贷方，如图2-4所示。

| 借方 | 负债及所有者权益类账户名称 | 贷方 |
|---|---|---|
| 本期减少额 | | 期初余额<br>本期增加额 |
| 本期借方发生额 | | 本期贷方发生额 |
| | | 期末余额 |

**图 2-4　复式记账的账户结构——负债与所有者权益类**

成本类账户的结构与资产类账户相似，借方记录成本的增加，贷方记录成本的减少。如有余额，在借方反映。

损益类账户的结构与所有者权益账户相类似，贷方登记增加额，借方登记减少额，这类账户通常无余额。

## 二、国民经济账户

（一）国民经济账户的含义

国民经济账户是记录国民经济活动主体的每一经济活动行为的账户。如前所述，国民经济既是经济运行环节活动的总和，也是机构部门经济活动的总和，这就需要分门别类地进行记录，就要设置相应的账户。每个账户与经济行为的某个特定方面相关。账户记录流量或存量，显示一个机构单位或一批单位的所有的登录。一般地，账户记录的增加数量与减少数量未必相等，这就要引入一个平衡项。平衡项本身就是有关经济运行过程的有意义的测量指标。如果对经济总体计算平衡项，就会形成一系列重要的总量。

国民经济账户按经济活动的环节设置生产账户、收入分配账户和收入使用账户、资本账户、金融账户等，这里的经济活动环节与经济学意义的经济循环环节含义不同，如上所述，我们把它定义为经济行为的某个特定方面。记录机构单位和部门经济业务的存量，就要设置资产负债表，我们也把资产负债表视为账户。设置资产物量的其他变化账户，记录不仅会导致资产负债的价值变化，还会导致其物量变化的事件。按机构部门还设置非金融公司、金融公司、政府、住户、为住户服务的非营利机构和国外等机构部门账户。

国民经济账户是借用会计账户的形式来说明国民经济核算的结构，不一定就是发布结果时所使用的形式。国民经济账户是逻辑账户，是核算框架的分项，而会计账户是实际核算的分类工具。

（二）国民经济账户结构

国民经济账户和会计账户结构一样，也分为来源与使用两方，按照惯例，来源放在账户的右方，使用放在账户的左方，平衡项视账户性质而定。如生产账户左边记录中间消耗，右边记录总产出，二者的差额既是增加值，也是平衡项，记录在账户的左边。我们接下来介绍国民经济账户体系，还将对国民经济账户结构做详细介绍。

### 三、国民经济账户体系

（一）国民经济账户体系的含义

构成国民经济核算的各个账户的总和称为国民经济账户体系。如前所述，国民经济核算的核心是货物服务的生产，这些生产的货物服务既可能用于核算当期的消费，也可能积累起来留待以后再使用。国民经济账户体系描述经济流量的途径是划分经济体中不同机构单位，针对货物服务在生产和最终消费过程中从一个阶段到另一个阶段的相关交易来构造各个账户；描述经济存量的途径是构造资产负债表。

（二）国民经济账户体系的组成

国民经济账户体系包括两部分内容：综合经济账户和核算体系的其他账户。综合经济账户包括机构部门账户以及经济总体的全系列账户。核算体系的其他账户包括供给使用表、金融交易与金融资产负债表等。机构部门账户我们在前面已经做了介绍,主要有非金融公司账户、金融公司账户、广义政府账户、住户账户、为住户服务的非营利机构账户,以及国外账户。经济总体的全系列账户主要有经常账户、积累账户和资产负债表。

经常账户记录生产以及收入的形成、分配和使用。除了第一个账户外,其他每个账户一开头都将上一个账户的平衡项记录在来源方。经常账户的最后一个平衡项是储蓄,它代表由国内或国外生产所产生的收入中没有被用于最终消费的部分。

积累账户记录资产和负债的变化以及资产净值。积累账户包括资本账户、金融账户、资产物量其他变化账户以及重估价账户。积累账户显示两个资产负债账户之间的全部变化。

资产负债表描述资产和负债以及资产净值的存量。即使没有编制资产负债表,也有必要清晰地理解积累账户与资产负债表之间的理论关系,因为它关系到能否正确地理解积累账户。国民经济账户体系如图2-5所示。

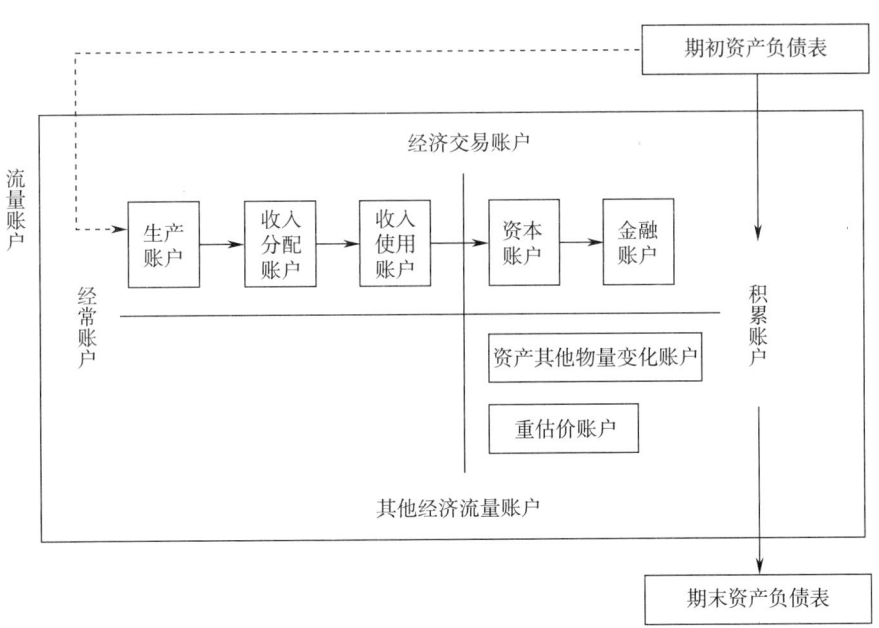

图2-5 国民经济账户体系的组成

在整个国民经济账户体系中,账户的结构是一致的。这种结构既适用于机构单位子部门、部门,也适用于经济总体。然而,有些账户可能与某些部门无关。类似地，并不是所有交易都与每个部门有关，如果有关，它们就构成了某些部门的来源，其他部门的使用。

## 第二节 经常账户

经常账户包括生产账户、收入分配账户、收入再分配账户以及收入使用账户。

### 一、生产账户

生产账户（见表2-1）是国民经济综合账户体系的第一个账户，其来源方记录各机构部门或经济总体在一定核算期内生产的总产出，使用方记录各机构部门或经济总体在生产过程中所消耗掉的货物和服务（中间消耗）。总产出与中间消耗的差额即为增加值，它是生产账户的平衡项。生产账户并没有覆盖与生产过程相关的所有交易，而仅仅覆盖了生产的成果（产出）和生产产出过程中所用掉的货物和服务（中间消耗）。中间消耗不包括固定资本的折旧。后者作为一项单独的交易（固定资本折旧）来记录，折旧形成了平衡项总额和净额之间的差额。

产出要在基本价格和生产者价格之间作出估价方法的选择。不同的估价方法增加值所包含的产品税的程度是不同的。

所有机构部门都设有生产账户。但是，在机构部门的生产账户中，总产出与中间消耗只列出合计数，而没有按产品细分。

生产账户的平衡项是增加值。与经常账户的所有平衡项一样，增加值既可以是总额，也可以是净额。

表2-1　　　　　　　　　　　　生产账户

| 使用 | 来源 |
| --- | --- |
| 中间消耗 | 产出 |
| 增加值 | |

### 二、收入分配账户

由于收入分配和收入再分配过程非常重要，因此有必要区分收入分配的不同步骤，并在不同的账户中分别反映这些步骤。收入分配分为3个主要步骤：初次分配、再分配和实物再分配。

(一) 收入初次分配账户

收入初次分配账户表述了增加值是如何分配给劳动力、资本和政府的。此外，在必要时，还会显示来自国外的流量和流向国外的流量。收入初次分配账户分解为两个子账户：收入形成账户和初始收入分配账户。

收入形成账户（见表2-2）是生产账户的进一步延伸或者说细化，在收入形成账户中，记录了增加值如何分配给劳动力（雇员报酬）、资本和政府（生产和进口税减去生产和进口税补贴）。分配给资本的收入出现在该账户的平衡项中，即营业盈余或混合收入。

表2-2 收入形成账户

| 使用 | 来源 |
|---|---|
| 雇员报酬<br>生产和进口税与生产和进口税补贴（-） | 增加值 |
| 营业盈余<br>混合收入 | |

初始收入分配账户（见表2-3）表述收入初次分配的其余部分。它把营业盈余或混合收入作为来源。对于每个部门，该账户记录应收和应付的财产收入，对于住户部门还要记录应收的雇员报酬；对于政府部门还要记录应收的生产和进口税减去生产和进口税补贴。此类交易也可能出现在国外账户中。初始收入分配账户的平衡项是初始收入。

表2-3 初始收入分配账户

| 使用 | 来源 |
|---|---|
| 财产收入 | 营业收入<br>混合收入<br>雇员报酬<br>生产和进口税与生产和进口税补贴（-）<br>财产收入 |
| 初始收入 | |

(二) 收入再分配账户

收入再分配账户（见表2-4）是记录收入初次分配结束后，各部门通过转移完成收入再分配的账户，但政府和为住户服务的非营利机构的实物社会转移除外。以初始收入为起点，各部门一方面会支付各种经常转移；另一方面会获得经常转移，属于经常转移的项目主要包括向政府缴纳的所得税、社会保险计划的社会缴款和社会福利,以及其他各项经常转移。

经过收入再分配之后,形成各部门的可支配收入,作为收入再分配账户的平衡项。对于住户部门而言,可支配收入可以用作消费和储蓄的收入;对于公司而言,可支配收入是在支付所得税之后的未分配给权益所有者的收入。

表 2-4　　　　　　　　　　　初始再分配账户

| 使用 | 来源 |
| --- | --- |
| 经常转移<br>所得税和财产税等经常税<br>净社会缴款<br>实物社会转移以外的社会福利<br>其他经常转移 | 初始收入<br>经常转移<br>所得税和财产税等经常税<br>净社会缴款<br>实物社会转移以外的社会福利<br>其他经常转移 |
| 可支配收入 | |

（三）实物收入再分配账户

在收入再分配的过程中,实物社会转移包括两部分内容:一是由政府和为住户服务的非营利机构提供的个人服务的非市场生产;二是由政府和为住户服务的非营利机构购买并免费或以非经济意义价格向住户转移的货物和服务。实物再分配账户（见表 2-5）中,实物社会转移的记录方式:住户部门记录为来源、政府和为住户服务的非营利机构记录为使用,平衡项目是调整后可支配收入。

表 2-5　　　　　　　　　　　实物收入再分配账户

| 使用 | 来源 |
| --- | --- |
| 实物社会转移 | 可支配收入<br>实物社会转移 |
| 调整后的可支配收入 | |

## 三、收入使用账户

收入使用账户有两种形式:可支配收入使用账户（见表 2-6）和调整后可支配收入使用账户（见表 2-7）。可支配收入使用账户把收入再分配的平衡项——可支配收入结转过来,记在来源方。调整后可支配收入使用账户则把实物收入再分配账户的平衡项——调整后可支配收入结转过来,记在来源方。对那些进行最终消费的部门（政府、为住户服务的非营利机构和住户）而言,这两个账户都反映了可支配收入或调整后的可支配收入是如何在最终消费和储蓄之间分配的。此外,对住户和养老金而言,两个收入使用账户里还包括一个关于养老金权益变化的调整项。

表2-6　　　　　　　　　　　可支配收入使用账户

| 使用 | 来源 |
|---|---|
| 最终消费支出<br>养老金权益的变化调整 | 可支配收入<br>养老金权益的变化调整 |
| 储蓄 | |

表2-7　　　　　　　　　　调整后可支配收入使用账户

| 使用 | 来源 |
|---|---|
| 实际最终消费<br>养老金权益的变化调整 | 调整后的可支配收入<br>养老金权益的变化调整 |
| 储蓄 | |

两个收入使用账户在来源方的区别取决于它们从上一个账户转过来的平衡项是什么。从使用方来看，二者的区别在于记录的最终消费支出还是实际最终消费。可支配收入使用账户记录的是前者，调整后的可支配收入使用账户记录的是后者。

一个部门的最终消费支出包括围绕货物服务最终消费而发生的交易，该部门是这些消费支出的最终承担者。政府和为住户服务的非营利机构生产非市场货物和服务，记录在其生产账户中，中间消耗或雇员报酬记录为生产账户的使用。用这些非市场货物和服务产出的价值减去其以非经济意义价格出售产品所得到的收入，结果就是这些生产者的最终消费支出。此外，这些单位最终消费支出也包括那些由政府和为住户服务的非营利机构购买的、不经任何改变而最终转移给住户的货物和服务。

住户的实际最终消费包括住户可实际用于个人消费的货物和服务，无论其支出最终由政府、为住户服务的非营利机构还是住户自己承担。政府和为住户服务的非营利机构的实际最终消费等于其消费支出减去实物社会转移，即集体消费。

从经济总体来看，可支配收入等于调整后的可支配收入，同时，最终消费支出等于实际最终消费。只有在考虑有关部门时，它们才存在差别。对于每个部门，最终消费支出与实际最终消费的差别等于其提供或收到的实物社会转移。这个差异也等于可支配收入与调整后的可支配收入之间的差别。由于两个收入使用账户中，记录在来源方的收入的差异等于记录在使用方的消费的差异，因此两个账户的储蓄额相等。

两个收入使用账户的平衡项是储蓄。储蓄是经常账户系列的终结。

## 第三节 积累账户和资产负债账户

### 一、积累账户

储蓄是经常账户的最后一个平衡项，也就成为积累账户的起始项。积累账户包括两组账户，第一组积累账户包括了在储蓄和资本转移是资产净值变化的唯一来源的条件下，记录与资产或负债以及资产净值的全部变化相对应的交易。它又分为资本账户与金融账户。区分这两个账户是为了显示在经济分析中很有用的一个平衡项，即净贷出或净借入。第二组积累账户记录了由其他原因导致的资产、负债和资产净值的变化。

（一）资本账户

资本账户（见表 2-8）记录了与非金融资产获得有关的交易，以及涉及财富再分配的资本转移。账户右方记录了净储蓄、应收资本转移以及应付资本转移，从而得到由储蓄和资本转移引起的资产净值变化。资本账户的使用方包括非金融资产投资的各种形式。固定资本消耗是固定资产的负变化，因此在账户左方以负号记录。在账户的同一方记录固定资本形成总额减固定资本消耗，相当于记录的是固定资本形成的净额。资本账户的平衡项如果是正值，就称为净贷出，衡量一个单位或一个部门的直接或间接地借给其他单位或部门的资金数额；如果是负值，就称为净借入，衡量一个单位或部门不得不从其他单位或部门借入的资金数额。

表 2-8　　　　　　　　　　　　　资本账户

| 资产变化 | 负债和资产净值变化 |
| --- | --- |
|  | 储蓄 |
| 固定资本形成总额 |  |
| 固定资本消耗（-） |  |
| 存货变化 |  |
| 贵重物品的获得减处置 |  |
| 非生产资产的获得减处置 |  |
|  | 应收资本转移（-） |
|  | 应付资本转移（+） |
| 净贷出（+）/净借入（-） | 由储蓄和资本转移引起的资产净值变化 |

（二）金融账户

金融账户（见表 2-9）按照金融工具类型记录金融交易。账户左方记录的交易反映金融资产的净获得,账户右方记录的交易反映负债的净发生,平衡项目还是净贷出或净借入,不过这里出现在账户的右方。原则上资本账户和金融账户计算的净贷出或净借入应当相等。但在实践中,实现这种恒等关系是编制国民经济账户遇到最棘手的问题之一。

表 2-9　　　　　　　　　　　　金融账户

| 资产变化 | 负债和资产净值变化 |
| --- | --- |
| 金融资产净获得<br>货币黄金与特别提款权<br>通货与存款<br>债务性证券<br>贷款<br>股权与投资基金份额<br>保险、养老金和标准化担保计划<br>金融衍生工具和雇员股票期权<br>其他应收/应付款 | 净贷出(+)/净借入(-)<br>金融负债净发生<br>货币黄金与特别提款权<br>通货与存款<br>债务性证券<br>贷款<br>股权与投资基金份额<br>保险、养老金和标准化担保计划<br>金融衍生工具和雇员股票期权<br>其他应收/应付款 |

(三) 资产物量其他变化账户和重估价账户

资产物量其他变化账户记录各种异常事件的影响,这些事件不仅会导致资产和负债价值的变化,而且会导致资产和负债物量的变化。如战争和地震以及分类和结构的变化,都会导致资产负债数量的变化。重估价账户是记录从核算期初或从资产负债进入存量之时以来,到资产负债退出存量之时或者核算期末为止的时期内,由于资产和负债之价格变化而导致的资产或负债价值的变化。

## 二、资产负债账户(资产负债表)

如前所述,资产负债账户(见表 2-10)是记录存量的账户,分为资产与负债和净值两方。记录的内容分为期初存量、交易和其他流量总额期末存量 3 个部分,平衡项为资产净值。

表 2-10　　　　　　　　　　　资产负债账户

| 资产存量及其变化 | 负债存量及其变化 |
| --- | --- |
| 期初存量<br>非金融资产<br>生产资产<br>非生产资产<br>金融资产/负债 | 期末存量<br>非金融资产<br>生产资产<br>非生产资产<br>金融资产/负债 |

续表

| 资产存量及其变化 | 负债存量及其变化 |
|---|---|
|  | 资产净值 |
| 交易和其他流量总额 | 交易和其他流量总额 |
| 非金融资产 | 非金融资产 |
| 生产资产 | 生产资产 |
| 非生产资产 | 非生产资产 |
| 金融资产/负债 | 金融资产/负债 |
|  | 资产净值变化总额 |
|  | 储蓄和资本转移 |
|  | 资产物量其他变化 |
|  | 名义持有损益 |
| 期末存量 | 期末存量 |
| 非金融资产 | 非金融资产 |
| 生产资产 | 生产资产 |
| 非生产资产 | 非生产资产 |
| 金融资产/负债 | 金融资产/负债 |
|  | 资产净值 |

## 第四节 账户的综合表述和账户体系的其他部分

这一节我们讨论前面介绍的账户的综合表述以及账户体系的其他部分，以期对账户体系有一个完整的概念。

### 一、综合经济账户

现在我们可以把前面介绍的不同账户融合在一起，形成综合经济账户（见表 2-11、表 2-12）。表 2-11 是综合经常账户的简化，是前面介绍的表 2-1、表 2-2、表 2-3、表 2-4 和表 2-6 的叠加。在这个表中，交易和其他流量以及平衡项被放在表的中间，左边列示其使用，右边列示其来源。表给出了列数，这可根据需要进行整合和分解。这里简化只列出四列：经济总体（非金融公司、金融公司、政府、为住户服务的非营利机构和住户）、国外、货物和服务、前三列的合计。最后一列没有什么经济意义，但它是保证表的完整性和一致性的方式，因为每一行的左方合计与右方合计必须相等。

表 2-11　　　　　　　　　　整套经常账户的综合表述

| 使用 | | | | 交易和平衡项 | 来源 | | | |
|---|---|---|---|---|---|---|---|---|
| 经济总体 | 国外 | 货物和服务 | 合计 | | 经济总体 | 国外 | 货物和服务 | 合计 |
| | | | | 货物和服务进口 | | | | |
| | | | | 　货物进口 | | | | |
| | | | | 　服务进口 | | | | |
| | | | | 货物和服务出口 | | | | |
| | | | | 　货物出口 | | | | |
| | | | | 　服务出口 | | | | |
| | | | | **生产账户** | | | | |
| | | | | 总产出 | | | | |
| | | | | 　市场产出 | | | | |
| | | | | 　为自己最终使用的产出 | | | | |
| | | | | 　非市场产出 | | | | |
| | | | | 中间消耗 | | | | |
| | | | | 产品税 | | | | |
| | | | | 产品补贴（-） | | | | |
| | | | | 总增加值/国内生产总值 | | | | |
| | | | | 固定资本消耗 | | | | |
| | | | | 净增加值/国内生产净值 | | | | |
| | | | | 对外货物和服务差额 | | | | |
| | | | | **收入形成账户** | | | | |
| | | | | 总增加值/国内生产总值 | | | | |
| | | | | 净增加值/国内生产净值 | | | | |
| | | | | 雇员报酬 | | | | |
| | | | | 生产税和进口税 | | | | |
| | | | | 产品税 | | | | |
| | | | | 其他生产税 | | | | |
| | | | | 补贴 | | | | |
| | | | | 产品补贴 | | | | |
| | | | | 其他生产补贴 | | | | |
| | | | | 营业盈余总额 | | | | |
| | | | | 混合收入总额 | | | | |
| | | | | 营业盈余中的固定资本消耗 | | | | |
| | | | | 混合收入中的固定资本消耗 | | | | |
| | | | | 营业盈余净额 | | | | |
| | | | | 混合收入净额 | | | | |

续表

| 使用 | | | | 交易和平衡项 | 来源 | | | |
|---|---|---|---|---|---|---|---|---|
| 经济总体 | 国外 | 货物和服务 | 合计 | | 经济总体 | 国外 | 货物和服务 | 合计 |
| | | | | 初始收入分配账户 | | | | |
| | | | | 营业盈余总额 | | | | |
| | | | | 混合收入总额 | | | | |
| | | | | 营业盈余净额 | | | | |
| | | | | 混合收入净额 | | | | |
| | | | | 雇员报酬 | | | | |
| | | | | 生产税和进口税 | | | | |
| | | | | 补贴 | | | | |
| | | | | 财产收入 | | | | |
| | | | | 初始收入总额/国民总收入 | | | | |
| | | | | 初始收入净额/国民净收入 | | | | |
| | | | | 收入再分配账户 | | | | |
| | | | | 初始收入总额/国民总收入 | | | | |
| | | | | 初始收入净额/国民净收入 | | | | |
| | | | | 经常转移 | | | | |
| | | | | 所得税和财产税等经常税 | | | | |
| | | | | 净社会缴款 | | | | |
| | | | | 实物社会转移以外的社会福利 | | | | |
| | | | | 其他经常转移 | | | | |
| | | | | 可支配收入总额 | | | | |
| | | | | 可支配收入净额 | | | | |
| | | | | 可支配收入使用账户 | | | | |
| | | | | 可支配收入总额 | | | | |
| | | | | 可支配收入净额 | | | | |
| | | | | 最终消费支出 | | | | |
| | | | | 养老金权益变化 | | | | |
| | | | | 总储蓄 | | | | |
| | | | | 净储蓄 | | | | |
| | | | | 对外经常差额 | | | | |

表2-12是综合经济账户的积累账户和资产负债表。表的左边列示资产或资产的变化；右边列示负债或负债和资产净值的变化。

表 2-12　　　　　　　整套积累账户及资产负债账户的综合表述

| 资产或资产变化 | | | | 交易和平衡项 | 负债或负债和资产净值变化 | | | |
|---|---|---|---|---|---|---|---|---|
| 经济总体 | 国外 | 货物和服务 | 合计 | | 经济总体 | 国外 | 货物和服务 | 合计 |
| | | | | **资本账户** | | | | |
| | | | | 净储蓄 | | | | |
| | | | | 对外经常差额 | | | | |
| | | | | 资本形成总额 | | | | |
| | | | | 资本形成净额 | | | | |
| | | | | 固定资本形成总额 | | | | |
| | | | | 固定资本消耗 | | | | |
| | | | | 按资产类型的固定资本消耗 | | | | |
| | | | | 存货变化 | | | | |
| | | | | 贵重物品获得减处置 | | | | |
| | | | | 非生产资产获得减处置 | | | | |
| | | | | 应收资本转移 | | | | |
| | | | | 应付资本转移（-） | | | | |
| | | | | 由储蓄和资本转移引起的资产净值变化 | | | | |
| | | | | 净贷出（+）/净借入（-） | | | | |
| | | | | **金融账户** | | | | |
| | | | | 净贷出（+）/净借入（-） | | | | |
| | | | | 金融资产/负债净获得 | | | | |
| | | | | 货币黄金与SDR | | | | |
| | | | | 通货和存款 | | | | |
| | | | | 债务性证券 | | | | |
| | | | | 贷款 | | | | |
| | | | | 股票与投资基金份额 | | | | |
| | | | | 保险、养老金和标准化担保计划 | | | | |
| | | | | 金融衍生工具和雇员股票期权 | | | | |
| | | | | 其他应收/应付款 | | | | |
| | | | | **其他流量** | | | | |
| | | | | **资产物量其他变化账户** | | | | |
| | | | | 物量其他变化总计 | | | | |
| | | | | 生产资产 | | | | |
| | | | | 非生产资产 | | | | |
| | | | | 金融资产/负债 | | | | |

续表

| 资产或资产变化 | | | | 交易和平衡项 | 负债或负债和资产净值变化 | | | |
|---|---|---|---|---|---|---|---|---|
| 经济总体 | 国外 | 货物和服务 | 合计 | | 经济总体 | 国外 | 货物和服务 | 合计 |
| | | | | 由资产物量其他变化引起的资产净值变化 | | | | |
| | | | | **重估价账户** | | | | |
| | | | | 非金融资产 | | | | |
| | | | | 金融资产/负债 | | | | |
| | | | | 由名义持有损益引起的资产净值变化 | | | | |
| | | | | **中性持有损益** | | | | |
| | | | | 非金融资产 | | | | |
| | | | | 金融资产/负债 | | | | |
| | | | | 由中性持有损益引起的资产净值变化 | | | | |
| | | | | **实际持有损益** | | | | |
| | | | | 非金融资产 | | | | |
| | | | | 金融资产/负债 | | | | |
| | | | | 由实际持有损益引起的资产净值变化 | | | | |
| | | | | **负债存量及其变化** | | | | |
| | | | | **期初资产负债账户** | | | | |
| | | | | 非金融资产 | | | | |
| | | | | 金融资产/负债 | | | | |
| | | | | 资产净值 | | | | |
| | | | | 资产和负债变化总额 | | | | |
| | | | | 非金融资产 | | | | |
| | | | | 金融资产/负债 | | | | |
| | | | | 资产净值变化总额 | | | | |
| | | | | 储蓄和资本转移 | | | | |
| | | | | 资产物量其他变化 | | | | |
| | | | | 名义持有损益 | | | | |
| | | | | 中性持有损益 | | | | |
| | | | | 实际持有损益 | | | | |
| | | | | **期末资产负债账户** | | | | |
| | | | | 非金融资产 | | | | |
| | | | | 金融资产/负债 | | | | |
| | | | | 资产净值 | | | | |

表 2-11 和表 2-12 共同构成综合经济账户。它提供了包括资产负债账户在内的经济总体账户的完整图像,表述出各主要经济关系及其主要总量。另一种方法是图示法(见图 2-6),它同样也是展示账户体系的方式。

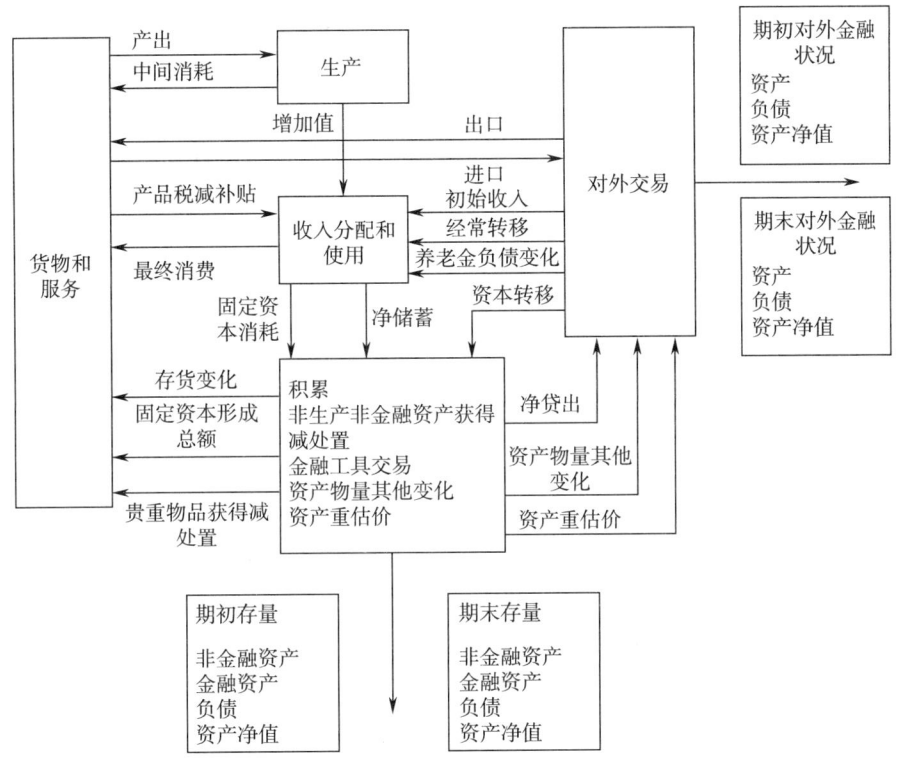

图 2-6 经济总体的综合经济账户

## 二、国外账户

国外账户记录常住机构单位与非常住机构单位之间发生的交易,以及有关的资产和负债的存量。

国外账户是从国外的角度设置的。国外的来源是该经济总体的使用,反之则相反。平衡项为正值,表示国外有盈余,而该经济总体则是赤字,平衡项目为负值则含义相反。

## 三、货物和服务账户

在综合经济账户中,左右两方都列示了货物和服务。通过这两列,记录机构部门账户中的各种货物和服务交易。机构部门账户的货物和服务的使用,记录在右方的货物和服务列下;机构部门账户的货物和服务的来源,记录在左方的货物和服务列下。在表的来源方,货物和服务纵列中显示各部门及国外记录为使用的对应部分:

出口、中间消耗、最终消费、固定资本形成总额、存货变化以及贵重物品获得减处置。在表的使用方,货物和服务纵列显示各部门及国外记录为来源的对应部分:进口和产出。货物和服务账户非常重要,它是人们对 GDP 进行定义的基础。

### 四、账户核算中的总量指标

账户核算体系中的总量指标,如增加值、收入、消费和储蓄等,都是为了反映经济总体的某类活动而测算的综合价值,它们是宏观经济分析使用的重要指标。

有些总量指标可以通过加总账户体系中的某些特定交易直接得到,如最终消费、固定资本形成总额等。有些总量指标可以通过加总机构部门的平衡项得到,如增加值、初始收入、可支配收入和消费等。表 2 – 13 概括了账户体系中的总量指标。

表 2 – 13　　　　　　　　　账户体系中主要总量指标

| 账户 | 平衡项 | 主要总量 |
| --- | --- | --- |
| **经常账户** | | |
| **生产账户** | | |
| 生产账户 | 增加值 | 国内生产总值 |
| **收入分配账户** | | |
| 收入初次分配账户 | | |
| 收入形成账户 | 营业盈余 | |
| | 混合收入 | |
| 初始收入分配账户 | 初始收入 | 国民收入 |
| 业主收入账户 | 业主收入 | |
| 其他初始收入分配账户 | 初始收入 | |
| 收入再分配账户 | 可支配收入 | 国民可支配收入 |
| 实物收入再分配账户 | 调整后的可支配收入 | |
| **收入使用账户** | | |
| 可支配收入使用账户 | 储蓄 | 国民储蓄 |
| 调整后可支配收入使用账户 | 储蓄 | |
| **积累账户** | | |
| 资本账户 | 净贷出(+)/净借入(-) | |
| 金融账户 | 净贷出(+)/净借入(-) | |
| **资产其他变化账户** | | |
| 资产物量其他变化账户 | | |
| 重估价账户 | | |
| **资产负债表** | | |
| 期初资产负债表 | 资产净值 | 国民财富 |
| 资产和负债变化 | 资产净值变化 | |
| 期末资产负债表 | 资产净值 | 国民财富 |
| **资产净值变化的原因** | | |
| 资本账户 | 由储蓄和资本转移引起的资产净值变化 | |
| 资产物量其他变化账户 | 由资产物量其他变化引起的资产净值变化 | |
| 重估价账户 | 由名义持有损益引起的资产净值变化 | |

下面我们就一些常用指标做解释。

1. 国内生产总值（GDP）

首先，GDP 是从增加值这个概念得来的。总增加值是产出与中间消耗之差。GDP 就是所有常住单位的总增加值之和，另外还要加上没有包含在产出估价中的那部分产品税减去产品补贴。

其次，GDP 也等于用购买者价格度量的货物服务最终使用的总和减去货物服务进口的价值。

最后，GDP 等于由常住单位所分配的初始收入的总和。

2. 总额和净额

从理论上来说，增加值不应包括固定资产消耗。因为后者并不是新创造的价值，而是以前创造的固定资产因用于生产过程而逐渐减少的价值。因此，增加值应该是一个净值的概念。同理，国内生产总值也应当是净额，即从 GDP 中扣除固定资产消耗而得出国内生产净值（NDP）。

然而，由于种种原因，常用总额来测量生产和收入。工商会计计算的固定资产折旧通常满足不了 SNA 的要求。因为计算固定资产消耗，要求统计人员对固定资本存量的现值、不同固定资产的使用寿命以及折旧的规模等进行估算。目前，并不是所有国家都能进行的，为了国际比较，一般采用总额计算 GDP。

3. 国民总收入（GNI）

常住单位在生产活动中所形成的初始收入，主要分配给其他常住机构单位，但可能会有一部分分给非常住单位。相应地，一部分由国外形成的初始收入也可能支付给本国常住单位。于是，就产生了国民总收入（GNI）的概念及其测算方法。GNI 等于 GDP 减去应付给非常住单位的初始收入，加上应收自非常住单位的初始收入。GNI 是常住机构单位或部门应收的初始收入总额。与 GDP 不同，GNI 不是增加值的概念，而是一个收入的概念。从 GNI 中扣除固定资本消耗，就得到国民净收入（NNI）。

4. 国民可支配收入

在常住机构单位得到的初始收入中，有一部分可能会转移给非常住单位，同样，常住机构单位也可能收到源自国外初始收入的转移。国民可支配收入等于 GNI 减去应付给非常住单位的经常转移，加上常住单位应收源自国外的此类转移。国民可支配收入测量了经济总体可用于最终消费和储蓄的收入。如果国民可支配收入扣除固定资本消耗，就可得到国民可支配净收入。国民可支配收入等于所有常住机构单位或部门的可支配收入之和。

5. 物量账户

上述各个总量指标都是用现价计算的。为了消除价格变化的影响，反映从一个时期到另一个时期发生的实际变化,需要从物量角度进行计算,即按不变价格计算总量指标。

### 五、账户体系的其余部分

账户体系除上面介绍的主要部分外,还包括核心供给使用表及其他投入产出表、金融交易与金融资产和负债表、完整的资产负债表和资产负债账户、人口与劳动力投入表等。

## 第五节 中国国民经济核算体系

中国国民经济核算体系由基本核算和附属核算两部分构成。基本核算是体系的核心内容,旨在对国民经济运行过程进行系统描述;扩展核算是对核心内容的补充与扩展,重点是对国民经济中的某些特殊领域的活动进行描述。中国国民经济核算体系的基本框架图如图2-7所示。

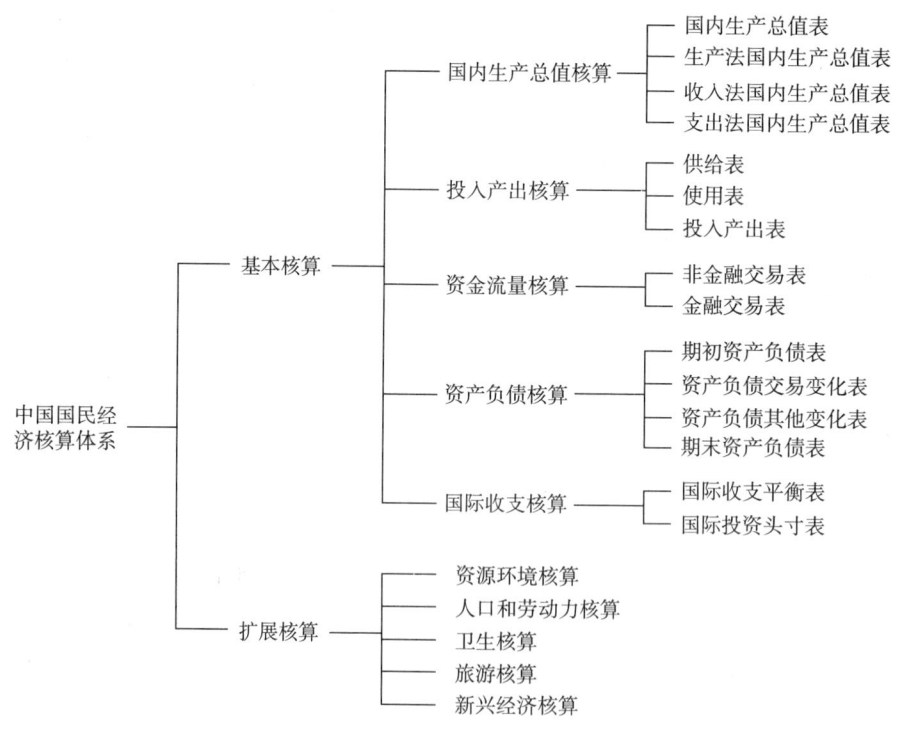

图2-7 中国国民经济核算体系基本框架

（一）基本核算

中国国民经济核算体系中的基本核算，包括了国内生产总值核算、投入产出核算、资金流量核算、资产负债核算、国际收支核算五部分内容。基本核算系统描述了我国国民经济运行全过程，其中的每一部分从某些环节或某些侧面描述了经济运行的过程。

1. 国内生产总值核算

国内生产总值核算描述了生产活动的最终成果的形成和使用过程，是国民经济核算体系的核心内容。具体包括四张表：国内生产总值表概括性反映了三种国内生产总值核算方法的基本构成以及三者之间的计算关系；生产法国内生产总值表；收入法国内生产总值表；支出法国内生产总值表，分别按照国内生产总值的三种不同核算方法，提供了各产业增加值形成、收入分配、最终使用方面的核算内容。有关中国国内生产总值核算的具体内容我们将在第十一章详细介绍。

2. 投入产出核算

投入产出核算是国内生产总值核算的整合和扩展，描述了国民经济各部门在一定时期内生产活动的投入来源和产出使用去向，揭示了国民经济各部门间相互联系、相互依存的数量关系。具体包括三张表：供给表反映了各产业部门生产的产品和各类产品的产业部门来源；使用表反映了各类产品的使用去向以及各产业部门的投入；投入产出表则是按照产品部门分类，体现了各产品部门之间的投入产出关系。有关内容我们将在第十章第三节详细介绍。

3. 资金流量核算

资金流量核算是国内生产总值核算的延伸，以收入分配和资金运动为核算对象，描述一定时期各机构部门收入的分配和使用，资金的筹集和运用情况。具体包括两张表：非金融交易表反映国民经济核算范围内的收入分配过程以及消费、投资活动；金融交易表主要反映各部门参与金融交易的情况，表现一定时期的资金运动状况。

4. 资产负债核算

资产负债核算是对一国和各机构部门经济存量的核算，描述了特定时点的资产负债存量和结构情况，以及资产负债从期初到期末之间发生的变化。具体包括四张表：期初资产负债表反映一国或各部门期初的经济存量水平；在核算期内由于经济交易引起的经济存量的变化则通过资产负债交易变化表反映；因为非经济交易导致的经济存量的变化则由资产负债其他变化表反映；从期初开始通过经济交易和非经济交易引起的资产负债存量的全部变化最终体现在期末资产负债表中。

5. 国际收支核算

国际收支核算全面描述了我国常住单位与非常住单位之间的经济往来关系，一方面反映一定时期内发生的对外经济收支往来，另一方面反映对外资产负债存量及其变动状况。具体包括两张表：国际收支平衡表反映一国当期对外经济交易及其收支平衡状况；国际投资头寸表反映一国对外金融资产和负债的存量状况以及各种因素引起的存量变化。

（二）扩展核算

扩展核算是在国民经济核算基本概念和基本分类的基础上，通过对某些基本概念的扩展和某些基本分类的重新组合，以及改变处理方法等，对国民经济中某些领域的活动或与国民经济有密切关系的领域进行详细的描述，以满足特定类型分析和专门领域管理的需要。扩展核算体现了国民经济核算体系的开放性和灵活性。中国国民经济核算体系的扩展核算具体包括了资源环境核算、人口和劳动力核算、卫生核算、旅游核算和新兴经济核算五部分内容。

基本核算之间及其与扩展核算的关系如图2-8所示。

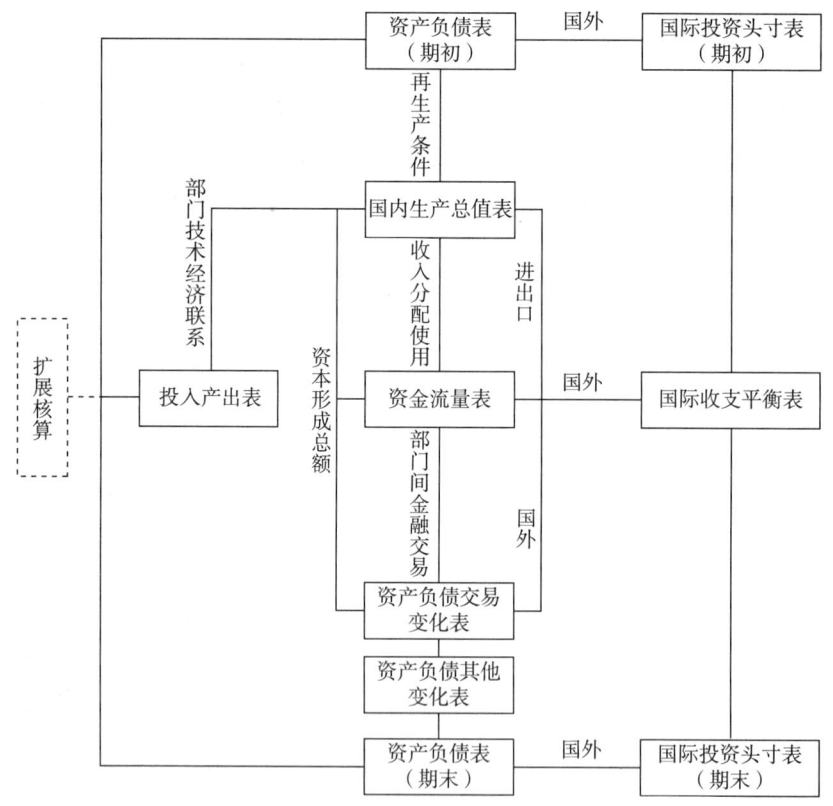

图2-8 基本核算之间及其与扩展核算之间的关系

## 本章小结

1. 账户是指会计账户。国民经济账户是借用会计账户的形式来说明国民经济核算的结构。

2. 构成国民经济核算的各个账户的总和称为国民经济账户体系。它包括两部分内容：综合经济账户和核算体系的其他账户。综合经济账户包括机构部门账户以及经济总体的全系列账户。核算体系的其他账户包括供给使用表、金融交易与金融资产负债表等。机构部门账户主要有：非金融公司账户、金融公司账户、广义政府账户、住户账户、为住户服务的非营利机构账户，以及国外账户。经济总体的全系列账户主要有经常账户、积累账户和资产负债表。

3. 经常账户记录生产以及收入的形成、分配和使用。除了第一个账户外，其他每个账户一开头都将上一个账户的平衡项记录在来源方。经常账户的最后一个平衡项是储蓄，它代表由国内或国外生产所产生的收入中没有被用于最终消费的部分。

4. 积累账户记录资产和负债的变化以及资产净值。积累账户包括资本账户、金融账户、资产物量其他变化账户以及重估价账户。

5. 资本账户记录了与非金融资产获得有关的交易，以及涉及财富再分配的资本转移。积累账户显示了两个资产负债账户之间的全部变化。

6. 金融账户反映了常住机构部门运用各种金融工具所实现的各种金融交易，以及这些交易的净成果，即资金的净借入或净借出。

7. 资产负债表描述了资产和负债以及资产净值的存量。

8. 国外账户记录常住机构单位与非常住机构单位之间发生的交易，以及有关的资产和负债的存量。

9. 账户核算体系中的总量指标，如增加值、收入、消费和储蓄等，都是为了反映经济总体的某类活动而测算的综合价值，它们是宏观经济分析使用的重要指标。

10. 账户体系除上面介绍的主要部分外，还包括核心供给使用表及其他投入产出表、金融交易与金融资产与负债表、完整的资产负债表和资产负债账户、人口与劳动力投入表等。

11. 中国国民经济核算体系由基本核算表和附属核算表两部分构成。其中，基本核算表是核心部分，附属核算表是对核心部分的补充。

12. 中国国民经济核算体系的基本核算包括国内生产总值核算、投入产出核算、资金流量核算、资产负债核算、国际收入核算五部分内容。中国国民经济核算体系的扩展核算包括资源环境核算、人口和劳动力核算、卫生核算、旅游核算和新兴经济核算五部分内容。

## 本章重要概念

账户  国民经济账户  国民经济账户体系  机构部门账户  经济总体的全系列账户
经常账户  生产账户  收入分配账户  收入初次分配账户  收入再分配账户
实物收入再分配账户  收入使用账户  积累账户  资本账户  金融账户
资产物量其他变化账户  重估价账户  资产负债账户  国外账户

## 本章复习思考题

1. 简述国民经济账户体系的构成及其核算的内容。
2. 简述中国国民经济账户体系的构成及其核算的内容。
3. 国民经济账户体系在实际国民经济核算中有何作用？

## 本章参考文献

［1］联合国，等. 国民经济核算体系（1993）［M］. 北京：中国统计出版社，1995.

［2］联合国，等. 国民经济核算体系（2008）［M］. 北京：中国统计出版社，2011.

［3］国家统计局. 中国国民经济核算体系（2016）［M］. 北京：中国统计出版社，2016.

［4］高敏雪，李静萍，许健. 国民经济核算原理与中国实践（第三版）［M］. 北京：中国人民大学出版社，2013.

［5］钱伯海. 新国民经济核算原理［M］. 北京：中国统计出版社，1994.

［6］许宪春. 中国国民经济核算体系改革与发展（修订版）［M］. 北京：经济科学出版社，1999.

# 第三章
# 存量、流量和核算规则

本章讨论国民经济核算中存量和流量这两个概念以及核算的基本规则，为讨论国民经济核算的具体内容，打下核算理论方法的基础。

## 第一节 存量与流量

存量和流量是表现一定时期国民经济总体状况的两类总量。这一节我们介绍存量、流量所反映的内容及其相互关系和与此相关的平衡项。

### 一、存量和流量的关系

存量是一个时点的价值，流量是经济价值在一个时期内的变化。存量出现在资产负债表中。流量出现在所有账户和表中。在机构部门完整的账户序列中，流量账户由经常账户和积累账户组成，经常账户反映生产、收入分配和收入使用；积累账户反映两个资产负债表的全部变化。为了保持核算体系的完整和一致，以存量测算的经济价值在两个时点间的全部变化必须等于流量。二者的关系用公式表示为

$$期初存量 \pm 期间的流量 = 期末存量$$

存量是以一定资产或负债在持有期内伴随某些物量或价值变化而连续增减的结果。资产是一种价值储藏，反映经济所有者在一定时期内通过持有或使用该实体而产生的经济利益。它是价值从一个核算期向另一个核算期结转的载体。经济流量反映经济价值的产生、转移、转化、交换、转移或消失；它会涉及机构单位的资产和负债在物量、构成或价值方面的变化。

经济流量分组合计计入账户中。在账户中，左方记录经济流量的流出；右方记录经济流量的流入。为了使账户左方的价值等于右方的价值，就要设置一个平衡项。平衡项的价值为一方账户的价值减去另一方的价值。平衡项在价值小的一方。当然，平衡项并不单单是为了确保账户平衡，它还蕴藏了大量的信息。

## 二、存量

存量是某一时点的资产或负债的结存额。为了讨论存量,有必要先定义资产和负债。

如前所述,资产是指经济资产。资产是一种价值储藏,反映经济所有者在一定时期内通过持有或使用该实体而产生的经济利益。它是价值从一个核算期向另一个核算期结转的载体。资产分为金融资产与非金融资产。金融资产是与金融负债相对应的概念,实质就是融资的工具。作为融资工具,对融出者而言,它是金融资产,对融入者而言,它是金融负债。从总量上来看,金融资产应等于金融负债,金融负债就是负债。非金融资产包括固定资产、存货等实物资产。非金融资产还进一步区分为生产性资产和非生产性资产两类。这部分内容我们在第八章还将详细介绍。

## 三、流量

流量分为两种类型:交易和其他流量。

### (一)交易

交易是一种经济流量。这种流量是机构单位之间基于共同协议所发生的相互作用,或者是某个机构单位内部的行为。交易按共同协议进行,这意味着机构单位间彼此事先知道并同意。但这并不意味着两个单位一定是自愿进行交易的,因为某些交易是由法律强制规定的,如纳税和其他强制性转移。

交易可以采取不同的分类方式。首先可以分为货币交易和非货币交易。货币交易是以货币支付或发生负债的交易。例如,货物的购买或出售按每单位货物一定数量的货币单位进行,劳动力的雇用或按每小时或每天一定数量的货币单位进行。

其次,交易可分为有对应物交易与无对应物交易。货物服务消费支出、证券、工资薪金、利息、红利和租金的获得,都是双边交易,在这种交易中,一方向另一方提供货物、服务、劳动力或资产,然后会得到对应价值作为回报。此类有对应物的交易又称为交换。另一类双边交易如税收和社会救济福利等,一方向另一方提供货物、服务或资产,但不获得对应物作为回报。这类无对应物交易称为转移。转移进一步分为经常转移和资本转移。资本转移的特点在于:在这种转移中,会发生资产(而非现金或存货)所有权的转移,或者会导致一方或双方有义务获得或处置其资产(而非现金或存货)。资本转移是对财富的再分配,但不会影响储蓄,如资本税和投资补助金等。其他转移被称为经常转移。经常转移是对收入进行再分配,收入税和社会福利等都属于经常转移。

为了更清楚地揭示交易所反映的经济关系,在国民经济核算的记录中,对一些交易进行了重新安排。

(1) 改变交易流程。这是按照不同于实际发生的途径来记录所发生的交易，或者要记录从经济意义上来看已经发生，但从实际记录来看并未发生的交易。如社会保障缴款，实际中雇主通常会从雇员工资薪金中扣除雇员需要交纳的社会保障基金。此外，雇主也可能代表雇员用雇主自有资金支付社会保障基金。然而，在国民经济核算中，这些雇主缴款被处理为雇员报酬的一部分，记录为雇员的支付。外国直接投资企业留存收益的处理是第二个改变流程的例子。外国直接投资企业的收益可能会全部保留在企业内，应将其视为外国所有者有意识作出的投资决定。同样，人寿保险基金准备金所获得的财产收入应视为首先支付给保单持有者，然后作为追加保险费再支付给保险企业，实际上这种财产收入是由保险企业留存下来的。因此，个人或住户的储蓄包括了改变流程的财产收入的数额，而保险企业的储蓄则不包括相应的数额。

(2) 分割交易。分割交易是把交易各方视为单一的交易记录划分为两个或多个不同分类的交易。例如，承租人依照融资租赁实际支付的租金，不能记录为对服务的支付，而是要分解为本金偿还和利息支付两项交易。对所付租金的分割反映了对融资租赁所持的经济观点和相应的处理方法。它被视为出租人对承租人的贷款。

(3) 代表其他参与方进行交易的单位。许多经济活动由一个单位替交易双方安排实施交易，交易一方或双方以手续费作为酬金。这种交易记录在交易双方的账户上，而不是记录在促成交易的第三方账户中。

(二) 其他流量

其他流量是指不是源于交易的资产负债的价值变化。这些流量因其不符合交易的特征而不作为交易。如资产的无偿没收，由自然事件，如地震引起的资产价值的变化等。其他流量是其他资产价值变化引起的，表现在资产物量的其他变化和持有收益和损失。

资产物量的其他变化。它分为三种主要类型：第一种类型涉及除交易原因以外的资产和负债的出现和消失，其中一些可能与自然产生的资产相关，如发现了地下的资源等；第二种类型为外部效益和灾害的影响，如自然灾害或战争等毁坏资产等；第三种类型为结构变化导致资产负债价值的变化，如机构的变化、资产负债分类的变化等。

持有收益和损失。持有收益和损失是指资产和负债的持有者在持有期间因价格发生变化所造成的收益或损失。也就是说，持有期间资产负债本身没有发生变化，只是价格变化所造成的收益或损失。这里的资产和负债应是机构单位的主要资产和负债。如固定资产、存货、非生产资产、金融资产等。

## 四、平衡项

平衡项是通过从账户一方项目总价值中减去另一方项目总价值所得到的。它不能独立于其他项目进行计量,分为流量账户的平衡项和资产负债表的平衡项。

### (一) 流量账户的平衡项

平衡项并不只是用来确保账户平衡。各个平衡项经常会作为评价经济现象的重要宏观经济指标。以下是从国民经济账户体系中产生出来的平衡项:增加值或国内生产总值、营业盈余、可支配收入、储蓄、净贷出/净借入、对外经常账户差额。

### (二) 资产负债表的平衡项

资产净值被定义为实体拥有的所有非金融资产和金融资产价值减去所有的未偿负债的价值,资产净值是资产负债表的平衡项。资产净值的计量不能脱离其他项目,它与任何特定交易没有关系。

资产净值是一种存量价值,不同种类的交易和其他流量都可以引起资产净值变化。如同任何资产总量变化可以通过核算期内交易和其他流量变化来描述,资产净值总量可以根据引起资产和负债总价值的交易和其他流量来体现。

## 第二节 记账方法与记录时间

从这节开始,我们介绍核算的规则,主要有记账方法与记录时间、估值、汇总、轧差(取净值)、合并。

### 一、记账方法

记账方法是根据一定的原理、记账符号、记账规则,采用一定的计量单位,利用文字和数字在账簿中登记经济业务的方法。按记录方式的不同,记账方法可分为单式记账法和复式记账法两大类。

单式记账法是对发生经济业务之后所产生会计要素的增减变动,只在一个账户中进行登记的方法。通常只登记库存现金和银行存款的收付以及应收、应付款的结算。单式记账法适用于业务简单或很单一的经济个体和家庭。单式记账法只能反映经济业务的一个侧面,账户之间不形成相互对应的关系,因此不能全面、系统地反映经济业务的来龙去脉,也不便于检查账簿记录的正确性。

复式记账法是单式记账法的对称。复式记账法是对每项经济业务按相等的金额在两个或两个以上有关账户中同时进行登记的方法。复式记账法又分为借贷记账法、收付记账法和增减记账法。

以上是讨论微观主体的记账法。从宏观核算分析的角度，我们把复式借贷记账法区分为垂直复式记账法、水平复式记账法、四式记账法三大类。

（一）垂直复式记账法

垂直复式记账法的主要特点是每笔交易最少产生两笔记录，在交易者账簿中作一笔贷方分录和一笔借方分录。这样可以确保所有交易的贷方分录的合计等于借方分录的合计。

其他流量在资产净值变化项下直接登记。因此，垂直复式记账法可以保证一个单位的资产负债表基本恒等，即资产总值等于负债总值加上资产净值。

（二）水平复式记账法

水平复式记账法是反映不同实体之间用一致的记账方法。它意味着，如果两个以上单位进行交易，则这些单位记录的交易额必须保持一致。

（三）四式记账法

四式记账法是垂直复式记账法和水平复式记账法的同时应用，即一笔交易在对应双方会引起四笔登录。通过四式记账法可以用一致的方法处理多个分别执行垂直复式记账法的交易者。与企业会计不同，国民经济核算需要平行处理大量发生在单位之间的相互交易，因此要特别注意一致性问题。例如，一个单位负债会对应另一个单位金融资产，因此在估价、记录时间以及分类上保持一致，以避免按部门或经济总体汇总各单位资产负债表时出现矛盾。所有交易和其他流量都应如此，这样才不会影响资产负债表。

## 二、记录时间

（一）记录时间的选择

前面我们讨论存量和流量核算，它们都涉及记录时间的选择问题。但资产负债表对应特定的时点，而流量则是分散在某一选定核算期内所发生的各项交易和其他流量的总和。因此，必须明确流量记录时间的规则，说明各种分散发生的流量应该记录在哪个核算期；核算期内各流量的确切记录时间，以区分由交易引起的资产净值变化和因持有收益或损失引起的资产净值的变化。

确定交易记录时间所面临的问题：机构单位的活动时常会持续一段时间，其间存在好几个可以识别该交易的重要时刻。例如，商业销售是从出售者与购买者之间签订合同开始的，然后会有某个交货日期或多个支付日期，直到出售者得到最后一笔支付日期的货款，销售才算完成。以上每个不同时刻在某种程度上都具有经济意义。

同样，在政府财政支出中，也有许多重要日期：预算被立法机关表决通过的日期、财政部门授权某个部门支付资金的日期、各部门承担具体义务的日期、交货发生的日期等。

以上可辨别的时间都进行记录，在理论上都是可能的，但会加重核算的负担。一般要在考虑宏观经济分析的需要、也能在微观上可行、可能获得核算资料中进行选择。通常是在现金收付制、到期应付制、承诺制和权责发生制几种记录流量的方法之间进行选择。一般选择权责发生制。

（二）选择权责发生制作为时间记录的原则

选择记录时间从核算制度上有现金收付制、到期支付制、承诺制和权责发生制。

在现金收付制下，流量在收到或支付现金时才记录。它的一个优点是避免了那些与非货币流量估价相联系的问题。但现金收付制不能作为一般原则应用于国民经济核算，因为支付的时间可能与经济活动和交易发生的时间显著不同，并且现金收付制不适用于记录非货币流量。

到期支付制，是指造成现金支付的流量在可进行支付而不产生额外费用或罚款的最晚时间记录的制度。到期支付制比现金收付制提供了更全面的货币流量描述，其缺点仍然是仅登录货币流量。

在承诺制度下，流量在单位承诺一笔交易时记录。通常这一制度仅适用于资产、商品和服务的购买。

权责发生制核算是在经济价值被创造、转换、交换、转移或消失时记录各流量。也就是说，所有权变更的流量在所有权转移时记录，服务在提供时记录，产出在产品创造时记录，中间消耗在材料和用品使用时记录。权责发生制核算与经济活动和流量存量界定一致，且可以用于非货币流量核算。

（三）货物服务获得的记录时间

货物获得的记录时间是货物的所有权发生转移的时刻。当所有权变更不明显时，若没有记录，则可参照货物的物理占有和支配的时刻作为记录时间。货物的进口和出口在所有权变更发生时记录。如果没有说明所有权变更日期的资料，则强制性假设该货物在所有权变更前后很短时间内就越过了有关国家的边界。服务在提供时记录。

（四）再分配交易的记录时间

按一般规则，分配交易在有关债权产生的时刻记录。雇员报酬、利息、地租、社会缴款和福利均在应支付数额形成的时刻记录。税金是在基础交易或其他流量产生纳税义务时登录。对某些分配交易而言，权责发生的时间可能取决于单位何时分配收入或作出转移的决定。如果股息额不能明确地归于一个特定的赚取期，那么股息应在宣布除息时记录。

（五）金融资产和负债交易的记录时间

金融资产交易的记录以所有权变更为准。一项金融交易所涉及的双方各自账簿中可能是以不同日期记录的，由于结算程序、支票邮寄时间等原因，它们得到交易证明文件的时间可能不一致。如转让存款所涉及的金额比较大，按一致要求，双方应以同一日期记录交易。若所有权变更的准确日期不能确定，那么起决定作用的应该是全部完成的日期。证券的交易日期可能早于结算日期，双方应按证券所有权变更的时间记录，不应按正式移交时间记录。

（六）其他交易的记录时间

产出应在生产过程发生的日期记录。货物和服务的中间消耗应在货物或服务进入生产过程的时间记录，该时间不同于生产者获得相应货物或服务的时间。存货增加在获得时记录，存货减少在售出、中间消耗或其他方式放弃时记录。固定资产消耗的记录时间与其估值的时间联系在一起。

## 第三节 估值

一般来说，一笔交易必须在交易双方的各个账户中以相同的价值加以记录。但市场的价格是不断变化的，核算期内期初的价格有可能与期末的价格不一致，为了统一衡量流量和存量的规模，就需要对核算对象进行估值。

### 一、估值的一般原则

估值只是以货币单位测度核算对象的价值，即核算的对象，如货物服务和其他资产可以交换多少货币，而不是确定这些核算对象有多大的经济效用。

交易是按照双方约定的实际价格来估价的，因此市场价格就成为核算估价的基础。如果没有市场交易，可参照类似货物或服务的市场价格来估价。

资产和负债应按照编制资产负债表时的当期价格来记录，而不是按原价来记录。从理论上来说，在国民经济核算中，资产负债的价值应连续不断地按照当期价格进行重估。事实是这些重估只能定期进行。资产负债恰当估价的基础是在需要估价时可以在市场上有它们的价格。估计时最好采用市场上的实测价格，或根据实测市场价格估算出来的价格。

内部交易应按交易发生时的当期价格进行估价，而不是按照原价。这些内部交易包括存货的入库和出库、中间消耗以及固定资本消耗等。

## 二、交易的估价

交易的市场价格是指购买者愿意从有意出售者手中获得某物所支付的货币额。市场价格仅指一定条件下一个特定交换的价格。即使交换环境几乎完全相同，同一单位进行第二次交换所形成的市场价格也可能不同。这与市场报价、世界市场价格、通行价格、合理市场价格，或者其他任何以表达某类假定相同交换的一般价格（不是特定条件的实际价格）等是不同的。此外，市场价格不应该必然地被认为等价于自由市场价格。也就是说，不能认为市场交易仅在纯粹的竞争市场内发生。事实上，市场交易可能发生在卖方垄断、买方垄断或任何其他市场结构中。

在交易发生前，双方达成的协议价格一般也认定为市场价格。在多数情况下，实际交换价值代表了市场价格。涉及倾销及打折交易的价格是市场价格。市场价格是购买者考虑销售者所采取的所有诸如退税、退款等措施后的应付价格。

金融资产和负债按获得或处置时的价格记录。金融资产和负债交易不应记录佣金、手续费以及各种税等。金融工具的估价要将佣金等扣除在外，这种处理不同于非金融资产的估价。非金融资产估价将所有权转移的全部成本包括在内。

农产品出厂价格会低于市场价格，因为它没有包括运输费用。另外，在某种农作物只有一小部分上市时，其价格要高于所有该种农作物都上市的价格。只有在类似产品被大量地、在相似环境下进行交易形成的价格，才是恰当的价格。不具备这些条件时，必须对所观察价格进行调整。

易货贸易的商品既在生产完成时估价，也在为消费或形成资本而获得时估价。易货贸易不存在批发或零售加价，但可能存在货物运输费用，甚至不排除有税收和补贴。这些都在估价中反映出来。

资产的估价分为金融资产与非金融资产两个部分。非金融资产又分为房屋、机器设备等。它们有减值的一面（如机器设备的磨损等），也有升值的一面（如房屋等）。这需要具体分析资产的状态而给予估价。

## 三、其他流量的估价

其他流量的估价包括资产物量的其他变化的估价和持有期收益和损失估价两个部分。资产物量的其他变化的估价，通常可分别估计资产物量变化前后的价值然后求其差额，该差额不属于任何交易而作为其他变化的价值。金融资产和负债的其他物量变化按类似金融工具的市场对应价格记录。

无论是非金融资产还是金融资产和负债，持有收益和损失都会持续产生。一般来说，持有收益和损失要通过从资产（或负债）价值总变化中扣除那些因交易和物量其他变化所引起的变化估算得到的。

### 四、金融资产和负债存量的估价

在资产负债表报告日，金融资产负债存量的估价方法应该是，如果当日通过市场交易购买这一存量规模，所支付的费用是多少，那么金融资产或负债的存量的价值就是多少。许多金融资产或负债定期在市场进行交易，因此可直接利用这些市场报价进行估价。如果金融市场在资产负债表报告日关闭，估价可采用市场开放时最近日期的价格作为市场价格。

对那些从不或偶尔在金融市场上进行交易的金融资产和负债的估价，有必要估算其公允价值，该价值可以逼近市场价格。

## 第四节 汇总、合并、轧差

数据经估值后，需要整理，即需要汇总、合并或轧差。

### 一、汇总

汇总是指将某一机构部门或分支部门中所有机构单位的流量、存量数据进行加总，或将某一类别下的所有资产或负债数据进行加总。将某一机构部门或分支部门中所有机构单位的数据进行汇总，要能够保留这一部门或分支部门中所有机构单位之间的债权和债务数据。也就是说，汇总不会引起各机构单位间有关债权和债务数据的抵销。在这个过程中，不剔除同一类别或有关类别的支出或收入。

对于部门和分部门来说，有关资产和负债的数据通常被汇总列入主要的分类。如按机构部门或产业部门分类，或按资产负债进行分类等。在编制主要的金融资产和负债表时，需要进行进一步的汇总，如将主要类别的货币资产综合起来，形成货币总量，或将对不同部门的主要债权相加，编制信贷总量数据等。

### 二、合并

合并是指冲销属于一个集团之内的机构单位之间发生的存量和流量。合并能够在经济总体、集团、机构部门和机构子部门层次上进行。不同层次的合并将适合于不同类型的分析目的。例如，经济总体层次上金融账户的合并是强调该经济总体与所有非常住机构部门的融资状况，因为所有常住单位的融资状况都是在合并基础上取得的净额；金融公司层次上的合并导致了金融中介和金融辅助中所有存量和交易的冲抵，从而发生金融部门与国内其他常住者和非常住者的交易记录，使得有可能追踪净借出机构部门与净借入机构部门之间全部的资金流动情况，并识别其中的金融中介机构；金融公司子部门层次上的合并，将能够提供有关金融中介活动的详细信息，并还有可能弄清楚中央银行与其他金融中介机构的交易。

合并涉及冲销被合并的机构单位间发生的所有交易和债务人/债权人关系。换言之，若同组中一个机构单位的交易与另一个机构单位记录的同一交易匹配，则这两项交易冲销。例如，金融公司的一个子部门拥有另一个子部门发行的债券（其他存款公司拥有中央银行的债券），若将这两个单位的数据合并，则该债券的存量既不在合并后的负债方也不在资产方记录。

### 三、轧差（取净值）

轧差（取净值）是指在统计数据的记录过程中，某些基本项目的价值与账户另一方的项目相互抵消，或与账户另一方的项目具有相反符号的数据组合。例如，在收入类别中的轧差或取净值是指收入类别中剔除了对有关收入的退款；在支出类别中的轧差或取净值是指支出类别剔除了因错误或未经授权的交易而出现的同一支出的流入。

许多类别的流量和存量可以按总额表示，也可以按净额（轧差）表示。表示方法的选择，与汇总相似，也是取决于若干因素。其中主要应考虑的因素是：（1）流量或存量的类别；（2）为了得到净额而可能减去的那些项目的性质；（3）表示方法的分析效用。

在个体和内部核算中，流量和存量的表示方法的一条基本原则是，以总量形式收集和编制流量存量数据。也就是说，对一特定的交易人或一组交易人的债权不应当与其负债进行轧差或取净值。例如，一家存款性公司可能对某一客户有贷款余额，而该客户又是该公司的存款人，这家金融公司的资产（贷款债权）不应与其负债（借款人存款）进行轧差或取净值。

关于金融资产和负债交易的轧差或取净值，有一个轧差或取净值的程度问题。这意味着，取决于分析的需要来决定轧差（取净值）与否以及轧差（取净值）的幅度。轧差或取净值的程度可被分类为以下五种类型：

（1）不进行轧差（取净值）或完全按总量登记，即分别记录资产的购买与出售、负债的发生与偿还。

（2）在某一特定资产内轧差或取净值。例如，从获得的债券中扣除出售的债券；从以债券形式新发生的负债中减去偿还的债券等。

（3）在某类资产中进行轧差或取净值。例如，从购买除股票外证券的总额中减去这类资产的全部销售额。

（4）在同一类别的资产中，将负债交易与资产交易进行轧差或取净值。

（5）在同一组中，一组负债交易与一组资产交易进行轧差或取净值。

## 本章小结

1. 存量是一个时点的价值，流量是经济价值在一个时期内的变化。二者的关系是：期初存量±期间的流量＝期末存量。

2. 流量分为两种类型：交易和其他流量。交易是机构单位之间基于共同协议所发生的相互作用，或者是某个机构单位内部的行为。交易可以采取不同的分类方式。首先可以分为货币交易和非货币交易；其次，交易可分为有对应物交易与无对应物交易。为了更清楚地揭示交易所反映的经济关系，在国民经济核算的记录中，对一些交易进行重新安排：（1）改变交易流程；（2）分割交易；（3）代表其他参与方进行交易的单位。

3. 其他流量是其他资产价值变化引起的，表现在资产物量的其他变化和持有收益和损失。

4. 平衡项是通过从账户一方项目总价值中减去另一方项目总价值所得到的。

5. 记账方法是根据一定的原理、记账符号、记账规则，采用一定的计量单位，利用文字和数字在账簿中登记经济业务的方法。从宏观核算分析的角度，我们把复式借贷记账法区分为垂直复式记账法、水平复式记账法、四式记账法三大类。

6. 国民经济核算选择权责发生制作为时间记录的原则。

7. 估价是以货币单位测度核算对象的价值，市场价格应为核算估价的基础。

8. 汇总是指将某一机构部门或分支部门中所有机构单位的流量、存量数据进行加总，或是将某一类别下的所有资产或负债数据进行加总。

9. 合并是指冲销属于一个集团之内的机构单位之间发生的存量和流量。

10. 轧差（取净值）是指在统计数据的记录过程中，某些基本项目的价值与账户另一方的项目相互抵消，或与账户另一方的项目具有相反符号的数据组合。

## 本章重要概念

存量　流量　交易　其他流量　垂直复式记账法　水平复式记账法
四式记账法　估价　汇总　合并　轧差

## 本章复习思考题

1. 简述存量、流量、平衡项的含义及其相互关系。

2. 简述交易和其他流量所反映的内容。
3. 国民经济核算的记账方法是什么？
4. 国民经济核算记录时间的原则是什么？
5. 国民经济核算估价的基础是什么？
6. 如何对存量和流量进行汇总、合并和轧差？

## 本章参考文献

［1］联合国，等.2008 国民账户体系［M］.国家统计局国民经济核算司，中国人民大学国民经济核算研究所，译.北京：中国统计出版社，2012.

［2］国际货币基金组织.货币与金融统计手册和编制指南，2016.

［3］国际货币基金组织.2014 年政府财政统计手册，2014.

# 第四章
# 机构单位与部门

国民经济活动的交易主体是机构单位与部门。掌握这方面的基本概念、类别、主要内容和核算范围,是理解国民经济核算体系的重要基础。

## 第一节 机构单位与部门概念

机构单位是国民经济活动的微观基础,相同或类似的机构单位组成机构部门,公司、政府部门、住户部门、为住户部门服务的非营利机构、国外部门等,都是国民经济核算中的机构部门。

### 一、机构单位

国民经济总体是由千千万万个经济主体构成的,包括企业、政府、住户等,国民经济核算将构成经济总体的每个经济主体表述为机构单位。

机构单位是指能够以自己的名义拥有资产、发生负债、从事经济活动并与其他实体进行交易的经济实体。机构单位的主要属性有:

1. 机构单位有权以自己的名义拥有货物或资产,并因此能够通过与其他机构单位的交易变更对货物或资产的所有权;

2. 机构单位能够作出经济决策、从事经济活动,并以自己的名义在法律上承担相应的直接责任;

3. 机构单位能代表自己发生负债,或承担其他的义务、承诺、签订合同等;

4. 机构单位或者编制有一套包括资产负债表在内的全套账户,或者在被要求时,有可能编制出这样的全套账户,而且从经济观点看,这种编制是有意义的。

在现实生活中,具备成为机构单位条件的单位主要有两类:一类是以住户形式出现的个人或一群个人;另一类是法律或社会实体。

住户是指这样的一群人:他们共用同样的生活设施,把成员的部分或全部收入或财产汇集起来使用，集体性消费某些货物和服务——主要是住房和食物。住户除个体住户之外，还包括机构住户，即长期住在医院、养老院、宗教场所、监狱等地人员所组成的住户。

多数成员住户的每个个体不能作为单独的机构单位处理，是因为首先，许多资产拥有或负债发生是由住户中的两个或更多成员共同承担的；其次，为了整体利益，住户中的个体成员会把获得的部分或全部收入汇集起来共同分享；再次，许多支出决策是住户成员集体作出的。这样，要为住户成员个体构建有意义的资产负债表或其他账户几乎是不可能的。为此，SNA把住户整体而不是其中的个体视为机构单位。

第二类机构单位是代表自身从事经济活动和交易的法律或社会实体。一个法律或社会实体是指，被法律或社会承认的、独立于可能拥有或控制它的自然人或其他实体而存在的实体，一般包括公司、政府单位、非营利机构等。

## 二、常住单位与非常住单位

我们前面讨论的机构单位都是常住单位，与此相对应的是非常住单位。如果一个机构单位在一国的经济领土内具有经济利益中心，则它为该国的常住单位（Resident Units）或居民，如果一个机构单位在一国的经济领土内没有经济利益中心（它在国外经营），则它为该国的非常住单位（Nonresident Units）或非居民。这就引出机构单位常住性的两个基本条件，一个是活动在经济领土上，另一个是具有经济利益中心。

（一）经济领土

经济领土（Economic Territory）由一国政府控制或管理的、其公民及货物和资本可在其上自由流动的地理领土所组成。一国的经济边界并不严格等于其政治意义上的国境，但是只有很小的差别。具体来看，一国的经济领土包括：

1. 领空、领海和位于国际水域的大陆架，该国对该大陆架应享有专属权利，或拥有在其之上开采自然资源（如鱼、矿产资源或石油）的管辖权。

2. 一国在国外所拥有的、经与所在国政府达成正式协议而明确划定的领土飞地。领土飞地可用于军事、外交或其他特殊目的。其他国家在该国境内建立的领土飞地则不属于该国的经济领土。

3. 位于国境内的自由贸易区、转运港口、保税仓库或工厂。尽管这些区域可能由外国单位所运营，或者货物与人员在这些区域与该国其他区域之间移动时要履行一些报关手续，但它们仍被视为受所在国政府的控制和监管，因此属于所在国的经济领土。

需要注意的是，国际组织在各国的领土飞地或国际组织在各国拥有或租用的建筑物是该组织的经济领土，即国际组织的领土飞地不属于飞地所在国的经济领土。

（二）经济利益中心

如果一个机构单位在一国的经济领土内的某个地点——住宅、生产场所或其他房屋从事并拟继续从事相当规模的经济活动和交易，则称该机构单位在该国有一个经济利益中心（Center of Economic Interest）。

识别经济利益中心的一个方便的标准是机构单位在一国经济领土内活动的期限。一般地，如果一个机构单位在一国的经济领土内无限期地或长期地（通常以一年为限）从事相当规模的经济活动，则认为该机构单位在该国具有经济利益中心。

### 三、机构部门

国民经济机构部门由具有经济目的、功能和行为方式相似特征的机构单位合并而成。应根据机构单位所从事经济活动的特性将其归入相应的机构部门。SNA 记录了三种基本经济活动：货物和服务的生产、满足人类需求的消费、各种形式的资本积累。公司或从事生产活动或从事积累活动（或两者都从事），但不会进行（最终）消费；政府代表全社会从事生产（但基本上以不同于公司的方式）、积累和最终消费；全体住户代表自己进行消费，同时也可能从事生产和积累活动。NPI 在性质上呈现多样化，有的像公司，有的实际上是政府的一部分，还有的虽独立于政府但从事着类似政府的活动。

SNA 将整个经济总体（全体常驻机构单位）划分为五个相对独立的部门，即非金融公司部门、金融公司部门、一般政府部门、为住户服务的非营利机构部门及住户部门，每个常驻机构单位都要归属于且只归属于其中一个部门。中国的国民经济核算体系也基本采用了 SNA 的机构部门划分原则。但根据中国实际，以独立核算单位作为机构单位，而机构部门是具有同质性的机构单位的集合。因此，中国机构部门主要分为：非金融企业部门（企业部门）、金融机构部门（金融部门）、政府部门和住户部门。至于 SNA 的"为住户服务的非营利机构部门"，目前在中国还在推进中。

1. 非金融公司部门：非金融公司部门是从事市场货物和非金融服务生产以盈利为目的机构单位所组合，包括具备法人资格的各种农业企业、工业企业、建筑企业、批发零售企业、交通运输业企业等各类非金融法人企业。

2. 金融公司部门：金融公司部门是由从事金融中介活动或辅助金融活动的所有机构单位所组合，包括从事货币金融服务、资本市场服务、保险服务、其他金融服务等活动的法人单位。

3. 一般政府部门：它是指在设定区域内对其他机构单位拥有立法、司法或行政权的法律实体及其附属单位构成的总体。一般政府机构的主要职能是利用征税和其他方式获得的资金向社会和公众提供货物和服务；通过转移支付，对社会收入和财产进行再分配；从事非市场性生产。

4. 住户部门：住户部门是由共用同样的生活设施、把成员的部分或全部收入或财产汇集起来使用、集体性消费某些货物和服务的住户机构单位的集合。

5. 为住户服务的非营利机构部门：它指从事市场性或非市场性生产、为住户服务、其资金主要来源于会员会费和社会捐赠且不受政府控制的非营利机构构成。

## 四、国外部门

国外部门包括所有的与常驻机构单位进行交易或有经济联系的非常驻机构单位，设立国外部门的目的是完整地反映发生在国内与国外之间交易流量的来龙去脉和一国的对外净金融状况。国外部门包括位于经济领土内的外国领土、飞地上的机构，以及国际组织等。

（一）国际组织

某些国际组织具有机构单位的所有基本特性。SNA 中的国际组织有以下四个特征：一是国际组织的成员或是民族国家，或是由民族国家组成的其他国际组织，因此该组织的权利或者直接来源于作为本组织成员的民族国家，或者间接地来源于其他国际组织。二是国际组织是通过成员国正式的、具有相当于国际条约地位的政治协议而成立的实体，其存在应获得成员国法律的承认。三是由于经国际协议而成立，国际组织享有超越国家主权的地位。也就是说，国际组织不受所在地国家（一国或多国）法律或规章的管辖，这样国际组织就不能被作为所在地国家的机构单位。四是成立国际组织的目的多种多样，有的为成员利益而提供非市场公共服务，有的提供国际层面的金融中介服务，即在不同国家的借方贷方之间融通资金。

经国际组织所有成员达成的正式协议，有时在成员国内部也具有法律效力。大多数国际组织的资金全部或部分来源于成员国的捐献（转移），但有些国际组织也另有筹资渠道，如在金融市场上借款、要求成员国认缴国际组织股本、接受成员国的贷款等。在 SNA 中把国际组织作为国外常驻单位处理。

（二）货币联盟的中央银行

货币联盟的中央银行是一类特殊的国际组织，该组织的成员是货币联盟成员国的政府或中央银行。货币联盟的中央银行不作为联盟中任何一个国家的常住单位处理，而是作为联盟区域整体的常住单位。

## 第二节　非金融公司和金融公司

这一节，我们讨论公司包括非金融公司和金融公司的核算范围。国民经济核算体系中公司的概念不限于严格意义上依法成立的法人公司，而是更为宽泛，既包括依法成立的法人公司，还包括合作社和有限责任合伙企业、准公司、分支机构、名义常驻机构单位等。

### 一、公司的类别

一个实体如能满足以下三个条件，即可被称为国民经济核算意义上的公司：一是能够为其所有者创造利润或其他财务收益；二是在法律上被认定为独立于其承担有限责任的所有者的法律实体；三是为从事市场生产而成立。公司一般分为以下五类。

（一）依法成立的法人公司

法人公司是一个法律实体，它成立的目的是生产市场性货物或服务，这些货物和服务会给公司所有者带来利润或其他财务收益。法人公司归股东集体所有，股东有权任命公司管理者。法人公司有多种名称：公司、法人企业、公营有限公司、私营公司、股份公司、有限责任公司、有限责任合伙企业等。

虽然各国法人公司的设立、管理和运营不尽相同，但一般都具有以下八方面特征。

1. 公司是按照法律程序成立的实体，被承认具有独立于其他机构单位（即使是拥有公司股份的机构单位）而存在的地位。因此，公司的存在、名称、地址等信息要在专门机构做登记。正常情况下，可以认为公司在其建立和登记的国家具有显著经济利益中心。

2. 如果建立公司的目的是在市场上以有显著经济意义的价格出售其所生产的货物或服务，这就意味着该公司是市场生产者。

3. 公司在法律上对自身的行为、义务和合同负全责，这是 SNA 中机构单位的一项关键特征。公司因其生产活动、收入或资产而接受其常驻国家的税务当局的管理。

4. 公司的所有权归股东集体所有，在任一单独核算期，以红利形式实际分配给股东的收入额度由公司管理者决定，分配通常是根据股东所持股份的价值或数量，或者其他资本份额成比例地进行。同一个公司可能会发行拥有不同权利的多种股票。

5. 当公司被清盘或清算时，股东有权以类似分红的方式对公司的资产净值进行分割，资产净值是公司在变卖了所有资产且偿还了所有债务之后的剩余价值。如果公司因为负债额超过资产额而宣布破产，股东没有义务偿还超出部分的债务。

6. 对公司的控制最终由股东集体实施。公司董事会负责政策制定和高级管理人员的任命，而董事会一般由股东集体投票产生。事实上，有些股东对公司的政策和运营发挥着比其他股东大得多的影响或控制。

7. 股东的投票权可以不相同。有些股票没有投票权，有的则有额外权利。例如，对董事会作出某些特定任命的权利，或者否决某些根据多数投票作出的任命的权利等。当政府作为公司股东时，就可能拥有这种额外权利。

8. 许多有投票权的股东选择不使用权利。这样，少数有组织的活跃股东就有可能处于控制公司政策和运营的地位。

（二）合作社、有限责任合伙企业等

这是为经营共同事业，共同出资、合伙经营、共享收益、共担分险而成立的营利性组织，合伙人既是股东又是管理者。合作社的利润按达成的协议进行分配，不一定按持股比例进行分配，但在运营方面，合作社与法人公司一样。有限责任合伙企业是独立的法律实体，其成员承担有限责任，其运营方式与法人公司类似。

（三）准公司

一些非法人企业按照法人企业运行，SNA 把它称为准公司，与公司一起纳入非金融公司和金融公司部门。所谓准公司：常住机构单位拥有的非法人企业，它有编制全套账户的充分资料，如同独立公司一样运营，而且事实上它与所有者的关系就像公司与股东的关系；非常住机构单位拥有的非法人企业，但由于该法人企业长期或无期限在经济领土范围内从事有显著数量规模的生产，被认为是常住机构单位。

在 SNA 中，主要有三类准公司：政府单位拥有的非法人企业、住户拥有的非法人企业和非常住机构单位拥有的非法人企业，又被视为"分支机构"。

（四）分支机构

分支机构是指非常住机构单位拥有的在本经济领土进行生产活动的非法人企业。如果一个非常住机构单位在一个显著长的时期内，在该经济领土内从事实质性的活动，即使没有独立的法律实体，仍可将其视为具有机构单位身份的分支机构。分支机构具有常住性，应视为准公司。

满足下列条件的应视为分支机构：一是该分支机构已经编制或可以编制（如果需要的话）包括资产负债表在内的全套账户，而且这种编制在经济和法律视角下是有意义的；二是在与总部所在地不同的经济领土内从事或意向从事一年及以上的生产活动，和/或分支机构被认定要受所在地所得税制度的管理。

（五）名义常住机构单位

这是虚设的一个常住机构单位，它的设置是出现在非常住机构单位拥有经济领土内的土地、建筑物等不动产时，这时 SNA 就虚设一个单位，称为名义常住机构单位。名义常住机构单位被记录成资产所有者，并获得该资产所产生的地租或租金，而法律上的所有者则拥有该名义常住机构单位的权益，并获得该名义常住机构单位以向国外支付财产收入的形式所提供的收入。名义常住机构单位属于准公司。

## 二、特殊情形

除上述一般意义上的公司外，还有几种涉及国民经济核算的特殊情形，包括集团公司、总部和控股公司、特殊目的实体。

（一）集团公司

大型集团公司或多元化企业集团是由母公司及其所控制的若干个子公司组成的，而一些子公司又可能会控制自己的子公司，这种关系可能是多层级的。为了某些特定目的，可能需要有关集团公司整体的信息。但每一个个体公司，不论其是否为集团的组成部分，都应被视为独立的机构单位。即使是完全被其他公司所拥有的子公司，也是独立的、需要根据法律和税收当局的要求编制包括资产负债表在内的全套账户的法律实体。虽然子公司的管理可能受其他公司的控制，但子公司仍然要对其从事生产活动的行为负责。

在实践中，不一定总能很好地界定集团，也并非总能稳定地或容易地识别集团。对于从事并非紧密关联的活动的集团而言，取得其数据有时存在困难。此外，不少多元化企业集团的规模太大而且呈很强的异质性，不能被视为单一单位，集团规模和组成还会由于兼并、收购等原因而不断发生变化，这也是不把集团公司作为单一机构单位的一个重要原因。

（二）总部和控股公司

有两类不同单位都可以被称为控股公司。一是对子公司在某些方面实施管理性控制的总部，有时总部员工的人数显著少于子公司（只是其级别更高），但总部仍积极从事生产活动。主要是监督管理，承担公司战略或组织规划、政策制定角色，对子公司实施经营控制和日常运营管理。这种单位应归属于非金融公司部门，但当其大部分或全部的子公司是金融公司时，可按惯例归入金融公司部门的金融附属活动。

二是掌握子公司的资产，但并不进行任何管理活动，既没有行政上的也没有经营上的管理，其主要活动就是拥有一组公司。这种单位即使其全部的子公司都是非金融公司，也将其归入金融公司部门，作为专属金融机构。

（三）特殊目的实体

有些机构单位被称作特殊目的实体（SPE）或特殊目的工具。一般具有以下特点：一是通常没有雇员，也没有非金融资产。可能除了确认注册地的执照外几乎没有任何自然存在，它们总是和另一个公司相关联，通常是作为其子公司，而且常驻在与所关联公司不同的经济领土上。二是特殊目的实体经常由另一家公司的员工管理，而这家公司可能与该实体相关联，也可能不相关联。实体会为所得到的管理服务支付费用，同时向母公司或其他关联公司收取费用以弥补成本。

一个单位不论是完全具有还是完全不具有这些特点，不论是被称为还是不被称为特殊目的实体或其他类似的实体，SNA 的处理方式通常与对所有其他机构单位的处理方式是一致的，即根据其主营活动来归属部门和行业。但对专属金融机构、公司的虚拟子公司、一般政府的特殊目的单位要进行特殊处理。

### 三、公司的所有权与控制

上市公司的所有权按所持股份比例分散在持有该公司股票的各个机构单位。有可能是一个单独的机构单位拥有上市公司的全部权益或股份，但更常见的情况是，上市公司的所有权分散在数家机构单位。

如果单独一个机构单位持有一个公司过半数的股份或权益，它就能在需要时通过投票胜过所有其他股东，从而控制公司的政策和经营。类似地，少数有组织的股东只要其加在一起的股份超过总数的 50%，就能通过一致行动控制公司。当然也存在例外的情况，如特定股票的持有者可享受到特殊的投票权，如"黄金股"具有的否决权。但一般而言，只要一个机构单位或一组机构单位，拥有一个公司过半数的有投票权的股份，就能够以自己选择并任命董事等方式，来实施对公司的完全控制，因此公司董事和经理行使自主权的程度可能差别很大，这取决于有多少所有权份额集中到了少数其他机构单位的手中，无论这些其他机构单位是其他公司、住户还是政府单位。一般而言，机构单位不必具有完全的自主权，但必须要对它们制定的决策、采取的行动负责。

由于许多股票持有者并不行使其投票权，单独一个持股者，或少量一致行动的持股者，即使其所持股份远低于总股份的一半，也有可能获得对公司的控制。也就是说，当股份的所有权分散在相当多的股东手中时，即使只拥有明显低于半数总股份的股份，也可能实现控制。但是，不可能制定出一个保证在所有情况下都能实施控制的且持有 50% 以下的最低持股数。这个最低数必定会随着股东总数、股份在股东中的分布和小股东的积极参与程度等因素的变化而变化。

(一) 子公司和联营公司

对公司而言，拥有别的公司的股份是常见的情况，国民经济核算需要对公司间的某些相互关系加以规定。

1. 子公司

如果公司 A 控制了公司 B 半数以上的股东投票权，或公司 A 是公司 B 的股东，拥有任免公司 B 多数董事的权力，则称公司 B 为公司 A 的子公司，公司 A 为公司 B 的母公司。

由于母公司和子公司间的关系是按控制而非所有来定义的，这种关系一定是可传递的。这就是说，如果 C 是 B 的子公司，而 B 是 A 的子公司，则 C 一定也是 A 的子公司。如果 A 持有 B 的多数股权，而 B 又持有 C 的多数股权，那么 A 可能未必也持有 C 的多数股权，但 A 如能控制 B，则一定能控制 C。参照人类家庭关系类推，公司 B 可称为公司 A 的第一代子公司，公司 C 则为 A 的第二代子公司。显然，在所建立的公司大家庭中，每一层或每一代的子公司数目可以是任意的，代的数目也可以是任意的。一些国家已经出现了超大规模的公司大家庭，即多元化企业集团。所辖公司常驻于不同国家的多元化企业集团被称为跨国公司。

2. 联营公司

如果公司 A 及其子公司持有公司 B 的 10%~50% 股东投票权，由此 A 对 B 的决策和管理有了一定的影响力，则可把公司 B 称为公司 A 的联营公司。根据定义，一家公司对联营公司所能施加的影响力会小于对子公司的影响力。虽然有的公司可以对其联营公司施加可观的影响，但不能保证能够一直具有这种影响力。联营公司间的联系要弱于母公司与子公司间的联系，因此也就不能对联营公司集团给出一个清晰的界定。

(二) 政府控制的公司

如果一家公司由一个政府单位或另一家公营公司或某种政府单位和公营公司的组合形式所控制，则称其为公营公司。此处的控制是指具有决定公司总体政策的能力，"公司总体政策"应广义理解为与作为市场生产者的公司战略目标相关联的财务和运营方面的关键政策。

由于政府是通过颁行法律、实施法规、发布命令等方式来行使权力的，这就需要仔细地判定，是否由于此种权力的行使而导致某家公司总体政策的确定并因此控制了该公司。应用于全社会所有单位或某一行业所有单位的法律法规不应视为对这些单位的控制。

具有决定公司总体政策的能力，并不必然意味着直接控制公司的日常活动或运营。正常情况下，是由公司的官员来管理这些事务，而且管理方式是与公司总体目标相一致并且支持总体目标的。决定公司总体政策的能力也并不必然意味着直接控制公司在专业、技术或科研等方面的一切决定，即使这些方面一般被看作公司的核心竞争力。例如，一家从事飞机适航性认证的公司，虽然公司整体政策中具有由政府单位确定其总的运营、财务政策（包括适航标准等）的内容，但公司按照政府的各项审批意见，执行专业或技术方面的规定，不应该被认为是受到控制。

### 四、非金融公司

非金融公司部门由主要从事市场货物和非金融服务生产的机构单位构成，通常包括：一是所有常住非金融公司，无论其股东是否为常住单位；二是所有常住非金融准公司，包括长期在该经济领土内进行大规模生产的、为外国机构单位所拥有的非金融企业的分支机构或办事处；三是所有进行市场货物生产或提供非金融服务的常住非营利机构。

（一）非金融公司的分类

非金融公司可以按照控制权主体和是否营利两个维度进行分类。

1. 按控制权分类

根据控制非金融公司的机构单位是否是政府单位，非金融公司可以分为公营非金融公司和其他非金融公司。

一是公营非金融公司，是指由本国政府单位控制的常住非金融公司和准公司。这里所说的控制可以通过两种方式实现：拥有或控制公司半数以上的表决权；通过特别立法、法令和规章授予政府制定公司政策或任命董事的权力。公营非金融公司不包括由政府单位控制并资助的非市场性非营利机构，这些机构归入一般政府部门中。

二是其他非金融公司，是指本国公营非金融公司以外的所有常住非金融公司和准公司，又可分为本国私营非金融公司和外国控制的非金融公司。

本国私营非金融公司是指国有非金融公司和外国控制的非金融公司以外的所有的非金融公司和准公司。这类公司可能受也可能不受其他机构单位的控制。由政府单位以外的机构单位资助的市场性非营利机构也属于这一类，如为企业服务的同业公会和提供收费教育以及保健服务的市场性非营利机构。

外国控制的非金融公司是指由非常住单位控制的所有常住非金融公司和准公司。具体包括：所有非常住公司的子公司；由本身不是公司的非常住机构单位所控制的所有公司，如由外国政府控制的公司，还包括由一组非常住单位集体控制的公司；所有非常住法人或非法人企业的分支机构和办事处，该分支机构和办事处长期在经济领土内从事大规模生产，并因此被视为准公司。

## 2. 按是否营利分类

根据非金融公司是否营利，可以分为非营利机构（NPI）和营利机构（For Profit Institutions，FPI）。

表 4-1　　　　　　　　　　　　非金融公司分类

| 控制权主体 | 是否营利 | |
| --- | --- | --- |
| | 非营利机构 | 营利机构 |
| 国有非金融公司 | 国有非金融 NPI | 国有非金融 FPI |
| 本国私有非金融公司 | 本国私有非金融 NPI | 本国私有非金融 FPI |
| 外国控制的非金融公司 | 外国控制的非金融 NPI | 外国控制的非金融 FPI |
| 非金融公司合计 | 非金融 NPI 合计 | 非金融 FPI 合计 |

### （二）从事少量金融活动企业的处理

按常理，非金融公司主要从事非金融活动，不从事金融活动。但随着经济发展，有一些传统上由金融公司进行的活动，也可以由非金融企业进行。例如，货物生产者或零售商直接向消费者提供消费信贷；非金融企业直接在货币市场或资本市场出售自己的证券来融资等。这些企业是归在非金融公司部门还是归在金融公司部门呢？其判断原则是，只要下列两个条件成立，就应把该类企业作为一个整体来看待，全部归入非金融公司部门：一是该非金融企业没有成立一个新的机构单位（如子公司）来从事金融活动；二是相对于主要活动，金融活动在该企业中属于次要活动。

## 五、金融公司

金融公司是指主要从事金融服务活动的常住机构单位，包括保险、养老基金和各种金融中介机构。金融公司包括三种常住机构单位：常住金融公司、非常住机构单位在经济领土内从事金融活动一年及以上的分支机构、从事市场性金融服务的常住非营利机构。

金融公司按工作性质可分为三类：金融中介机构、金融辅助机构和其他金融公司。金融中介机构是以在市场上从事金融交易获得金融资产为目的并以自己的名义发生负债的机构单位，包括保险公司和养老基金。金融辅助机构主要为金融市场提供服务，但不获得经手的金融资产和债务所有权的机构单位。其他金融公司是提供金融服务，但大多数资产或负债并不在公开市场上交易的机构单位。

### （一）金融公司部门

金融公司部门是所有常住金融机构单位（金融公司）的集合。"金融公司部门包括所有的主要从事向其他机构单位提供金融服务（含保险、养老基金服务等）活动的常住公司"。根据金融公司在市场上的活动类别和负债的流动性，可将金融公司部门分成 9 个子部门：中央银行、中央银行以外的存款性公司、货币市场基金（MMF）、非 MMF 投资基金、保险公司和养老基金以外的其他金融中介机构、金融辅助机构、专属金融机构和贷款人、保险公司、养老基金。每个子部门还可以按控制权、营利与否分组，以反映各个子部门为谁所控制和盈利与否。

（二）金融公司子部门

1. 中央银行

中央银行是对金融系统的关键方面实施控制的国家金融机构。中央银行主要包括国家中央银行及中央银行系统的各分行；发行由外汇储备完全支撑的国家货币的货币委员会或独立货币当局；编制有全套账户但并未归入中央政府的，且在本质上具有公共性的中央货币机构，如外汇管理机构或银行票据、硬币发行机构。

在对中央银行进行分类处理时，还应注意以下三点：一是作为独立机构单位的监管机构不归入中央银行，而是归入金融辅助机构；二是只要中央银行是独立的机构单位，即使它是非市场生产者，也要把它归入金融公司部门；三是有些中央银行也从事少量的商业银行活动，作为一个整体，应将其归入中央银行。

2. 中央银行以外的存款性公司

中央银行以外的存款性公司以金融中介活动为主，主要进行吸收存款、发放贷款和创造存款等活动，中央银行以外的金融中介机构主要有：一是商业银行，它们是"全能"银行、"通用"银行；二是储蓄银行，包括信托储蓄银行、储蓄与贷款协会；三是邮政直接转账机构、邮政银行、直接转账银行；四是农村信贷银行，农业信贷银行；五是合作信贷银行、信用合作社；六是从事吸收存款或发行存款近似替代物活动的专业银行或其他金融公司。

3. 货币市场基金

货币市场基金（Money Market Funds，MMF）是指投资于货币市场上短期（一年以内）有价证券的一种投资基金。该基金资产主要投资于短期货币工具，如国库券、商业票据、银行定期存单、政府短期债券、企业债券等短期有价证券。

4. 非 MMF 投资基金

非 MMF 投资基金是通过公开发行股份或权益单位来融资的共同投资计划。所得款项主要投资于金融资产（但不包括短期资产）和非金融资产（通常是房地产）。投资基金的股份或权益单位一般不能作为存款的近似替代物，也不能通过支票或其他直接第三方支付方式转让。

5. 保险公司和养老基金以外的其他金融中介机构

保险公司和养老基金以外的其他金融中介机构，是指用以下方式提供金融服务的金融公司：以自己的名义发生负债，负债形式不包括通货、存款、存款的近似替代物，进而试图在市场上从事金融交易来获得金融资产。

保险公司和养老基金以外的其他金融中介机构包括：从事资产证券化的金融公司；证券和衍生产品交易商；从事贷款的金融公司，包括零售商的资金互助社，主要负责金融租赁和为个人或商业用途提供资金融通；中央对手方清算机构等。

6. 金融辅助机构

金融辅助机构是指主要从事与金融资产和负债交易相关联的活动，或与对这些交易进行监管相关联的活动，但在交易过程中并不获得所交易的金融资产和负债所有权的金融公司。

金融辅助机构包括保险经纪人、估价与理赔人员；贷款经纪人、证券经纪人、投资顾问；管理证券发行的发行公司；主要功能是以背书、票据和类似工具提供担保的公司；安排衍生产品和对冲工具（如掉期、期权和期货等）的公司；为金融市场提供基础设施的公司；养老基金、共同基金等的管理人；提供股票交易和保险交易的公司；外汇交易咨询公司；为金融公司服务且具独立法律实体地位的非营利机构；金融公司的总部（主要从事对金融公司或金融公司集团的控制，而不是亲自从事金融公司业务）；具有独立机构单位身份的、对金融中介机构和金融市场进行监管的中央机构。

7. 专属金融机构和贷款人

专属金融机构和贷款人是指提供金融服务，但其大部分资产或大部分负债不在公开市场上交易的金融机构。

专属金融机构和贷款人包括依托公司、不动产公司、会计代理记账公司等；只持有一组子公司资产的控股公司，公司的主要活动就是拥有其持有权益的这组子公司，而并不向子公司提供任何服务；具有机构单位资格，并为母公司在公开市场上融资的特殊目的实体；以自有资金或来源于单一赞助者的资金，向一定范围的客户提供排他性金融服务，并承担债务人违约金融风险的单位（如贷款人，主要从事放贷活动的典当行）。

8. 保险公司

保险公司是销售保险合约、提供风险保障的公司，包括直接保险公司和再保险公司。保险公司是采用公司组织形式的保险人，经营保险业务。保险关系中的保险人，享有收取保险费、建立保险费基金的权利。同时，当保险事故发生时，有义务赔偿被保险人的经济损失。

保险公司分为人寿保险公司和财产保险公司两大类型。人寿保险公司从事的业务主要包括人寿保险、健康保险、意外伤害保险及年金保险；财产保险公司从事的业务主要包括火灾保险、海上保险、陆空保险、责任保险、保证保险等。

9. 养老基金

养老基金又称养老保险基金，是一种用于支付退休收入的基金，是社会保障基金的一部分。

养老基金通过发行基金股份或受益凭证，募集社会上的养老保险资金，委托专业基金管理机构用于产业投资、证券投资或其他项目的投资，以实现保值增值的目的。

养老基金子部门只包括有机构单位身份且独立于其创建单位的社会保险养老基金。

## 第三节 政府部门

政府部门也是国民经济核算体系中十分重要的机构部门。政府部门分类涉及三个重要的基本概念：政府单位、一般政府部门、公共部门。

### 一、政府单位

政府单位是通过政治程序而设立，能在一个给定区域内对其他机构单位行使立法、司法和行政方面权力的法律实体。政府的主要功能是承担向社会和个体住户供给货物和服务的责任，并通过税收和其他收入在资金上支持这种供给，通过转移支付对收入和财产进行再分配，从事非市场性生产。

一般而言，政府单位通常具有通过向其他机构单位征税或强制转移以获得资金的权力。为了满足SNA中对机构单位的基本要求，一个政府单位无论在经济总体层面上还是区域或地方层面上，都必须通过向其他单位征税或接受其他政府单位的转移使自己拥有资金，并有权为实现其政策目标全部或部分地支出这些资金。当然，政府单位还必须能以自己的名义借入资金。

政府单位的最终支出有三种典型类型：第一类是向社会提供免费的公共服务（如公共管理、国防、司法、公共卫生等）时所发生的实际或虚拟支出，这些服务由政府集体组织，其资金来源于政府的税收或其他收入；第二类是在向个体住户免费或者以没有显著经济意义的价格提供货物或服务时发生的支出，这类支出的发生是政府为了追求其社会和政策目标而有意为之的结果，即使可以根据使用量对居民收取费用时政府也会这么做，支出的资金来源于政府的税收或其他收入；第三类是向其他机构单位（主要是住户）的转移支付，目的是对收入和财产进行再分配。

在一个经济领土内，当存在中央、省级和地方多级政府时，会形成许多个独立的政府单位。此外，社会保障基金也构成一类政府单位。

（一）作为生产者的政府单位

政府不仅会提供公共服务，而且会以免费或者没有显著经济意义的价格向住户或其他机构单位提供许多货物和个人服务，这并不意味着这些货物或服务都由政府生产。即使是公共服务或所谓"公共产品"，政府的责任可能也仅表现为组织产品生产和为生产提供资金，而不是直接生产产品。但是在实践中，政府单位也确实从事着范围广泛的生产活动，不仅包括公共服务，而且包括许多货物和个人服务。生产什么货物和服务在很大程度上属于政治选择，所以政府单位所生产货物和服务的范围在不同国家间差异很大。除了如公共管理、国防等公共服务外，有些种类的生产，如教育和卫生服务，即使经常由政府单位提供，也很难说它们从本质上就是属于政府范畴的。

如果一个政府单位希望介入生产领域，它可以有三种选择：一是创建一个公营公司，该公司的定价和投资等公司政策，都由政府控制；二是创建一个受政府控制的 NPI；三是通过一个为政府所拥有，但没有脱离政府单位而成为独立法律实体的基层单位，生产货物或服务。但政府的一个基层单位，或一组在统一管理下从事同类生产活动的基层单位，在具备如下三个标准时应认定为准公司：一是该单位对产出的定价具有显著经济意义；二是该单位用与公司类似的方式实施经营和管理；三是该单位具有全套账户，从而能独立地识别和测度其营业盈余、储蓄、资产和负债等。这样的准公司应作为独立于拥有它们的政府机构单位的市场生产者处理，在分类上、部门与子部门归并上都应采用与国有公司一样的处理方式。

作为准公司处理的前提是，政府必须允许企业在管理上有相当大程度的决定权，这种权力不仅体现在生产过程的管理上，而且体现在资金的使用上。政府准公司必须能够保持自身经营的结余和商业信用，能够以自有的储蓄、减值准备或借款等为其部分或全部资本形成提供资金。能够把准公司和政府的收入流量和资本流量区分开就意味着，虽然两者并未成为彼此独立的法律实体，但准公司的运营和融资活动实际上并未完全与政府的收入或财政统计交织在一起。

（二）社会保障计划和社会保障基金

社会保障计划是指由政府单位实施和控制的、覆盖全社会或社会大部分人群的社会保险计划。该计划包括多种多样的以现金或实物形式为年老、伤残或死亡、抚恤、疾病和生育、工伤、失业、家庭补助、卫生保健等提供福利或救济的项目。在该计划中，个体缴款的数量与其可能获得的福利数量并不具有必然的直接关联。

如果社会保障计划与政府单位的其他活动是分开运作的，单独持有资产和承担负债，并以自己的名义从事金融交易，它就获得了作为机构单位的资格，被称为社会保障基金。但各国在社会保障计划的机构安排上是有差异的，有些国家的社会保障计划与政府其他财政活动的联系相当紧密，于是就会产生是否应将其处理为独立机构单位的疑问。

有时也可能会为实现某些与通过社会保障计划向社会成员提供社会福利的概念并无直接联系的政府政策目标，而精心调控通过社会保障缴款筹集到的资金数额和福利性支出的数额。比如，通过提高或降低筹集资金或福利支出的数额，来影响经济体的总需求水平。但不管怎样，只要社会保障计划能够保持其作为独立设立的基金性质，就必须将其处理为 SNA 中的独立的机构单位。

## 二、一般政府部门

一般政府部门也称广义政府部门，由中央政府和各级地方政府的所有机构单位、各级政府的所有社会保障基金、由政府单位控制并主要由政府单位资助的所有非市场性非营利机构所组成。一般政府部门不包括国营公司，也不包括政府单位拥有和控制的公司与准公司，但包括政府单位拥有的不属于准公司的非法人企业。

一般政府部门的子部门有两种分法：一种是分为 4 个子部门，包括中央政府、省级政府、地方政府、社会保障基金；另一种是分为 3 个子部门，包括中央政府、省级政府、地方政府。在第二种分法中，社会保障基金分别归到各级政府中。到底采用哪种具体的分法，要根据各国具体情况确定，主要是看社会保障基金的重要性如何，以及它在管理上能在多大程度上独立于所关联的政府单位。

（一）中央政府

中央政府包括中央政府机构单位或单位和由中央政府控制的非市场非营利机构。这里的中央政府与我们通常所说的行政政府含义不同，除了行政机构单位外，还包括立法、司法、军队等单位以及代理机构。在大多数国家，中央政府是一个庞大而复杂的子部门，它由一组中央部委和其他单位组成。有些国家的中央政府会包括一些从事金融交易的单位，如中央银行。

（二）省级政府

省级政府由作为独立机构单位的省级政府和受省级政府控制的非市场 NPI 构成。

省级政府是执行某些政府功能的机构单位，其层级在中央政府之下、在地方政府之上。这种机构单位在财政、立法、行政方面的权力仅及于一个"省"（国家作为一个整体，分为多个省）。"省"的概念在不同的国家可能有不同的名词来表达。有些国家特别是小国可能不存在省级区域和省级政府，而在一些比较大的国家特别是联邦制国家，省级政府则被赋予了很大的权力和责任。

省级政府通常拥有财政权力，据此能对常住在管辖范围内的机构单位或对在管辖范围（而非其他区域）内从事的经济活动或交易征税。省级政府必须在能以自己的名义拥有资产、筹集资金、发生负债时才被认作机构单位。在遵守国家一般法规前提下，省级政府应有权部分地或可能是全部地根据自己的政策来使用或分配所收取的税收及其他收入，尽管有些来自中央政府的转移收入的使用是与特定目的挂钩的。它还应该能独立任命自己的官员，而不受外界行政控制。另外，如果一个地区单位完全依赖于中央政府的资金，而且这些资金在该地区也要按中央政府规定的方式使用，则该单位就应作为中央政府的派出机构处理，而不是独立的机构单位。

可以看出，识别省级政府所依据的事实是，其财政权力覆盖国家整体出于政治或行政管理目的所作区划的最高一级地理区域。有些国家在中央政府和最低一级地方政府机构单位间有不止一级政府存在，这种情况下，为了 SNA 部门划分的需要，中间层的政府就应和联系最紧密的政府层级合并，或归入省级政府或归入地方政府。省级政府可能以与中央政府一样的方式拥有或控制着一些公司。类似地，这些公司可能是从事市场生产的单位，只要其经营方式和账目记录能证明这一点，就应把相关生产者作为准公司处理。

（三）地方政府

地方政府包括作为机构单位的地方政府和受地方政府控制的非市场非营利机构，其权力范围一般来说远小于中央政府或省级政府，它们可能有也可能没有对常住自己辖区内的机构单位征税的权力，因此，通常会高度依赖于上级政府的拨款或转移支付，在某种程度上它们是作为中央或省级政府的代理人来活动的。

地方政府是与辖区内常住机构单位联系最紧密的政府单位，因此，地方政府单位通常要向当地常住居民提供广泛服务，所需资金部分来源于上级政府。政府开办的市场性货物或服务单位，如影剧院、博物馆、游泳池等，只要有相应的核算信息，就应处理为准公司，归入非金融公司部门。其他市场性货物和服务单位应作为地方政府内的非法人企业。非市场性服务单位，如教育或卫生服务单位，应归入地方政府。

我国的地方政府除特别行政区以外，分为三级或四级。自 1950 年开始至 20 世纪 80 年代，除直辖市以外实际以三级为主，三级和四级并存。20 世纪 80 年代以后转为以四级为主，三级和四级并存。四级政府分别为：省级政府（省、自治区政府）、地区级政府（地级市、自治州政府）、县级政府（县、自治县政府，县级市以及市辖区政府，旗政府）、乡级政府（乡、民族乡、镇政府）。

（四）社会保障基金

社会保障基金由各级政府运作的社会保障基金构成，在本节第一部分已述及。

## 三、公共部门

公共部门是与一般政府部门联系紧密而又有所不同的概念。一般政府部门属于公共部门，但不是公共部门的全部。一般政府部门包括非营利机构和公共企业。

表 4-2　　　　　　　　　　公共部门与一般政府部门关系

| 非金融公司 | 金融公司 | 一般政府 | 为住户服务的非营利机构（NPISH） | 住房 |
|---|---|---|---|---|
| 公共 | 公共 | 公共 | 私有 | 私有 |
| 私有 | 私有 | | | |

广义政府部门中的政府单位和政府控制的非营利机构在前文已经讲述，这里重点介绍公共企业的含义。

公共企业又称公营企业。公共企业，是指所有权或控股权直接或间接由政府控制、具有企业法人地位的公司，如政府控制的铁路、航空、公用设施和公共金融企业等。政府控制公司的方式有很多，大致可归纳为八种：拥有多数表决权、控制董事会或其他主管团体、控制主要人员的任免、控制实体单位中的主要委员会、黄金股和黄金期权、管制和控制、以大客户身份实施控制、通过政府借款实施控制。

公共企业按经营范围的不同，又分为公共非金融企业与公共金融企业。

## 第四节　住户部门及为住户部门服务的非营利机构部门

除公司和政府部门外，住户部门及为住户部门服务的非营利机构，同样是国民经济核算体系中重要的机构部门。

### 一、非营利机构

非营利机构（NPI）是这样一类法律或社会实体：其创建目标虽然也是生产货物和服务，但其法律地位不允许那些建立、控制它们或为其提供资金的单位，利用该实体获得收入、利润或其他财务收益。在实践中，非营利机构的生产活动一定会产生盈余或亏损，但产生的任何盈余都不能分配给其他机构单位。在非营利机构的成立章程中，一般都会有这样的条文：控制或管理非营利机构的机构单位，无权分享非营利机构所产生的任何利润或其他收入。正因为如此，非营利机构经常被免除多种税收。

NPI 可以由住户、公司、政府等创建，但创建的动机有多种。例如，成立 NPI

可能是为那些实施控制或提供资金的住户或公司自己提供服务；或者是出于慈善、关爱人类或福利的原因而向需要帮助的人提供货物或服务；或者是提供虽然收费但不以盈利为目标的健康或教育方面的服务；或者是为了推进工商业界或政界压力集团的利益等。

（一）非营利机构的特征

1. NPI 是按照法律程序成立的法律实体，被承认独立于成立它、向它提供资金、控制或管理它的个人、公司或政府单位而存在。NPI 的宗旨通常会在其成立时明确记载在机构章程的条文或类似文件中。在一些国家，尤其是发展中国家，非营利机构可能是一个非正式实体，其存在虽被社会承认但并不具有任何正式的法律身份，成立此类 NPI 的目的是为个体住户或住户群提供非市场货物或服务。

2. 许多 NPI 的控制者是团体，团体的成员有平等的权利，包括对所有影响 NPI 事务的重大决定的平等投票权。成员对 NPI 的运营承担有限责任。

3. 不存在对 NPI 的利润或权利具有索取权的股东。所有成员都无权分享 NPI 通过生产活动所创造的任何利润或盈余，这些利润要留存在 NPI 中。

4. NPI 的政策决定权通常归属于一组管理人员、理事会或类似的团体，它们是全体成员以简单多数原则投票选出来的。这些管理人员就相当于公司董事会中的董事，并负责任命付酬的经理人员。

5. NPI 的称谓来自如下事实：控制 NPI 的团体的任何成员都不可以从其运营中获得财务利益，也不能将其挣得的任何盈余划归己有。但这并不意味着 NPI 不能通过其生产获得营业盈余。

在有些国家里，NPI 享有优惠的税收政策，如免征所得税等，但也不是必然如此，这不能作为认定 NPI 的决定性因素之一。NPI 不一定从事非市场生产，对于政府单位拥有的生产者单位，区分市场 NPI 和非市场 NPI 是很重要的，这关系到把 NPI 归属到哪一个经济部门。

（二）从事市场生产的非营利机构

市场生产者是以有显著经济意义的价格销售其大部分或全部产出的生产者，换言之，其销售价格会对生产者愿意提供的数量和消费者愿意购买的数量有显著的影响。作为 NPI 的学校、学院、大学、诊所、医院等，如果根据其生产成本来收取费用，且费用高到足以对所提供服务的需求产生显著影响，则它们就是市场生产者。它们的生产活动一定会产生营业盈余或亏损，所产生的任何盈余都要留在机构内部，因为 NPI 的身份将阻止它们把盈余分配给其他单位。

另外，"非营利机构"的身份允许它们向个人、公司或政府吁请捐献而筹集额外的资金，用这种方式可以要求获得能产生可观财产收入的资产，以此作为其收费收入的补充，从而使其收费能低于平均成本。然而，只要其收费标准主要是依生产成本而定，并高到足以显著影响需求的程度，就要继续把它们作为市场生产者处理。成立这样的NPI不是为了慈善，其真实目的通常是提供高水平的教育、健康或其他服务，使用来自捐助的收入，仅仅是为了能有所降低不得不收取的高费用。

有些市场NPI的服务对象限定为某些特定的其他市场生产者。多数为企业服务的市场性NPI由企业协会成立，而这些协会的目的是推进会员企业的利益。企业协会主要包括商会，农业、制造业或贸易业的同业公会，雇主组织，研究或测试实验室，其他组织或机构，它们从事的活动服务于控制它们、向它们提供资金的一组企业的共同利益。NPI往往代表这些团体从事宣传活动、游说政客、或为由于各种原因而有难处的个体会员提供建议或帮助。NPI的资金一般来自相关企业群体的捐助或缴款，这些缴款被处理为对所提供服务的支付而非转移支付，因此这些NPI应该划归市场生产者之列。当为企业利益服务的商会或者类似组织受到政府单位控制时，它们就属于非市场NPI。

（三）从事非市场生产的非营利机构

在多数国家，NPI的主体是非市场生产者而不是市场生产者。非市场生产者是以免费或以无显著经济意义的价格提供其大多数产出给其他单位的生产者，所以判别NPI主要从事非市场生产时，不仅要观察到它不能为控制和管理它的单位提供财务收益，而且要观察到它必须主要以资金支持而不是销售收入来弥补其生产或其他活动的成本。其主要资金来源是控制它们的协会成员的定期缴款，或来自包括政府在内的第三方转移或捐献，或来自财产收入。

主要从事非市场生产的NPI可分为两类：被政府控制的NPI和没有被政府控制的NPI，前者属于一般政府部门，后者称为"为住户服务的非营利机构"（NPISH），并在SNA中自成一个独立部门。

1. 被政府控制的NPI

所谓控制NPI，就是具有决定其总体政策或规划的能力。所有归入一般政府部门的NPI应该在统计记录上保持其NPI的身份，以便对全体NPI进行分析。判断一个NPI是否被政府控制，主要考虑以下五个标志。

一是官员的任命。根据NPI的章程、协会的规定或其他可授权文书，政府有权任命管理NPI的高级管理人员。

二是授权文书的其他条款。授权文书可能包含有别于管理人员任命的条款，该条款实际上允许政府决定NPI总体政策或规划的重要方面。例如，授权文书可以规定或限制NPI的功能、目标或其他一些经营方面的事项，从而使管理层的任命变得不重要，甚至无所谓；授权文书也可以赋予政府更换关键人员或否决任命提名的权利。其他可形成控制的条款还包括：要求在预算和资金安排上预先征得政府的同意，不允许 NPI 未经政府同意而修改章程、宣布解散或终止与政府的关系。

三是合约安排。政府和 NPI 间合约安排的存在，可能会允许政府决定 NPI 总体政策或规划的关键方面。只要 NPI 对其政策或规划的最终决定权达到一个显著的程度，比如能够违反合约安排并承担后果，能够除了通行的规则要求外，无须征得政府同意即可修订自己的章程或宣布解散，则可认为它未受政府控制。

四是资金来源状况。一个 NPI 的资金若主要来源于政府，则可能受政府控制。但一般而言，如果 NPI 能够保持其对政策或规划的决定权达到如上条所述的显著程度，则可认为它未受政府控制。

五是风险暴露。如果政府公开地让自己暴露在与 NPI 活动有关联的所有或大部分的财务风险面前，那么这样的安排会形成控制。当然仍要判别是否满足以上两条所涉及的不受控制的条件。

有些情况下，只需以上一个方面的标志就足以识别控制，而在另一些情况下，需要把多个方面的标志结合起来识别控制的存在。综合各方面指标作出的判断肯定具有主观性。

2. 为住户服务的 NPI

为住户服务的非营利机构（NPISH）是指那些不受政府控制的非市场 NPI。它们免费或以没有显著经济意义的价格向住户提供货物或服务。这些货物或服务的大部分属于个人消费，但 NPISH 也可能提供公共服务。

## 二、住户部门

SNA 将住户定义为这样的一群人：他们共用生活设施，把成员的部分或全部收入或财产汇聚起来使用，集体消费某些货物和服务（主要是住房和食物）。一般而言，每一个住户成员对住户中的集体资源都拥有一定的权利，至少某些影响消费或其他经济活动的决定必须由住户成员全体作出。

（一）作为机构单位的住户

作为机构单位的住户，与家庭经常是一致的，但同一住户的成员却不一定要属于同一家庭，因为住户只要求在资源和消费上存在某些共享。由于传统、宗教、教育、气候、地理、历史和其他社会经济因素的影响，在不同的社会或文化中，住户可以有不同的规模，可以有种类广泛的不同形式。熟知某给定国家社会经济情况的统计调查工作者所采用的住户定义，虽然会加上一些适用于该给定国家的更精确、更可操作的判断标准，但一般而言与 SNA 的住户概念是很接近的。

和雇主生活在同一住所的家政人员，即使他们被提供住宿和膳食作为实物报酬，仍不能成为雇主所在住户的成员。因为付酬的家庭雇员对雇主住户的集体资源没有主张的权利，而其消费的住宿和膳食也并不包括在其雇主的消费中。所以他们应处理为独立于雇主住户的其他住户的成员。

永久居住在某机构中的人员，或者可预期将在长时期内或无上限的时期内居住在该机构中的人员，即使只有很少或者没有行动的自主权或经济事务的决策权，仍要作为该单独机构住户的成员处理。属于机构住户的人员：如居住在寺院、修道院或者类似宗教机构中的成员，医院（包括精神病院）的长期住院病人，长期服刑的犯人，长年在养老院中居住的人。另外，短期进入医院、诊所、疗养院、宗教静修场所或类似机构的人员，常住在学校、学院或大学学习的人员，以及短期服刑的人员，应处理为他们正常所属住户的成员。

个人的常住性决定于其所属住户的常住性，而非其工作地的常住性。同一住户的所有成员与住户本身有同样的常住性，即使他们跨越边境工作或者在国外呆上一段时间也是如此，但如果在国外工作或居住的时间长到在国外具有经济利益中心的程度，他们就不再是原属住户的成员了。

（二）住户中的非法人企业

住户不同于公司之处在于住户要进行最终消费，而相同之处在于住户也可能从事生产。住户成立市场性非法人企业的目的在于，生产能在市场上销售或易货的货物或服务。住户事实上可以从事所有的生产活动：农业、采掘业、制造业、建筑业、零售业或其他种类的服务业，其规模可以差异很大；规模也可小到几乎不需要资本或不动产的单人工作，如街头小贩或擦鞋匠，大到拥有许多员工的大型制造、建筑或服务企业。

住户的市场性非法人企业，也包括那些生产能在市场上销售或易货的货物，或服务的非法人合伙企业。合伙人可以来自不同的住户。当合伙人对于企业债务承担无限责任时，合伙企业必须处理为住户部门内的非法人企业，理由是住户的所有资产，包括住所本身，在企业破产时都是有清偿风险的。但是，由合伙人组成的诸如大型法律、会计或建筑企业等一些非法人合伙企业，其行为模式类似于公司，如果此类合伙企业具有全套账户，就应该将其处理为准公司。合伙人承担有限责任的合伙企业实际上就是一个独立的法律实体，应当视为公司。只有在有可能将住户所有资产，包括直到现金层次的金融资产，划分为作为消费者所需的部分和作为生产者所需的部分时，一家非法人企业才能视为公司。

（三）住户部门的子部门

住户机构部门由所有的常住住户机构单位组成，包括居民住户，长期住在医院、养老院、宗教场所、监狱等地的人员所组成的机构住户，住户非法人企业。住户部门子部门的划分标志有多种，较常用的有以下几种。

按住户收入来源：来自住户非法人企业所有者（雇用雇员的雇主）的收入，即雇主的混合收入；来自住户非法人企业所有者（未雇用雇员的自我雇用者）的收入，即自我雇用者的混合收入；雇员报酬；财产收入和转移收入。住户中哪一类收入所占比重最大，就将该住户的全部收入归入该类别。

按住户成员的类型：雇主（雇用雇员的非法人企业所有者）；自我雇用者（未雇用雇员的非法人企业所有者）；雇员（提供劳动力）；财产收入和转移收入领取者（财产收入领取者、退休金领取者、其他转移收入领取者等）。这四类人员中哪类人员的收入所占比重高，就将该住户的全部收入归入该类别。

按参照人的特征进行分组，如按参照人的职业、参照人工作所在的行业、参照人受教育程度等进行分组。

按住户总体情况进行分组，如按住户的总收入分组；按住户的人员数进行分组；按住户居住地区的类别，如农村住户、城镇住户等进行分组。

### 三、为住户服务的非营利机构

为住户服务的非营利机构部门，由所有为住户或社会提供非市场性货物服务的常住非营利机构构成，但要除去受政府控制的非市场非营利机构。

为住户服务的非营利机构有三类。

1. 为满足会员需要而建立的。它优先向会员提供货物或服务（服务更常见）。这些服务一般是免费提供的，其资金来源于会员定期交纳的会员费或缴款。例如，专业或学术团体、政党、工会、消费者协会、教会或宗教团体，以及社会、文化、娱乐、体育等方面的俱乐部。

2. 出于慈善目的成立的慈善、救济或援助机构。它们不是服务于控制它们的团体成员利益，它们基于非市场原则向有需要的住户（如受自然灾害或战争影响的住户）提供货物或服务。此类非营利机构的资金主要来自社会公众、公司或政府的捐赠，也有可能来自非常住者的转移。捐赠的形式既包括现金也包括实物。

3. 提供公共服务的机构。例如，无偿提供研究成果的研究机构、环保组织等。

### 本章小结

1. 机构单位是指能够以自己的名义拥有资产、发生负债、从事经济活动并与其他实体进行交易的经济实体。它分为住户机构单位和法律或社会实体机构单位两类。

2. 如果一个机构单位在一国的经济领土内具有经济利益中心，则它为该国的常住单位（Resident Units）或居民；如果一个机构单位在一国的经济领土内没有经济利益中心（它在国外经营），则它为该国的非常住单位（Nonresident Units）或非居民。

3. 国民经济机构部门是由具有经济目的、功能和行为方式相似特征的机构单位合并而成。SNA 将整个经济总体（全体常驻机构单位）划分为 5 个相对独立的部门，即非金融公司部门、金融公司部门、一般政府部门、为住户服务的非营利机构部门及住户部门，每个常住机构单位都要归属于且只归属于其中一个部门。

4. 国外部门是指所有的与常住机构单位进行交易或有经济联系的非常住机构单位，包括位于经济领土内的外国领土、飞地上的机构，以及国际组织等。

5. 公司不限于严格意义上依法成立的法人公司，而是更为宽泛，既包括依法成立的法人公司，还包括合作社和有限责任合伙企业、准公司、分支机构、名义常住机构单位等。

6. 公司部门分为非金融公司部门与金融公司部门：非金融公司部门由主要从事市场货物和非金融服务生产的机构单位构成；金融公司部门是指主要从事金融服务活动的常住机构单位所组成。

7. 政府单位是通过政治程序而设立，能在一个给定区域内对其他机构单位行使立法、司法和行政方面的权力的法律实体。一般政府部门由中央政府和各级地方政府的所有机构单位、各级政府的所有社会保障基金、由政府单位控制并主要由政府单位资助的所有非市场性非营利机构所组成。

8. 非营利机构是这样一类法律或社会实体：其创建目标虽然是生产货物和服务，但其法律地位不允许那些建立、控制它们或为其提供资金的单位，利用该实体获得收入、利润或其他财务收益。

9. SNA 将住户定义为这样的一群人：他们共用生活设施，把成员的部分或全部收入或财产汇聚起来使用，集体消费某些货物和服务（主要是住房和食物）。

10. 为住户服务的非营利机构（NPISH）是指那些不受政府控制的非市场 NPI。

## 本章重要概念

机构单位　常住单位　非常住单位　国民经济机构部门　国外　法人公司
控股公司　集团公司　特殊目的实体　子公司　联营公司　非金融公司
金融公司　政府单位　一般政府部门　中央政府　省级政府　地方政府
社会保障基金　公共部门　非营利机构　住户　为住户服务的非营利机构

## 本章复习思考题

1. 机构单位可以分为哪两类？各有何特征？

2. 判定机构单位常住性的核心要素是什么?
3. 在国民经济核算意义上,公司可大致分为几类?
4. 公共部门和一般政府部门有什么联系和区别?
5. 简述非营利机构及为住户服务的非营利机构的特点。
6. 简述住户特点及分类。

**本章参考文献**

[1] 联合国,等. 2008 国民账户体系 [M]. 国家统计局国民经济核算司,中国人民大学国民经济核算研究所,译. 北京:中国统计出版社,2012.

[2] 杜金富,等. 国民经济核算基本原理与应用 [M]. 北京:中国金融出版社,2015.

[3] 蒋萍,徐强,杨仲山. 国民经济核算初级教程(第二版)[M]. 北京:中国统计出版社,2019.

[4] 黎春,马丹. 国民经济统计学 [M]. 北京:机械工业出版社,2019.

[5] 邱东. 国民经济统计学 [M]. 北京:高等教育出版社,2018.

[6] 邱东. 国民经济核算分析 [M]. 上海:格致出版社、上海人民出版社,2009.

[7] 高敏雪,李静萍,许健. 国民经济核算原理与中国实践(第三版)[M]. 北京:中国人民大学出版社,2013.

[8] 钱伯海. 国民经济统计学(国民经济核算原理)[M]. 北京:中国统计出版社,2000.

# 第五章
# 企业、基层单位和产业

第四章讨论机构单位，主要关注其在法律和经营上的独立性和决策权，以及能否编制一整套完整会计账户。机构单位的经济活动特别是生产活动，若对其活动内容进行分析，还要对这些机构单位特别是企业以主要活动性质进行分解，这就引申出基层单位和产业。这一章我们重点讨论生产活动的性质和从事这些活动的单位。

生产活动的从事者主要是企业、为住户服务的非营利机构和非法人企业。企业和为住户服务的非营利机构的定义在第四章已经给出。我们重点讨论非法人企业。除企业和为住户服务的非营利机构之外的机构有政府、住户，它们在有消费活动的同时，也从事生产活动，若能够提供相关信息（编制完整账户），把它们的生产活动与其他活动区别开来，则把这些单位作为准公司处理；如果无法识别所需信息，则作为非法人企业来处理。为住户服务的非营利机构也有类似情况。非法人企业的定义是：政府单位、NPISH 或住户中无法作为准公司处理的生产活动，构成一个非法人企业。

企业可能从事一种生产活动，也可能进行多样化的生产。要对其活动内容（产出的类别、生产工艺技术类别等）进行分析，就需要对生产者进行分类，把机构单位分解成更小、更同质的单位，这就是基层单位。所有从事相同或类似活动的基层单位就组成了产业。我们的讨论从生产活动及分类开始，以便为定义基层单位和产业奠定基础。

## 第一节  生产活动

生产是指在机构单位控制之下并由机构单位承担责任的生产过程或活动，在这样的过程或活动中，机构单位要投入劳动力、资本、货物和服务，产出货物和服务。

### 一、生产活动的分类

生产可以从多种角度进行描述和分类，如根据产出的货物和服务种类分类、根据被使用或被消费的投入种类分类、根据所采用的生产工艺技术分类、根据产出被使用的方式分类等。SNA 依据经济活动国际标准行业分类（第 4 版），即 ISIC（Rev.4）进行生产活动分类，包括 21 个门类、88 个大类、238 个中类和 420 个小类，四个层次的分类依据相当复杂。在大类和中类层次上，对每一类所讨论的活动，主要关注作为该项活动主产品的货物或服务的性质，判别主产品性质时，要考虑其物理构成、所处的制造阶段和所能满足的需求。以这些分类标准为基础，根据产品在原材料消耗和需求方面的相似性和关联性，即可对生产单位进行分类。另外，还要考虑货物和服务的用途，以及生产的投入、过程和工艺技术两方面依据。

在从事国民经济核算工作时，并不需要对每一项活动的性质做详细解释，但却有必要分清主要活动、次要活动和辅助活动之间的区别。

### 二、主要活动和次要活动

（一）主要活动

如果某项活动在一家生产单位所产生的增加值超出该单位所有其他活动，则该项活动就是该单位的主要活动（生产单位可能是企业，也可能是基层单位）。主要活动的产业归类要以 ISIC 为标准，先在较高层次上归类，然后逐步过渡到更详细的类别。企业的主要活动是由主产品及其副产品（伴随主产品而生产出来的产品）组成的，主要活动的产出必须是能供应给其他单位的货物或服务，即使这些货物或服务可能被用于自身消费或自身资本形成。

（二）次要活动

次要活动是一家生产单位在主要活动之外实施的活动，与主要活动一样，其产出也必须能够供应给本单位以外的单位。次要活动的增加值必须小于主要活动的增加值，次要活动的产出是次要产品，大多数生产单位会生产至少一种次要产品。

### 三、辅助活动

辅助活动是企业主要活动的附带活动，它为企业有效率地运行提供便利，但并不产生能供应市场的货物和服务。对于相对较小且只有一处场所的企业而言，可以不对辅助活动进行单独区分；但对于有多处场所的大企业而言，有必要像对待次要活动甚至主要活动一样去处理辅助活动。

根据辅助活动的不同情况，需要有不同的记录方法，首要应该明确辅助活动的确切含义。从本质上看，辅助活动是每个企业都需要的、保证其有效运营的基础性服务，它包括：通过书面的或计算机管理的文件或账目记录各种活动，提供电子的和传统书写方式的通信设施；材料和设备采购；雇员的录用、培训、管理和薪酬发放；材料和设备的存贮管理；仓库管理；单位内外货物和人员的运输；市场营销；楼房等建筑物的清洁和维护；机器设备的维修和维护；安全保卫和实时监控。

这些服务可以由单位内部生产，也可以在市场上向专门的生产者购买。但实际上，当地市场并不能保证按时按量地提供所需的服务内容。一旦这些服务由内部生产，就是所谓的辅助活动。辅助活动就是企业在其内部进行的支持性活动，它能为主要或次要活动的开展创造条件。另外，从产出看，辅助活动具有以下四个共同特点：一是辅助活动产出没有用于企业之外的意向；二是典型辅助活动的产出可以作为几乎所有类别生产活动的投入；三是辅助活动的产出形式是服务（作为例外，也会有货物产出，但其并不作为主要或次要活动产出的实际构成部分）；四是与企业主要或次要活动相比，辅助活动的产出价值通常较小。

辅助活动是企业主要或次要活动的支持性活动，其产出供企业内部使用，这两条定义性特征还不足以识别一项辅助活动。有许多活动，其产出完全在同一企业内消费，但却不能视为辅助活动。货物通常不能像会计、运输或清洁这些服务一样地作为公共性投入。例如，一家企业所生产的牛奶可以全部用于该企业的奶油或奶酪生产，但牛奶生产不能被看作辅助活动，因为牛奶是特定生产活动的特定投入。一般地，如果货物已经内含在主要或次要活动的产出中，则它就不是辅助活动的产出。

有些活动虽然常见，但仍然达不到可被认定为辅助活动的程度。许多企业自行生产机器设备、建造建筑物、开展研发，但无论这些活动是否集中进行，都不作为辅助活动处理，因为它们并不是所有企业（不论大小）都能经常进行或普遍存在的活动。

## 第二节 同性质企业

虽然 ISIC 根据主要活动情况将企业归类并且合并成"产业"，但因为有些企业可能存在多种与主要活动差异较大的次要活动，因此这样合并而成的产业很可能非常不同质。为了使生产者的集合更具同质性，企业必须分解为更小、更同质的单位。

### 一、生产单位的分类

（一）活动类型单位

按其活动对企业分解，形成的单位被称为活动类型单位（Kind of Activity Unit）。一个活动类型单位可以是一个企业，也可以是企业的一部分，它只从事一种生产活动，或者其主要活动产生了大部分的增加值。根据定义，每个企业由一个或多个活动类型单位组成，分解成两个或更多的活动类型单位之后，所形成的单位肯定比原有的整体企业在产出、成本结构、生产工艺技术等方面更同质化了。

### （二）地点单位

企业通常在不止一个场所从事生产活动，出于某些目的，可能有必要按地点对企业作分解。一个地点单位（Local Unit）可以是一个企业，也可以是企业的一部分，其生产活动只在一个地点进行或只来自一个地点。此定义只涉及地点，并不关心该单位从事什么性质的生产活动。地点的含义可以根据目的来确定，从狭义上讲可以是一处具体地址；从广义上讲可以是一个县、一个市、一个省等。

### （三）基层单位

基层单位是产业活动维度和地方维度的综合。基层单位可以是一个企业，也可以是企业的一部分，它只位于一个场所，且只从事一种生产活动，或由其主要活动产生大部分的增加值。

基层单位在定义上并不否认可能会从事一种以上次要活动，但其次要活动的规模应当比主要活动小，如果次要活动与主要活动一样重要或者几乎一样重要，那就应该把该次要活动处理为另一个独立的基层单位的主要活动。可以看出，经这样设计的基层单位可以为侧重于生产技术研究的生产分析提供更合适的数据。然而，若要供投入产出分析之需，还需要对数据作必要的变换。

在实际操作时，通常会通过一个独立的场所识别一个基层单位，在此场所从事一种特定的生产活动，包括诸如农场、矿井、采石场、工厂、车间、商店、仓库、建筑工地、运输场站、飞机场、修车厂、银行、办公楼、医疗诊所等。

## 二、基层单位的数据和账户

对基层单位而言，唯一有编制意义的数据就是与生产活动相关的数据，主要包括四个方面：一是生产账户、收入形成账户中的项目；二是雇员人数、雇员类别、工作小时数等统计；三是所使用非金融资本和自然资源存量的估算；四是存货变动和固定资本形成总额的估算。

编制生产账户、收入形成账户，就意味着肯定能够计算产出、中间消耗从而得到增加值，能够计算劳动者报酬、生产税和进口税及补贴、营业盈余或混合收入等项目。原则上，在基层单位这一层，至少可以收集到上述项目的统计资料，尽管在实际中未必总能得到或总是必需的。

## 三、特定情况下原则的运用

有两类因为生产组织结构方式导致的特殊情况，会给运用以上原则将企业分解为基层单位带来困扰。

（一）综合性企业中的基层单位

横向一体化企业是指这样一类企业：使用相同的生产要素同时进行若干种不同的活动，生产出可供市场销售的不同货物或服务。ISIC（Rev.4）的定义是"当一项活动生产出数种具有不同特点的最终产品时，则发生横向一体化。可以在理论上将其表述为使用相同的生产要素且同时进行的数种活动。在这种情况下，不可能为了统计目的把整个活动分成不同的过程、分到不同的单位中，或者提供细分活动的不同数据。例如，通过垃圾焚化过程发电，垃圾处理活动和发电活动就是不能分离的"。SNA要求，只要可能，就应该把每一项不同的活动作为一个独立的基层单位。

纵向一体化企业是指这样一类企业：将通常由不同企业完成的不同阶段的生产，全部由一个企业的不同组成部分连续完成。上一阶段的产出构成下一阶段的投入，只有最终阶段的产出才能真正在市场上出售。ISIC（Rev.4）的定义是"当同一单位连续地进行不同的生产阶段、一个阶段的产出作为后续阶段的投入，就发生了生产活动的纵向一体化。常见例子如树木砍伐和现场锯切、黏土采挖和砖的制作、纺织厂中合成纤维的生产等"。

对纵向一体化的处理与对其他形式的多重活动的处理是一样的，一个有纵向一体化活动链的单位应该归入其链条范围内主要活动所对应的类别，所谓主要活动，是指把增加值从大到小排列后份额最大的那类活动。这种处理方法改变了前几版ISIC的做法。应该注意的是，此处"活动"一词是指生产过程中每一个在ISIC中有对应小类的阶段，即使在此阶段的产出并不会在市场上销售。

如果纵向一体化生产过程中某阶段的增加值或其替代指标不能通过单位自身的账户直接得到，就需要与其他单位（如中间消耗和最终产品都是用市场价格衡量的单位）进行比较后推算得出。如果仍然不能确定生产过程中各阶段的增加值或其替代指标所占的份额，可以采用典型垂直综合企业的结构值作为默认替代值。此类处理纵向活动的方法可能会应用到所有单位，所以应该注意，SNA推荐的是：当纵向一体化企业中的活动涉及两个及以上的ISIC门类时，每个门类至少要有一个基层单位。这样，纵向一体化单位中的活动就不会超出ISIC的门类边界。

从核算角度看，很难把纵向一体化企业分解成基层单位，因为产出并不能真正在市场上出售，为此就必须虚拟出前一阶段生产的产出价值，并以此作为后一阶段的中间投入。有些企业可能会以市场价格记录这些内部"交易"，但有些企业则不会。即使每个生产阶段所发生的成本数据很充分，在各阶段间分配企业营业盈余时，仍然可能难以找到合适的方法，可能的解决方法之一是对每个阶段的成本使用统一的营业盈余率。尽管存在这些现实困难，SNA仍然建议，如果纵向一体化企业覆盖两个及以上 ISIC 门类，则每个门类中至少要有一个基层单位。ISIC 门类对应的是诸如农业、渔业、采掘业、制造业等大级别的产业集合。

（二）一般政府所属的基层单位

从所从事活动的类别看，政府尤其是中央政府可能是非常庞大、复杂的，上述原则应该一致而系统地应用于政府。如果政府所属非法人企业是一个市场生产者，并具备成为准公司的充分数据，即可相应地将其作为非金融公司部门或金融公司部门中的公共单位处理，常规的区分不同于基层单位的做法也适用于准公司。例如，市立游泳池就是一个把非法人市场性企业处理为准公司的例子，它独立经营，具有可以使其收入、储蓄和资本等的计量与政府分开的账户，这就意味着它与政府之间发生的收入流量或资本流量是可以识别的。

如果一个政府所属非法人企业虽然是市场生产者，但却不具备成为准公司所需的充分信息，或者它就是一个非市场生产者，则它应该仍保留在一般政府部门内，但应作为独立的基层单位处理，归入适合的产业。对于如公共管理、国防、卫生、教育等提供最终货物或服务的非市场生产者，应按照 ISIC（Rev.4）中相应门类（O、P、Q 门类等）的定义，将它们分解成基层单位。中央政府各机构可能在国家各地有派出单位，为此应有必要将其识别出来作为在不同地点从事活动的基层单位处理。

如果一个政府机构向另一个政府机构提供货物，应将其视作独立的基层单位，归入相应的 ISIC 类别。这种处理适用于武器等军需品、文件印刷和文具、道路或其他建筑物等的生产。政府自己生产武器，再供应给自己的武装力量，实际上相当于一个跨两个以上 ISIC 门类的纵向一体化企业，所以至少应该在每个门类下分解出一个基层单位。

## 四、辅助活动产出的记录（或不记录）

辅助活动不是为自身开展的，纯粹是为相关主要或次要活动提供支持性服务。如果所有辅助活动及其产出的使用都发生在基层单位范围内，则应把辅助活动和相关的主要或次要活动视为一体。由此可能带来两个结果：一是辅助活动产出无法明确识别出来，从而 SNA 不能单独记录这些产出；二是辅助活动中消耗的所有投入，包括材料、人工、固定资本消耗等，都作为辅助活动所支持的主要或次要活动的投入处理。

如果企业生产发生在两个以上基层单位里，某些辅助活动可能集中进行，为所有基层单位提供集体性服务，如企业采购、销售、会计、计算、维修等部门会负责全部的相应业务，但其办公室却与从事主要或次要活动的基层单位不在一处。如果一家专门从事辅助活动的基层单位具备了所从事生产活动的独立账目，或者与所服务的基层单位在地理上不在一处，即在统计上是可被观测的，那就应该把它作为独立的单位，并根据其主要活动归入相应的产业类别，而且这样做也是有意义的。但统计工作者不应在缺乏足够基础资料的情况下，付出额外的努力来人为区分这样的独立单位。

一旦可以认定此类单位，则辅助活动就是其主要产出。产出的价值应基于总成本计算，包括该单位的资本使用成本。根据其母企业是非市场性或是市场性的，该项产出也被相应地看作非市场性的或市场性的。如果是非市场性的产出，其资本成本就应该代之以固定资本消耗，加总各项成本即可得出产出的价值。辅助单位的产出是其所服务的各基层单位的中间消耗，应该依据合适的指标在各个基层单位间分劈，分劈指标可以是基层单位的产出、增加值或劳动力等。对服务于中央政府的专门机构，如计算机或通信机构，此类机构往往较大，可以在整体上将其作为独立的基层单位处理。

即使一项辅助活动是在使用该活动的企业内部进行的，它仍可能发展到能向企业外提供服务的程度，比如一个计算机数据处理单位可能会将其对内服务能力拓展到满足外部的需求。当一项活动开始向外提供服务时，应把外销的那部分产出作为次要活动而不再是辅助活动来处理。

## 第三节 产 业

### 一、产业的概念及分类

一个产业是从事相同或类似活动的基层单位的集合。在最详细的分类层级，产业就是属于某个 ISIC 小类的所有基层单位的集合。在经汇总形成的较高层级上（对应 ISIC 的中类、大类以及最终的门类），产业由大量从事类似活动的基层单位组成。

我国习惯将"国民经济产业分类"称为"国民经济行业分类"，也是依据 ISIC 基本原则建立，以经济活动同质性作为划分标准，明确规定了全社会经济活动的分类与代码，适用于统计、规划、财政、税收、工商等国家宏观管理中对经济活动的分类，并用于信息处理和信息交换，是经济管理和统计工作的基础性分类。

《国民经济行业分类与代码》也采用四级分类：门类用英文字母表示，大类、中类、小类用四位阿拉伯数字代码表示，第一位、第二位代表大类，第三位代表中类，第四位代表小类。该标准主要以产业活动单位和法人单位作为划分行业的单位。

采用产业活动单位划分行业，适合生产统计和其他不以资产负债、财务状况为对象的统计调查；采用法人单位划分行业，适合以资产负债、财务状况为对象的统计调查。在以法人单位划分行业时，将由多法人组成的企业集团、集团公司等联合性企业中的每个法人单位区分开，按单个法人单位划分行业。该标准按照单位的主要经济活动确定行业性质，当单位从事一种经济活动时，则按照该经济活动确定单位的行业；当单位从事两种以上的经济活动时，则按照主要活动确定单位的行业。

我国国民经济行业分类标准于1984年首次发布，分别于1994年、2002年、2011年、2017年进行了四次修订，目前版本（GB/T 4754—2017）由国家统计局起草，于2017年10月1日起实施。与2011年版相比，保留主要内容并对个别大类及若干中类、小类的条目、名称和范围做了调整，主要是大类增加1个、中类增加41个、小类增加286个，新行业分类共有20个门类、97个大类、473个中类、1381个小类。

表 5-1　　　　　　　国民经济行业分类（GB/T 4754—2017）示例

| 代码 | | | | 类别名称 | 说明 |
|---|---|---|---|---|---|
| 门类 | 大类 | 中类 | 小类 | | |
| A | | | | 农、林、牧、渔业 | 本门类包括 01~05 大类 |
| ... | ... | ... | ... | ... | ... |
| J | | | | 金融业 | 本门类包括 66~69 大类 |
| | 66 | | | 货币金融服务 | |
| | | 661 | 6610 | 中央银行服务 | 代表政府管理金融活动，并制定和执行货币政策，维护金融稳定，管理金融市场的特殊金融机构的活动 |
| | | 662 | | 货币银行服务 | 除中央银行以外的各类银行所从事存款、贷款和信用卡等货币媒介活动，还包括在中国开展货币业务的外资银行及分支机构的活动 |
| | | | 6621 | 商业银行服务 | |
| | | | 6622 | 政策性银行服务 | |
| | | | 6623 | 信用合作社服务 | |
| | | | 6624 | 农村资金互助社服务 | 经银行业监督管理机构批准，由自愿入股组成的社区互助性银行业金融业务 |
| | | | 6629 | 其他货币银行服务 | |
| ... | ... | ... | ... | ... | ... |

## 二、市场、自给性和非市场生产者

"产业"一词并不是专属市场生产者的，如 ISIC 和 SNA 所定义的那样，产业由一群从事同类生产活动的基层单位组成，不论从事活动的机构是否是市场生产者。区分市场性生产与其他生产是从另外一个维度看生产和经济活动，如一国卫生产业由一群基层单位组成，一部分是市场生产者，其他部分则是非市场生产者。区分市场性生产和其他生产的标准与根据活动本身特性进行区分的标准是不一样的，因此，根据活动类型分类和根据市场生产者、非市场生产者还是自身最终使用生产者来分类，结果可能形成基层单位的交叉分类。

### 三、产业和产品

正如前文所述，活动与产品间不存在一一对应关系，因此产业和产品间也同样不存在这种对应关系。某些活动可同时产生多种产品，而同一种产品也可以通过不同的生产工艺技术生产出来。如果两种以上的产品同时由同一种生产活动生产出来，它们被称作"联产品"。联产品的例子有：屠宰动物产生的肉和皮革，提炼甘蔗而产生的糖和糖浆。一种活动生产的副产品也可能会通过其他活动生产，但有些副产品如糖浆，却只能作为一种特殊生产活动的副产品而生产出来。

一项活动与一个产品在分类上的关系，可以由国际标准行业分类（ISIC）和产品总分类（CPC）间的关系来表现。CPC 是根据货物的物理特征或服务的本质特点分类的，而 ISIC 除此之外还要考虑生产过程中的投入和生产过程中使用的工艺技术。CPC 在其开发中试图这样定义其所列出的每一项货物或服务，即在正常情况下它应是由 ISIC 所定义的唯一的一类活动生产的。然而，由于所采用的标准不同，这种目标并不是总能实现的。蘑菇就是一个例子，它可以通过有控制的栽培而生产出来，属于 ISIC 的农业活动，也可以通过采集野生的蘑菇而生产出来，这就属于林业活动了。对 ISIC 的能源生产活动，在国家级详细分类中，根据工艺技术的不同可以作进一步细分，如可以单列出水力发电活动、核能发电活动等，但这些活动都只产生电力这一种产品。

相反地，每一项 ISIC 的活动，不论其定义的范围多么狭窄，都可能生产出 CPC 所定义的数种产品，虽然它们可以在 CPC 的结构中合并，形成一"种"产品。应尽可能根据现实实际，使 CPC 的每一个产品类别分别与 ISIC 中主要生产这种货物或服务的类别相对应，以此建立起两种分类间的对应关系。当然，由于前述原因，通常在 ISIC 与 CPC 之间不能形成一一对应的关系：在多数情况下是一对多的关系，少数情况下是多对一的关系。要想把这种关系强制性地变成更严格的对应，从多对一的对应中选择一种即可。这种选择当然有利于数据转换，但却未必是两种分类对应关系的真实反映。

### 四、同质生产单位

在大多数统计领域中，统计单位的选择和统计方法的使用在很大程度上要受统计的目的，即如何应用统计数据的影响。从投入产出分析的目的出发，最理想的情形是每个生产单位只从事一项生产活动，这样只需合并所有的从事该生产活动的单位就能形成一个产业，无须考虑任何次要活动。这样的单位被称为"同质生产单位"。

同质生产单位对特定分析目的，特别是投入产出分析是最优的单位，但却不大可能直接从企业或基层单位取得关于同质生产单位的核算数据，因此这种数据只能通过对企业数据在多种假设条件下的转化而推算得到，这样通过对所收集数据进行统计处理而形成的单位被称为分析单位。

如果一个生产单位从事一项主要活动和一项以上的次要活动，它可以被分解成同样个数的同质生产单位。如果要编制分地区的生产账户和投入产出表，就必须把处在不同地区的同质生产单位按不同的独立单位处理，即使它们从事的是同一个种活动或者属于同一个机构单位。

**本章小结**

1. 非法人企业的定义是，政府单位、NPISH 或住户中无法作为准公司处理的生产活动，构成一个非法人企业。

2. 生产是指在机构单位控制之下并由机构单位承担责任的生产过程或活动，在这样的过程或活动中，机构单位要投入劳动力、资本、货物和服务，产出货物和服务。

3. 生产可以从多种角度进行描述和分类，如根据产出的货物和服务种类分类、根据被使用或被消费的投入种类分类、根据所采用的生产工艺技术分类、根据产出被使用的方式分类等。SNA 依据 ISIC（Rev. 4）对生产活动进行分类，包括 21 个门类、88 个大类、238 个中类和 420 个小类。

4. 如果某项活动在一家生产单位所产生的增加值超出该单位所有其他活动，则该项活动就是该单位的主要活动（生产单位可能是企业，也可能是基层单位）。次要活动是一家生产单位在主要活动之外实施的活动。辅助活动是企业主要活动的附带活动，它为企业有效率地运行提供便利，但并不产生能供应市场的货物和服务。

5. 基层单位是产业活动维度和地方维度的综合。基层单位可以是一个企业，也可以是企业的一部分，它只位于一个场所，且只从事一种生产活动，或由其主要活动产生大部分的增加值。

6. 一个产业是从事相同或类似活动的基层单位的集合。

## 本章重要概念

非法人企业　生产　主要活动　次要活动　辅助活动　活动类型单位
地点单位　基层单位　横向一体化企业　纵向一体化企业　产业

## 本章复习思考题

1. 为什么要将企业（或企业的一部分）分解成更小更同质的基层单位？
2. 试举几个从生产活动不同角度将企业分类的例子。
3. 主要活动和次要活动的区别和联系是什么？
4. 辅助活动的产出也能够供应给本单位以外的单位吗？
5. 基层单位是否只能从事一种次要活动？
6. 基层单位与生产活动相关的数据主要包括哪些？
7. 什么叫横向一体化企业、纵向一体化企业？
8. 一个政府向另一个政府提供货物，应视为独立基层单位吗？
9. 如果把辅助活动与相关主要或次要活动视为一体，会产生什么结果？
10. 我国的产业是如何划分的？

## 本章参考文献

［1］联合国，等. 2008 国民账户体系［M］. 国家统计局国民经济核算司，中国人民大学国民经济核算研究所，译. 北京：中国统计出版社，2012.

［2］杜金富，等. 国民经济核算基本原理与应用［M］. 北京：中国金融出版社，2015.

［3］蒋萍，徐强，杨仲山. 国民经济核算初级教程（第二版）［M］. 北京：中国统计出版社，2019.

［4］黎春，马丹. 国民经济统计学［M］. 北京：机械工业出版社，2019.

［5］邱东. 国民经济统计学［M］. 北京：高等教育出版社，2018.

［6］向蓉美，杨作廪，王青华. 国民经济核算及分析［M］. 成都：西南财经大学出版社，2005.

［7］高敏雪，李静萍，许健. 国民经济核算原理与中国实践（第三版）［M］. 北京：中国人民大学出版社，2013.

［8］钱伯海. 国民经济统计学（国民经济核算原理）［M］. 北京：中国统计出版社，2000.

［9］国家统计局. 国民经济行业分类（GB/T 4754—2017）［EB/OL］. http：//www.stats.gov.cn/tjbz/.

# 第六章
# 生产核算

社会再生产是一个从生产经分配、交换到消费、投资的循环往复、连续不断的过程。其中，生产是起点、是基础。国民经济核算从生产核算开始。本章只介绍生产核算的基本概念、生产的产出和各项投入的计量等基本原理与方法。中国生产核算将在第十一章详细介绍。

## 第一节 生产的概念及其核算价格

要理解生产核算原理，首先要理解以下基本问题：什么是生产？生产的产出和投入如何计量等。本节主要讨论生产的概念、核算范围和核算价格。

### 一、作为经济活动的生产

生产，是一个耳熟能详的词语。农民种植粮食是农业生产活动，钢铁厂炼钢是工业生产活动，运输公司跑运输是运输服务生产活动，医院对患者做诊疗是健康卫生保健服务生产活动，等等。将这些经验上升为一个理论性的定义，生产是指利用投入获得产出的过程。但是，要在国民经济核算中实现对生产的计量，还需对生产概念进行具体定义，并要具体确定生产核算范围。由于国民经济从生产到分配，再到消费、投资，是一个循环的过程，生产的结果构成了收入分配以及消费、投资的对象，因此关于生产的定义和核算范围的确定，不仅关系到生产的计量，而且决定了整个国民经济核算的范围及整个经济收入的水平。

（一）经济生产与非经济生产

生产活动分为经济生产和非经济生产。国民经济核算中讨论的生产是经济生产。

经济生产是指在机构单位负责、控制和管理下，利用劳动、资本、货物和服务投入而生产产出的活动。

所谓非经济生产，是指没有人类参与或管理的自然过程。比如，自然水域中鱼类的无控制生长繁殖、野生果实的生长等。原则上说，没有人类参与和管理的纯自然生产过程不是经济生产，不包括在经济生产范围之内。

经济生产也不包括人类非生产性活动。人类非生产性活动是指不能由他人替代完成的基本的人类活动，如吃、喝、睡和锻炼等。因为这些个人的基本活动无法由他人代替进行，付钱雇人进行锻炼不能使自己身体健康。而那些可以由他人或经济单位提供的活动，如洗衣、做饭、照看儿童、照顾老人等，属于经济生产的范畴。

（二）生产产出的成果

一般来说，经济生产是利用投入而生产产出的活动。但对经济生产进行分析时，主要关注的是那些其产出能够交付或提供给其他机构单位的。产出主要有两种类型：货物和服务。它们是生产的产品。

在国民经济核算中，通常不需要对货物和服务作出明确区分，但在它们与其他数据集联系在一起时，就需要了解哪些产品属于货物，哪些产品属于服务。一些产业的产品是货物还是服务，有时很难作出明确区分的。例如，有些发动机制造商可能既生产发动机，也提供现有发动机的维修和保养服务。同样，一些服务业的产品可能具有货物的许多特征。我们把这些产业的产品称为知识载体产品。

1. 货物

通常货物是指通过市场交换转移所有权的有形生产成果。但有些货物可能从不交换，而另一些货物可能被买卖多次，货物的生产和交换是完全独立的两种活动。货物的生产可以与销售或转销售相分离。

2. 服务

服务的生产仅限于一个单位为其他单位服务而进行的活动。一个单位也可能从事自给性生产，但前提是该项服务可以由其他单位提供。提供服务生产活动，可以改变消费单位的状况，或促进产品或金融工具的交换。

提供服务改变消费单位的状况有：（1）改变消费品的状况，生产者提供运输、清洁、修理或其他改变货物的方式，直接作用于消费者所拥有的货物上；（2）改变消费者的身体状况，生产者向消费者提供运输、食宿、医疗、手术、美容等服务；（3）改变消费者的精神状况，生产者向消费者提供教育、信息、咨询、娱乐或类似的面对面服务。

如果一个机构单位为另外两个机构单位之间的货物、知识载体产品、某些服务或金融工具的所有权变更提供了便利，就产生了增值服务。增值服务与改变状况变化相类似，也不能脱离生产单独交易；当生产完成时，它们必定已经提供给消费者了。

3. 知识载体产品

知识载体产品是指那些以消费单位能重复获取知识的方式而提供、储存、交流和发布的信息、咨询和娱乐业的产出，从最广义的角度来看，包括生产一般或专业信息、新闻、咨询报告、电脑程序、电影、音乐等产业的产出。这些产业的产出可以确定所有权，它们经常存储于一个实物之中，而这些实物可以像普通货物一样进行交易。它们具有货物的很多特征，即可以由一个单位生产并提供给另一个单位。

（三）国民经济核算中的生产

如上所述，国民经济核算中的生产是指经济生产。经济生产既包括物质生产，也包括服务生产。但经济学并非一开始就这样设定经济生产的范围的，而是经历了一个不断扩展的过程，即从对生产的定义限定在物质生产以及附在物品之上的服务活动，扩展到创造效用并取得收入的活动。也就是说，不管是生产物质产品还是提供服务，一律看作生产活动。

## 二、生产核算范围

（一）经济生产与生产核算范围

理论上说，国民经济核算的生产范围应该与经济生产的范围一致。事实上，受核算手段等影响，并不是所有符合上述经济生产一般定义的生产活动都能够包括在核算范围之内。因此，国民经济核算的生产范围要比经济意义的生产范围窄。

按照一般定义，经济生产是指其产出可以供其他人或单位使用的活动。在市场经济中，将产出供其他人或单位使用，最典型的方式是通过市场销售，这样的生产是市场化生产。但是，整个经济生产不仅仅限于市场化生产：提供给其他单位使用还有其他方式，如有些生产者可能免费或以无经济意义的价格向使用者提供产出，政府及非营利组织属于这种方式；还存在生产者自产自用的情况。如果无视这种非市场生产情况，国民经济核算就无法全面度量经济总量。

国民经济核算的生产核算范围包括：

1. 生产者提供或准备提供给其他单位的所有货物或服务的生产，包括在生产这些货物或服务过程中所消耗的货物或服务的生产；

2. 生产者为了自身的最终消费或资本形成所保留的所有货物的自给性生产；

3. 生产者为了自身的最终消费或资本形成所保留的知识载体产品的自给性生产，但不包括住户部门的自给性产品生产；

4. 自有住房的自给性住户服务；

5. 雇用付酬家政人员提供的家庭和个人服务的生产。

## (二) 住户部门的生产范围

如上所述，经济生产核算范围确定涉及住户部门生产范围的确定。住户部门生产范围的确定，包括不纳入核算范围的大部分自给性服务以及纳入核算部分的货物生产、自有住房服务等。

住户成员为自身最终消费而进行的服务生产历来不包括在国民经济核算的生产范围内。这些自给性服务生产主要有：（1）住户对其住房的清洁、装修，包括由房主或承租人进行的小修；（2）包括家用车辆在内的住户耐用消费品或其他货物的清洁、保养和维修；（3）膳食的准备和提供；（4）儿童的看护、培养和管教；（5）病人、体弱者或老人的照顾；（6）住户成员或其他货物的运输。在大多数国家，相当多的劳动被用于生产这些服务，而这些服务的消费对经济福利具有重要贡献。但是，国民经济核算服务于多种分析和政策目的，并非仅为或主要服务于社会福利指标。不把这些自给性服务生产纳入核算范围的主要原因：这些活动与市场是相对分离和独立的；对其价值进行经济意义上的估价极其困难；对制定政策、分析市场和市场失衡方面的有效性将产生不利影响；如果将生产范围扩大至包括住户服务的自给性生产，则几乎所有成年人口都是经济活动人口，失业就不存在了。

住户部门的货物的自给性生产及自有住房服务一般包含在生产核算范围。住户部门下列生产一般应包含在生产核算范围：（1）农产品的生产及其储存、野果或其他野生作物的采集、林业、伐木和木柴采集；狩猎和捕鱼；（2）其他初级产品的生产，如采盐等；（3）农产品加工、谷物脱粒、面粉生产、皮革加工、鱼肉制品的生产和存储、水果储存、乳制品的生产、酒的生产等；（4）其他类型的加工，如织布、制衣、制鞋、器具的生产、家具制作等；（5）水的供应被视为货物生产活动。

自有住房者为自身最终消费生产的住房服务一直都包含在国民经济核算的生产范围。自有住房与租用住房的比率在不同国家存在着较大差异。若不虚拟核算自有住房的价值，住房服务生产和消费的国际比较就会失实。有些国家对自有住房服务的虚拟收入额征税。

## 三、生产的核算价格

价值等于数量乘以单位价格，因此价值变化由价格变化和物量变化两部分组成。根据产品税、产品补贴、增值税以及运输费用的记录方式，可以采用不同的价格来估算产出和投入。

### （一）基本价格

基本价格是生产者就其生产的每单位货物或服务产出从购买者那里所获得的、扣除了生产或销售时应付的所有税，再加上所获得的所有补贴后的金额。它不包括生产者在发票上单列的任何运输费用。

（二）生产者价格

生产者价格是生产者就其生产的每单位货物或服务产出从购买者那里获得的、扣向购买者开列的所有增值税或类似可抵扣税后的金额。它不包括生产者在发票上单列的任何运输费用。

与基本价格不同，生产者价格中包括产品税，但不包括产品补贴。生产者价格是不包括增值税的价格。基本价格是归生产者所有的那部分，因此该价格同生产者的决策密切相关。

基本价格中不包括生产者从购买者那里获得、再转移给政府的任何产品税，但包括生产者从政府那里获得、用于降低向购买者所收取价格的所有产品补贴。

（三）购买者价格

购买者价格是购买者在指定时间地点获得每单位货物或服务所支付的金额，它不包括任何可抵扣增值税或类似可抵扣税。货物的购买者价格包括按购买者要求在指定时运送货物到指定地点而另行支付的运输费用。

（四）基本价格、生产者价格和购买者价格的关系

基本价格、生产者价格和购买者价格的关系：

基本价格 + 产品税不包括发票单列增值税 – 产品补贴 = 生产者价格

生产者价格 + 购买者的可抵扣增值税 + 另行支付的运输费用
– 批发商和零售商的商业毛利 = 购买者价格

## 第二节　增加值、GDP及其计量框架

如前所述，生产是投入和产出的过程，也是创造价值的过程。生产的产出扣除生产过程的中间投入就是增加值。一国各生产单位的当期增加值总和，就是国内生产总值（GDP），本节主要讨论从宏观层面增加值和GDP的计量框架。

### 一、增加值、总增加值和净增加值

（一）增加值

我们在第二章账户体系中已经指出，生产账户的平衡项目是增加值。它是衡量机构单位生产所创造价值的重要指标。

这里的增加值是针对生产的产出和中间投入而言的。生产产出成果的形式（货物和服务）我们在前面已经做了介绍。生产的投入有劳动、货物和服务、资本等。

我们把货物和服务的投入称为中间投入。货物和服务的价值，在生产产出的价值中，只是转移的价值。增加值是生产产出的价值扣除中间投入的价值的余额。也就是说，增加值是劳动、资本等带来的新增加值。这与我们微观经济会计核算的增加值不是一个概念。

（二）总增加值和净增加值

增加值代表劳动、资本等投入对生产过程的贡献。其中，以固定资本形式存在的资本，其使用寿命较长，在生产过程中，可以把固定资产价值的一部分计算到总产出里边，这部分补偿价值被称为固定资本消耗。固定资本消耗是国民经济核算最重要的要素之一。在大部分情况下，核算总有"总额"和"净额"的区分，"总额"就意味着没有扣除固定资本消耗；"净额"则意味着扣除了固定资本消耗。

固定资本消耗是核算中在概念上最难定义、在实际中最难核算的项目之一。此外，固定资本消耗不代表一系列交易的汇总价值，它是一项虚拟价值，其经济意义不同于主要根据市场交易设置的项目。基于上述原因，国民经济核算账户中的各个主要平衡项既包括固定资本消耗的总额，也包括扣除固定资本消耗后的净额。一般来说，总额数字比较容易核算，因而也可能更可靠。但对于分析来说，净额在概念上更加合适和贴切。

综上所述，总增加值是指产出价值与中间消耗价值之差；净增加值是指产出价值与中间消耗价值和固定资本消耗价值之差。

## 二、增加值的不同测度

在国民经济核算中，中间投入在其进入生产过程的时候进行估价和记录，而产出则是它们从生产过程中出来的时候进行估价和记录。中间投入通常按购买者价格计算，而产出按基本价格计算，当基本价格无法获得时就按生产者价格计算。产出的价值与中间投入价值之差就是总增加值，总增加值再扣除固定资本消耗、生产税（减补贴）和雇员报酬后的余额（可正可负）便是盈余或混合收入净额。

如上所述，通过不同的计价基础与一组投入量和产出量的组合，可以计算出不同的总增加值。

（一）按基本价格计算的总增加值

按基本价格计算的总增加值定义为，按基本价格估价的产出减去按购买者价格估价的中间消耗。虽然产出和投入按不同的价格标准估价，但为了简洁起见，这里用估价产出的价格来描述增加值。从生产者的角度看，估价投入的购买者价格和估价产出的基本价格代表了实际的收付价格，使用这些价格得到的总增加值特别适合生产者角度的测算。

## （二） 按生产者价格计算的总增加值

按生产者价格计算的总增加值定义为，按生产者价格估价的产出减去按购买者价格估价的中间消耗。如果没有增值税，无论按生产者价格还是按购买者价格计算，消耗的中间投入的总价值都是一样的，在这种情况下，按生产者价格计算的总增加值与同时用生产者价格计算投入和产出的结果是相同的。因此，用这种方法计算的总增加值相当于按市场价格计算的总增加值。如果存在增值税，由于生产者价格不包括发票单列的增值税，因此把这种总增加值描绘为按市场价格计算就不合适了。

按生产者价格计算的总增加值与按基本价格计算的总增加值都使用购买者价格计算中间投入。二者的区别是，对于产出上应付的产品税或产品补贴的处理方式不同。按生产者价格计算的产出超过按基本价格计算的产出的部分，其数额应等于产品税减产品补贴。

## （三） 按要素成本计算的总增加值

按要素成本计算的总增加值，可以从上述两种总增加值计量方法中的任何一种中推算出来，即从以上定义的总增加值中减去应付生产税减补贴。例如，在按基本价格计算的总增加值中，应付生产税只有"其他生产税"。其他生产税主要是对企业使用的劳动或资本所征收的经常税（或拨付的补贴），如工资税、对车辆或房屋征收的经常税等。因此，在按基本价格计算的总增加值中减去"其他生产税（减其他产品补贴）"便可得到按要素成本计算的总增加值。

按要素成本计算的总增加值在概念上的难点在于它缺少可观测的价格。尽管按要素成本计算的总增加值这一名称由来已久，但严格来说，它不是增加值的一个测度指标，它实质是一个收入测度指标而非产出指标。

## 三、国内生产总值（GDP）及其计量框架

### （一） 国内生产总值（GDP）

如何核算一个经济体在某时期生产活动的产出成果？我们在前面已经介绍了产出成果的两种形态——货物和服务。但要核算其产出成果，要么以实物量指标来衡量，要么以价值量指标来衡量。以实物量指标来衡量如粮食产量、钢产量等，其优点是直观，可以给人以具体印象。但由于使用价值的不同，计量单位也不尽相同，不同产品产量难以加总。生产的服务产出也无法用实物量来衡量。这就需要借助于价格，将不同的产出的实物量转化为用货币单位表示的产出，然后加总为产出的总价值量。

将国内各单位当期产出按照其价值加总，结果是国内总产出。但这样累加的结果并不适合表现某一时期国民经济的生产成果，因为在产业分工的前提下各种

产品之间是相互联系的，一种产品的生产可能依赖于其他产品的消耗，在该产品的价值中必然包含所消耗的其他产品的价值，如果把各单位不同产品的价值做简单加总，则经济体的总产出中必然包含大量的重复计算。比如，采矿企业的铁矿石，冶炼企业的生铁、再到钢及钢材，若产品价值简单相加，矿石的价值就会被计算多次。

要消除这种重复计算，可以从两方面入手：一是在生产环节上扣除消耗的其他产品的价值，只保留本生产环节新创造的价值，然后将各单位的增加值加总起来，作为整个国民经济的产出总量；二是从宏观上只计算最终产品的价值，把中间产品价值摒除在外，因为中间产品就是用于其他产品生产过程所消耗的产品，是获得最终产品的中间过渡性产品，其价值已经包含在最终产品价值之中。

这样核算的结果就是国内生产总值，在价值构成上，是一国范围内各生产单位当期增加值的总和，是从各单位总产出价值中扣除中间消耗之后的余额，代表该时期内各单位生产活动新增加的价值；从用途上来看，是国内各生产单位所生产的最终产品价值的总和，代表该时期内各单位生产活动所产出的最终产品的价值。最终产品是指用于最终消费、积累和出口的产品。

（二）国内生产总值（GDP）的计量框架

根据对国内生产总值的定义，可以确定其计算方法有：一方面通过汇总生产单位增加值的办法计算国内生产总值；另一方面可根据产出最终产品的去向计算国内生产总值。

汇总增加值又分为：从形成的过程来看，增加值是当期生产产出的价值扣除所消耗其他产品价值后的余值，即总产出减去中间消耗之差，这是生产法核算增加值的思路；从分配角度来看，增加值被参与者所获得，由此可以通过加总各要素收入的办法计算增加值，这是收入法核算增加值的思路。

根据产出最终产品的去向计算国内生产总值，即核算最终产品用于最终消费、资本形成以及出口的总价值。这是支出法核算增加值的思路。

因此，核算国内生产总值的方法有：生产法、收入法和支出法。

1. 生产法

生产法是从生产的角度衡量常住单位在核算期内新创造价值的一种方法，即从生产的全部货物和服务总产出的价值中，扣除生产过程中的中间消耗产品的价值。计算公式为

$$增加值 = 总产出价值 - 中间消耗产品价值$$

生产法核算消除了生产各环节之间的重复计算，从全社会角度看，不同产业部门增加值的总和，就是社会的最终产品。

2. 收入法

收入法也称分配法，是从生产过程创造收入的角度，根据生产要素在生产过程中应得到的收入份额反映最终成果的一种计算方法。按照这种计算方法，增加值由劳动者报酬、生产税净额、固定资本消耗和营业盈余所构成。计算公式为

增加值 = 劳动者报酬 + 生产税净额 + 固定资本消耗 + 营业盈余

3. 支出法

支出法是从常住单位对货物和服务最终使用的角度，也就是从最终需求的角度来计算国民生产总值的一种方法。常住单位用于国内最终使用的货物和服务，包括常住单位生产的国内生产总值减去出口，加上从国外进口的所有货物和服务。这些货物和服务在最终使用中，一部分被用于常住居民个人的生活需要和公共需要；另一部分被用于常住单位的积累，即资本形成总额。计算公式为

国内生产总值 − 出口 + 进口 = 最终消费 + 资本形成总额

上式可以转换为

国内生产总值 = 最终消费 + 资本形成总额 + （出口 − 进口）

## 第三节　产出的测度

生产核算的核心是计算国内生产总值。而计算国内生产总值的方法，无论是增值核算法（生产法、收入法），还是支出法，都涉及对产出的核算。本节主要讨论产出核算的有关问题、产出类别的测度等内容。

### 一、产出核算的有关问题

在讨论产出测度之前，我们有必要研究产出的定义、产出的记录时间以及产出的估价等问题。

（一）产出的定义

产出是基层单位从事生产的结果。一般而言，由同一基层单位生产然后使用的所有货物和服务都不包括在产出测度之中。但也有例外，如果生产的货物和服务被基层单位用于资本形成，就要记录为产出。类似地，进入存货的产品也要记录为产出。如果基础单位是一个种植玉米的非法人企业，则玉米的产出中应包括留作住户消费的那一部分。

一个基层单位生产的货物和服务可能用于自己的中间消耗。例如，瓷器只有在上釉后才能交付其他单位。一般而言，未上釉的瓷器不记录为产出，但是在生产期

末仍未上釉的瓷器应记录为在制品，并进入存货。在接下来的生产期中，未上釉的瓷器将从存货中提取并被上釉，上釉的瓷器构成这一期的产出。

对基层单位进行产出测度时，可能包括多个生产过程的产出。因此，产出被定义为，一个基层单位生产的货物和服务，它不包括：基层单位在生产中使用的不承担风险的任何货物和服务的价值；同一基层单位消耗的货物和服务的价值，但用于资本形成（固定资本形成和存货变动）或自身最终消费的货物和服务除外。

（二）产出的记录时间

大部分货物和服务的产出通常在其生产完成时予以记录。然而，如果生产一单位产出要花费的时间很长，就需要将该产出视为持续性生产，并记录为在制品。

另外，货物和服务可能在一个核算期内被生产出来，但是没有在该核算期内交付（出售）给使用者。由于生产是在完工而不是出售时记录，从而对一个核算期而言，其产出价值与销售价值之间可能会有很大差别，该差别可以通过制成品和再制品的存货变动来解释。

（三）产出的估价

在市场上按显著经济意义的价格出售的货物和服务，可以按基本价格或生产者价格进行估价。首选估价方法是基本价格，只有在基本价格估价行不通时，才使用生产者价格。

为自身最终使用生产的产出，应按市场上销售的相同货物和服务的平均基本价格来估价。如果无法获得平均基本价格，则应以发生的生产总成本来核算这些产出。

政府单位和非营利组织生产的、无偿或以无显著经济意义的价格提供给其他机构单位或整个社会的非市场产出，应以生产总成本估价。

生产产出的类型不同，其核算方法也会有所区别。生产产出的类型主要有：市场产出、为自身最终使用的产出、非市场产出和特殊产业的产出。下面我们介绍不同类型的生产产出的测度。

## 二、市场产出的测度

市场产出是市场经济的一般形态，生产者根据预期的需求水平和供给成本来决定生产什么以及生产多少。生产决策背后的决定性因素是起主导作用的、有显著经济意义的价格。有显著经济意义的价格是指对生产者愿意提供和购买者愿意购买的产品数量有重要影响的价格。这些价格通常产生于：处于长期盈利，或至少能弥补资本和其他成本等目的，生产者有调整供给的动机；消费者有购买或不购买的自由并根据价格作出选择。

综上所述，市场产出是指准备有显著经济意义的价格予以销售的产出。

市场产出的价值由下列各项之和构成：

1. 以显著经济意义的价格出售的货物和服务的价值；
2. 用于交换其他货物、服务或资产的货物和服务的价值；
3. 用于实物支付（包括实物报酬）的货物和服务的价值；
4. 一个基层单位向同属于同一企业的另一基层单位提供的、用于中间投入的货物和服务的价值，继续生产的相关风险也随货物而转移；
5. 准备用于上述某种用途的制成品和在制品存货的变动价值；
6. 提供货物服务所收取的服务费、运输费、金融资产获得和处置的附加费等。

### 三、交易的记录和估算

销售的记录时间是产生应收应付的时间，即货物的所有权从生产者转移到购买者或服务提供给购买者的时间。货物和服务应按销售时的基本价格估价，如果不能按基本价格估价，可以用生产者价格代替。销售的价值由生产者或购买者的应收或应付款额决定。

易货交易就是用货物和服务交换其他货物、服务或资产，其价值应在货物所有权发生转移或提供服务时记录。易货货物的产出按它们如果出售时的可得到的基本价格进行估算。

作为实物报酬提供给雇员或用于其他实物支付的货物或服务，应该在货物所有权发生转移或服务提供时进行记录。它们应按如果出售时的可得到的基本价格进行估算。

### 四、存货变化的测度

制成品存货变化核算的基本原则是，无论产出是销售或是予以它用，还是进入库存将来再销售或使用，都有在其生产时进行记录，并按同一价格进行估价。实际上，只有生产出来后并未立即销售或予以它用的，货物才能进入库存。当某一货物的需求量超过当期产出时，该货物的存货就减少。制成品存货变化是一个时期内产生和销售（或其他用途）之间的差异。进入库存的货物必须按入库时通行的基本价格估价，而从库存中退出的货物则应按销售价格估价。某一核算期内制成品存货变化的总价值计算公式为

制成品存货变化的总价值 = 入库货物的总价值 − 出库货物的总价值
− 库存货物的经常性损失的价值

在制品是尚不能销售的未完工产出，即未充分加工的、不能随时提供或出售给其他机构单位的产出。只要生产过程未在一个核算期内完成，就有必要对在制品进

行记录，以便将在制品从一个核算期结转至下一个核算期。在制品增加和减少的处理方法与制成品入库和出库的处理方法相同，必须在发生时按当时通行的基本价格估算。

### 五、为自身最终使用产出的测度

（一）为自身最终使用产出的定义

为自身最终使用产出是指生产者为自身最终消费或资本形成而留有的产品。它的价值等于下列各项之和：

1. 住户非法人企业生产的、被同一住户消费的货物的价值；
2. 付酬家政人员为住户提供的服务的价值；
3. 自有住房服务的价值；
4. 企业某一基层单位生产的并被同一企业为将来在生产中使用而留用的固定资产的价值（自给性固定资本形成总额）；
5. 打算用于上述某一用途的制成品和在制品存货变化的价值；
6. 在例外情形下，可能有用于自身中间消耗的产出。

（二）住户部门产出货物和服务的测度

住户部门生产的所有货物都包括在生产范围内，那些不提供给其他单位的货物应作为即时消费或提供将来使用的存货。

付酬家政人员（保姆、厨师、清洁员、司机等）在形式上被视为该住户所有的非法人企业的雇员，所生产的服务被生产它们的同一单位消费，从而构成一种自给性生产。按照惯例，家政服务生产过程中所发生的任何中间成本都不视为家政服务产出的中间消耗，而视为该住户的最终消费支出。因此，其产出价值必然与所支付的雇员报酬相等，其中包括食宿等所有实物报酬。

对所居住的房屋拥有所有权的住户，在形式上被看作自身消费提供住房服务的非法人企业的所有者。如果存在规范的房屋租赁市场，可以使用市场上同类服务产出进行估价，这与自给性货物或服务的一般估价方法是一致的。

### 六、其他最终使用产出的测度

任何企业都有可能为自身固定资本形成而生产货物或服务。住户部门从事的房屋建造或扩建。有些国家可能会采用一个比较宽泛的建筑活动范围，以便反映农村地区自身的固定资本形成总额。打算自用的建筑物在制品的增加，应记录为生产者的固定资产获得。

为自身最终使用而生产货物和服务可能进入制成品存货供将来使用。对于这些产品，应按其入库时市场上销售的同类产品的基本价格估价，如果没有合适的基本价格，就按其生产者价格估价。

在同一基层单位内用于中间消耗的货物和服务通常不予记录。但也存在例外，如果进行记录，则相关的货物和服务将同时加大中间消耗和产出价值，因此，对增加值没有影响。

### 七、非市场产出的测度

非市场产出是指由为住户服务的非营利机构或政府生产的、免费或以没有显著经济意义的价格提供给其他机构单位或全体社会的货物和个人/公共服务。它与自用产出不同。

非市场产出在产出时记录。一般来说，不能采用为自身最终使用或自身资本形成而生产的货物和服务的估价方法来估算非市场产出的价值，因为除了自用外，还可以大量生产并在市场上出售。向住户部门免费提供的非市场产出的价值按以下生产成本之和核算：中间消耗、雇员报酬、固定资本消耗、其他生产税。

政府单位和为住户服务的非营利机构可能同时从事市场和非市场活动。市场产出的价值为市场产品的销售收入，非市场产出的价值等于总产出价值与市场产出价值之间的差额。

### 八、特殊产出的测度

前文介绍了产出测度的一般规则，下面介绍特殊产业如服务业等的测度方法。

(一) 农业、林业和渔业

由机构单位控制、管理和负责的庄稼、树木、牲畜或鱼类的生长和再生，构成了经济意义上的生产过程。这些产品的生产过程很多都是利用自然力量来实现的。农业、林业和渔业的生产过程可能要持续数月甚至几年，因此其产出的计算比较复杂。很多农作物是年生的，其大部分成本发生在种植季之初播种的时候，以及季末收获的时候。而未成熟的农作物的价值取决于它们距离收获期的时间。因此，需要将农作物的价值在一年之中分摊，并作为在制品处理。农作物的最终价值通常不等于其早期估计值和收获前农作物的虚拟价值。在这种情况下，需要对早期的估值进行修正以反映实际结果。农作物收获后，在制品的累积价值就转为制成品存货，然后随着生产者的使用、出售或虫害损失等逐渐被消耗掉。

一些植物和很多动物要经过好几年才能成熟。在这种情况下，应将其价值的增加反映在产出中，并根据该植物或动物是否能够生产重复性的产出，来决定是将所增加的价值作为固定资本还是存货处理。植物或动物价值的增加应该考虑到其产出获得实现之前的延迟。植物或动物一旦成熟，其价值就会下降，下降的价值应记录为固定资本消耗。

（二）机器、设备和建筑物总产出

船舶、重型机器、房屋和其他建筑物等高价值资本品的生产可能需要几个月或几年才能完成。这类生产的产出一般必须通过在制品来计算，而不能简单地在生产过程结束时一次性记录。与其他跨期生产不同，如果房屋和其他建筑物在动工之前预先签订了销售合同，则应将每期完成的产出视为在期末就销售给了购买者，即作为销售而非在制品处理。事实上，工程承包者生产的产出按分阶段销售给购买者处理，因为后者是该产出的合法所有人。因此，该产出应记录为购买者的固定资本形成总额，而不是生产者的在制品。若合同要求分期付款，则产出的价值通常以每期付款额来近似估计。但是，如果没有签订销售合同，则必须将每期的未完工产出记录为生产者的在制品。带有投机动机而建造的住宅（没有预售合同）在出售之前应作为建筑开发公司的存货，如果在完工时还未出售，则存货状态由在制品转变为制成品。

（三）运输和仓储业

运输业的产出用运送货物或旅客的应收额来测度。经济学理论认为，相同货物在不同地点的品质不同，所以将货物从一个地点运输到另一个地点是生产过程，在此过程中，即使货物没有发生其他变化，也认为其发生了显著的经济变化。运输服务量可以用吨公里或人公里等指标衡量，上述指标综合考虑了货物数量或旅客人数和运输距离。此外，运输速度、间隔时间或舒适度等因素也会影响所提供服务的质量。

仓储活动将货物从一个时间点"运送"至另一个时间点，因此它本身就成为生产的一个重要过程。在经济学中，通常认为同一货物在不同的时间或地点，可能会存在质量上的差别，从而其价格也不同。一件产品价格的增加是由于它经过存储并且在这一生产过程中发生了存储成本，因此其价格增加就是一个生产过程。然而重要的是，仓储导致的价格增加与持有收益和损失明显不同，因此与其他生产活动一样，不能将这部分持有损益计入仓储生产价值。货物最初生产出来后可能被存储一段时间，以期在未来销售、交换或使用时能获取更多的收益。如果货物的升值只反映了价格的上升，而没有仓储所导致的质量变化，那么除了刚才所描述的仓储成本外，这一时期就不存在更多的生产。然而，以下三种理由可以说明为什么货物升值可视为进一步的生产：一是生产过程足够长，以至于应该把贴现因子应用到在交付前相当长时间已完工的部分上；二是货物的品质可能随着时间的推移而改善（如葡萄酒）；三是即使货物的物理品质没有发生任何变化，但季节因素可能对该货物的供求产生影响，从而导致其价格在一年内发生有规律且可预测的变动。在这些情况下，可以将仓储活动视为生产过程在时间上的延续。仓储服务被纳入货物成本，从而在存储过程中增加了货物的价值。因此，原则上，存货价值的增加不仅包括货物入库时的价值，还应包括货物存储期间新增产出的价值。然而，大部分工业制品是全年持续生产和销售的，且不受供求状况常规变化的影响，也不会在储存期间逐渐"成熟"。因此，库存中的这些货物的价格变化不能作为在制品价值的增加。为了对超出存储成本的那部分库存货物增值进行估计，可以使用预定时期内超出一般通货膨胀率的预期价值增值。预定时期之外产生的任何收益都将继续记录为持有收益或损失。这种将存储带来的产出纳入存货价值的方法，只适用于生产周期很长的货物，该类货物或者具有确定的年度季节性模式，或者它们的完成是规律性生产过程的一部分。它不适用于所持有的金融资产、贵重物品或是土地和建筑等其他非金融资产，虽然在这些情况下也会产生价值的预期增长，但持有这些项目的动机只是为了投机。因此，此时应将价值的增长处理为持有收益而不作为生产过程的一部分。

（四）批发和零售业

批发和零售业的产出应该用转售其所购货物所实现的商业毛利总额来衡量。商业毛利（或称贸易加价）是指转售所购货物时的实际价格或虚拟价格减去该货物在经销商销售时或另作他用时，如想重新购置该货物所需支付的价格。在实际操作中，批发商和零售商的产出按下列公式计算：产出价值＝销售价值＋为转售购买的货物价值中用于中间消耗、雇员报酬等的价值－为转售购买的货物价值＋用于转售的存货的增值－从存货中退出用于转售的货物价值－由于正常损耗、被盗或意外损坏造成的经常损失的价值。

（五）中央银行

中央银行的产出可以分为三大类，即货币政策服务、金融中介服务和一些临界情形。货币政策服务本质上是服务于整个社会的公共性服务，因此是非市场产出。金融中介服务是中央银行在没有对利率进行政策干预的情况下所承担的本质上具有个体性的服务，被视为市场生产。某些临界情形，如监管服务，既可以划分为市场服务也可以划分为非市场服务，这主要取决于是否存在足以弥补服务成本的直接收费。原则上应该区分市场产出和非市场产出，但在实施这些理论建议之前，应该考虑操作的可行性，以及进行这种区分的相对重要性。当无法将市场产出和非市场产出区分开来时，中央银行的所有产出都应被视为非市场产出，其价值等于成本之和。

中央银行从事的某些具有临界情形如对金融公司的监管服务。有观点认为，金融监管是一项造福社会的行为，在国民经济核算账户中应记录为政府部门的最终消费。然而，也有观点认为，政府监管的服务对象是金融中介机构，因为这些服务有助于金融机构的正常运作和业绩的提升。从这个角度来看，它类似于政府的某些监管服务，如食品和药品的质量控制，这些服务在国民经济账户中被记录为生产者的中间消耗。中央银行只要能够作为一个独立的机构单位，就应该始终属于金融机构部门，而不是一般政府部门。以货币政策服务为代表的公共消费记为一般政府部门的支出，但政府并不承担中央银行发生的成本。因此，这一非市场产出的价值应作为金融公司（中央银行）经常转移的使用，同时作为政府经常转移的来源，并作为一般政府的最终消费支出。如果中央银行所提供的金融中介服务非常重要，且有可能并值得为提供服务的独立基层单位编制数据，那么这些服务应记录为服务接收单位的应付项。被视为市场产出的监管服务按同样方式记录。

（六）保险、养老金以外的金融服务

金融活动可以分为三类，即金融中介活动、金融辅助活动和其他金融活动。金融中介活动包括金融风险管理和流动性转换，以及机构单位主要以获取金融资产为目的而发生金融负债的活动。从事这些活动的公司通过各种途径获得资金，不仅吸收存款，还发行票据、债券或其他有价证券。它们通过向他人提供垫款或贷款、购买票据、债券或其他有价证券等方式，将这些资金和自有资金主要用于获取金融资产。金融辅助活动是为风险管理和流动性转换活动提供便利。金融辅助机构是主要从事金融辅助活动的单位，它们通常代表其他单位发生金融负债或获取金融资产，并将其作为中介服务的一部分，但自身并不承担风险。金融服务费可能是直接收取的，也可能是隐含的。一些金融资产的交易可能既包含直接收费也包含隐含费用。金融服务的提供和收费有以下四种主要途径。

（1）直接收费并提供相应金融服务。它包含多种服务，并且可能由不同类别的金融机构提供。比如，吸收存款机构（银行）可能向住户部门提供投资组合管理、税务咨询不动产管理等收费服务。专业金融机构可能会向非金融公司提供股票发行或企业重组管理等收费服务。消费者通过信用卡购物时，信用卡公司向商户收取的费用等。

（2）与存贷款利息费用相关的金融服务。金融机构（银行）向公众吸收存款，并借钱给那些资金不足的单位。银行通过这种方式使一家单位可以借款给另外的单位。双方都向银行支付服务费，贷出资金的单位获得的利率要低于借款单位支付的利率，存贷利差包含了银行向存款人和借款人收取的隐含费用。从这一基本思路出发，可以引出"参考"利率的概念。借款人向银行支付的利率与参考利率的差额，加上参考利率和实际付给存款人的利率之间的差额，即为间接测算的金融中介服务费用。金融机构提供的所有存贷款服务都要虚拟为收取了间接服务费，而不考虑其资金来源。参考利率既适用于贷款利息也适用于存款利息，从而SNA中的利息额等于参考利率与相应存款或贷款数额的乘积。利息额与金融机构实际收付的利息额之差，记录为存款人或贷款人支付给金融机构的服务费。在 SNA 中，根据参考利率得出的利息额称为"SNA 利息"，将实际支付给金融机构或由金融机构支付的利息总额称为"银行利息"。这样一来，隐含服务费就等于银行贷款利息之和减去相同贷款数额的 SNA 利息，加上存款的 SNA 利息减去同一存款数额的银行利息。这些服务费是贷款人或存款人的支出，是金融机构的产出。按照 SNA 的惯例，这些与利息相关的间接收费适用于金融机构提供的存贷款业务。拥有详细账目、被作为法人或准法人的放贷人都可以收取这项费用。参考利率介于银行的存贷款利率之间。由于存贷款额不一定相等，不能使用存贷款利率的简单平均数来计算参考利率。参考利率应该不考虑服务因素，而要反映存贷款的风险和期限结构。银行间同业拆借利率或许就是一个比较合适的参考利率。但是，需要为各种币种的存贷款确定不同的参考利率，特别是在涉及非常住金融机构的情况下。对同一经济体中的银行而言，在提供与银行间互相借贷相关的服务时，通常很少存在上述多币种问题。银行可以提供给它们固定利率的贷款。在这种情况下，由于银行的利息水平是固定的，而参考利率是变动的，SNA 利息和服务费会发生变化。如果企业通过融资租赁获得固定资产，则要将此虚拟为出租人和承租人之间的一项贷款，租期内的定期付款被视为利息支付和本金的偿付。如果出租人是金融机构，融资租赁条款下的应付利息就相当于银行利息，与其他贷款一样，这部分利息应分为 SNA 利息和金融服务费。

（3）与金融资产和负债的获得与处置相关的金融服务。债务性证券（如票据和债券）是能够产生利息支付的金融资产，利息由证券发行人向证券持有人支付。金融机构给所销售的证券定价时，就包含了服务费，证券的购买价格（或要价）表现为证券的市场估值加上服务加价。证券的中间价是给定时点上出价和要价的平均数。因此，购买证券的加价就是购买时要价和中间价之差，销售证券的加价就是销售时的中间价与出价之差。股票和投资基金份额产生的是财产收入而不是利息，但与债务性证券一样，其销售价格与购买价格也不相同。与债券的处理方法一样，买价和中间价之差以及中间价和卖价之差应作为金融服务产出。买价与卖价之差作为加价的原则也适用于外汇购买（包括以外币计价的交易，如进出口支付以及外币实物纸币及铸币的获得）。

（4）关于与保险和养老金计划相关的金融服务，下面我们将详细介绍。

（七）与保险和养老金计划相关的金融服务

金融服务包括以下五类活动：非寿险、寿险和年金、再保险、社会保险计划、标准化担保计划。这些计划都将导致资金的再分配。对于非寿险服务和标准化担保计划来说，大部分再分配活动发生在同一时期的不同单位之间。大量客户每人缴纳相对较少的保费或费用，而他们中的少数人将收到相对较多的赔偿或给付。对于寿险、年金和养老金计划来说，主要（并非完全）是对单个客户在不同时期的收入进行再分配。保险公司和养老基金在履行其管理资金的职责时，会涉及风险管理和流动性转换等金融机构的主要职能。

非寿险的业务范围涵盖了保单持有人在事故中遭受的损失或伤害。保单持有人向保险公司支付保费，只有当保险事故发生时保单持有人才能获得赔付。保单中已经规定了事故一旦发生后的最高赔偿额，所以不确定性在于是否发生赔偿，而不在于赔付数额是多少。

根据寿险保单，投保人将在一段时期内多次缴纳小额保费，承保人在未来或以一次趸付的形式或以在某些预先约定的时间分期支付的形式对投保人进行支付。人寿保险中很少包含限制条款，在通常的情况下，赔付是确定的但数额可能是不确定的。

年金服务由保险公司提供，是个人将一次性趸交转换为未来给付流的一种方式。就像个人通过购买保单来控制其风险暴露一样，保险公司本身也要控制风险。两家保险公司之间的保险被称为再保险（再保险之外的其他保险称为直接保险）。很多再保险交易是由少数几个国际金融中心的专业机构提供的。再保险人也可能购买再进一步的再保险保单，这种做法被称为"分保"。

社会保险计划是由第三方（通常是雇主或政府）鼓励或强迫个人参加的一项计划，它会在一些被认定的状态下向参加人提供包括退休金在内的福利。社会保险计划同直接保险有很多相似之处，也可以由保险公司运营。

社会保险计划有四种可能情况。第一，社会保险计划是一般政府部门业务的一部分。如果能够识别出进行运作的独立单位，则社会保险产出的计算与非市场产出一样，应使用成本加总的方法。如果不能识别出独立的单位，则社会保险产出应包括在负责运作的政府部门的产出中。第二，当雇主自己运作社会保险计划时，其产出的价值也由成本之和决定。第三，当雇主委托保险公司管理社会保险计划时，其产出的价值就是保险公司收取的费用。第四，对于多雇主计划，应使用核算寿险保单的方法计算其产出的价值，即用该计划应收的投资收入减去为满足当前和未来养老金权益需要而增加到准备金上的数额，以其超出部分作为该计划的产出价值。

非寿险产出＝实收保费总计＋追加保费－调整后已生索赔。寿险服务的产出＝实际实收保费＋追加保费－到期应付保险金－寿险专门准备金的增加（加准备金的减少）。标准化担保产出如果以市场生产者方式运行担保计划，则产出价值应按照与非寿险服务相同的方法计算。如果以非市场生产者方式运行该计划，则产出价值应以成本加总的方式计算。

（八）研究和开发

研究和开发是一项有计划有步骤进行的创造性活动，其目的在于增加知识存量，并利用这些知识存量来发现或开发新产品——包括改进现有产品的版本和质量，或是发现和开发新的或更有效的生产工艺。研究和开发不是一项辅助活动，应当尽可能地为此单独设立一个基层单位。市场生产者为自身利益从事的研究和开发，原则上应按其如被商业转包所应支付的基本价格进行估价，但实际操作中很可能不得不以生产总成本（包括生产中使用的固定资产成本）来估价。专门的商业性研究室或研究机构进行的研究和开发，根据惯例应按销售收入、合同收入、佣金收入、服务费等进行估价。政府单位、大学和非营利性研究机构等进行的研究和开发属于非市场生产活动，应以发生的总成本估价。研究与开发活动不同于教学活动，在 ISIC 中被单独分为一类。原则上，大学或其他高等教育机构所从事的这两种活动应当被明确区分开来，但在实践中，当从事这两种活动的是同一批职员时，将两者区分开来就相当困难。在某些情况下，由于教学和研究之间相辅相成，要将二者区分开来，即使只是在概念上区分开来都并非易事。

（九）原件和复制品的生产

书籍、唱片、影片、软件、磁带、磁盘等的生产过程包括两个阶段：第一阶段是原件的生产；第二阶段是原件的复制品的生产和使用。第一阶段的产出就是原件本身，其法定所有权或事实所有权可以通过版权、专利或保密状况等确立。原件的价值取决于在第二阶段销售或使用复制品获得的实际或预期收入，该收入需要弥补原件成本和第二阶段发生的成本。第一阶段的产出是属于原件生产者（作家、电影公司、程序设计人员等）的固定资产。原件生产者为了销售或为自身固定资本形成而从事生产。由于该资产可能出售给另一个机构单位，因此资产所有者并不一定在任何时候都是原件生产者，虽然二者通常是同一个人或同一个单位。如果原件生产出来后被销售，则原件生产者的产出价值就是其销售价格。如果原件未被销售，则其价值可通过在生产成本基础上加成来估计。加成的多少取决于在将来生产中使用该原件所能获得预期收入的贴现值，因此尽管该贴现值不确定，但实际上决定了原件的价值。资产所有者在接下来的时期内可以直接使用原件来生产复制品。复制品的价值也记录为生产，但必须与原件生产相分离。同生产中使用的其他固定资产一样，制作复制品过程中对资产的使用也要记录为固定资本消耗。资产所有者也可以授权其他生产者在生产中使用原件。后者可以生产和销售复制品，或以其他方式使用复制品，如放电影或举办音乐会。复制品生产者从事复制品的生产，部分复制成本是获许可者向资产所有者或许可人支付的费用。该费用代表了获许可者的中间消耗和资产所有者的产出，记录为向获许可者出售的服务。获许可者的支付可以有各种称呼方式，如服务费、佣金或版税，但是不管怎样称呼，它们都应作为对原件所有者提供服务的付款。

## 第四节 中间消耗和固定资本消耗

在生产过程中，为获得新的产出，需要各种预先投入。其中，被磨损的固定资产被称为固定资本消耗，被一次性消耗的货物和服务就被称为中间消耗。两者都会作为原本存在的价值，转移到新产出的货物和服务的价值中。

### 一、中间消耗

（一）中间消耗的范围

中间消耗又称中间投入，在国民经济核算中，中间消耗是指生产过程中作为投入所消耗的货物和服务的价值，但不包括固定资产和贵重物品。作为中间投入的货物和物品在生产过程中或被改变形态，或被耗尽。有些投入在改变实物形态融入产品后重新出现，如谷物可被碾成面粉，随后面粉可以做成面包。有些投入则被完全消耗或用尽，如电力和大部分服务。

（二）中间消耗的记录时间和估价

中间消耗要在其进入实际生产过程的时间予以记录，核算的是当期消耗使用额而不是当期购买额。对服务来说，购买额就是使用额；对货物来说，购买额可能不等于使用额，其间的差异表现为原材料储备存货的变动额。

作为中间投入而消耗的货物和服务通常按它进入生产过程时通行的购买者价格估价，也就是在货物被使用时生产者如要重置该货物所支付的价格。

（三）中间消耗与雇员报酬、固定资本形成总额之间的界限

企业使用的某些货物服务并没有直接进入生产过程，而是被在此生产过程中工作的雇员所消耗。在这种情况下，有必要确定这些货物和服务是中间消耗，还是提供给雇员的实物报酬。一般来说，雇员为直接满足自己的需要或要求、在他们自己的时间内自主使用的货物和服务，应作为实物报酬处理。但是，雇员为了完成工作而必须使用的货物和服务则应作为中间消耗处理。

中间消耗衡量的是核算期内在生产过程中改变物质形态或完全消耗的那部分货物和服务的价值，它既不包含企业拥有的固定资产的使用的成本，也不包含获取固定资产的支出。

## 二、固定资本消耗

（一）固定资本消耗的范围

固定资本消耗是指在核算期内由于自然退化、正常淘汰或正常事故损坏而导致的，生产者拥有使用的固定资产存量现期价格的下降。国民经济核算中的固定资本消耗不同于商业会计的折旧。商业会计的折旧通常用历史成本摊销，而国民经济核算的固定资本消耗则取决于资产的现期价值。

固定资本消耗是针对生产者所拥有的全部固定资产计算的，但不针对贵重物品计算，因为生产者之所以获取这些贵重物品，是因为它们的实际价值不会随时间推移而降低。

固定资产的价值不仅因为自然退化而下降，还可能因为技术进步和新替代品的出现导致其服务需求减少而下降。

由正常或预料之内的意外损坏所导致的固定资产损失包括在固定资产消耗范围内。但由于战争或不正常发生的严重自然灾害所造成的损失则不包括在固定资产消耗范围内。

（二）固定资本消耗和固定资本租金

为了更好地理解固定资本消耗，可以把固定资本消耗与固定资本租金进行比较。租金是固定资产使用者按照经营租赁合约或类似合同，为在制定时间内在生产中具有使用该资产的权利而应支付给其所有者的金额。租金必须足以弥补以下各项成本：（1）资产所有者的直接成本，包括资产的维护成本；（2）租赁期内资产价值的减少（固定资本消耗）；（3）租赁期初的资产价值的利息成本。当通过经营租赁使用固定资产时，租金就作为对出租人服务的购买，记录在承租人的中间消耗中。

对于资产的所有者来说，固定资产在任一时刻的价值都由该资产在预计剩余使用年限内能够提供的资本服务的现值所决定的。固定资本消耗由本核算期期初与期末之间剩余未来收益流现值的下降来计算。固定资产消耗是一种前瞻性指标，它由未来事件而不是过去事件决定，即由机构单位在资产剩余使用年限内、在生产中使用该资产预期可获得的未来收益所决定。

（三）固定资本消耗的计算

固定资本消耗不应按最初获得时的价格计算，而应按该资产当前通行的实际价格或估计价格以及租金来计算。企业会计中记录的折旧无法提供计算固定资本消耗所需的正确信息。应结合固定资本存量的估计值，单独计算固定资本的消耗的估计值。根据过去的固定资产形成总额数据，并结合固定资产效率在其使用期内的下降率，便可以估算出固定资本存量。

应当尽量保证一项新固定资产的初始价值是其获得市场通行的价值。如果各种年限和规格的资产都能在市场上定期交易，则应使用这些交易价格来衡量处于各使用年限上的资产价值。然而，二手资产价格信息缺乏，需要采用一个更加理论化的方法确定各使用年限资产的价格。从概念上讲，市场力量应该确保新固定资产的购买价格等于该资产未来收益的现值。因此，如果已知相关资产的初始市场价格和特征，就可以计算该资产的未来收益流并不断更新其剩余现值。由过去投资形成的且按当前购买者价格重新估价的固定资产存量被称为资本存量总额。

某一固定资产对使用该资产的生产的投入会随着时间推移而趋于减少。资产类型不同，其使用效率的下降速度也不同。在实际操作中，并不是逐一针对每项资产计算的，而是按照相似年限和特性的资产组群分类计算。固定资产的效率曲线决定了它使用年限的收益曲线。一旦确定了固定资产在使用年限内的收益曲线，就能够逐期计算其固定资本消耗。

## 本章小结

1. 国民经济核算中讨论的生产是经济生产。经济生产是指在机构单位负责、控制和管理下，利用劳动、资本、货物和服务投入而生产产出的活动。经济生产的产出主要有两种类型：货物和服务。

2. 国民经济核算的生产核算范围包括：（1）生产者提供或准备提供给其他单位的所有货物或服务的生产，包括在生产这些货物或服务过程中所消耗的货物或服务的生产；（2）生产者为了自身的最终消费或资本形成所保留的所有货物的自给性生产；（3）生产者为了自身的最终消费或资本形成所保留的知识载体产品的自给性生产，但不包括住户部门的自给性产品生产；（4）自有住房的自给性住户服务；（5）雇用付酬家政人员提供的家庭和个人服务的生产。

3. 生产的核算价格有：基本价格、生产者价格和购买者价格。

4. 生产的产出扣除生产过程的中间投入就是增加值。一国各生产单位的当期增加值总和，就是国内生产总值，即 GDP。

5. 核算国内生产总值的方法有：生产法、收入法和支出法。

6. 产出被定义为，一个基层单位生产的货物和服务，它不包括：基层单位在生产中使用的不承担风险的任何货物和服务的价值；同一基层单位消耗的货物和服务的价值，但用于资本形成（固定资本形成和存货变动）或自身最终消费的货物和服务除外。

7. 大部分货物和服务的产出通常在其生产完成时予以记录。然而，如果生产一单位产出所要花费的时间很长，就需要将该产出视为持续性生产，并记录为在制品。

8. 在市场上按显著经济意义的价格出售的货物和服务，可以按基本价格或生产者价格进行估价。

9. 生产产出的类型主要有：市场产出、为自身最终使用的产出、非市场产出和特殊产业的产出。

10. 市场产出是指准备有显著经济意义的价格予以销售的产出。市场产出的价值由下列各项之和构成：以显著经济意义的价格出售的货物和服务的价值；用于交换其他货物、服务或资产的货物和服务的价值；用于实物支付（包括实物报酬）的货物和服务的价值；一个基层单位向属于同一企业的另一基层单位提供的、用于中间投入的货物和服务的价值，继续生产的相关风险也随货物而转移；准备用于上述某种用途的制成品和在制品存货的变动价值；提供货物服务所收取的服务费、运输费、金融资产获得和处置的附加费等。

11. 为自身最终使用产出是指生产者为自身最终消费或资本形成而留有的产品。它的价值等于下列各项之和：住户非法人企业生产的、被同一住户消费的货物的价值；付酬家政人员为住户提供的服务的价值；自有住房服务的价值；企业某一基层单位生产的并被同一企业为将来在生产中使用而留用的固定资产的价值（自给性固定资本形成总额）；打算用于上述某一用途的制成品和在制品存货变化的价值；在例外情形下，可能有用于自身中间消耗的产出。

12. 非市场产出是指由为住户服务的非营利机构或政府生产的、免费或以没有显著经济意义的价格提供给其他机构单位或全体社会的货物和个人/公共服务。向住户部门免费提供的非市场产出的价值，按以下生产成本之和核算：中间消耗、雇员报酬、固定资本消耗、其他生产税。

13. 特殊产业产出的测度主要有：农业、林业和渔业；机器、设备和建筑物；运输和仓储业；批发和零售业；中央银行；保险、养老金以外的金融服务；与保险和养老金计划相关的金融服务；研究和开发；原件和复制品的生产等。

14. 在生产过程中，为获得新的产出，需要各种预先投入。其中，被磨损的固定资产被称为固定资本消耗，被一次性消耗的货物和服务就被称为中间消耗。

15. 固定资本消耗是指在核算期内由于自然退化、正常淘汰或正常事故损坏而导致的，生产者拥有使用的固定资产存量现期价格的下降。

**本章重要概念**

经济生产　非经济生产　非生产性活动　基本价格　生产者价格　购买者价格
增加值　总增加值　净增加值　GDP　生产法　分配法　支出法　市场产出
为自身最终使用的产出　非市场产出　中间消耗　固定资本消耗

## 本章复习思考题

1. 以下哪些活动被排除在生产核算范围之外？
   （1）农民自己酿造白酒；
   （2）自建的住宅；
   （3）儿童的看护、培养和管教；
   （4）住户对其住房的清洁、装修。
2. 国民经济核算中生产核算范围包括哪些？
3. 什么是基本价格、生产者价格、购买者价格？三者的关系如何？
4. 什么是增加值？什么是 GDP？核算 GDP 有哪几种方法？
5. 如何对产出进行测度？
6. 如何对中间消耗进行测度？
7. 如何对固定资本消耗进行测度？

## 本章参考文献

［1］联合国，等.2008 国民账户体系［M］.国家统计局国民经济核算司，中国人民大学国民经济核算研究所，译.北京：中国统计出版社，2012.

［2］高敏雪，等.国民经济核算原理与中国实践（第四版）［M］.北京：中国人民大学出版社，2019.

［3］刘小瑜.国民经济核算原理［M］.上海：复旦大学出版社，2013.

［4］向书坚，等.国民经济核算［M］.北京：北京大学出版社，2019.

［5］杜金富，等.国民经济核算原理与应用［M］.北京：中国金融出版社，2013.

# 第七章
# 收入分配与使用核算

在第二章中我们已经说明,国民经济账户体系中的经常账户包括生产账户和收入分配与使用账户,收入分配与使用账户又分为收入初次分配账户、收入再分配账户和收入使用账户。在上一章介绍生产核算后,这一章将讨论收入分配与使用三个环节的核算。

## 第一节 收入初次分配核算

在生产活动中,参与生产过程或拥有生产活动所需资产所有权的机构单位都应获得初始收入。初始收入是机构单位因参与生产活动或拥有生产活动所需资产所有权而获得的收入。初始收入构成项目主要有:代表劳动力投入获得回报的雇员报酬;贷出金融资产或出租自然资源获得回报的财产收入;政府部门的生产税和进口税收入。本节主要介绍初始收入分配的账户及构成初始收入主要项目的核算。

与初始收入分配核算相关的账户有:收入形成账户、初始收入分配账户。

(一)收入形成账户

收入形成账户(如表7-1所示)是生产账户的进一步延伸和细化,记录了各部门创造的初始收入。账户的右方列示来源,只包括一个项目——增加值。它是由生产账户结转而来的平衡项目。

收入形成账户左方列示增加值的使用,主要有两项:一项是应付给生产过程所雇用员工的雇员报酬;另一项是因从事生产活动应交纳的所有生产税减去应得到的所有生产补贴。

表7–1　　　　　　　　　　　　收入形成账户

| 使用 | 来源 |
|---|---|
|  | 总增加值/国内生产总值 |
|  | 净增加值/国内生产净值 |
| 雇员报酬 | 雇员报酬 |
| 生产税与进口税 | 生产税与进口税 |
| 补贴 | 补贴 |
| 营业盈余总额 |  |
| 混合收入总额 |  |
| 营业盈余总额中的固定资本消耗 |  |
| 混合收入总额中的固定资本消耗 |  |
| 营业盈余净额 |  |
| 混和收入净额 |  |

资料来源：根据 SNA（2008）整理。

收入形成账户的平衡项是营业盈余或混合收入。营业盈余是针对非法人企业之外的机构单位而言；混合收入是针对非法人企业而言。非法人企业的所有者或者是同一家庭成员，他们所投入的劳动可能是不付酬的。这类企业的平衡项被称为混合收入。

营业盈余或混合收入测度了由于生产活动所获得的盈余，但还没有扣除企业因借入生产活动所需的金融资产、土地或其他自然资源所支付的利息、租金或其他财产收入等费用。而这些实际支出记录在初始收入分配账户和业主收入账户中。

对单个生产单位来说，营业盈余或混合收入与因借入生产活动所需的金融资产、土地或其他自然资源所支付的利息、租金或其他财产收入等费用并非无关，它们支出的多少直接影响到营利的多少。但从经济总体来看，增加的营利会和下降的营利相互抵销，总体水平不变。

（二）初始收入分配账户

收入形成账户记录常住机构单位或者部门作为创造的初始收入，而初始收入分配账户（如表7–2所示）则主要记录常住机构单位或者部门作为接受者所获得的初始收入。初始收入分配账户显示：收入形成账户中各种应付项目的去向，为哪些单位或部门所接受；常住机构单位或者部门应收和应付财产收入的数量。

表7-2　　　　　　　　　　　　初始收入分配账户

| 使用 | 来源 |
|---|---|
| 雇员报酬<br>生产税和进口税<br>补贴<br>财产收入 | 营业盈余总额<br>混合收入总额<br>营业盈余净额<br>混合收入净额<br>雇员报酬<br>生产税与进口税<br>补贴<br>财产收入 |
| 初始收入总额/国民总收入<br>初始收入净额/国民净收入 | |

资料来源：根据SNA（2008）整理。

在初始收入分配账户的右方（来源方）列有两类收入：一类是收入形成账户所记录的初始收入的去向。具体包括：住户部门、非常住住户的应收雇员报酬；本国政府、外国政府的应收（或应付）生产税（减补贴）和进口税；企业的营业盈余或混合收入（由收入形成账户结转而来）。另一类是应收财产收入，它来自金融资产或自然资源的所有权，具体包括：常住单位或非常住单位金融资产所有者的应收投资收入；自然资源的所有者向其他单位出租自然资源的应收地租。

初始收入分配账户的左方（使用方）列一个交易项目，即机构单位应付给债权人、股东、土地所有者等的财产收入。

初始收入分配账户的左方（使用方）还列出了初始收入分配账户的平衡项——初始收入，它是一个机构单位或部门的应收初始收入之和减去应付初始收入之和。在经济总体水平上，该项目称为国民收入。

不同部门的初始收入构成差异很大。公司的初始收入等于营业盈余加上应收财产收入减去应付财产收入；政府的初始收入等于应收生产税、进口税减生产补贴加应收财产收入减应付财产收入，它可能包括少量的营业盈余，来自政府部门从事市场化生产的单位；住户部门的初始收入构成是雇员报酬和属于住户的混合收入、应收财产收入减应付财产收入。它可能包含一些营业盈余，为住户服务的非营利机构的初始收入几乎由应收财产收入减应付财产收入所构成。

1. 雇员报酬

确定雇员的报酬，首先要确定雇员的身份。一个人是自雇员还是雇员需要通过明确雇用关系。当企业和个人之间达成协议后雇主和雇员关系即成立。自雇者是为自己工作的人，他们拥有非法人实体。

雇员的报酬是企业因雇员在核算期内所做工作而应付给雇员的现金或实物报酬

的总和，包括应付工资或薪金和雇主应付的社会缴款。

以现金形式支付的工资或薪金包括：按周、月等定期应付的工资或薪金；定期应付的均补贴；雇员因度假等原因短期离开工作期间应付给雇员的工资或薪金；根据奖励制度给予的专项奖励或其他特殊支付；雇员所获得的佣金、赏金和小费。不包括的项目有：儿童、配偶、家庭、教育方面的补贴；因疾病、意外伤害、生育等原因给未在岗位的员工所支付的工资；向因裁员、丧失工作能力、意外死亡等原因失去工作岗位的员工或其遗属所支付的离职金。

以实物形式支付的报酬主要有：日常向雇员提供的食品和饮料，包括对单位食堂的所有补贴；向雇员提供现有住房服务或某种类型的膳宿服务；提供给个人使用的机动车或其他耐用消费品服务；雇主免费提供给员工自身生产的货物和服务；提供给雇员及其家庭的运动、娱乐或度假设施；免费的上下班交通工具和停车场；为雇员子女开办的幼儿园。

雇主为雇员提供实物报酬的另外一种形式，就是股票期权。

雇主社会缴款是指雇主为其雇员能获得社会福利而应缴付给社会保障基金或其他就业相关社会保险计划的款项。雇主社会缴款与代扣雇员所得税不同，它是雇主的经常转移支付。

2. 生产和进口税以及补贴

生产和进口税包括产品税和其他税两大类。产品税是指对生产、销售、转移、出租或交付货物或服务而征收的税收；或者对以自身消费或资本形成为目的使用货物或服务而征收的税收。其他生产税的主要构成项目：针对生产中所用的土地、建筑、其他资产等的所有权或使用权而征收的税收；或是针对雇用劳动力或支付雇员报酬而征收的税收。

生产和进口税记录在收入形成的账户的使用方和初始收入分配的来源方。在初始收入分配账户中，生产和进口税只出现在政府部门和经济总体账户中的来源方，但其中不包括应付给国外部门的此类税收。

税收与收费还是有区别的。有的可能是一种获得收入的手段，有的可能提供相应的服务。提供政府服务应视为对政府服务的购买而非税收缴纳。实践中，二者的界限并非总是清晰的。另外，因逾期不纳税而加收利息、罚金或逃税而进行的罚款，都不要列为税收。

补贴是政府部门根据企业生产活动水平或企业生产、销售、进口货物服务的数量或价值量给予企业的经常性无偿支付。补贴与生产税的作用相反，可视为负生产税。补贴接受者为常住生产者和进口者，不应该是最终消费者。补贴也不包括政府为帮助企业资本形成融资或补偿企业资本损失而给予的补贴，它们应处理为资本转移。

3. 财产收入

当金融资产和自然资源所有者将其资产交由其他机构单位使用时，因使用金融资产而产生的应付收入称为投资收入；因使用自然资源而产生的应付收入称为地租。财产收入为投资收入和地租之和。

利息是投资收入的一种形式，是投资债务性金融资产所有者所获得报酬。银行的存款和贷款的应收应付利息有的隐含的服务费。债券的利息一般到期支付。

红利是投资收入的另一种形式，是投资权益性金融资产所有者所获得报酬。如投资企业的股权的分红；投资保险公司的收入；养老金权益的应付投资收入；投资基金的投资收入等。

地租是指自然资源的所有者因将自然资源交由另一个机构单位支配使用而应得的收入。地租与租金不同。

## 第二节　收入再分配核算

收入再分配是指在收入初次分配基础上进一步完成的收入分配活动，其分配起点是初始收入，记录的是发生在各机构部门之间以及与国外之间的经常转移项目。

### 一、收入再分配核算的概念

收入再分配核算主要是指经常项目转移的核算。转移（Transfer）是交易的一种形式，是单方面的交易，是指一个机构单位向另一个机构单位提供货物、服务或资产，而不从后一机构单位获得任何货物、服务或资产作为回报的一种交易。比如捐赠就是一种典型的转移行为，甲无偿向乙提供现金或实物，并没有从对方处获得对等的价值。在某些交易中，虽然双方都有交换一定的价值，但是价值并不对等，或者没有严格的数量关系，这种交易也被视为转移。转移又分为资本转移与经常转移。

（一）资本转移与经常转移

资本转移是指以资产所有权被转让造成转移双方资产增减为前提而不涉及现期收入的转移支付。这种转移会减少转出方的资产，增加接受方的资产，进而直接影响转移双方的投资水平或财富水平。资本转移通常数额较大，它通常是一次性地、不规则地发生。

经常转移是除资本转移以外的所有转移。经常转移是这样一种形式的交易：

在交易中，一个机构单位向另一个单位提供货物、服务或资产，但又不向后者索取任何货物、服务或资产作为与其直接对应的回报，并且交易的一方或双方无须获得或处置资产。经常转移会经常和有规律地发生，并会影响转移双方的现期收入水平和消费水平。

国民经济核算中之所以要区分经常转移和资本转移，是因为两者的性质和影响存在着显著的差异。经常转移与现期收入和消费有关，需要在收入分配和收入使用账户中予以反映；而资本转移与投资和积累有关，直接影响接受者的资产负债水平，需要在资本形成账户中予以反映。

某些现金转移有可能被交易的一方视为资本转移，而被另一方视为经常转移。例如，遗产税的缴纳可以视为住户的资本转移，但对政府来说，它又可以视为经常转移。与此类似，某些大国定期给予一些小国投资补贴，它可能是经常性的。此类情况，如果交易双方有一方为资本转移，则双方都将其归为资本转移。

在收入再分配核算中，只有经常转移才属于再分配的内容。

（二）经常转移的形式

经常转移有多种存在形式，不同的形式有不同的功能。归纳起来，经常转移大致有四种形式：所得税、财产税等经常税，净社会缴款，实物社会转移以外的社会福利，其他经常转移。

1. 所得税、财产税等经常税

所得税包括对住户征收的个人所得税、对公司企业征收的企业所得税以及各种资本收益税和博彩税等。财产税是根据各机构单位拥有的财产或净值数额定期征收的税目，包括对土地和房屋征收的房地产税、对公司企业的资产净值征收的资产税等。其他经常税包括：对住户或居民个人征收的人头税，对居民个人征收的车船牌照税、枪支执照税、护照费、机场建设费等。这种经常转移发生的流向通常是由其他部门向政府部门转移，形成政府部门的转移收入。

2. 净社会缴款

要理解净社会缴款还要从社会保险计划谈起。社会保险计划是针对特定的劳动者群体、参与者依法应尽义务并获得福利、雇主代其雇员支付社会缴款、由私人或政府组织的集体计划。社会福利可能由社会保险计划支付，也可能由社会救济支付，二者支付社会福利满足的情形是相似的。在很多国家，到目前为止，社会保障计划是重要的一类社会保险计划。它是由政府单位收取缴款、进行管理并提供经费的计划。另外，根据社会保险计划的条款，雇主或雇主与雇员商量决定的由雇主管理或基金管理的就业计划。

支付给社会保险计划的所有缴款都显示为住户的支付。但支付额中包括：雇主代表雇员支付的缴款；住户按当期对其养老金份额或其他与当期相关的规定所实际作出的支付；住户的追加缴款或虚拟支付，它来自起始的养老金权益和其他非养老金福利准备金所产生的财产收入。

净社会缴款额是指住户向备付社会福利的社会保险计划所实际或虚拟缴款。雇主向社会保险计划的实际缴款由向社会保障基金缴款和向其他就业相关社会保险计划构成。雇主虚拟的缴款由雇主虚拟养老金缴款和非养老金缴款构成，是在对定额养老金计划或雇主不通过养老公司，或自主养老基金或独立准备金的情况下，直接向现在的雇员、过去的雇员或被赡养人提供养老和非养老福利时发生的虚拟缴款。

3. 实物社会转移以外的社会福利

社会福利是住户部门从政府部门或其他部门获得的经常转移，因而是政府和其他部门的转移支出，是住户部门的转移收入。社会福利可分为养老金和非养老金福利。

社会福利可以由政府以社会保障计划支付，也可以作为社会救济由政府支付，还可以由其他相关社会保险计划支付。

4. 其他经常转移

其他经常转移是指除上述转移之外的各种经常性转移，具体形式包括非寿险的净保费（从非寿险保费总额中扣除服务费后的余额）和索赔，政府内不同部门或不同单位间的经常转移，本国政府与国外政府及国际组织间的经常转移（如援助、捐赠、会费缴纳或定期付款），支付给为住户服务的非营利机构或从为住户服务的非营利机构获得的经常转移（如会费、捐赠、赞助及其他形式的缴款），常住住户和非常住住户之间的经常转移。

## 二、收入再分配核算

（一）收入再分配账户的基本形式

收入再分配账户显示了各机构单位或部门的初始收入是怎样通过经常转移支付与获得（不包括实物社会转移）而转变成该单位或部门的可支配收入的。收入再分配账户中不包括实物社会转移。

表 7-3　　　　　　　　　　　　收入再分配账户

| 使用 | 来源 |
|---|---|
|  | 初始收入总额/国民总收入 |
|  | 初始收入净额/国民净收入 |
| 经常转移 | 经常转移 |
| 所得税、财产税等经常税 | 所得税、财产税等经常税 |
| 净社会缴款 | 净社会缴款 |
| 实物社会转移以外的社会福利 | 实物社会转移以外的社会福利 |
| 其他经常转移 | 其他经常转移 |
| 可支配收入总额 |  |
| 可支配收入净额 |  |

资料来源：根据 SNA（2008）整理。

在收入再分配账户中（如表7-3所示），记录在账户来源方中的初始收入是再分配的起点，既可以是初始收入总额，也可以是初始收入净额，差别在于是否包含固定资本消耗。来源方还记录了当期应收的各种经常转移收入。账户的使用方记录了当期应支付的各种转移支出和账户的平衡项——可支配收入。根据权责发生制原则，本账户中的项目除平衡项外，转移收支都是应付和应收额，它们与同期实际支付和获得的数额可能并不一致，在下面介绍的金融账户中应收应付款记录应对项目。

（二）可支配收入

可支配收入（Disposable Income）是收入再分配住户的平衡项。根据前面的分析，可得出如下关系：

可支配收入 = 初始收入 + 实物社会转移之外的经常转移收入 –
实物社会转移之外的经常转移支出

也就是说，各机构单位或部门初始收入加减该单位或部门应收和应付的实物社会转移之外的经常转移收支后的余额，形成可支配收入。可支配收入可分别按总额和净额计算，差别在于固定资本消耗。

可支配收入的形式并非都是现金，也包括一些与自给性生产、以物物交换为目的生产或实物报酬相关的非货币交易。住户在消费某些特定种类的货物服务时，不得不虚拟估算可支配收入中用于这些货物服务的支出价值。对住户来说，可支配收入还包括SNA意义的存款利息高于银行存款利息部分，以及SNA意义的贷款利息低于银行贷款利息的部分。

通过上述核算可以看出，SNA核算的可支配收入与经济学理论的收入含义不同。经济理论学的收入是指，住户或其他单位在不减少其实际资产净值的条件下可能实现的最大消费数额。但是一个单位的实际资产净值可以因资本转移的获得或支出而变化，也可能因所拥有资产负债的实际持有损益而发生变化，还可能因自然灾害等会改变资产物量的事件而变化。这些是SNA核算的可支配收入的含义。

大部分的经常转移既可能发生在常住单位与非常住单位之间，也可能发生在常住单位之间。

国民可支配总收入 = 国民总收入 + 来自国外的经常转移净额

可支配收入是一个非常重要的指标。它既是收入分配核算最终的平衡项，也是连接经常账户和积累账户的桥梁。从收入的形态看，国民收入只是反映初次分配过程中所形成的各种关系和结果，并不是一个完整的收入概念。而国民可支配收入完整反映了收入的初次分配和再分配的全过程，是一个完整的收入概念。另外，只有可支配收入才是可以用于最终消费和积累的收入。所以，国民可支配收入是比国民收入更好的一个收入指标。

### 三、实物收入再分配

（一）实物收入再分配账户的基本形式

在收入再分配中，经常转移可能并不总是以现金形式发生，也可能以实物形式出现。实物社会转移（Social Transfer in Kind）是指政府和为住户服务的非营利机构对住户提供的实物性转移，表现为住户部门的实物转移收入和其他部门的实物转移支出。

实物社会转移通常有以下两种情况：一是对住户提供的实物性社会福利，包括社会保险福利和社会救济福利，如政府对灾民发放的食品、衣物、帐篷、药品等救济物资；二是对住户个人的非市场货物和服务的转移，即免费或以无经济意义的价格向住户提供的货物与服务，主要包括一些公共品如教育、医疗保健等。

表 7-4　　　　　　按机构部门分组的国民经济总体收入形成账户

| | 使用 | | | | | | | | 来源 | | | | | | | |
|---|---|---|---|---|---|---|---|---|---|---|---|---|---|---|---|---|
| 交易和平衡项 | 非金融公司 | 金融公司 | 一般政府 | 住户 | NPISH | 经济总体 | 国外 | 合计 | 交易和平衡项 | 非金融公司 | 金融公司 | 一般政府 | 住户 | NPISH | 经济总体 | 国外 | 合计 |
| 雇员报酬 | 1972 | 92 | 196 | 22 | 22 | 2304 | | 2304 | 总增加值/国内生产总值 | 2556 | 184 | 632 | 312 | 28 | 3712 | | 3712 |
| 生产税与进口税 | | | 470 | | | 470 | | 470 | 净增加值/国内生产净值 | 2242 | 160 | 578 | 266 | 22 | 3268 | | 3268 |
| 补贴（-） | | | -88 | | | -88 | | -88 | | | | | | | | | |
| 营业盈余总额 | 584 | 92 | 54 | 168 | 6 | 904 | | 904 | | | | | | | | | |
| 混合收入总额 | | | | 122 | | 122 | | 122 | | | | | | | | | |
| 营业盈余总额中的固定资产消耗（-） | 314 | 24 | 54 | 30 | 6 | 428 | | | | | | | | | | | |
| 混合收入总额中的固定资产消耗（-） | | | | 16 | | 16 | | | | | | | | | | | |
| 营业盈余净额 | 270 | 68 | 0 | 138 | 0 | 476 | | 476 | | | | | | | | | |
| 混合收入净额 | | | | 106 | | 106 | | 106 | | | | | | | | | |

表7-5　　　　　　按机构部门分组的国民经济总体收入再分配账户

| 交易和平衡项 | 非金融公司 | 金融公司 | 一般政府 | 住户 | NPISH | 经济总体 | 国外 | 合计 | 交易和平衡项 | 非金融公司 | 金融公司 | 一般政府 | 住户 | NPISH | 经济总体 | 国外 | 合计 |
|---|---|---|---|---|---|---|---|---|---|---|---|---|---|---|---|---|---|
| | | | | | | | | | 初始收入总额/国民总收入 | 508 | 54 | 396 | 2766 | 8 | 3732 | | 3732 |
| | | | | | | | | | 初始收入净额/国民净收入 | 194 | 30 | 342 | 2720 | 2 | 3288 | | 3288 |
| 经常转移 | 196 | 554 | 496 | 1164 | 14 | 2424 | 34 | 2458 | 经常转移 | 144 | 550 | 734 | 840 | 80 | 2348 | 110 | 2458 |
| 所得税、财产税等经常税 | 48 | 20 | 0 | 356 | 0 | 424 | 2 | 426 | 所得税、财产税等经常税 | | | 426 | | | 426 | 0 | 426 |
| 净社会缴款 | | | | 666 | | 666 | 0 | 666 | 净社会缴款 | 132 | 426 | 100 | 0 | 8 | 666 | 0 | 666 |
| 实物社会转移以外的社会福利 | 124 | 410 | 224 | 0 | 10 | 768 | 0 | 768 | 实物社会转移以外的社会福利 | | | | 768 | | 768 | 0 | 768 |
| 其他经常转移 | 24 | 124 | 272 | 142 | 4 | 566 | 32 | 598 | 其他经常转移 | 12 | 124 | 208 | 72 | 72 | 488 | 110 | 598 |
| 可支配总收入 | 456 | 50 | 634 | 2442 | 74 | 3656 | | 3656 | | | | | | | | | |
| 可支配净收入 | 142 | 26 | 580 | 2396 | 68 | 3212 | | 3212 | | | | | | | | | |

实物社会转移形成的收入流量是虚拟的，因为当发生实物社会转移时，不是对住户的直接支出，而是转移支出单位购买或生产特定货物或服务的支出，然后将货物与服务转给住户。

实物收入再分配账户是收入再分配过程的一个延续阶段，它在收入再分配的基础上反映实物社会转移对收入结果的影响。由于实物社会转移仅发生于政府部门、为住户服务的非营利机构和住户之间，因此实物收入再分配账户不涉及非金融公司部门与金融公司部门。将现金经常转移和实物社会经常转移区分开并由此设计两个不同账户，其主要目的有两个：一是更清楚地说明政府和为住户服务的非营利机构的作用；二是更真实地反映住户部门实际的可支配收入水平和实际消费水平。

表7-6　　　　　　　　　　实物收入再分配账户

| 使用 | 来源 |
|---|---|
| | 可支配收入总额 |
| | 可支配收入净额 |
| 实物社会转移 | 实物社会转移 |
| 实物社会转移——非市场产出 | 实物社会转移——非市场产出 |
| 实物社会转移——从市场购买的产品 | 实物社会转移——从市场购买的产品 |
| 调整后可支配收入总额 | |
| 调整后可支配收入净额 | |

资料来源：根据SNA（2008）整理。

在表7-6所示的实物收入再分配账户中，初始流量是从再分配账户结转而来的可支配总（净）收入。账户的来源方记录可支配总（净）收入和实物社会转移收入；账户的使用方记录实物社会转移支出和调整后可支配总（净）支出，其中，调整后可支配总（净）支出是账户的平衡项。平衡关系式为

调整后可支配总收入 = 可支配收入总额 + 实物社会转移收入 − 实物社会转移支出
调整后可支配净收入 = 可支配收入净额 + 实物社会转移收入 − 实物社会转移支出

（二）调整后可支配收入

在收入再分配阶段还存在着对住户部门的实物社会转移。在各部门可支配收入的基础上，加上该部门应得的实物社会转移，或减去该部门应付的实物社会转移，就得到调整后可支配收入（Adjusted Disposable Income）。

从部门来看，住户部门调整后的可支配收入等于可支配收入加上应得的实物社会转移；政府和为住户服务的非营利机构部门调整后的可支配收入等于可支配收入减去应付的实物社会转移；由于实物社会转移不涉及非金融公司部门和金融公司部门，因此这种调整对这两个部门不产生影响。由于实物社会转移只发生在国内各机构部门之间，因此从一国经济总体来看，国民可支配收入等于调整后可支配收入。

SNA之所以区分可支配收入与调整后可支配收入，目的在于为不同的消费概念给出对应的收入概念：可支配收入对应最终消费支出，是可用于最终消费支出的最大数额；调整后可支配收入对应实际最终消费，是可用于实际最终消费的最大数额。在实际应用中，目前仍然以可支配收入为主。

SNA特别强调，尽管可支配收入和调整后可支配收入的差别在于实物社会转移，但切不可将可支配收入理解为可得到的现金收入。这是因为，可支配收入中还包括很多非现金项目，如自产自用或实物报酬等非现金收入。

表7-7　　按机构部门分组的国民经济总体实物收入再分配账户

| 使用 | | | | | | | | 来源 | | | | | | | |
|---|---|---|---|---|---|---|---|---|---|---|---|---|---|---|---|
| 交易和平衡项 | 非金融公司 | 金融公司 | 一般政府 | 住户 | NPISH | 经济总体 | 国外 | 合计 | 交易和平衡项 | 非金融公司 | 金融公司 | 一般政府 | 住户 | NPISH | 经济总体 | 国外 | 合计 |
| | | | | | | | | | 可支配总收入 | 456 | 50 | 634 | 2442 | 74 | 3656 | | 3656 |
| | | | | | | | | | 可支配净收入 | 142 | 26 | 580 | 2396 | 68 | 3212 | | 3212 |
| 实物社会转移 | | | 368 | | 62 | 430 | | 430 | 实物社会转移 | | | | 430 | | 430 | | 430 |
| 调整后可支配总收入 | 456 | 50 | 266 | 2872 | 12 | 3656 | | 3656 | | | | | | | | | |
| 调整后可支配净收入 | 142 | 26 | 212 | 2826 | 6 | 3212 | | 3212 | | | | | | | | | |

（三）实物收入再分配账户的例子

在表7-7中：

调整后可支配总收入（3656）= 可支配总收入（3656）+ 实物社会转移收入

(430) −实物社会转移支出（430）

调整后可支配净收入（3212）＝可支配净收入（3212）＋实物社会转移收入（430）−实物社会转移支出（430）

对照表 7−5 和表 7−6 可以看出，由于非金融公司部门和金融公司部门不存在实物社会转移，因此，两个部门的可支配收入与调整后可支配收入相同，分别是 456 和 50。一般政府部门和 NPISH 分别向住户部门支付实物社会转移 368 和 62，使它们调整后的可支配收入分别减少 368 和 62，由可支配收入 634 和 74 分别变为 266 和 12。同时，住户部门由于接受了一般政府和 NPISH 的实物社会转移 430（368 + 62），由原来的可支配收入 2442 变为 2872。由于实物社会转移是在常住单位之间进行的，有一方转进，必然有一方转出，二者相互抵消后，从整个经济总体来看，调整后国民可支配收入与国民可支配收入完全相同，总额均为 3656，净额均为 3212。

## 第三节　收入使用的核算

从国民经济循环过程来看，经过收入的初次分配和再分配之后，接下来就是收入的使用。这一节我们主要讨论住户、政府和为住户服务的非营利机构如何将可支配收入在最终消费和储蓄之间进行分配。

### 一、收入使用核算的概念

生产活动的最终目的是为社会提供各种用于最终消费的货物和服务，只有将可支配收入用来购买并消费这些货物和服务时，才能实现生产的目的。但是，可支配收入不可能全部用于当期的最终消费支出，必须有一部分用于资本形成的需要，这部分未被消费掉的余额就是储蓄。因此，收入的使用包括消费和储蓄。

这里的消费是指最终消费支出。最终消费支出是消费性货物服务的支出总额。它包括个人消费性货物服务和公共消费性服务两个方面。个人消费性货物服务通常都能在市场上买卖。公共消费性服务是指同时提供给社会全体成员或某一部分成员的服务。公共服务由社会全体成员或某一部分成员自动获得并消费，无须他们采取任何行动。

储蓄是可支配收入减去最终消费后的余额，是可支配收入使用账户的平衡。因此，收入使用核算的中心是最终消费核算，而对储蓄的使用则置于资本形成核算和金融交易核算中。

非金融公司和金融公司没有最终消费，其储蓄等于可支配收入，通常称为公司的留存收益或未分配收入。

## 二、可支配收入使用的核算

可支配收入使用账户与收入再分配账户相衔接。在表7-8的可支配收入使用账户中,来自收入再分配账户中的平衡项——可支配收入为初始流量,记录在账户的来源方。最终消费支出记录在账户的使用方,其中,最终消费支出进一步区分为个人消费支出和公共消费支出。本账户的平衡项是储蓄,也记录在账户的左方。养老金权益变化调整是该账户的调整项,它是住户所缴纳的养老基金与收到的养老基金的差额,构成住户对金融资产的获得减处置。对住户而言,该调整项记录在右边的来源方,对金融机构或其他承担养老金债务的单位而言,则记录在左边的使用方。平衡项储蓄既可以按总储蓄计算,也可按净储蓄计算,二者相差为固定资本消耗。

表7-8　　　　　　　　　　　可支配收入使用账户

| 使用 | 来源 |
|---|---|
|  | 可支配收入总额 |
|  | 可支配收入净额 |
| 最终消费支出 | 最终消费支出 |
| 个人消费支出 | 个人消费支出 |
| 公共消费支出 | 公共消费支出 |
| 养老金权益变化调整 | 养老金权益变化调整 |
| 总储蓄 |  |
| 净储蓄 |  |
| 对外经常项目差额 |  |

表7-9　　　　　按机构部门分组的国民经济总体可支配收入使用账户

| 使用 | | | | | | | | 来源 | | | | | | | |
|---|---|---|---|---|---|---|---|---|---|---|---|---|---|---|---|
| 交易和平衡项 | 非金融公司 | 金融公司 | 一般政府 | 住户 | NPISH | 经济总体 | 国外 | 合计 | 交易和平衡项 | 非金融公司 | 金融公司 | 一般政府 | 住户 | NPISH | 经济总体 | 国外 | 合计 |
|  |  |  |  |  |  |  |  |  | 可支配总收入 | 456 | 50 | 634 | 2442 | 74 | 3656 |  | 3656 |
|  |  |  |  |  |  |  |  |  | 可支配净收入 | 142 | 26 | 580 | 2396 | 68 | 3212 |  | 3212 |
| 最终消费支出 |  |  | 704 | 2030 | 64 | 2798 |  | 2798 | 最终消费支出 |  |  |  |  |  |  |  | 2798 |
| 个人消费支出 |  |  | 368 | 2030 | 62 | 2460 |  | 2460 | 个人消费支出 |  |  |  |  |  |  |  | 2460 |
| 公共消费支出 |  |  | 336 |  | 2 | 338 |  | 338 | 公共消费支出 |  |  |  |  |  |  |  | 338 |
| 养老金权益变化调整 | 0 | 22 | 0 |  | 0 | 22 | 0 | 22 | 养老金权益变化调整 |  |  |  | 22 |  | 22 | 0 | 22 |
| 总储蓄 | 456 | 28 | -70 | 434 | 10 | 858 |  | 858 |  |  |  |  |  |  |  |  |  |
| 净储蓄 | 142 | 4 | -124 | 388 | 4 | 414 |  | 414 |  |  |  |  |  |  |  |  |  |

在表7-9中:

总储蓄(858)=可支配总收入(3656)-最终消费支出(2798)

净储蓄(414)=可支配净收入(3212)-最终消费支出(2798)

### 三、调整后可支配收入

调整后可支配收入使用账户与实物收入再分配账户相衔接。在表 7-10 调整后可支配收入的使用账户中，位于来源方的调整后可支配收入是初始流量，它来源于实物收入再分配账户的平衡项；使用方记录的是实际最终消费和该账户的平衡项——储蓄，其中，实际最终消费进一步区分为实际个人消费和实际公共消费。

表 7-10　　　　　　　　　调整后可支配收入使用账户

| 使用 | 来源 |
| --- | --- |
| 实际最终消费<br>实际个人消费<br>实际公共消费<br>养老金权益变化调整 | 调整后可支配收入总额<br>调整后可支配收入净额<br>实际最终消费<br>实际个人消费<br>实际公共消费<br>养老金权益变化调整 |
| 总储蓄<br>净储蓄<br>对外经常项目差额 | |

资料来源：根据 SNA（2008）整理。

需要注意的是，可支配收入使用账户与调整后可支配收入使用账户不是序列关系，也不是层级关系，而是服务于不同分析目的或政策目的的两个平行账户。SNA 对作为实物社会转移的货物和服务的价值采用了两种不同的方式加以记录：在可支配收入使用账户中，作为政府部门或 NPISH 支付的最终消费支出；在调整后可支配收入账户中，作为政府部门或 NPISH 支付的、住户部门获得的实物社会转移，并记录为住户部门实际最终消费的一部分。

表 7-11　　　　按机构部门分组的国民经济总体调整后可支配收入使用账户

| 交易和平衡项 | 使用 | | | | | | | 交易和平衡项 | 来源 | | | | | | |
| --- | --- | --- | --- | --- | --- | --- | --- | --- | --- | --- | --- | --- | --- | --- | --- |
| | 非金融公司 | 金融公司 | 一般政府 | 住户 | NPISH | 经济总体 | 国外 | 合计 | | 非金融公司 | 金融公司 | 一般政府 | 住户 | NPISH | 经济总体 | 国外 | 合计 |
| | | | | | | | | | 调整后可支配总收入 | 456 | 50 | 266 | 2872 | 12 | 3656 | | 3656 |
| | | | | | | | | | 调整后可支配净收入 | 142 | 26 | 212 | 2826 | 6 | 3212 | | 3212 |
| 实际最终消费 | | | 336 | 2460 | 2 | 2798 | 0 | 2798 | 实际最终消费 | | | | | | 2798 | | 2798 |
| 实际个人消费 | | | | 2460 | | 2460 | | 2460 | 实际个人消费 | | | | | | 2460 | | 2460 |
| 实际公共消费 | | | 336 | | 2 | 338 | | 338 | 实际公共消费 | | | | | | 338 | | 338 |
| 养老金权益变化调整 | 0 | 22 | 0 | 0 | 0 | 22 | 0 | 22 | 养老金权益变化调整 | | | | 22 | | 22 | 0 | 22 |
| 总储蓄 | 456 | 28 | -70 | 434 | 10 | 858 | | 858 | | | | | | | | | |
| 净储蓄 | 142 | 4 | -124 | 388 | 4 | 414 | | 414 | | | | | | | | | |

### 四、消费的核算

**（一）消费的概念**

消费是人类最基本的活动之一，无论是对人民生活还是对国家经济社会发展都有着十分重要的意义。亚当·斯密曾经说过，消费是所有生产的唯一终点和目的。在国民经济核算和国民经济统计中，消费指的是最终消费（Final Consumption），它是为满足个人或公众的需要或欲望而对货物和服务的使用。

与生产过程中的中间消耗不同，最终消费是出于非生产目的而使用货物和服务；与资本形成不同，最终消费是为了满足即期生活需要或公共需要，不是为了增加所持有的资产。

非金融公司和金融公司没有消费功能，公司所购买的货物和服务被作为中间消耗或作为雇员的实物报酬，而不是作为消费来处理，因此最终消费由住户、政府和为住户服务的非营利机构三个部门的消费组成。消费的对象是货物和服务，分别称为消费品和消费服务。

**（二）两种不同口径的最终消费**

在 SNA 中，最终消费有两种计算口径：一是以承担货物和服务的支出为标准，从支出者的角度核算最终消费，称为最终消费支出（Final Consumption Expenditure）；二是以货物和服务的实际获得为标准，从获得者的角度核算最终消费，称为实际最终消费（Actual Final Consumption）。二者的区别在于：最终消费支出是以货物和服务的最终购销行为发生为标准，反映的是购买者购买货物和服务时向出售者支付的价值；实际最终消费是以消费对象的实际获得为标准，指的是实际获得的货物与服务的价值。在大多数情况下，支出承担者也就是获得者，但在某些情况下二者并不一致。例如，享受公费医疗的职工是医疗保健服务的获得者，但医疗费用是由政府承担的。在这里，最终消费的支出承担者与实际获得者之间发生了一笔实物社会转移。推广到一般情形，某部门最终消费支出与实际最终消费之差，等于该部门应收或应付的实物社会转移。但从国民经济整体来看，最终消费支出与实际最终消费在总量上是相等的。

对于住户部门、政府部门和 NPISH 部门来说，不同消费概念与不同收入概念之间存在不同的关系。对于住户部门，最终消费支出 + 储蓄 = 可支配收入，最终消费支出 + 实物社会转移 = 实际最终消费，实际最终消费 + 储蓄 = 调整后可支配收入；对于政府部门和 NPISH 部门，实际最终消费 + 储蓄 = 调整后可支配收入，实际最终消费 + 实物社会转移 = 最终消费支出，最终消费支出 + 储蓄 = 可支配收入。

之所以区分最终消费支出与实际最终消费，主要原因有两点：一是为了使消费与收入概念保持一致，最终消费支出核算对应的是可支配收入，实际最终消费支出对应的是调整后的可支配收入；二是为了更真实地核算住户部门的消费水平，以便能对国民经济整体的消费水平有一个正确的认识。

就 SNA 有关收入使用核算在宏观经济分析应用方面的作用而言，将最终消费分别从最终消费支出和实际最终消费加以考察可以满足不同方面对消费状况的研究及政策制定的需要。首先，从承担最终消费支出的角度看，通过考察全社会的支出都由哪些部门承担，以及各自支付的数额是多少，可以分析各不同消费主体在最终消费中的作用及最终消费支出的结构。尤其是对于政府，由于有一部分个人的消费支出和全部公共消费支出要由其承担，考察政府的最终消费支出数额，以及这部分支出占政府全部支出的比重，可以为政府制定相应的财政税收政策提供可靠的依据。其次，从最终获得并实际消费的角度看，通过考察全社会的实际消费总额都由哪些部门完成，尤其是住户的实际最终消费数额及其在实际最终消费总额中所占的比重，可以真实地反映居民在核算期的消费水平。同时，也为宏观管理部门制定消费政策和经济分析提供了依据。

应该注意的是，不能将消费支出等同于货币性支出。消费支出既包括直接购买支出，也包括虚拟购买支出，如消费者消费自产自用的货物和服务的价值，以及以实物报酬和实物转移形式计入收入的货物和服务的价值。

一般来说，住户部门的实际最终消费大于最终消费支出，而政府部门和为住户服务的非营利机构的实际最终消费小于最终消费支出。

（三）最终消费支出核算

最终消费支出是指常住单位在核算期内对于货物和服务的全部最终消费支出，也就是常住单位为满足物质、文化与精神生活的需要，从本国经济领土和国外购买的货物和服务的支出，不包括非常住单位在本国经济领土内的消费支出。

最终消费支出可以分解为住户最终消费支出和公共消费支出，其中公共消费支出又可以进一步分解为政府最终消费支出以及为住户服务的非营利机构最终消费支出。

1. 住户最终消费支出核算

住户最终消费支出是指核算期内由常住住户所承担的消费性货物和服务的支出。除购买的消费型货物和服务之外，住户最终消费支出还包括易货交易的虚拟支出、以实物收入形式收到的货物和服务的虚拟支出、同一住户自产自用的货物和服务的虚拟支出。从消费的性质来看，包括下述内容：耐用消费品支出、非耐用消费品支出、各种消费性服务支出、住房服务支出等。

2. 公共消费支出核算

公共消费支出包括政府最终消费支出和为住户服务的非营利机构最终消费支出两部分，是指由政府和为住户服务的非营利机构承担费用，对社会公众提供的消费性货物与服务的价值，其中政府最终消费支出是主要部分。

按照职能划分，公共消费支出包括教育、卫生保健、社会保险和福利、体育和娱乐、文化等方面。从受益对象考虑，公共消费支出可区分为用于住户和用于公共服务两部分。用于住户的公共消费支出其受益者通常是特定的住户部门的某个人或某类人，如教育、卫生保健服务等；用于公共服务的支出是指政府等部门为向整个社会提供公共服务而承担的支出，它的受益对象是社会所有成员，如行政管理服务、国防服务等。

从消费提供方式或来源看，公共消费支出有两种情况：一种是由政府和为住户服务的非营利机构从市场上购买货物和服务，然后免费或以低于成本的价格提供给住户；另一种是政府和为住户服务的非营利机构作为非市场生产者，免费或以无经济意义的价格提供给社会公众。

（四）实际最终消费核算

1. 住户实际最终消费

住户部门实际最终消费是指各个住户获得的消费性货物和服务。住户部门的实际最终消费是其最终消费支出加上应得的实物社会转移价值。住户部门实际最终消费价值是以下三部分之和：第一，住户在消费性货物和服务上的支出价值，其中包括针对以无经济意义价格销售的非市场货物或服务的支出；第二，政府单位以实物社会转移形式向住户提供个人消费性货物和服务时承担的相应支出价值；第三，NPISH 以实物社会转移形式向住户提供个人消费性货物和服务时承担的相应支出价值。其中，政府单位或 NPISH 承担的实物社会转移的支出价值等于提供给住户的货物和服务的价值减去按无经济意义的价格收费时住户承担的支出金额。

2. 公共实际最终消费

政府和 NPISH 的实际最终消费等于其最终消费支出减去以实物社会转移形式提供给住户的货物和服务支出。因此，政府和 NPISH 的实际最终消费等于其在公共服务上所承担的支出。

## 五、常用的消费统计指标

（一）社会消费品零售总额

社会消费品零售总额是指国民经济各行业直接出售给城乡居民和社会集团的消费品总额。它反映各行业通过多种商品流通渠道向居民和社会集团供应的生活消费品总量，是反映社会消费总需求的重要指标。

社会消费品零售总额与最终消费在口径上存在着区别：第一，最终消费包括服务消费，而社会消费品零售总额不包括服务消费；第二，最终消费包括虚拟消费，如农民自产农产品的自我消费、自有住房的消费等，而社会消费品零售总额不包括这部分内容；第三，社会消费品零售总额包括出售给临时来华的外国人、华侨、台湾同胞和外国驻华使领馆人员的消费品，最终消费支出不包括这些消费品，在GDP核算中，它们包括在货物和服务的出口中；第四，最终消费支出包括中国临时离境人员和中国驻外使领馆人员在国外购买的消费品，社会消费品零售总额不包括这部分消费品；第五，社会消费品零售总额包括出售给居民用于建造房屋的建筑材料，但最终消费不包括上述内容；第六，社会消费品零售总额包括对企业、企业化管理的事业单位等非政府单位的商品零售额，但最终消费不包括这部分内容；第七，社会消费品零售总额包括出售给政府单位的交通工具和电信产品，但最终消费则不包括这些内容。因此，最终消费更接近理论上所讲的消费概念，社会消费品零售总额则是不完全消费的概念。但是，社会消费品零售总额有月度数据，时效性强，可以更及时地观察消费需求的变动，因此，在中国的宏观经济分析中，社会消费品零售总额这一指标使用得更为普遍。最终消费作为核算指标，虽然时效性差一些，但它可以更全面准确地描述消费需求，对于更深入、更准确地进行宏观经济分析能够起到更大的作用。

社会消费品零售总额月度数据一般在月后12日左右发布，季度数据一般在季后18日发布，月度和季度数据都可以在国家统计局网站和下个月30日出版的《中国经济景气月报》上查到；年度数据在次年1月24日左右在国家统计局"全年经济形势新闻发布会"上首次发布，还可以在次年2月底发布的《国民经济和社会发展统计公报》、5月出版的《中国统计摘要》和9月出版的《中国统计年鉴》上查到。

（二）城乡居民消费支出

城乡居民消费支出是指城乡居民家庭用于日常生活的全部支出，反映城乡居民实际消费水平的变化。它既包括城乡居民购买商品的支出，也包括用于文化生活、服务等非商品性支出，还包括用于赠送的商品或服务的支出。居民消费支出按用途可以分为食品、衣着、居住、家庭设备用品及服务、医疗保健、交通和通信、教育文化娱乐服务、其他商品和服务八大类。需要特别指出的是，这一指标是一个"人均"的概念，即居民家庭成员平均每人的消费支出，而没有考虑人口数量的增加和结构的变化。对应的指标分别是城镇居民家庭平均每人消费性支出和农村居民家庭平均每人生活消费支出。

城乡居民消费支出每季度公布一次，国家统计局网站在季后25日左右公布，在季后 30 日左右出版的《中国经济景气月报》上也可以查到；年度数据在每年 5 月出版的《中国统计摘要》和 9 月出版的《中国统计年鉴》上可以查到。

（三）消费率

消费率也称最终消费率，是指最终消费支出占支出法 GDP 的比重，一般按现行价格计算。用公式表示为

$$消费率 = 最终消费/GDP \times 100\%$$

消费率反映了生产活动的最终成果用于最终消费的比重。通过观察消费与生产之间的关系，可以研究经济的增长类型和运行质量，揭示其发展规律。

近年来，中国的消费率一直大大低于世界平均水平，也明显低于各主要发达国家和发展中国家的水平，这与中国所处的工业化进程尚未完成的经济发展阶段密切相关。因此，积极扩大消费需求，逐步提高消费率，是促进中国经济持续发展的重要任务。

（四）消费拉动率

消费拉动率，又称消费对 GDP 增长的拉动率、消费对 GDP 增长的贡献率、消费拉动系数，是指一定时期消费需求增量占当期 GDP 增量的比重，反映经济增长率中消费需求拉动所占的份额。计算方法为

$$消费拉动率 = （当年不变价最终消费 - 上年不变价最终消费）/$$
$$（当年不变价支出法 GDP - 上年不变价支出法 GDP） \times 100\%$$

同时，还可以计算消费拉动 GDP 增长的百分点。计算方法为

$$消费拉动 GDP 增长（百分点） = 消费拉动率 \times GDP 增长率$$

其中，GDP 增长率一般为不变价生产法 GDP 增长率。

## 本章小结

1. 初始收入是指机构单位因参与生产活动或拥有生产活动所需资产所有权而获得的收入。初始收入构成项目主要有：代表劳动力投入获得回报的雇员报酬；贷出金融资产或出租自然资源获得回报的财产收入；政府部门的生产税和进口税收入。

2. 收入再分配核算主要是指经常项目转移的核算。经常转移大致有四种形式：所得税、财产税等经常税，净社会缴款，实物社会转移以外的社会福利，其他经常转移。

3. 收入使用核算是指主要讨论住户、政府和为住户服务的非营利机构如何将可支配收入在最终消费和储蓄之间进行分配。

4. 收入初次分配账户、收入再分配账户和收入使用账户构成收入分配与使用核算的完整框架。收入初次分配账户包括收入形成账户和初始收入分配账户，形成各

部门的初始收入；收入再分配账户包括收入再分配账户和实物收入再分配账户，形成各部门的可支配收入和调整后可支配收入；收入使用账户包括可支配收入使用账户和调整后可支配收入使用账户，反映可支配收入是如何在最终消费和储蓄之间使用的。

5. 初始收入分配账户与收入形成账户存在两个主要区别：一是收入形成账户主要记录常住机构单位或部门作为生产者所创造的初始收入，而初始收入分配账户主要记录常住机构单位或部门作为接受者所获得的初始收入；二是与生产活动相关的收入形成账户既可以按产业活动单位和产业部门编制，也可以按机构单位和机构部门编制，但初始收入分配账户与生产活动不具备收入形成账户那样的直接联系，只能按机构单位或机构部门编制。

6. 初始收入分配账户综合反映了各部门参与收入初次分配的结果，其记录的内容包含两方面：一是各部门作为收入接受者从收入形成账户支付中所获取的生产性收入；二是各部门之间进一步发生的财产收入流量。

7. 收入再分配收入核算中主要指经常转移。转移是单方面的交易，是指一个机构单位向另一个机构单位提供货物、服务或资产，而不从后一机构单位获得任何货物、服务或资产作为回报的一种交易。转移包括资本转移和经常转移，资本转移是指以资产所有权被转让造成转移双方资产增减为前提而不涉及现期收入的转移支付；经常转移是除资本转移以外的所有转移，包括所得税、财产税等经常税，社会缴款和社会福利，其他经常转移三种形式。

8. 可支配收入是指体现各经济主体参与收入初次分配和再分配最终结果的总量，是各经济主体当期用于最终消费支出的最大数额。可支配收入 = 初始收入 + 实物社会转移之外的经常转移收入 − 实物社会转移之外的经常转移支出。

9. 实物社会转移通常有两种情况：一是对住户提供的实物性社会福利，包括社会保险福利和社会救济福利；二是对住户个人的非市场货物和服务的转移，即免费或以无经济意义的价格向住户提供的货物与服务。

10. 经常转移和实物社会经常转移通常设计为两个不同账户，目的是更清楚地说明政府和为住户服务的非营利机构的作用，同时更真实地反映住户部门实际的可支配收入水平和实际消费水平。

11. 收入的使用包括消费和储蓄，收入使用核算的中心是最终消费核算，储蓄是可支配收入减去最终消费后的余额，是可支配收入使用账户的平衡项。

12. 消费指的是最终消费，是为满足个人或公众的需要或欲望而对货物和服务的使用。最终消费支出是指常住单位在核算期内对于货物和服务的全部最终消费支出，是常住单位为满足物质、文化与精神生活的需要，从本国经济领土和国外购买的货物和服务的支出，不包括非常住单位在本国经济领土内的消费支出。最终消费支出可以分解为住户最终消费支出和公共消费支出，其中公共消费支出又可以进一步分解为政府最终消费支出和为住户服务的非营利机构的最终消费支出。

## 本章重要概念

收入分配　收入初次分配　收入再分配　收入分配使用　雇员报酬
生产和进口税净额　营业盈余/混合收入　财产收入　国民总收入
国民净收入　经常转移与　资本转移　可支配收入　调整后可支配收入
最终消费　社会消费品零售总额　城乡居民消费支出　消费率　消费拉动率

## 本章复习思考题

1. 收入分配中的项目有哪些？
2. 如何区分经常转移和资本转移，二者各自包含的内容是什么？
3. 什么是最终消费支出和实际最终消费，为什么要对二者加以区分？
4. 某一经济体的国民经济核算资料如下表所示（单位：亿元）：根据这一资料编制该国的国民经济总体可支配收入使用账户。

| 项目 | 非金融公司 | 金融公司 | 一般政府 | 住户 | NPISH | 国外 |
|---|---|---|---|---|---|---|
| 可支配总收入 | 438 | 54 | 345 | 3119 | 41 | |
| 可支配净收入 | 91 | 24 | 287 | 2101 | 36 | |
| 个人消费支出 | | | | | | |
| 公共消费支出 | | | | | | |
| 养老金权益变化调整 | | | | 10 | | 0 |

5. 生产税和进口税分别是什么？其下各自包含哪些具体税种？
6. 经常转移的形式有哪些？
7. 怎样理解收入使用核算中的储蓄概念，它与总储蓄、净储蓄有什么区别？

## 本章参考文献

［1］联合国，等.2008 国民账户体系［M］.国家统计局国民经济核算司，中国人民大学国民经济核算研究所，译.北京：中国统计出版社，2012.

［2］蒋萍，徐强，杨仲山.国民经济核算初级教程［M］.北京：中国统计出版社，2014.

［3］高敏雪，等.国民经济核算原理与中国实践［M］.北京：中国人民大学出版社，2007.

［4］杜金富.国民经济核算原理与应用［M］.北京：中国金融出版社，2015.

［5］许宪春.当前我国收入分配研究中的若干问题［J］.比较，2011（6）.

［6］许宪春. 财产收入与其他几种类型收入的区分问题［J］. 财贸经济，2013（2）.

［7］许宪春. 准确理解中国的收入、消费和投资［J］. 中国社会科学，2013（2）.

［8］许宪春. 准确理解收入分配核算［J］. 经济学动态，2014（3）.

［9］彭志龙. 我国宏观收入分配核算概念的界定、难点及改进思路［J］. 统计研究，2012（1）.

［10］彭志龙. 关于我国宏观收入分配的概念界定与核算［N］. 中国信息报，2011-08-19.

［11］吉黎，刘涵. 社会保险及相关收入分配核算［J］. 知识经济，2009（9）.

［12］罗乐勤. 收入分配及支出账户的改进研究［J］. 厦门大学学报（哲学社会科学版），2006（2）.

［13］孔青，徐宪红. 基于资金交易量表的收入分配核算分析［J］. 统计与决策，2017（5）.

［14］中华人民共和国国家统计局. 中国国民经济核算体系编制方法丛书［M］. 北京：中国统计出版社，2007.

［15］牛华，宋旭光. 中国财产收入核算的界定、解析及改进方向［J］. 首都经济贸易大学学报，2015（3）.

［16］张晓芳，石柱鲜. 中国经济的收入分配和再分配结构分析——基于社会核算矩阵的视角［J］. 数量经济技术经济研究，2011（2）.

［17］罗乐勤. 政府支出和狭义政府消费核算的问题研究［J］. 统计研究，2005（12）.

［18］许涤龙，任英华. 基于国际接轨的宏观消费核算［J］. 消费经济，2002（6）.

# 第八章
# 积累核算

国民经济运行始于生产，经过收入分配与使用，进入积累。积累的起始点是收入分配与使用账户的平衡项——储蓄。储蓄要么用于非金融资产交易即资本的形成，要么用于金融资产交易，无论是非金融资产交易还是金融资产交易其存量都会发生变化，除交易外资产存量还受资产其他变化的影响。本章主要讲述积累核算所对应的资本形成核算、金融交易核算、资产其他变化核算等内容。

## 第一节 资本形成核算

资本形成是非金融资产交易的结果，资本核算主要讨论非金融资产的概念、非金融资产交易核算形式及主要交易项目。

### 一、资产及非金融资产的概念

非金融资产只是资产的一部分，要弄清楚非金融资产的概念，我们需要从资产谈起。

（一）资产的含义

资产首先针对所有权而言，而所有权又分为法律所有权和经济所有权。诸如货物服务、自然资源、金融资产和负债等实体的法定所有者，是指在法律上有权并持续获得这些相关实体的经济利益的机构单位。相比之下，诸如货物服务、自然资源、金融资产和负债等实体的经济所有者，是指由于承担了有关风险而有权享有该实体在经济活动期间内运作所产生的经济利益的机构单位。

资产是指经济资产。经济资产是指一种价值贮藏手段，它反映经济所有者在一段时间内通过持有或使用该实体所生成的一次性或连续性经济利益。它是价值从一个核算期转移到另一个核算期的载体。经济资产是具有以下特点的实体：（1）机构单位对这些资产行使单个所有权或集体所有权；（2）资产的所有者通过在一定时期内持有或使用这些资产获得经济利益；(3) 资产能以货币计量。

1. 资产必须是持有者或所有者能够实际拥有或控制的实体

对持有者而言，不能为持有者拥有或控制的实体不构成其资产。当机构单位对某实体建立并行使所有权时，该实体就成为经济资产。一些实体也可能是经济资产，但它们的所有权尚未被建立或行使。例如，不可能建立对大气和某些其他自然资产的所有权。

2. 资产能为持有者或拥有者带来经济利益

机构单位持有或拥有的资产，除了通过其作为价值储存手段提供利益外，在使用该资产（如建筑物或机器）生产商品和提供服务的过程中也能产生利益；一些利益则是资本利得，如金融资产及某些其他资产的所有者获得的利息、股息和租金。

某一实体若要成为经济资产，必须能够产生经济利益。这种经济利益可以在某一给定时点上存在，也可以在可预见的将来通过技术、科学知识、经济基础设施、可用的资源在当期价格下取得。

3. 资产能以货币计量

资产以货币计量就是指资产应该有价格。资产在任一给定时点的价值是其当期市场价格。当期市场价格的定义是，在定值日获得资产所必须支付的货币数额。考虑到资产的年限、状况及其他相关因素，这一货币数额取决于资产所有者能从持有或使用该资产中获得多少经济利益。该资产预期可获得的剩余利益随时间的推移而减少，这会降低资产的价值。由于价格的变化，剩余价值可能增加或减少。

经济资产可进一步分为非金融资产和金融资产。

（二）非金融资产

非金融资产是指除金融资产以外的所有经济资产。非金融资产不像金融资产那样，不代表对其他单位的债权、股票或权益以及被货币当局持作储备资产的黄金。非金融资产又区分为生产资产和非生产资产。生产资产是在生产范围之内作为生产过程的产出而形成的非金融资产；非生产资产是通过生产过程以外的方式形成的非金融资产。

生产资产主要有三类：固定资产、存货、贵重物品。固定资产是指在生产过程中重复或连续使用一年以上的生产资产；存货是指生产者为出售、在生产过程中或在将来某个时候使用而持有的商品和服务；贵重物品是指主要不是用于生产或消费，而是在一段时间内作为价值储藏手段持有的、具有相当大价值的生产性货物。

非生产资产包括以下三类：自然资源，合约、租约和许可，外购商誉和营销资产。自然资源包括自然形成的资产，如具有经济价值的土地、水资源、非培育性森林和矿藏。合约、租约和许可只有在满足以下条件：合约、租约和许可规定了使用资产或提供服务的价格,该价格不同于缺乏合约、租约和许可时遵循的价格;合约的一方必须在法律上和实际上有能力实现这一价差,合约、租约和许可才可以加以记录。外购商誉和营销资产是指,当一个机构单位被整体或者一项可识别的资产被售予另一个机构单位时,它反映了一个机构单位的全部或部分资产净值。

(三) 金融资产

金融资产包括所有金融的债权、股票或权益以及被货币当局持作储备资产的黄金。在SNA(2008)中,金融资产可以分为八大类:货币黄金和特别提款权,通货和存款,债务性证券,贷款,股权和投资基金份额,保险、养老金和标准化担保计划,金融衍生工具和雇员股票期权,其他应收/应付款。这部分内容我们在第二节还要详细介绍。

## 二、非金融资产交易核算形式——资本账户

资本账户(如表8-1所示)记录常住单位通过交易所获得或处置的非金融资产价值,并由储蓄和资本转移引起的资产净值的变化。交易可涉及其他机构单位(常住单位或非常住单位),也可是内部交易,即该机构单位保留自己生产的产品作为资本形成的交易。

表8-1 资本账户

| 资产变化 | 负债和资产净值变化 |
| --- | --- |
|  | 净储蓄 |
|  | 对外经常差额 |
| 资本形成总额 | 资本形成总额 |
| 资本形成净额 | 资本形成净额 |
| 固定资本形成总额 | 固定资本形成总额 |
| 固定资本消耗 | 固定资本消耗 |
| 按资产分类的固定资本形成总额 | 按资产分类的固定资本形成总额 |
| 存货变化 | 存货变化 |
| 贵重物品的获得减处置 | 贵重物品的获得减处置 |
| 非生产资产获得减处置 | 非生产资产获得减处置 |
| 应收资本转移 | 应收资本转移 |
| 应付资本转移 | 应付资本转移 |
| 净贷出(+)/净借入(-) | 储蓄和资本转移引起的资产净值变化 |

资料来源:根据SNA(2008)整理所得。

资产账户与其他账户一样,将资产记录在表的左边,负债和资产净值记录在表的右边。平衡项——净贷出或净借入记录在表的左边。

（一）资本账户右边项

资本账户右边第一个项目为可支配收入使用账户转来的平衡项——净储蓄。如果是正数，净储蓄表示未花费于货物服务的那部分可支配收入，它们将用来购买包括现金在内的某种或多种金融资产和非金融资产，或用来偿还负债。如果是负数，净储蓄表示最终消费支出超过了可支配收入的数额，超过部分必须通过处置资产或发生新的债务方式来弥补。

资本转移是无回报转移。在资本转移中，或者给予转移的一方要通过处置资产（现金和存货除外）、放弃债权（应收账款除外）来筹集资金，或者接受转移的一方必须获得资产（现金除外），或者两个条件同时满足。应收资本转移表示资本净值的增加，列示在接收方账户的右边。按照惯例，相对数目的应付资本转移要作为负项记录在转移方账户的右边。

资本账户的右边会明确给出各项目的总计数，用来反映因储蓄和资本转移导致的资产净值的变化。它不是一个平衡项目。储蓄和资本转移导致的资产净值的变化，表示一单位或部门能够购买多大金额的金融资产和非金融资产，这一数额可能为正数，也可能为负数。

（二）资本账户的左边项

资本账户的左边记录由储蓄和资本转移导致的资产净值变化中有多少用于获得非金融资产以及还有多少剩余，剩余部分将会体现在金融账户的金融资产的获得或负债的发生上。处置现有资产所得到的收入作为负项列示在账户的左边。此外，易货获得（或处置）的非金融资产，自产自用非金融资产也记录在该账户的左边。

资本账户的左边列示了非金融资产价值净变化的三个方面：资本形成总额、固定资本消耗和非生产非金融资产的获得减处置。资本形成总额是以固定资本形成、存货或贵重物品为目的的生产资产的获得减处置。固定资本消耗是核算期内生产者所拥有和使用的固定资产存量现值的下降，这种下降是由物理性消耗、正常陈旧或正常事故性损坏造成的。非生产非金融资产获得减处置总额可能是正数，也可能是负数。由于自然资源被实际或名义常住单位拥有，对经济整体来讲，这部分通常是零。但也可能会记录与非常住单位进行的合约、租约、许可或者营销资产的交易。

（三）平衡项——净贷出/净借入

资本账户的平衡项是净贷出/净借入，它是储蓄和资本转移引起的资产净值的变化和非金融资产净获得之间的差额。如果差额为负，代表为净借入。资本账户的平衡项等于金融账户的平衡项目。这是整套账户体系的一个重要特点。一般而言，在SNA中，前缀为"净"意味着扣除了固定资产资本消耗。对于净贷出却不是这样，它代表可以向其他单位提供资金的资产与需要从其他单位筹措资金资产之间的差额。

### 三、主要资本交易项目的核算

资本交易的主要项目就是资本账户所列的项目,包括资本形成总额、固定资本消耗、非生产非金融资产获得减处置和资本转移。

(一) 资本形成总额

资本形成总额是以固定资产形成总额、存货变化和贵重物品获得减处置的总价值来度量的。

1. 固定资本形成总额

固定资本形成总额是指生产者在核算期间内获得的固定资产减处置的固定资产,加上附着于非生产资产价值上的某些服务的特定支出。固定资产应排除耐用消费品和小型器具。获得的固定资产价值包括购入的固定资产价值、自产自用的固定资产价值、易货交易中获得的固定资产价值、实物资本转移获得的固定资产价值。这些固定资产可以是新生产出来的资产,也可以是现有资产。处置的固定资产价值被视为负资本形成,包括出售、损失、易货、实物资本转移的固定资产价值。与获得的固定资产不同,处置的固定资产仅限于现有资产。固定资本形成的基本核算方法用公式表示为

固定资本形成 = 当期获得的现有资产和新资产 − 当期处置的现有资产
= 当期购置的新资产 + 现有资产所有权转移费用

固定资本包括住宅、其他建筑物和构筑物、机器和设备、武器系统、培育性生物资源和知识产权产品等。

(1) 住宅是指完全或基本作为居住使用的房屋或房屋的指定部分,包括各种附属结构。作为住户主要居住场所的船舶、移动设施,车辆也包括在内。基本可被视为住宅的公共纪念物也包括在内。

(2) 其他建筑物和构筑物是指除住宅之外的整个或部分建筑物,以及固定装置、设施和设备等建筑物的组成部分,如工商业用房、旅馆、学校等。其他构筑物是指除房屋以外的构筑物,如公路、铁路、机场跑道、管道等。需要注意的是,本生产资产分类中包括土地改良。土地改良是指能够极大改变土地的数量、质量或生产率,或者防止土地退化的行为。土地在改良前属于非生产资产,改良后代表了一种与之不同的固定资产。

(3) 机器和设备是指用于生产或运输的机器设备,包括运输设备,用于信息、计算机和通信的机器,以及其他机器和设备。其中,其他机器和设备是指没有包括在其他类别中的机器和设备,如机床、锅炉、精密仪器等。

(4) 武器系统本不包括在生产资产类别中,直到 SNA(2008)才将其纳入。武

器系统包括军舰、潜艇、军用飞机、坦克、导弹运载工具和发射架等交通和其他设备。需要注意的是，弹药、火箭、导弹、炸弹等一般被视为军事存货。

（5）培育性生物资源是指在机构单位的直接控制、负责和管理之下，能重复提供产品的动物资源和能重复产果的树木、庄稼和职务资源。重复提供产品的动物资源是指其自然生长和繁殖都在机构单位的直接控制、负责和管理之下的动物，包括种畜、奶牛、用于产毛的动物、用于比赛和娱乐的动物。重复提供产品的林木、庄稼和植物资源是指其自然生长和繁殖都在机构单位的直接控制、负责和管理之下的植物，包括生产水果或坚果、树汁或树脂、树皮或树叶而培育的林木。

（6）知识产权产品是指研究、开发、调查、创新等活动的成果。这些活动能够产生知识，因使用这些知识受到法律或其他保护措施的限制，使开发者能够在生产中运用或在市场上销售这些知识来获得利益。知识可以作为一种独立的产品而存在，也可以包含在其他某项产品中。知识产权产品包括研究与开发、矿藏勘探与评估、计算机软件、数据库、娱乐，文学或艺术品原件、其他知识产权产品等。

2. 存货变化

存货变化是指核算期内进入的存货价值减去退出的存货价值和存货中所持有货物所经常发生的损失的价值。存货变化可以是正值，也可以是负值，分别表示存货上升和下降。存货变化具体包括以下内容。

（1）材料和用品存货变化是指存在仓库中打算作为中间投入用于生产的所有货物。例如，燃料、原料、供组装的部件、粮食、办公用品等。

（2）在制品存货变化是指企业生产的、加工尚不充分的产品，还未达到被其他机构单位使用时的正常状态。在制品包括培育性生物资源在制品和其他在制品。需要注意区分一次性使用的动植物资源与在一年以上的时间里反复用于生产的动植物资源。前者记作在制品，后者是固定资本形成而不是存货。

（3）制成品存货变化是指作为产出而生产的货物，生产者将其提供给其他机构单位使用，在此之前不再打算进一步加工的货物。

（4）军事存货变化是指武器或武器系统中一次性使用的物品（如弹药）。

（5）供转售的货物存货变化是指诸如批发商或零售商等企业购买的货物，目的是将其转卖给顾客。

3. 贵重物品的获得减处置

贵重物品包括贵金属和宝石、古董和其他艺术品和其他贵重物品。获得的贵重物品可以是新资产或现有资产，而处置的贵重物品仅限于现有资产。贵重物品净获得包括以下具体内容。

（1）贵金属和宝石是指不为了销售或生产投入而持有，也不为了作为货币黄金而持有且不以未分配金属形式作为金融资产而持有的,如白金、银等。

(2) 古董和其他艺术品。它不是为了销售而持有的、被公认为艺术品和古董的绘画、雕塑等贵重物品。原则上博物馆的展品属于贵重物品。

(3) 其他贵重物品。它不属于其他分类的贵重物品,包括有公认市场价值的邮票、硬币、瓷器、书籍等收藏品,以及精美的首饰、时尚的宝石和有重大可实现价值的金属。

(二) 固定资本消耗

固定资本消耗的概念我们在第六章已经提出,它造成了总增加值和净增加值的区别,然后影响到所有接下来的平衡项。固定资本消耗是生产用固定资产价值的负向变动项目。从固定资产形成总额中扣除固定资本消耗,就得到固定资本形成净额,它与从收入使用账户结转的平衡项净储蓄是对应的。所有固定资产都要在其用于生产的每个年份提取固定资本消耗。因为所有权转移费用包括终期费用,都已被视为固定资产,所以对它们也要提取固定资本消耗。

(三) 非生产非金融资产获得减处置

前面我们已经讨论了非生产非金融资产的三个组成部分:自然资源,合约、租约和许可,商誉和营销资产。这三类资产几乎没有共同点,需要单独讨论。

1. 自然资源

自然资源包括纳入经济资产的土地、矿物和能源储备、非培育生物资源、水资源和其他资源等。土地是指地面本身,包括覆盖的土层和附属的地表水。以下内容不包括在土地的价值之中:(1) 坐落在土地上或途经土地的房屋或其他建筑,培育的农作物、树木和动物,矿物和能源储备,非培育性生物和地下水;(2) 矿物和能源储备是指位于地球表面以上或以下的、在一定技术和相对价格下具有开采性的矿物和能源储备;(3) 非培育生物资源是指这样一些动物、鸟类、鱼类和植物,可能产生一次性产品也可能重复产生产品,所有者能够对其行使所有权但其自然生长和繁殖不在机构单位的直接控制、负责和管理之下;(4) 水资源是指其稀缺性已导致了行使所有权或使用权、进行市场估价和采取某些经济控制措施的地下蓄水层和其他地表水;(5) 其他自然资源目前只包括无线电频谱。

2. 合约、租约和许可

合约、租约和许可包括的资产主要有可交易的经营租赁、自然资源使用许可、从事特定活动许可、货物和服务的未来排他性权利。可交易的经营租赁是一种与固定资产有关的第三方财产权;自然资源使用许可是与自然资源有关的第三方财产权;从事特定活动许可是指持有者持有政府或其他单位发放的可能获取垄断利润并能转让的许可证件;货物和服务的未来排他性权利是指已经签约在将来某一时点以固定价格购买货物或服务的一方能够把协议第二方的义务转移给第三方的情形。

3. 商誉和营销资产

商誉是指一个企业的潜在购买者准备支付一笔超过该企业单独识别和估价的资产与负债价值的额外费用部分，它反映了该公司的有关价值；营销资产是指诸如品牌名、报头、注册商标、公司标识和域名等项目；企业商誉和营销资产的价值是指以下两项价值之差：购买一家生意兴隆的企业而支付的价值，该企业的资产总额减负债总额，其中每项资产或负债都是可以单独识别和估价的。

（四）资本转移

资本转移是一个机构单位无偿地向另一个机构单位提供用于固定资本形成的资金或实物，而不从后者获得任何对应物作为对等的交易。转移有两种形式，采用现金的形式或实物形式。资本转移与经常转移的区别主要有：第一，转移的目的不同。经常转移的目的是提高转入方在核算期内的消费水平，而资本转移的目的是提高转入方在核算期内的投资水平。第二，转移的基础和来源不同，即转移是否与现期收入有关。经常转移会影响现期收入和消费水平，但不影响交易者的资产数量。从核算的角度看，经常转移在收入使用与分配中核算；资本转移影响交易者的资产数量，但不影响消费和现期收入；资本转移是在收入核算之后进行核算。第三，转移的频率和规模不同。经常转移通常规模小、频率高、常定期发生，而资本转移通常规模大、频率低、发生无规律。当然经济在现实中总存在一些混合性质的转移支付，如遗产税。SNA（2008）规定，即使一项转移只要涉及资产的获得或处置，不论涉及多少项资产，均视为双方的资本转移。

资本转移的核算涉及资本税、投资补助、其他资本转移三项内容。

1. 资本税

资本税是指针对机构单位拥有的资产价值或净值或针对机构单位之间作为遗产、生者之间的赠予或其他转移物所转移的资产价值，不定期或间隔相当长时间而征收的税。资本税可以分为资本税和资本转移税。资本税是指针对机构单位所拥有资产或资产净值的价值，不定期或间隔相当长时间征收的税；资本转移税是指针对机构单位之间所转移资产的价值所征收的税，主要有遗产税和赠与税。

2. 投资补助

投资补助是指政府向常住单位或非常住单位提供的、全部或部分用于获得固定资产的资金。投资补助可以采用现金形式或实物形式。若是现金形式，要求接受者必须将收到的投资补助用于固定资本形成，并且补助资金常常与具体投资项目联系在一起。如果投资项目要持续很长一段时间，现金投资补助可能采取分期支付的方式，但仍然归类为资本转移，只是分别记录在连续的几个核算期内。若是实物形式，是指政府向常住单位或非常住单位提供的固定资产。通常先记录为一笔现金资本转移，然后再记录为购买了由实物转移获得的资产。

3. 其他资本转移

其他资本转移包括除去资本税和投资补助以外的一切资本转移，如债务豁免、政府向企业提供的长期巨额亏损补贴等。

## 第二节　金融交易核算

我们介绍了非金融资产交易核算后，接下来要介绍金融资产交易的核算，主要介绍金融资产和负债的概念、金融资产和负债交易核算的形式、主要金融资产和负债交易的核算等。

### 一、金融资产和负债的概念

金融资产又称金融产品，它是融资的产物。在生产过程中，有些机构单位有资金盈余，有些机构单位存在资金不足，客观上存在融通资金的必要性。当融资形成时，资金融出者或称贷款者，要求资金融入者或借款者出具证明，证明这种融资关系及融资的条件（如利息、期限等），这个证明就是金融产品（金融工具）。金融产品对于资金融出者来说，它是资产，又称为金融资产；对于资金融入者来说，它是负债。以上融资是债务性融资，即借贷融资。随着金融市场的发展，出现了股票等权益性融资，同理，股票等金融工具也具有两面性：金融资产与金融负债。

需要说明的是，金融资产或金融负债与或有事项的区别和判断，各国的做法并不相同。SNA 建议各国根据实际做法和金融工具性质的差异灵活执行。

金融资产与金融负债是相对的。对一个经济体来说，其金融资产与金融负债理论上应该相等。货币黄金作为金融资产，应该是一个特例。这样，金融资产定义为：金融资产包括所有金融的债权、股票或权益以及被货币当局持作储备资产的黄金，是融资的工具。

### 二、金融账户

金融账户是记录机构单位间交易的系列账户中最后一个。净储蓄是收入使用账户的平衡项，而净储蓄加上应收/应付资本转移净额可用于非金融资产的积累。如果它们并未全部用于非金融资产积累，则其盈余就称为净贷出，反之，则称为净借入。净贷出或净借入是资本账户的平衡项，并没有转入金融账户。

金融账户（如表 8-2 所示）记录发生在常住单位之间或常住单位与国外之间的、涉及金融资产和负债的交易。账户左方记录的是金融资产获得减处置，右方记录负债发生减偿还。

表 8-2　　　　　　　　　　　金融账户

| 资产变化 | 负债和资产净值变化 |
| --- | --- |
|  | 净贷出（+）/净借入（-） |
| 金融资产净获得 | 负债净获得 |
| 货币黄金和特别提款权 | 货币黄金和特别提款权 |
| 通货和存款 | 通货和存款 |
| 债务性证券 | 债务性证券 |
| 贷款 | 贷款 |
| 股权和投资基金份额 | 股权和投资基金份额 |
| 保险、养老金和标准化担保计划 | 保险、养老金和标准化担保计划 |
| 金融衍生工具和雇员股票期权 | 金融衍生工具和雇员股票期权 |
| 其他应收/应付款 | 其他应收/应付款 |

资料来源：根据 SNA（2008）整理所得。

金融账户无论是左方还是右方，其所列的交易项目都是相同的。这就是我们在解释金融工具、金融资产、金融负债含义在核算的反映。金融产品对某一个机构单位是金融资产，那么对于交易对方来说，就是负债。

金融账户所列的八项金融资产或负债并不是针对每一机构单位或部门所涉及的交易，而是针对所有机构单位或部门所涉及的交易，"货币黄金和特别提款权"项目中的"特别提款权"仅涉及货币当局与国外。

金融账户所列交易项目，有的是对应的非金融交易项目，有的是金融资产和负债的交换。

### 三、金融资产和负债交易

（一）货币黄金和特别提款权

货币黄金和货币基金组织发行的特别提款权是没有对应金融负债的金融资产，一般为中央银行特有的金融工具。

1. 货币黄金

货币黄金是指货币当局或受货币当局有效控制的其他机构所拥有的，并作为官方储备资产而持有的黄金。只有作为官方储备持有的黄金才是货币黄金。因此，除少数体制外，黄金只能是中央银行或中央政府的金融资产。货币黄金交易包括货币当局之间的黄金销售和购买。一般而言，货币黄金实物金通常采用含金量至少为

99.5%的金块、金条等形式。不是作为官方储备持有的黄金不具有货币化特征，如工业用、科研用、制作装饰品用的黄金，属于非金融资产。货币黄金交易包括货币当局之间的黄金销售和购买。非货币黄金交易包括货币当局持有的非货币黄金和其他金融机构持有的黄金，若交易是为了储藏财富，视为贵重物品的获得和处置，否则按货物交易处理。

2. 特别提款权

特别提款权是国际货币基金组织创造的分配给成员国用来补充现有官方储备的国际储备资产，包括国际货币基金组织分配的特别提款权和通过与其他持有者交易获得的特别提款权。只有国际货币基金组织的成员国和有限的国际金融机构才持有特别提款权。获得特别提款权分配的基金组织成员国并没有归还特别提款权分配的实际义务。持有特别提款权意味着拥有无条件从基金组织的其他成员国获得外汇或其他储备资产的权利。如前所述，特别提款权仅涉及货币当局与国外交易。

（二）通货和存款

通货和存款的交易包括通货的发行、增加或处置，存款的设立或增加或提取。

1. 通货

通货包括中央银行或中央政府发行或授权的具有固定名义价值的纸币和铸币。通货通常就是用于流通使用的纸币和硬币。通货实际上是发行者的负债。中央银行或政府发行的金银币和纪念币，如果没有作为具有固定名义价值的货币流通，虽然具有货币的形式，但应归为非金融资产，而不是通货。中央银行持有的尚未发行的或已经退出流通的纸币和硬币不是金融资产，也不应作为通货。通货分为国内通货和国外通货两类。国内通货即本币，是本国中央银行或政府发行的纸币和硬币。国外通货即外币，是指在国内市场流通的，由国内各机构部门持有的外国货币，代表其他国家中央银行或政府发行的负债，是本国居民对非居民的债权。

2. 存款

存款是指所有机构单位之间的以不可流通的存款凭证为证据的债权或债务。按流动性划分，存款可以分为可转让存款和其他存款；按币种划分，存款又可以分为本币存款和外币存款。

（1）可转让存款包括如下种类的存款：①不存在罚金或限制的可以按面值即期可支付的存款；②用可即时支付的票据、汇款或办理转账手续后即可支付的存款；③其他支付手段进行支付的存款。可转让存款的流动性仅次于通货，属于高流动性的金融资产。银行本票、银行汇票、存款透支、旅行支票、准备金存款、电子货币等都属于可转让存款。

（2）其他存款包括可转让存款以外的有存款凭证的所有债权或债务。这类存款有一些典型形式：①即期存款，这种存款允许立即提取现金，但不能直接转让给第三方，如我国现行个人活期储蓄存款；②定期存款；③不可转让的外币存款；④由储蓄和贷款协会、房屋互助协会、信用合作社和类似机构单位发行的股份或类似存款凭证；⑤限制转让的货币市场共同基金股份，如限制每一期可签发的支票数目或每张支票的最低金额；⑥与期权和期货合同有关的保证金存款以及包括在本国广义货币中的回购协议，不包括在广义货币中的回购协议应该被归为贷款。

其他存款还包括一些可称为限制性的存款。限制性存款是依据法律、管理或商业要求，提款受到限制的存款。这类存款包括：要求进口商在进口之前存放的进口存款；已经记入存款方账户但还不能提取的可转让存款，必须在接受存款的金融机构收到存款项目（如支票或汇款）的款项之后才可以提取；强制性的储蓄存款，如官方要求必须将收入的一部分存入金融机构，在特定的时期以后才能使用，或只能出于特定的目的才可以提款，如住房公积金存款；在清理和重组过程中被冻结的金融性公司的存款；由于实行国家的外汇配额政策而受到限制（如不能提取）的外币存款。

（三）债务性证券

债务性证券是作为一种债务证据的可转让的工具，包括票据、债券、大额可转让存单、商业票据、资产支持证券、通过金融市场交易的类似的工具，如可交易的存款收据、证券化的抵押贷款和信用卡应收款等。实际上已经可以流通的贷款应该归类为债务性证券。

债务性证券作为反映债权关系的凭证，规定了利息和本金支付的时间。债务性证券通常采取以下销售方式：（1）息票，这种证券规定在其有效期内定期支付利息或息票，本金在到期时支付；（2）分期偿付，这种证券规定在其有效期内分期偿付本金和利息；（3）贴现或零息票，这种证券以低于面值的价格发行，所有的利息和本金都在到期时支付；（4）保值，这种证券的利息或本金的支付与有关指数挂钩，如与价格指数或汇率指数挂钩。

政府债券、公司债券和金融债券同属债券类，是按发行主体不同而划分的。政府债券是政府发行并承诺付息并到期还本的债券，又分为中央政府债券和地方政府债券。中央政府债券又称国债，地方政府债券又称市政债券。公司债券又称企业债券，它是指由非金融企业发行并负责还本付息的债券。公司债券按照期限的长短，又分为短期债券和中长期债券。短期债券期限一般短于一年，有的称为商业票据。金融债券是由银行或非银行金融机构发行的债券。发行金融债券的金融机构一般资金实力雄厚，资信较高，发行债券所筹集的资金具有特定的用途。

汇票是出票人签发的、委托付款人在见票时或者在指定日期无条件支付确定的金额给收款人或者持票人的票据。经企业承兑的汇票称为商业承兑汇票，经银行承兑的汇票为银行承兑汇票。银行承兑汇票具有支付功能和融资功能，并可在企业间、银行间自由流通。银行承兑汇票由银行承诺承担最后付款的责任，实际上是银行将其信用出借给企业。这里的银行是第一责任人，而出票人是第二责任人。银行承兑汇票既代表了持有方无条件的债权，也代表了承兑银行无条件的负债。银行承兑汇票即使没有发生资金的交换，也会被视为实际金融资产，归入非股票证券。

大额可转让定期存单也称大额可转让存款证，是指商业银行发行的、具有固定面额、固定偿还期限和一定利率，并且在市场上可以转让的凭证。大额可转让定期存单本质上也是一种债券，债务人是金融机构。大额可转让定期存单与定期存款相比，不同之处在于：一是定期存款不可流通转让，而大额可转让存单可以流通转让；二是定期存款金额可大可小，而大额可转让定期存单金额较大；三是定期存款可以提前支取，提前支取时要损失一部分利息，而大额可转让定期存单不能提前支取，存单到期时，存单持有人在原发行银行支取存款；四是大额存单享有比现行同档定期存款高的利率，弥补了其不可提前支取方面的损失。大额可转让定期存单具有明显的流通性，且其收益、偿还金额确定，因此将其归入债务性证券。

金融资产的证券化也会产生资产支持证券等债务性证券。所谓资产支持证券是指，金融机构用现有的抵押贷款等资产集合为资产池，以其为基础发行证券出售给投资者。证券的本金和利息来自资产池中的基础资产产生的现金流或剩余权益，并直接支付给证券持有者。资产支持证券传统的基础资产是住房抵押贷款，发展到现在，还有信用卡应收款、汽车贷款、工商业贷款以及公司债券等，如美国汽车贷款证券，是以汽车贷款为资产池发行的证券。汽车贷款具有安全性高，现金收入流稳定等特点。汽车贷款证券的收入流主要来自汽车贷款借款人的还贷资金。信用卡资产证券是以信用卡应收款为资产池发行的证券。信用卡持有者信用高，按月支付所欠款项。信用卡资产证券持有者也能按月得到利息收入并按约定的期限得到本金收入。资产证券的利率和期限是与金融资产的利率和期限相匹配的。对于抵押贷款支持证券和金融资产支持证券，通常发起机构会将基础资产从自身的资产负债表中划出，出售给特定目的载体（SPV/SPE）。此外，国际上还有一类资产支持证券（Mortgage Backed Bonds，MBB），证券本金和利息与基础资产没有直接联系，仍在发起金融机构的资产负债表上，只是有一个托管人。国际货币基金组织（IMF）对资产支持证券的总体统计原则：无论收益是否与基础资产相关均归为债务性证券工具，并且作为发行机构的负债（发行机构指债务工具的组织者或接受基础债务工具的SPV）。

债务性证券还包括优先股或支付固定收入,但在公司解散时不参与残值分配的股票。持有优先股的股东先于普通股股东享受分配,通常为固定股利。优先股收益不受公司经营业绩的影响。其主要特征:一是在分配公司利润时可先于普通股且以约定的比率进行分配;二是当股份有限公司因解散、破产等原因进行清算时,优先股股东可先于普通股股东分取公司的剩余资产,但优先股股东分取收益和公司资产的权利只能在公司满足了债权人的要求之后才能行使;三是优先股股东一般不享有公司经营参与权,即优先股股票不包含表决权;四是大多数优先股股票都附有赎回条款。优先股的本质特征更接近公司债券而非股票,在可转换债券转换权行使之前,应该归入债务性证券。

（四）贷款

贷款是机构单位之间以不可流通的贷款凭证或类似凭证为证据的债权或债务。贷款的类别包括透支、按揭贷款、分期偿还贷款、分期付款贷款、贷款融资贸易和发薪日贷款。国际货币基金组织的贷款形式也包含在这一类中,如索赔或负债。从可转让存款账户中根据透支额度进行透支被认为是贷款。回购协议、证券出借、金融租赁被认为是融资贷款。

1. 回购协议

回归协议是资金融入方按特定价格出售资产融入资金,并约定在未来特定日期按指定价格从资金融出方购回相同或类似资产的协议。一般标的资产为票据、债券或贷款。回购协议规定的期限有越来越长的趋势,有的甚至不规定到期日。回购协议是从证券出售获取现金方而言的;若从证券购买支付现金方而言,这种协议被称为逆回购协议。

在回购协议中,现金提供方获得了证券完全和无限制的所有权,其有权再将证券转售给第三方。传统上,证券转售只有在现金接受方违约时才发生,但事实上,非违约的情况下转售已经变得很普遍。虽然从法律上讲,已经将证券的所有权完全或无限制地转移给现金提供方,但从经济角度看,现金的接受方（证券的提供者）保留了一些所有权。具体而言,现金的接受方保留了市场风险和所有权利益（出售权除外）,包括持有证券的损益和证券的利息收入。由于回购协议存在这些特点,它类似于以协议所规定的证券为抵押的贷款,而不是直接的证券出售。因此,回购协议中的证券仍然留在现金接受方的资产负债表上,回购协议应视为贷款,记录为现金提供方的资产和现金接受方的负债。

逆回购协议获得的证券可以再被用于回购。在这种情况下,回购协议下的证券支撑着两笔贷款交易:一笔是现金提供方根据原先的回购协议而对现金接受方拥有债权（贷款）;另一笔是第二个回购协议的买方（新回购协议的现金提供方）对原先的现金提供方（新回购协议的现金接受方，也就是第一个回购协议的现金提供方）拥有债权。在这种情况下，通过逆回购协议获得的贷款资产的一方不应将这笔贷款与第二笔回购协议获得的贷款轧差处理，因为两笔交易的交易对手不同。在这种情况下也不会出现对持有证券的双重计算，因为第一笔和第二笔回购协议下的证券继续留在原先现金接受者的资产负债表上。

国际货币基金组织建议，对那些在逆回购协议中获得并直接转售的证券采用特别的统计处理方法。虽然现金提供方不应将逆回购协议中获得的证券记录为证券交易，但如果获得的证券直接转售，那么现金提供方应该记录一笔证券交易。这就是"卖空"——出售目前资产负债表中并没有的金融资产，在转售方记录为负的证券头寸。这样处理既反映了经济现实，又不会造成重复统计。当然，在这种情况下可能需要更充分的信息才能更全面地了解回购市场，并确定谁是金融工具的持有者。

2. 证券出借

证券出借是证券持有人（贷方）根据协议将证券出借给"借方"，并规定在特定日期或一经要求归还相同或类似证券的业务。在证券出借协议中，虽然证券所有权被完全或无限制地转移给了借方，但与持有证券有关的风险和利益仍归原先的持有人（贷方）。证券持有人（贷方）采用这种做法的目的是提高证券的回报率或减少托管成本。

证券出借根据提供给证券贷方的抵押品现金或证券分为两大类。证券的借方提供的抵押品的价值通常等于或高于借入证券的价值。以现金为抵押的证券出借与证券回购非常类似，和回购具有一样的经济效果，因此在统计上采用相同的处理办法。以非现金作为抵押（或没有抵押）的证券出借，应该由贷方和借方作表外记录，而不作为交易处理。

3. 融资租赁

融资（金融）租赁是一种合同，据此出租人作为一种资产的合法拥有者，将几乎所有风险和资产所有权的回报转让给了承租人。承租人成为资产的经济所有者。融资租赁属于一种贷款。根据融资租赁，相当于出租人贷款给承租人，该承租人将资金用于获得资产。此后，租赁资产显示在承租人的资产负债表上，而不是出租人的资产负债表上，相应的贷款显示为出租人的资产和承租人的负债。融资租赁中的支付被作为利息而不是租金，也可能是作为服务费（间接的金融中介服务费）和本金的偿还。

4. 信用卡债务

信用卡是作为便捷支付和融资购买的一种手段。如果信用卡购买支付在每个账单周期内平衡，持卡人通常不会承担融资费用，若周期内不平衡，持卡人通常会承担融资费用单。所有信用卡的余额应该被视为贷款。

（五）股权和投资基金份额

股权和投资基金份额的显著特征是，持有者对发行单位的资产有剩余索取权。股权代表机构单位持有者的资金。与债务不同，股权持有者通常没有获得预定数额或按固定公式计算的数额的权力。投资基金份额是投资在其他资产上的一种集体投资。

1. 股权

股权包括证明对清偿了债权人的全部债权后的对公司或准法人公司的剩余价值有索取权的所有工具和记录。股权是发行机构单位的负债。

法人权益的所有权通常以股份、股票、参股证、存托凭证或类似的文件为凭证。股份和股票有相同的含义。而存托凭证是方便证券所有权在其他经济体上市的证券，受托者发行的在某一交易所上市的代表了在另一交易所上市证券的所有权。参与优先股是向参与者提供参与注册企业解散后的剩余价值的股份。这些优先股也是权益证券，而无论其收入是固定的还是根据由公式计算的。

一家公司的股份（通常称为普通股）可能由很多投资者持有，也可能由少数投资者持有，某个家庭持有或者某个公司或个人持有。公司的股票可以在证券交易所进行交易，也可在场外交易市场，或者选择不交易。

企业有时会在市场上购买自己的股票。购回股份（称为库藏股）不被归类为持有的资产（作为公司的自身要求）而是由所有者从资金在负债占股本的股票和基金投资中扣除。

股权可细分为：上市的股票、非上市股票、其他股权。上市的股票和非上市股票都是可转让的，因此属于权益性证券。上市股票是在交易所上市的权益性证券，也被称为挂牌股票。在交易所上市的股票报价意味着可随时得到现行市场价格。非上市股票是未在交易所上市的权益性证券，也被称为私募股权。风险资本通常采用这一形式。非上市股票往往是由附属机构和规模较小的企业发行，通常有不同的监管要求，发行资格也不一定相同。其他股权是不以证券形式存在的权益，包括准法人公司（如分支机构、信托公司、有限责任公司和其他合伙企业）、非法人基金、拥有房地产和其他自然资源所有权的名义单位的权益。

2. 投资基金份额或基金单位

投资基金是将投资者的资金集中起来投资于金融或非金融资产的集体投资。购买基金份额的那些单位由此将其风险分散到基金的所有工具上。

投资基金包括共同基金和单位信托基金。投资基金采用公司结构时，发行基金份额；采用信托结构时，发行基金单位。投资基金份额是共同基金发行的股份，而不是共同基金持有的股份。

投资基金可分为货币市场投资基金和非货币市场投资基金两种。两者之间的主要区别是，货币市场投资基金通常投资不到一年就会到期的国库券、存款证和商业票据等货币市场工具，它通常是可转让的，并且通常被视为最接近存款的替代品。非货币市场投资基金通常投资于长期金融资产以及房地产。它们是不可转让的，通常不视为存款的替代品。

（六）保险、养老金和标准化担保计划

保险、养老金和标准化担保计划都是金融机构进行财富调节或收入再分配的形式。再分配可能发生在同一时期各机构单位之间，或同一机构单位不同时期之间，或这两种情况的结合。参与计划的单位向计划缴款，并在同期或后期领取保险金（或得到补偿）。参与者持有资金，而保险公司代表它们将这些资金进行投资。

保险、养老金和标准化担保计划适用的准备金有五种：非寿险专门准备金、寿险和年金权益、养老金权益、养老金经理人的养老金债权和标准化担保代偿准备金。

1. 非寿险专门准备金

非寿险专门准备金包括预付的用于非寿险未决索赔的保费和准备金净额。其中，包括未到期但已支付的保费和应付但未付的索赔，金额存在争议或导致索赔的事实尚未汇报的情况也包括在内。

2. 寿险和年金权益

寿险和年金权益显示了投标人对提供寿险或年金的企业所拥有的金融债权。

3. 养老金权益

养老金权益作为雇主与雇员签订报酬协议的一部分，反映了现有和未来的养老金领取者对其雇主或雇主指定的到期支付养老金的基金拥有的金融债权。

4. 养老金经理人的养老金债权

雇主可能与第三方签订合约，让它为自己的雇员管理养老金。如果雇主一直对养老金计划的条款有决定权，并负责基金的亏损，保留基金的盈余，此时雇主叫养老金经理人，在养老金经理人指导下进行工作的单位，叫作养老金代管人。如果雇主与第三方的协议是雇主将基金风险与亏损责任全部转让给第三方，同时第三方享有基金盈利权利，此时，第三方既是养老金经理人又是养老金代管人。

5. 标准化担保代偿准备金

标准化担保代偿准备金包括预付的用于标准化担保未付代偿的费用和准备金净额。

（七）金融衍生工具和雇员股票期权

1. 金融衍生工具

金融衍生工具合约是与特定金融工具、指标或商品挂钩的金融工具，通过这种金融工具可以独立地在金融市场上针对特定的金融风险（如利率风险、外汇风险、股票和商品价格风险、信用风险等）进行交易。使用金融衍生工具的目的包括风险管理、对冲、套期保值、市场保值和投机活动。金融衍生工具能够使有关交易方将特定金融风险转嫁给其他更加愿意或更加适合承受或管理这种风险的机构，这些机构通常不从事初级资产或商品交易。金融衍生合约中包含的风险可以通过交易合同本身进行交易，或者可通过建立具有与现存合约风险相对冲的风险特征的新合约进行交易，后者通常被称为对冲性操作。

金融衍生工具的两大类别是远期类合约和期权合约。远期类合约是无条件的，双方同意在规定日期按协商一致的合约价格交换一定数量的标的项目。标的项目可以是实际资产，也可以是金融资产，如远期利率合同、远期外汇合同以及利率掉期合同。在期权合约中，购买者从出售方那里获得在特定日期或之前按合约价格购买（买入期权）或出售（卖出期权）规定标的项目的权利（不是义务）。期权合同覆盖的项目可以是股权、商品、货币以及利率等。远期和期权的主要区别是，远期合同中的交易双方都是潜在债务人，而期权合同购买人获得资产，出具人形成负债。期权可能在到期后变得毫无价值，只有在对购买人有利的情况下，合同才进行交割。期权购买人可能会获得无限收益，出具人也可能遭受无限损失。

2. 雇员股票期权

雇员股票期权是雇主与雇员在某日（授权日）签订的一种协议，根据协议，在未来约定时间（含权日）或紧接着的一段时间（行权期）内，雇员能以约定价格（执行价格）购买约定数量的雇主股票。

（八）其他应收/应付账款

机构单位之间常发生有应收/应付账款的交易，形成一些由商业信用、预付款和其他延期收付的项目组成的金融资产。

商业信贷和预付款主要是直接提供给公司、政府、非营利机构、住户和国外的货物和服务而发生的商业信用，如预付货款和应收未收的账款。另一种常发生的是在建工程和拟建工程的预付款，以及商品与服务的预付款。注意金融机构为商业信贷提供融资的贷款已归入前面的"贷款"类别，不包括在作为应收/应付账款的商业信贷和预付款中。

此外，还有一些上述类别以外的应收/应付性的账款，这些款项与货币与服务的供应无关，是与应计税收、红利、租金、工资等有关的应收和应付款项，还包括延后收入、贷款损失准备金以及其他准备金。

## 第四节 资产其他变化核算

前面我们讨论了交易及交易引起从期初到期末的资产、负债和资产净值变化的核算,它们相应记录在资本账户和金融账户中。这一节我们讨论非交易流量引起从期初到期末的资产、负债和资产净值变化的核算,也就是资产其他变化的核算。通过这些项目的核算,可以反映各种其他事件给资产负债表各项目价值和结构带来的显著变化。资产负债及净值的变化除了交易因素的影响外,还受到非交易流量引起的数量变化和价格因素导致的变化。国民经济核算中用资产物量其他变化账户来记录非交易流量引起的资产负债的变化;用重估价账户记录价格变动对资产负债价值的影响。两者统称为资产其他变化核算。

### 一、资产物量其他变化核算

资产物量其他变化,是指由于非交易流量引起的资产负债数量变化而造成资产或负债的变化。资产物量其他变化账户就是为记录这些非交易流量而设置的,其结构与资产负债表存量账户类似,左侧为资产变化,右侧为负债和资产净值变化。各项非金融资产、金融资产和负债都要单独列示,其中,资产负债净值变化是账户的平衡项,即等于资产变化合计与负债变化合计之差,记录在账户的右方。

资产物量其他变化账户存在两种编制形式:一种是按照内容划分的资产物量其他变化账户(见表8-3);另一种是按照资产负债类型划分的资产物量其他变化账户(见表8-4)。

表8-3　　　　资产物量其他变化账户(按资产物量其他变化内容)

| 资产变化 | 负债和资产净值变化 |
| --- | --- |
| 非金融资产的经济出现<br>非生产性非金融资产的经济消失<br>巨灾损失<br>无偿没收<br>未另分类的物量其他变化<br>分类变化<br>物量其他变化合计 | 非金融资产的经济出现<br>非生产性非金融资产的经济消失<br>巨灾损失<br>无偿没收<br>未另分类的物量其他变化<br>分类变化<br>物量其他变化合计 |
|  | 由资产物量其他变化引起的资产净值变化 |

资料来源:根据SNA(2008)整理。

表 8-4　　　　　　　　资产物量其他变化账户（按资产负债类型）

| 资产变化 | 负债和资产净值变化 |
| --- | --- |
| 物量其他变化合计<br>生产性非金融资产<br>非生产性非金融资产<br>金融资产 | 物量其他变化合计<br>生产性非金融资产<br>非生产性非金融资产<br>金融资产 |
|  | 由资产物量其他变化引起的资产净值变化 |

资料来源：根据 SNA（2008）整理。

资产物量其他变化核算的意义不仅在于为了保证核算体系完整性，而且从功能上考虑为了反映现实经济体系的有用信息。一般结合资产的分类和变动方式，把资产物量其他变化分为如下几种类型：（1）资产不通过交易进入和退出资产负债表的核算，包括非交易资产的经济出现、非培育生物资源的自然生长、非生产资产的经济消失等；（2）外部事件对资产价值的影响，如巨灾损失、无偿没收等；（3）其他物量变化以及分类和结构变化等。以下分别对其进行介绍。

（一）非交易资产的出现和消失

资产不通过交易进入和退出资产负债表的行为被称为经济出现和经济消失。根据资产的具体分类来看，生产资产的经济出现主要是指尚未记录在资产负债表中的且首次被发现或承认的贵重物品和古迹。

非生产资产的经济出现是指通过生产过程以外的方式形成的资产。主要包括：（1）可开采的地下资源总量的增加；（2）从未利用的自然资源向经济活动的首次转移，如开采荒地、建筑堤坝填海造田、原始森林的商业开发等；（3）非培育性生物资源的自然生长，更具体来说是指不是在某机构单位控制和管理下的某些自然林木、水产品的自然增长；（4）商誉和营销资产的出现；（5）专利财产权、可转让合同的创造或出现等。

（二）外部事件对资产价值的影响

1. 灾害损失。固定资产的正常事故损失和存货的经常损失一般记录在资本账户中，这里的灾害损失指意外的重大灾害造成的资产毁灭和损失，如地震、火山爆发、海啸、龙卷风、干旱、洪涝灾害，以及战争、暴乱及其他政治事件等。

2. 无偿没收。它是指政府或其他机构单位通过除税收、罚款等以外的方式占有其他机构单位的资产，且不予以全部补偿所引起的资产变化。这种无偿没收不能作为资本转移记录在资本账户上。

3. 未另分类的非金融资产物量其他变化。它是指意外原因造成的固定资产价值下降或提前报废，如因为空气和雨的酸化影响建筑物外表损坏导致其价值下降；存货的异常损失，如火灾、偷盗、病虫害造成存货的异常损失。

4. 未另分类的金融资产物量的其他变化。如债权人因债务人破产或其他因素不能得到偿还的债务；国际货币基金组织新分配或取消的特别提款权等。

（三）资产分类和结构变化

包括两类：（1）部门分类和结构变化，它指将一个机构单位从一个机构部门重新归入另一个机构部门，或同一机构部门内部组织结构变化导致资产负债发生相应的变化，如公司的兼并重组导致的资产负债的变化；（2）资产和负债分类的变化，如黄金的货币化和非货币化、土地用途的变化等，资产分类和机构变化前后记录的价值应相当相同。

资产和负债在核算期内都可能经历上述的各种物量变化。如果在核算期内资产物量其他变化与负债物量其他变化不相等，则两者的差额即为资产物量其他变化引起的净值变化。

## 二、重估价核算

国民经济运行中的价格水平总是处于不断变化之中。期初的资产负债以期初的价格核算，期末的资产负债以期末的价格核算，这两个价格常常是不相等的。因此，资产负债价格变化的影响除了数量增加变化外，还有价格变化的影响。

重估价账户是指为了记录和反映一定时期内资产负债完全由于价格变化而引起的持有资产或负债的收益和损失，这类变化被称为持有损益（又称为名义持有损益）。持有损益是资产负债持有者没有对资产负债进行任何加工或转换，资产负债的质量和数量没有发生变化，仅仅是持有者被动地承担价格变动对资产负债价值的影响。

持有损益可以为正值也可以为负值，也可以为零。持有损益为正值，代表的是持有资产或负债带来了持有收益；持有损益为负值，代表的是持有资产或负债带来了持有损失。对于资产来说，价格上升带来持有收益，价格下降带来持有损失。对于负债来说，情况正好相反。价格上升引起负债的持有损失，价格下降引起负债的持有收益。需要注意的是，在核算期内，不论资产负债持有的时间有多长，都可能产生持有损益。在价格变化的情况下，即便不是整个核算期全程持有的资产负债也需要计算持有损益。例如，核算期中持有资产负债，到核算期末前处置，在核算时需要计算持有损益。

在国民经济核算中，重估价账户被用来记录资产负债的持有损益。或者说重估价账户是用来对资产负债进行估计调整的。进行重估价核算的基本前提，是要按照核算时点的市场价格进行资产负债存量核算。该账户左方记录持有资产所发生的损益，右方记录持有负债所发生的损益。账户的平衡项为名义持有损益引起的净值变化，记录在账户的右方（见表8–5）。这一平衡项是一个机构单位或部门全部资产和负债正负名义持有损益的代数和。

名义持有收益又可以进一步分解为中性持有收益和实际持有收益，相应地，重估价账户也分为中性持有收益账户和实际持有收益账户。

表8–5　　　　　　　　　　　　　　重估价账户

| 资产变化 | 负债和净值变化 |
| --- | --- |
| 名义持有损益<br>非金融资产<br>金融资产/负债 | 名义持有损益<br>非金融资产<br>金融资产/负债 |
|  | 名义持有损益引起的净值变化 |
| 中性持有损益<br>非金融资产<br>金融资产/负债 | 中性持有损益<br>非金融资产<br>金融资产/负债 |
|  | 中性持有损益引起的净值变化 |
| 实际持有损益<br>非金融资产<br>金融资产/负债 | 实际持有损益<br>非金融资产<br>金融资产/负债 |
|  | 实际持有损益引起的净值变化 |

资料来源：根据SNA（2008）整理。

## 本章小结

1. 经济资产是指一种价值贮藏手段，它反映经济所有者在一段时间内通过持有或使用该实体所生成的一次性或连续性经济利益。它是价值从一个核算期转移到另一个核算期的载体。经济资产可进一步分为非金融资产和金融资产。

2. 经济资产是具有以下特点的实体：机构单位对这些资产行使单个所有权或集体所有权；资产的所有者通过在一定时期内持有或使用这些资产获得经济利益；资产能以货币计量。

3. 积累账户包括资本账户、金融账户、资产物量其他变化账户、重估价账户。

4. 资本账户记录常住单位通过交易所获得或处置的非金融资产价值，并由储蓄和资本转移引起的资产净值的变化。

5. 资本形成总额是以固定资产形成总额、存货变化和贵重物品获得减处置的总价值来度量的。

6. 金融账户记录发生在常住单位之间或常住单位与国外之间的、涉及金融资产和负债的交易。账户左方记录的是金融资产获得减处置，右方记录负债发生减偿还。金融账户涉及八种金融资产交易的记录。

7. 资产物量其他变化账户就是为记录由非交易流量引起的资产负债数量变化而造成资产或负债的变化而设置的，其结构与资产负债表存量账户类似，左侧为资产变化，右侧为负债和资产净值变化。

8. 重估价账户是指为了记录和反映一定时期内资产负债完全由于价格变化而引起的持有资产或负债的收益和损失，这类变化被称为持有损益（又称为名义持有损益）。

## 本章重要概念

资产　非金融资产　金融资产　生产资产　非生产资产　固定资产　存货变化　贵重物品　资本转移　货币黄金　特别提款权　通货存款　债务性证券　汇票　大额可转让定期存单　资产支持证券　回购协议　证券出借　融资租赁　非寿险准备金　金融衍生工具　持有损益

## 本章复习思考题

1. 简述经济资产及其分类。
2. 积累核算包括哪些具体内容？
3. 资本账户与金融账户分别是什么结构？两者之间有何种联系？
4. 资本形成总额如何核算？
5. 资本转移与经常转移的区别？
6. 金融交易如何核算？
7. 资产物量其他变化核算的具体内容是什么？
8. 重估价核算包括哪些内容？

## 本章参考文献

[1] 联合国，等. 2008 国民账户体系 [M]. 国家统计局国民经济核算司，中国人民大学国民经济核算研究所，译. 北京：中国统计出版社，2012.

[2] 蒋萍，徐强，杨仲山. 国民经济核算初级教程（第二版）[M]. 北京：中国统计出版社，2019.

[3] 向书坚，徐映梅，郑瑞坤. 国民经济核算 [M]. 北京：北京大学出版社，2019.

[4] 高敏雪，李静萍，许健. 国民经济核算原理与中国实践（第四版）[M]. 中国人民大学出版社，2018.

[5] 杜金富，等. 国民经济核算原理与应用 [M]. 北京：中国金融出版社，2015.

# 第九章
# 资产负债表

如果说第六章到第八章侧重于讨论经济的流量核算,那么这一章则侧重于讨论经济的存量核算,对非金融资产以及金融资产和负债存量的核算。

## 第一节　资产负债表概念

### 一、资产负债表的定义及特点

资产负债表是资产负债核算的重要工具或形式。其中,资产负债核算是指对经济存量中资产和负债的总规模及其结构的核算。《2008 年国民账户体系》中对资产负债表的定义:资产负债表是在某一特定时点编制的、记录一个机构单位或一组机构单位所拥有的资产价值和承担的负债价值的报表。

理解资产负债表的含义,应包括以下三个方面。

第一,资产负债表是一张静态的报表。也就是说,资产负债核算是对某一特定时点(年初、年末或月初、月末)的资产负债存量状况的核算,而不是时期核算。资产负债表是国民经济一系列账户的终结,反映了生产账户、收入分配和使用账户以及积累账户中登录的最终结果。

第二,资产负债表具有核算的"一定范围"。也就是说,资产负债核算是对某一特定主体的资产负债存量状况的反映。依据机构单位、机构部门或经济总体等核算主体的不同,可编制反映机构单位、机构部门或经济总体的资产负债表,如以一个国家的整个国民经济为核算总体的资产负债表,则称为国民资产负债表。

第三,资产负债表反映的是价值信息。也就是说,资产负债核算运用账户、表式及复式记账原理等专门的方法对核算对象价值化,并主要从价值量上反映各机构单位、机构部门或经济总体的资产负债状况,具体来说,就是在核算期初和核算期末的资产和负债存量价值。

国民经济核算体系中的资产负债表是对国民经济总体上的资产负债进行核算，并以机构单位会计的资产负债表为重要资料来源。与机构单位会计的资产负债表比较，国民资产负债表同样涉及"资产""负债"和"净值"等概念，并以"权责发生制"为核算的基础、采用复式记账方法。但是，国民经济核算中的资产负债表在核算内容和分类、计价原则、报表模式上都有独到之处，因此它不是所有机构单位资产负债表的简单加总。SNA 中的资产负债核算主要特点有：

第一，资产负债核算的资产类别更加宽泛；

第二，资产负债主要使用市场价格法核算，而非历史成本法；

第三，机构部门和经济总体的资产负债关系需要采取特殊的处理方法，如汇总、合并或轧差；

第四，企业通过股票及其他股权获得的资金可以作为负债，不在资产净值中反映。

## 二、资产负债表的基本结构

（一）资产负债表的结构框架

资产负债表采用"资产负债项目×部门"的二维矩阵结构。SNA 中资产负债表的形式与微观机构单位的资产负债表类似，通常左侧记录资产，右侧记录负债和资产净值。

资产负债表主栏（行标题），列示了非金融资产、金融资产与负债和净值等项目。其中，非金融资产项目，反映国内各机构部门、经济总体的非金融资产总规模及构成情况；金融资产与负债项目分别反映国内各机构部门、经济总体的金融资产与负债的状况及机构部门之间的债权债务关系以及国内各机构部门与国外部门交易形成的资产负债存量状况；净值项目反映各机构部门和经济总体的资产与负债相抵后的差额，它是各机构部门及经济总体的主要财富和经济实力的最终体现。按照经济资产的定义和分类，非金融资产在右侧无对应的负债方，并且在左侧的资产方中，仅在国内机构部门反映。

资产负债表宾栏（列标题）列示了核算的主体，也就是从事经济活动的机构部门和经济总体，分为非金融性公司、金融性公司、一般政府、住户、为住户服务的非营利机构（NPISH）、经济总体及国外部门等。

资产负债表的基本结构见表 9-1。

表 9-1　　　　　　　　　　　资产负债表的基本结构

| 项目 | 资产的存量和变化量 | 非金融公司 | 金融公司 | 一般政府 | 住户 | NPISH | 经济总体 | 国外 | 货物和服务 | 合计 |
|---|---|---|---|---|---|---|---|---|---|---|
| 期初资产负债表 | 非金融资产 | 2151 | 93 | 789 | 1429 | 159 | 4621 | | | 4621 |
| | 非金融生产资产 | 1274 | 67 | 497 | 856 | 124 | 2818 | | | 2818 |
| | 固定资产 | 1226 | 52 | 467 | 713 | 121 | 2579 | | | 2579 |
| | 存货 | 43 | | 22 | 48 | 1 | 114 | | | 114 |
| | 贵重物品 | 5 | 15 | 8 | 95 | 2 | 125 | | | 125 |
| | 非金融非生产资产 | 877 | 26 | 292 | 573 | 35 | 1803 | | | 1803 |
| | 自然资源 | 864 | 23 | 286 | 573 | 35 | 1781 | | | 1781 |
| | 合约、租约和许可 | 13 | 3 | 6 | | | 22 | | | 22 |
| | 商誉和营销资产 | | | | | | | | | |
| | 金融资产/负债 | 982 | 3421 | 396 | 3260 | 172 | 8231 | 805 | | 9036 |
| | 货币黄金和 SDR | | 690 | 80 | | | 770 | | | 770 |
| | 通货和存款 | 382 | | 150 | 840 | 110 | 1482 | 105 | | 1587 |
| | 债务性证券 | 90 | 950 | | 198 | 25 | 1263 | 125 | | 1388 |
| | 贷款 | 50 | 1187 | 115 | 24 | 8 | 1384 | 70 | | 1454 |
| | 股权和投资基金份额/单位 | 280 | 551 | 12 | 1749 | 22 | 2614 | 345 | | 2959 |
| | 保险、养老金和标准化担保计划 | 25 | 30 | 20 | 391 | 4 | 470 | 26 | | 496 |
| | 金融衍生工具和雇员股票期权 | 5 | 13 | 0 | 3 | 0 | 21 | 0 | | 21 |
| | 其他应收/应付款 | 150 | | 19 | 55 | 3 | 227 | 134 | | 361 |

资产负债表的基本结构（负债方）

| 项目 | 负债的存量和变化量 | 非金融公司 | 金融公司 | 一般政府 | 住户 | NPISH | 经济总体 | 国外 | 货物和服务 | 合计 |
|---|---|---|---|---|---|---|---|---|---|---|
| 期初资产负债表 | 非金融资产 | | | | | | | | | |
| | 非金融生产资产 | | | | | | | | | |
| | 固定资产 | | | | | | | | | |
| | 存货 | | | | | | | | | |
| | 贵重物品 | | | | | | | | | |
| | 非金融非生产资产 | | | | | | | | | |
| | 自然资源 | | | | | | | | | |
| | 合约、租约和许可 | | | | | | | | | |
| | 商誉和营销资产 | | | | | | | | | |
| | 金融资产/负债 | 3221 | 3544 | 687 | 189 | 121 | 7762 | 1274 | | 9036 |
| | 货币黄金和 SDR | | | | | | 0 | 770 | | 770 |
| | 通货和存款 | 40 | 1281 | 102 | 10 | 38 | 1471 | 116 | | 1587 |
| | 债务性证券 | 44 | 1053 | 212 | | 2 | 1311 | 77 | | 1388 |
| | 贷款 | 897 | | 328 | 169 | 43 | 1437 | 17 | | 1454 |
| | 股权和投资基金份额/单位 | 1987 | 765 | 4 | | | 2756 | 203 | | 2959 |
| | 保险、养老金和标准化担保计划 | 12 | 435 | 19 | | 5 | 471 | 25 | | 496 |
| | 金融衍生工具和雇员股票期权 | 4 | 10 | | | | 14 | 7 | | 21 |
| | 其他应收/应付款 | 237 | | 22 | 8 | 35 | 302 | 59 | | 361 |
| | 资产净值 | -88 | -30 | 498 | 4500 | 210 | 5090 | -469 | | 4621 |

（二）资产负债表中的平衡关系

从表 9-1 可以看出，资产负债表中存在以下平衡关系：

从部门平衡（横向）看，国内合计是非金融性公司、金融性公司，一般政府和住户等机构部门对应项目之和，经济总体是国内合计和国外部门对应项目之和。

以表 9-1 中的金融资产为例，

国内合计（8231）＝非金融性公司（982）＋金融性公司（3421）＋
一般政府（396）＋住户（3260）＋NPISH（172）

经济总体（9036）＝国内合计（8231）＋国外（805）

从项目平衡（纵向）看，经济总体或机构部门资产等于非金融资产与金融资产之和，其中，非金融资产等于其生产性资产与非生产性资产之和；负债等于其金融负债。整体的金融资产等于金融负债。

以表 9-1 中的经济总体为例，

资产（13657）＝非金融资产（4621）＋金融资产（9036）

负债（9036）＝金融负债（9036）

金融资产（9036）＝金融负债（9036）

从总量平衡（左右）看，资产净值是整个资产负债表的平衡项，等于经济总体拥有的全部资产减去其未偿还的所有负债。整体的资产净值等于非金融资产。

以表 9-1 中的经济总体为例，

净值（4621）＝资产（13657）－负债（9036）＝非金融资产（4621）

## 三、资产负债表的主要项目

### （一）资产负债表的核算主体

核算主体是指资产负债核算的特定单位。核算主体限定资产负债核算的空间范围，即明确了资产负债表反映信息的范围。资产负债表的核算主体可以是机构单位、机构部门、经济总体及经济整体。因此，资产负债表按照编表的主体范围不同，可以分为机构单位资产负债表、机构部门资产负债表、经济总体资产负债表和经济整体资产负债表。

资产负债表作为国民经济核算的重要组成部分，其核算主体是一国经济整体。经济整体是由经济总体和国外所构成。经济总体是根据机构单位定义的，它由在一个国家经济领土内常住的所有机构单位组成。表 9-1 中，非金融公司、金融公司、政府单位、为住户服务的非营利机构（NPISH）和住户 5 个互不包容的部门一起组成了一国的经济总体。国外作为一个经济部门我们将在第十一章详细讨论。

### （二）资产负债表的核算客体

资产负债表的核算客体即核算对象。资产负债表的核算对象是经济总体拥有的资产、负债和净值，以及总体与国外之间的金融资产和负债。

1. 资产

资产的定义我们在前面已经给出：资产是一种价值储备，代表在持有或使用该实体期间应归属于经济所有者的一次性或连续性经济利益。它是将价值从一个核算期转移到另一个核算期的手段。国民经济核算体系中的所有资产都是经济资产。

资产按照其性质分类，分为金融资产和非金融资产。

金融资产包括所有金融债权、公司股票或公司其他权益，以及被货币当局持作储备资产的黄金和国际货币基金组织分配的特别提款权。

非金融资产是除金融资产以外的所有经济资产。非金融资产包括生产资产和非生产资产。生产资产主要有固定资产、存货和贵重物品。非生产资产包括自然资源，合约、租约和许可，外购商誉和营销资产。

2. 负债

负债是指一单位（债务人）承担在特定条件下对另一单位（债权人）进行支付或系列支付的义务。它是金融资产的对应方。作为融资工具的金融产品，对于融出者来说，它是金融资产；对于融入者来说，它就是负债。不同机构部门可以有相应的资产负债使用方和来源方，如存款是住户部门的金融资产（使用方），同时也是金融性公司的金融负债（来源方）。非金融资产不对应于其他单位的债权，因此SNA不承认非金融负债。

3. 净值

净值即资产负债差额，是指所拥有的全部资产（包括金融资产和非金融资产）减去其未偿还的所有负债后的差额。对于经济整体的资产负债表而言，净值反映了经济总体的非金融资产之和以及对国外的净债权，该总和通常被称为国民财富。

净值是资产负债表的平衡项，其变化可以完全由资产负债表中所有其他项目的变动所解释。当资产大于负债时，报表中以正数表示；反之，以负数表示。

## 第二节 资产负债项目的核算

资产负债表中的各项目的核算，就是以价值的形式将特定主体拥有的资产负债分类进行反映的过程。其中，资产负债估价是资产负债核算的基础。有关资产负债估价的具体内容在第三章中已经做了系统的阐述，这里不再赘述。

### 一、非金融资产的核算

（一）固定资产

固定资产是生产过程中被反复或连续使用一年以上的生产资产。固定资产可以进一步划分为建筑物和构筑物、机器和设备、其他固定资产和武器系统。

固定资产的显著特征并不在于其具备某种物理意义上的耐用性，而是它可以在一段超过一年的时期里反复或连续地用于生产。某些货物，如作为燃料使用的煤，从物理上来说可能是非常耐用的，但它不是固定资产，因为它只能被使用一次。某些货物，虽然是可以反复或连续使用一年以上，但由于是以消费为目的，而非以生产为目的，故属于消费耐用品，而非固定资产。

固定资产不仅包括构筑物、机器和设备，也包括可反复或连续用于生产水果或奶制品等其他产品的树木或牲畜等培育性资产。固定资产还包括在生产中使用的如软件或艺术品原件等无形资产。

某些固定资产，如建筑物和构筑物，其生产可能跨越两个或两个以上的会计期。如果是通过销售合同所要求的分阶段付款而获得未完工建筑，那么对于任何已分阶段支付的款项，在购买者的资产负债表上列为固定资产，而不是金融资产。如果本期付款超过了已完成工作量的价值，那么就应将其视为提前交易。如果没有事先商定的销售合同，施工企业应根据工程进度，将未完成建筑记录为在制品，完工建筑记录为制成品库存。以自有账户建造的固定资产视为固定资产，而不是在制品库存。

固定资产原则上应使用市场价格法进行估价，但实际上一般很难获得固定资产的市场价格，这时通常采用永续盘存法进行估算。通常方法是用资产负债表购买时的价值，加上至资产负债表编表日期的资产重估价因素，减去估算的固定资本消耗以及任何其他物量变化和处置价值。

（二）存货

存货是生产者为今后销售、在生产中使用或其他用途而持有的，在当期或者较早时期产生的商品和服务。货物存货划分为原料和供应品、在制品、制成品、用于再出售的商品库存。

与固定资产类似，存货核算也应当用资产负债表编表日期的价格进行估价，不能采用企业会计核算中的历史成本定值，以满足国民经济核算中存量账户与积累账户一致性的要求。存货核算一般通过调整企业会计中存货账面价值来进行估算。对于原材料存货，按资产负债表核算日期的购买者价格估价；对于完成生产的产成品存货，按资产负债表核算日期的生产者价格估价；对于在制品存货，资产负债表期末价值等于期初资产负债表的价值，加上当期发生的投入并根据核算期间内的价格变化而进行必要的重估价；对于大多数人类活动培育的正在生长的一次性农作物、林木、为屠宰而饲养的牲畜等培育性资产，按未来收益现值法估计。

（三）贵重物品

贵重物品是指主要不是用于生产或消费，而是在一段时间内作为价值储藏手段持有的、具有相当大价值的生产性货物。预计在正常情况下经过一段时间，贵重物品的实际价值会上升或至少不会下降，其质量也不会变坏。贵重物品包括宝石和贵金属，如不打算作为生产过程的中间投入品的钻石、非货币黄金、白金和白银；作为艺术作品或古董的绘画、雕塑及其他杂项贵重物品。原则上博物馆的展品属于贵重物品，但如果博物馆通过收取门票向公众提供服务，这些展品主要不是作为价值储存手段而持有，那么这些展品具有固定资产的特征。

考虑到贵重物品的基本作用是价值储藏，因此按照当期市场价格对艺术品、古董、珠宝、宝石和贵金属等贵重物品进行估价显得尤为重要。如果有完善的交易市场，贵重物品应当按资产负债表编表日期的实际购买价格或估算的购买价格估价。如果缺乏完备的市场，可以根据相关信息进行估价，如利用贵重物品的保单价值数据。

（四）自然资源

纳入非生产资产核算的自然资源包括土地、矿物和能源资源及其他自然资源。如果尚未或不能对自然实体行使所有权，那么它们就不是经济资产。

土地被定义为地面本身，包括覆盖的土层和附属的地表水，所有者通过持有或使用它们可以对其行使所有权，并获取经济利益。坐落在该土地上或穿过土地建造的建筑物和其他构筑物、土地改良及土地的所有权转移费用等不包括在土地之内。矿物和能源资源是指位于地球表面以上或以下的，在给定的现有技术和相对价格下具有经济可开采性的矿物和能源储备，如石油、天然气、煤、金属矿藏和非金属矿藏等。矿井及其他开采地下资产的设施是固定资产，而非地下资产。其他自然资产包括非培育性生物资源、水资源及其他自然资产。非培育生物资源是指这样一些鸟类、鱼类动物和植物，即可能产生一次性产品也可能重复产生产品，所有者能够对其行使所有权但其自然生长和繁殖不在机构单位的直接控制、负责和管理之下，如在一国领土内的原始森林和渔场。水资源是指其稀缺性已导致了行使所有权或使用权、进行市场估价和采取某些经济控制措施的地下蓄水层和其他地表水。其他自然资产目前仅包括电磁波谱，即声音、数据和电视传播中使用的无线电频率。

对于能够获取当期市场价格信息的自然资源，应首选市场价格法进行定值，否则一般使用未来收益现值法进行估价。

（五）无形非生产资产

无形非资产包括合约、租约和许可及商誉和营销资产。

对于合约、租约和许可，SNA 核算中认为只在一定条件下才被作为资产，即法律协议使持有者的受益超出了支付给自然资源出租人、所有者或许可发放者的价格，并且在法律上和实际上得到持有者的认定。因此，合约、租约和许可的定值要考虑资产认定的可能性、价格信息的可得性、剩余期限等因素。一般地，可交易的经营租赁、自然资源使用许可、从事特定活动的许可、货物和服务的未来排他性权利等合约、租约和许可被视为资产。

一个企业的潜在购买者常常会准备支付一笔超过该企业可单独识别和估价的资产与负债净价值的额外费用，这个超过的部分称为商誉。营销资产是指如品牌名、报头、注册商标、公司标识和域名等项目。

对于商誉和营销资产，资产负债表记录的是企业被接收或营销资产被出售时出现在金融账户上的摊销后价值，即购买一家生意兴隆的企业而支付的价值，该企业的资产总额减负债总额，其中每一项资产或负债都可单独识别和估价。

## 二、金融资产和负债的核算

遵循以上定值原则，只要能够获得在完善的金融市场上交易的金融资产和负债的价格信息，就要用当期市场价格进行定值。当期市场价格可能与金融资产和负债的名义价格不同，但在资产负债表编制日期，市场价格更加能够反映金融资产和负债的实际价值，因此应当按照市场价格记录。金融资产和负债的市场价格不包括任何服务费、佣金等。对于同一债权，不论其在资产方出现，还是在负债方出现，均按同一价格记录在资产负债表中。

（一）货币黄金和特别提款权（SDR）

货币黄金是由货币当局或受货币当局有效控制的其他机构所拥有的并作为储备资产而持有的黄金。所有的货币黄金都是储备资产或由国际金融组织持有，只有作为金融资产和外汇储备组成部分持有的黄金才是货币黄金。因此，除少数体制外，黄金只能是中央银行或中央政府的金融资产。以黄金计价的存款、贷款和证券视作金融资产，而不是黄金，并与用外币计价的类似资产一起划归到适当类别。

货币黄金以有组织的市场上形成的当期价格或货币当局之间的双边协议确立的价格来定值。

特别提款权（SDR）是由国际货币基金组织创立并分配给会员以补充现有储备资产的国际储备资产，其价值由国际货币基金组织根据货币篮子每日决定。国际货币基金组织的特别提款权是通过在国际货币基金组织会员国和某些国际机构（统称参加国）之间分配 SDR 来管理的储备资产。

（二）通货和存款

通货是指那些由中央银行或中央政府发行或授权的具有固定面值的纸币和硬币。所有部门都持有作为资产的通货，但通常只有中央银行和政府才可以发行通货。某些国家的商业银行在中央银行或政府的授权下也可以发行通货。

存款也是具有固定名义价值、用于支付的金融资产。它们是价值储存手段，有些类型的存款还是直接的交换手段，有的可以获得利息，有的赋予存款持有者得到特定服务的权利。

通货按照名义价值或面值记入资产负债表。对于存款，资产负债表中记录的价值是存款结清时债务人根据契约规定应偿还的数额，应偿还的数额除了存款本金之外，还包括各种应付但未付的利息和服务费用。外币通货和存款以资产负债表编制日现汇卖出价和买入价的中间点兑换为本币。

（三）债务性证券

债务性证券是作为债务证明的可转让工具。债务性证券通常规定利息支付和本金偿还的时间表。包括票据、银行承兑汇票、商业票据、可转让存款证、债券、债权证和可转债、事实上可交易的贷款、优先股、资产支持证券、有担保的债券和通常可在金融市场交易的类似工具。

短期债券、可流通的大额存单、银行承兑汇票及商业票据是短期证券，应以其当期市场价值进行估价，在高通货膨胀或高名义利率情况下，特别需要以此种方法估价；如没有这些证券的市场价值，那么应以发行价格加应计利息定值，利息额由原始发行价格中隐含的利息决定。

长期债券和有担保的债券是长期证券，应当按其市场价格估价，无论它付利息的债券，还是付息很少的高贴现债券或不付息的零息票债券；如果没有长期证券的市场价值，应以发行价格加上尚未支付的应计利息进行定值。重要的是大幅度折扣债券和零息债券不应以面值定值。

对于指数化债务证券，在资产负债表中也应按照市场价格估价，而不管与证券相挂的指数具有何种特点。

（四）贷款

贷款是在以下情况下产生的金融工具，即债权人直接将资金借给债务人，并收到不可流通的文件作为资产的证明。这一类别包括透支、抵押贷款、分期贷款、租购信贷、为贸易信贷和预付款提供融资的贷款、回购协议、隐含产生金融租赁的金融资产和负债、对基金组织的贷款形式的债权或负债等。普通贸易信贷和类似的应收/应付账款不是贷款。已成为债务性证券的可交易贷款也不包括在贷款类。以融资租赁获得商品时，势必发生经济所有权从出租人向承租人的转移，即使从法律上讲，租赁商品仍是出租人的财产。

债权人和债务人的资产负债表中都要记录的贷款价值，是指未偿付本金的数额。这个数额中包括已产生但未付的利息，还应当包括间接测算的由该项债务所承担的已产生但未付的服务费用的数额。

贷款的价值不反映资产负债表日之后应付利息的影响，虽然在最初的贷款协议中可能规定了这种影响。

如果有贷款的二手市场，而且可以得到市场报价单，就应将此类贷款重新归类为证券。但一份贷款只被交易一次，没有在市场中继续交易，就不再重新归类，只作为贷款处理。

（五）股权和投资基金份额

股权和投资基金份额的显著特征是持有者对发行单位的资产有剩余索取权。股权代表机构单位中持有者的资金，与债务不同，股权持有者通常没有获得预定数额或按固定公式计算的数额的权利。投资基金份额是投资在其他资产上的一种集体投资，在金融中介里有特殊作用，因此要单列。

上市股权及投资基金份额采用现期市场价格定值。对于未上市的股权和投资基金一般无法直接获得市场价格，可以根据信息的可获得性，采用近期交易价格、净资产价格、自有资金账面价格等进行估算。

（六）保险、养老金和标准化担保计划

保险、养老金和标准化担保计划包括非寿险专门准备金、寿险和年金权益、养老金权益、养老金经理人的养老基金债权和标准化担保代偿准备金等。记录在资产负债表中的非寿险、寿险和年金准备金数额，是指资产负债表编制日期未满期保费，加上留出弥补未决赔款的数额，表示有足够的准备金以弥补所有未来的索赔。养老金计划包含两部分：一部分是事先确定的养老金数额，由养老金提供者的负债精算值定值；另一部分是定额缴款计划的投资收益，由对应金融资产的市场价值定值。

（七）金融衍生工具和雇员股票期权

金融衍生工具是与某一特定金融工具、指标或商品相挂钩的金融工具，通过金融行生工具，特定金融风险本身可以在金融市场上进行交易。金融衍生工具包括期权和远期合约。

许多金融衍生工具都具有市场价格，因为它们在活跃的市场上交易，应当按照当期市场价格定值。如果得不到金融衍生工具的市场价格信息，那么可使用其他公允价值方法，如期权模型或贴现现值。如果没有期权的当期市场价值，那么可以用已付或应付的期权价格来定值。

雇员股票期权是雇主与雇员在某日（授权日）签订的一种协议，根据协议，在未来约定时间（含权日）或紧接着的一段时间（行权期）内，雇员能以约定价格（执行价格）购买约定数量的雇主股票。行权日是行使期权的日期，它不能早于含权日，也不能晚于行权期结束日。雇员股票期权交易按股票期权的价值记入金融账户，作为以股票期权代表的雇员报酬要素的对应方。

### （八）其他应收款/应付款

应收款/应付款包括商业信用、预付款、税金、红利、租金、雇员薪酬等，对债权人和债务人来说，都应按债务清偿时债务人有合同义务向债权人支付的本金额估价。应收款和应付款产生的利息应包括在内，存款和贷款的利息如果没有纳入对应资产内，也应当作为应收款和应付款处理，但债券的利息作为该项资产的价值增长。

### 三、资产净值的核算

资产净值是资产负债核算的平衡项，各机构部门和经济总体均要计算资产净值。资产负债核算中的净值与企业资产负债表中的所有者权益不同。对于一般政府和住户部门，资产净值等于其所有者的权益。

对于企业部门，有两种处理方法：一种方法是与其他机构部门相同，使用全部资产减全部负债，在这种情况下，股票及其他股权被作为企业的负债；另一种方法是其资产净值等于零，在这种情况下，所计算的股东权益被称为自有资金，等于资产合计减去不包括股票及其他股权的负债合计。

## 第三节 中国资产负债表

### 一、中国资产负债表编制的发展过程

中国资产负债表的编制与研究起步相对较晚。20世纪90年代，国家统计局将资产负债核算纳入中国国民经济核算体系，并开始研究资产负债表的编制。1997年编制出了我国第一张国民资产负债表，即1995年资产负债表。2012年，政府综合统计部门和人民银行在内的一批机构开展对我国国民资产负债表、政府资产负债表的系统性研究，并取得了丰硕的理论成果。2013年，党的十八届三中全会提出"编制全国和地方资产负债表"。2017年6月26日，中央全面深化改革领导小组第三十六次会议审议通过的《全国和地方资产负债表编制工作方案》，为如何编制中国的国家资产负债表提供了指南。2017年7月，国家统计局发布了《中国国民经济核算体系（2016）》。2016年新核算体系不仅对原有的《中国国民经济核算体系（2002）》进行了系统的修订，对国家资产负债表的表式及内容进行了重大改进，并标志中国国民经济核算达到了一个新的水平。

中国资产负债表的编制部门是中国统计局国民经济核算司，编制依据是根据《中国国民经济核算体系（2016）》的《中国资产负债表编制方法》。目前，已开始

了对国有经济固定资产存量按住宅、机器设备、市政工程、其他建筑物等资产进行分类，按现期市场估价的研究及编表工作。

## 二、中国资产负债表的内容框架

（一）资产负债表反映的主体和对象

中国资产负债表以整个经济整体和机构部门，即非金融企业部门、金融机构部门、广义政府部门、住户部门、为住户服务的非营利机构部门、国外部门为核算主体。

1. 非金融企业部门

非金融企业是指主要从事市场性货物生产、提供非金融市场性服务的常住企业，包括农业企业、工业企业、建筑业企业、批发零售业企业、交通运输业企业等各类非金融法人企业。非金融企业部门是由所有非金融企业组成的部门。

2. 金融机构部门

金融机构是指主要从事金融媒介以及与金融媒介密切相关的辅助金融活动的常住机构单位，包括从事货币金融服务、资本市场服务、保险服务、其他金融服务等活动的法人单位。所有金融机构组成金融机构部门。

3. 广义政府部门

广义政府机构是指在设定区域内对其他机构单位拥有立法、司法或行政权的法律实体及其附属单位，主要包括各级党政机关、群众团体、事业单位、基层群众自治组织等。广义政府机构的主要职能是利用征税和其他方式获得的资金向社会和公众提供货物和服务；通过转移支付，对社会收入和财产进行再分配；从事非市场性生产。所有政府机构组成政府部门。

4. 为住户服务的非营利机构部门

为住户服务的非营利机构（NPISH）是指从事非市场性生产、为住户提供服务、其资金主要来源于会员会费和社会捐赠且不受政府控制的非营利机构，如宗教组织，各种社交、文化、娱乐和体育俱乐部，以及公众、企业、政府机构、非常住单位等以现金或实物提供资助的慈善、救济和援助组织等。所有为住户服务的非营利机构组成为住户服务的非营利机构部门。

5. 住户部门

住户是指共享同一生活设施，共同使用部分或全部收入和财产，共同消费住房、食品和其他消费品与服务的常住个人或个人群体。住户部门既是生产者，也是消费者和投资者。作为生产者，住户部门包括所有农户和个体经营户，以及住户自给性服务的提供者。所有住户组成住户部门。

上述 5 个机构部门构成我国的经济总体。除此之外，与我国常住单位发生交易的所有非常住单位称为国外。对于国外，只需核算它与我国常住单位间发生的交易活动以及累积形成的资产负债关系。国外不是一个机构部门，但为表述方便，国民经济核算体系将其视同为机构部门处理。

中国资产负债表反映的对象是指中国核算主体拥有的资产、负债。资产分为非金融资产和金融资产两大类。非金融资产包括生产资产和非生产资产，其中，生产资产细分为固定资产、存货和贵重物品。

《中国国民经济核算体系（2016）》对于各类非金融资产给出的定义如下。

（1）固定资产

固定资产是生产活动生产的，在生产活动中使用一年以上、单位价值在规定标准以上的资产，不包括自然资产、耐用消费品、小型工器具。固定资本形成总额包括住宅、其他建筑和构筑物、机器和设备、培育性生物资源、知识产权产品的获得减处置和非生产资产所有权转移费用等。

（2）存货

存货既包括生产单位购进的原材料、燃料和储备物资等存货，也包括生产单位生产的产成品、在制品和半成品等存货。

（3）贵重物品

贵重物品主要包括用于投资的贵金属、宝石、古董和其他贵重物品。

（4）非生产资产

它是指生产过程以外产生的非金融资产，分为三类：自然资源，合约、租约和许可，商誉和营销资产。自然资源包括土地、矿产和能源储备、非培育性生物资源、水资源等。合约、租约和许可是可以进行市场交易的自然资源的租约和许可证，或者是开展某项活动的许可以及使用货物或服务的专用授权。商誉是指能在未来为企业经营带来超额利润的潜在经济价值。营销资产是指如品牌名称、报头、注册商标、公司标识和域名等项目。

金融资产包括通货、存款、贷款、股权和投资基金份额、债务性证券、保险准备金和社会保险基金权益、金融衍生品和雇员股票期权、国际储备和其他。

对于金融资产，《中国国民经济核算体系（2016）》给出的定义如下。

（1）通货

通货是指以现金形式存在于市场流通领域中的货币，包括纸币和硬币。

（2）存款

存款是指金融机构接受客户存入的货币款项，存款人可随时或按约定时间支取款项的信用业务，主要包括活期存款、定期存款、财政存款、外汇存款、委托存款、信托存款、证券公司客户保证金、其他存款和金融机构往来。

（3）贷款

贷款是指金融机构将其吸收的资金，按一定的利率贷放给客户并约期归还的信用业务，主要包括短期贷款及票据融资、中长期贷款、外汇贷款、委托贷款和其他贷款。

（4）股权和投资基金份额

股权是指对清偿债权人全部债权后的公司或准法人公司的剩余财产有索取权的所有票据或证明记录，包括上市股票、非上市股票和其他股权。股权是持有者的金融资产，发行机构单位的负债。

投资基金份额是将投资者的资金集中起来投资于金融或非金融资产的集体投资时，证明投资人持有的基金单位数量的受益凭证。

（5）债务性证券

债务性证券作为债务证明的可转让工具，包括票据、债券、资产支持证券和通常可在金融市场交易的类似工具。其中，债券是指机构单位为筹措资金而发行，并且承诺按约定条件偿还的有价证券，主要包括国债、金融债券、中央银行债券、企业债券等。债务性证券是持有者的金融资产，发行单位的负债。

（6）保险准备金和社会保险基金权益

保险准备金和社会保险基金权益是指社会保险和商业保险基金的净权益、保险费预付款和未决索赔准备金，包括人身保险准备金和其他保险准备金。保险准备金和社会保险基金权益是投保人的金融资产，金融机构的负债。

（7）金融衍生品和雇员股票期权

金融衍生品是指以货币、债券、股票等传统金融产品为基础，以杠杆性的信用交易为特征的金融产品。通常与某种特定金融产品、特定指标或特定商品挂钩，对特定的金融风险本身进行交易。

雇员股票期权是一种劳动者报酬形式，是企业向其雇员提供的一种购买企业股权的期权，即雇主与雇员在某日（授权日）签订的一种协议，根据协议，在未来约定时间（含权日）或紧接着的一段时间（行权期）内，雇员能以约定价格（执行价格）购买约定数量的雇主股票。雇员股票期权是雇员的金融资产，发行企业的负债。

（8）国际储备

国际储备是指中央银行拥有的、可以随时动用并有效控制的对外资产，包括货币黄金、特别提款权、外汇储备、在国际货币基金组织的储备头寸和其他债权。国际储备是中央银行的金融资产，国外的负债（作为储备资产的金块除外）。

（9）其他

其他是指除上述八类金融交易以外的其他金融交易，主要为其他应收或应付款。

资产负债表中的负债是指金融负债，其分类与金融资产相同。

### (二) 资产负债表的基本结构

中国资产负债表的基本表式如表 9-2 所示。其基本结构采用国际上通用的 "资产负债项目×部门" 的二维矩阵结构。其中，资产负债表主栏为交易项目，就是资产负债的核算内容，分为资产项目、负债项目、资产净值项目；资产负债表的宾栏反映资产负债核算主体，具体分为非金融企业部门、金融机构部门、广义政府部门、为住户服务的非营利机构（NPISH）部门、住户部门经济总体和国外部门。

表 9-2　　　　　　　　　　　中国期初（末）资产负债表

| 交易项目 | 机构部门 | | | | | | |
|---|---|---|---|---|---|---|---|
| | 非金融企业部门 | 金融机构部门 | 广义政府部门 | NPISH部门 | 住户部门 | 经济总体 | 国外 |
| 1. 资产 | | | | | | | |
| 　非金融资产 | | | | | | | |
| 　　生产资产 | | | | | | | |
| 　　　固定资产 | | | | | | | |
| 　　　　住宅 | | | | | | | |
| 　　　　其他建筑和构筑物 | | | | | | | |
| 　　　　机器和设备 | | | | | | | |
| 　　　　培育性生物资源 | | | | | | | |
| 　　　　知识产权产品 | | | | | | | |
| 　　　存货 | | | | | | | |
| 　　　贵重物品 | | | | | | | |
| 　　非生产资产 | | | | | | | |
| 　金融资产 | | | | | | | |
| 　　通货 | | | | | | | |
| 　　存款 | | | | | | | |
| 　　贷款 | | | | | | | |
| 　　股权和投资基金份额 | | | | | | | |
| 　　债务性证券 | | | | | | | |
| 　　保险准备金和社会保险基金权益 | | | | | | | |
| 　　金融衍生品和雇员股票期权 | | | | | | | |
| 　　国际储备 | | | | | | | |
| 　　其他 | | | | | | | |
| 2. 负债 | | | | | | | |
| 　通货 | | | | | | | |
| 　存款 | | | | | | | |
| 　贷款 | | | | | | | |
| 　股权和投资基金份额 | | | | | | | |
| 　债务性证券 | | | | | | | |
| 　保险准备金和社会保险基金权益 | | | | | | | |
| 　金融衍生品和雇员股票期权 | | | | | | | |
| 　国际储备 | | | | | | | |
| 　其他 | | | | | | | |
| 3. 资产净值 | | | | | | | |

### 三、中国资产负债表的编制

#### （一）资产负债表报表体系

2017 年 10 月，国家统计局发布了《资产负债核算制度》(《国民经济核算统计报表制度》中的第五项制度)。根据该制度,中国资产负债表共有5张表式,包括一张资产负债综合表和4张机构部门资产负债表。报表目录见表9-3。

**表9-3　　　　　　　　　　中国资产负债表报表目录**

| 表号 | 表名 | 报告期别 |
|---|---|---|
| Q331表 | 资产负债综合表 | 年报 |
| Q332表 | 非金融企业部门资产负债表 | 年报 |
| Q333表 | 金融机构部门资产负债表 | 年报 |
| Q334表 | 政府部门资产负债表 | 年报 |
| Q335表 | 住户部门资产负债表 | 年报 |

资产负债综合表

表　　　号:Q 3 3 1 表
制定机关:国　家　统　计　局
文　　　号:国统字(2017)157号
有效期至:2019年1月

综合机关名称:　　　　　　20　　年　　　　　　　　计量单位:亿元

| 指标名称 | 代码 | 非金融企业部门 | | 国有企业 | | 金融机构部门 | | 国有机构 | | 政府部门 | | 住户部门 | | 省内部门合计 | | 国有单位 | | 国内省外 | | 国外 | | 总计 | |
|---|---|---|---|---|---|---|---|---|---|---|---|---|---|---|---|---|---|---|---|---|---|---|---|
| | | 使用 | 来源 | 使用 | 来源 | 使用 | 来源 | 使用 | 来源 | 使用 | 来源 | 使用 | 来源 | 使用 | 来源 | 使用 | 来源 | 使用 | 来源 | 使用 | 来源 | 使用 | 来源 |
| 甲 | 乙 | 1 | 2 | 3 | 4 | 5 | 6 | 7 | 8 | 9 | 10 | 11 | 12 | 13 | 14 | 15 | 16 | 17 | 18 | 19 | 20 | 21 | 22 |
| 一、非金融资产 | 01 | | | | | | | | | | | | | | | | | | | | | | |
| 　1. 固定资产 | 02 | | | | | | | | | | | | | | | | | | | | | | |
| 　　其中:在建工程 | 03 | | | | | | | | | | | | | | | | | | | | | | |
| 　2. 存货 | 04 | | | | | | | | | | | | | | | | | | | | | | |
| 　　其中:产成品和商品库存 | 05 | | | | | | | | | | | | | | | | | | | | | | |
| 　3. 其他非金融资产 | 06 | | | | | | | | | | | | | | | | | | | | | | |
| 　　其中:无形资产 | 07 | | | | | | | | | | | | | | | | | | | | | | |
| 二、金融资产与负债 | 08 | | | | | | | | | | | | | | | | | | | | | | |
| (一)国内金融资产与负债 | 09 | | | | | | | | | | | | | | | | | | | | | | |
| 　1. 通货 | 10 | | | | | | | | | | | | | | | | | | | | | | |
| 　2. 存款 | 11 | | | | | | | | | | | | | | | | | | | | | | |
| 　3. 贷款 | 12 | | | | | | | | | | | | | | | | | | | | | | |
| 　4. 股票及其他股权 | 13 | | | | | | | | | | | | | | | | | | | | | | |
| 　5. 证券(不含股票) | 14 | | | | | | | | | | | | | | | | | | | | | | |
| 　6. 保险准备金 | 15 | | | | | | | | | | | | | | | | | | | | | | |
| 　7. 其他 | 16 | | | | | | | | | | | | | | | | | | | | | | |
| (二)国外金融资产与负债 | 17 | | | | | | | | | | | | | | | | | | | | | | |
| 　1. 直接投资 | 18 | | | | | | | | | | | | | | | | | | | | | | |
| 　2. 证券投资 | 19 | | | | | | | | | | | | | | | | | | | | | | |
| 　3. 其他投资 | 20 | | | | | | | | | | | | | | | | | | | | | | |
| 三、资产负债差额 | 21 | | | | | | | | | | | | | | | | | | | | | | |
| 四、资产与负债总额 | 22 | | | | | | | | | | | | | | | | | | | | | | |

单位负责人:　　　　　　填表人:　　　　　　报出日期:20　年　月　日

说明:1. 本表数据由各省、自治区、直辖市统计局报送。
　　　2. 本表数据的报告年度为2017年。
　　　3. 报送时间为2018年9月30日前。

（二）资产负债表的编制方法

按照2016年国民经济核算体系的要求，我国国家资产负债表的编制以直接法为主，间接法为辅。

1. 直接法

直接法是指通过充分搜集现有的宏观、微观资产负债核算（会计、统计和部门行政记录）资料，获得相关资产和负债总量及结构数据，直接编制资产负债表的方法。其中，宏观、微观资产负债核算资料来自国有、集体、外商投资、私营等企业以及金融、证券企业的年度资产负债表，国际收支表、专业统计年报、有关部门业务核算年报，辅之以各种形式的非全面调查资料等。

2. 间接法

间接法是指以直接法编制的基准年度资产负债表为基础，根据有关流量核算资料，利用"外推法"和"内插法"间接推算出期末存量的方法。间接法对核算基础的要求比直接法高得多，不仅需要基准年度资产负债核算资料，还需要资金流量核算、资产负债其他物量变化和重估价核算的条件。

## 本章小结

1. 资产负债表是在某一特定时点编制的、记录一个机构单位或一组机构单位所拥有的资产价值和承担的负债价值的报表。

2. 资产负债表采用"资产负债项目×部门"的二维矩阵结构。SNA中资产负债表的形式与微观机构单位的资产负债表类似，通常左侧记录资产，右侧记录负债和资产净值。

3. 资产负债表的核算主体：非金融公司、金融公司、政府单位、为住户服务的非营利机构（NPISH）、住户和国外。

4. 资产负债表的核算对象是经济总体拥有的资产、负债和净值，以及总体与国外之间的金融资产和负债。资产按照其性质分类，分为金融资产和非金融资产。金融资产包括所有金融债权、公司股票或公司其他权益，以及被货币当局持作储备资产的黄金和国际货币基金组织分配的特别提款权。非金融资产是除金融资产以外的所有经济资产。非金融资产包括生产资产和非生产资产。生产资产主要有固定资产、存货和贵重物品。非生产资产包括自然资源，合约、租约和许可，外购商誉和营销资产。

5. 中国资产负债表以整个经济整体和机构部门，即非金融企业部门、金融机构部门、广义政府部门、为住户服务的非营利机构（NPISH）部门、住户部门、国外为核算主体。

6. 中国资产负债表反映的对象是指中国核算主体拥有的资产、负债和净值。资产分为非金融资产和金融资产两大类。非金融资产包括固定资产、存货和自然资源等非生产资产。金融资产包括通货、存款、债务性证券、贷款、股票和其他权益、保险技术准备金、金融衍生工具与雇员股票期权、国际储备资产和其他等。负债是指金融负债，其分类与金融资产相同。净值是整个表的平衡项，等于资产与负债的差额。

## 本章重要概念

资产负债表　经济总体　经济整体　核算主体　核算客体　机构单位
资产负债表　部门资产负债表　储备资产　国民财富

## 本章复习思考题

1. 怎样理解资产负债表是"存量"的核算？
2. 简述资产负债表的基本结构。
3. 如何分析资产负债表有关存量之间的关系？

## 本章参考文献

［1］联合国，等.2008 国民账户体系［M］.国家统计局国民经济核算司，中国人民大学国民经济核算研究所，译.北京：中国统计出版社，2012.

［2］国家统计局.中国国民经济核算体系（2016）［M］.北京：中国统计出版社，2017.

［3］高敏雪，李静萍，许健.国民经济核算原理与中国实践（第三版）［M］.北京：中国人民大学出版社，2013.

［4］吴优.国民资产负债核算与会计资产负债核算的比较与转换［J］.统计研究，2002（4）.

# 第十章
# 供给使用与投入产出核算

前述第六章到第九章讨论经济运转过程的核算，重点关注生产和消费过程，强调收入是如何形成、分配、再分配、用于消费或资产获得的；什么时候应处置资产或发生负债，以获得其他资产或超过现有收入的消费。从另一个观察经济的角度看，对收入的关注较少，也就是产品从何而来，又如何使用。本章集中讨论这一方面，在此基础上研究编制投入产出表。

## 第一节 供给使用表

供给使用表是反映全部产品平衡的形式，是编制投入产出表的基础。本节介绍供给使用表概念、供给表、使用表等内容。

### 一、供给使用表概念

供给使用表是建立在产品平衡基础上的，首先需要清楚产品的平衡关系以及与货物和服务核算的关系，然后研究供给使用表的构成。

（一）产品平衡

一种产品可供使用的数量，要么是国内生产的、要么是进口的。在核算期内，同样数量的这种产品进入经济活动，必定是用于中间消耗、最终消费、资本形成（包括存货变化）或出口。产品平衡式：

产出 + 进出 = 中间消耗 + 最终消费 + 资本形成 + 出口

此等式还要考虑价格因素。如第六章所述，产品的使用通常是以购买者价格计算的，而产品的生产通常以基本价格计算，有必要在等式的左边加上贸易和运输加价以及产品税减产品补贴，这样等式两边就都是按购买者价格计算的了。因此，对任何产品而言，如果不考虑流通费用和各种税，更全面的产品平衡关系是：

按基本价格计算的总产出 + 进口 + 贸易和运输加价 + 产品税 – 产品补贴 = 按购

买价格计算的中间消耗+最终消费+资本形成+出口。

（二）产品平衡与货物服务核算的关系

前述产品平衡关系是针对某种产品而言的。如果把经济中的所有货物服务都建立以上产品平衡等式，那么将其加总得到货物服务账户的平衡等式：

产出－中间消耗+产品税－产品补贴＝最终消费+资本形成+出口－进口

等式左边其实就是按生产法计算的市场价格GDP，右边是按支出法计算的市场价格GDP。

（三）供给使用表的构成

供给使用表是以全部产品平衡式为基础，供给表和使用表在相同的估价和产品分类水平上成对编制的表式。最常见的供给使用表是按购买价格计算的，使用表由一整套涵盖经济体系中所有产品的产品平衡式组成，用一个长方形矩阵形式表示，行项看是以购买者价格计算的产品价值，列项看是产品的各类使用。供给表也是一个长方形矩阵，各行是与使用表相匹配的同样产品组，各列是以基本价格计算的来自国内生产的供给，再加上进口列和价值调整列，以便得到每种产品（组）以购买者价格计算的总供给。

## 二、供给表

供给表的矩阵主要部分是分产业的产品，表示哪个产业供给或"制造"了哪些产品。也正是由于这个原因，它有时也被称为制造矩阵。虽然可以用企业作为基本结构单元来编制一张供给表，但更常见或建议使用的是基础单位。产品分组的最常用基础是主产品分类（CPC），由此得到的组称为"产品"，生产单位分组的最常用基础是ISIC，由此得到的组称为"产业"。

供给表（见表10-1）采用基本价格、以矩阵形式表示，其行项为与使用表对应的同一种类的产品，而列项对应于基本价格估价的国内生产的供给，以及进口列和与相应购买者价格总供给一致所需要的价格调整。

如果一个产业部门只生产一种产品，或者只生产一种最主要的产品，则产品和产业部门呈现一一对应的关系，产品数等于产业部门数，产出表表现为方阵。若一个产业部门同时生产多个产品，包括主要产品和次要产品，则产品数大于产业部门数，产出表表现为长方形矩阵。一般情况下，产出表的数据往往集中在主对角线及其附近。

供给表的每一行包括三个部分：一是作为主要部分的分产业的产出，同时被进一步细分为市场产出、自给性最终使用、非市场产出；二是进口，区分为货物与服务，并附加到岸/离岸价的调整；三是调整项，包括贸易与运输费用、产品税与补贴，把基本价格的供给调整为购买者价格的供给，使其与使用表中购买者价格的使用合计相等。

表10-1    供给表

| 产品的供给 | 按购买者价格计算的总供给 | 贸易与运输费用 | 产品税 | 产品补贴(-) | 按基本价格计算的总供给 | 分产业的产出（按ISIC的类别分组） | | | | | | | | | | | | | | | | | | 产业合计 | 进口 |
|---|---|---|---|---|---|---|---|---|---|---|---|---|---|---|---|---|---|---|---|---|---|---|---|---|---|
| | | | | | | 市场生产者 | | | | | | | | | | | 自给性生产者 | | | | 非市场生产者 | | | | |
| | | | | | | 农业、林业和渔业 | 制造业和其他工业 | 建筑业 | 贸易、住宿、餐饮、运输业 | 信息及通信业 | 金融和保险业 | 房地产业 | 商务服务业 | 教育、卫生及社会服务业 | 其他服务业 | 市场生产者小计 | 农业、林业和渔业 | 建筑业 | 房地产和私人住户服务 | 自给性生产者小计 | 教育、卫生及社会服务业 | 公共管理 | 非市场生产者小计 | | |
| 产品（按CPC的大部类分组） | | | | | | | | | | | | | | | | | | | | | | | | | |
| 1. 农业、林业和渔业产品 | | | | | | | | | | | | | | | | | | | | | | | | | |
| 2. 矿物和矿石、电、气、水 | | | | | | | | | | | | | | | | | | | | | | | | | |
| 3. 制造业产品 | | | | | | | | | | | | | | | | | | | | | | | | | |
| 4. 建筑 | | | | | | | | | | | | | | | | | | | | | | | | | |
| 5. 贸易、住宿、餐饮、运输服务 | | | | | | | | | | | | | | | | | | | | | | | | | |
| 6. 金融保险 | | | | | | | | | | | | | | | | | | | | | | | | | |
| 7. 房地产服务、租赁服务 | | | | | | | | | | | | | | | | | | | | | | | | | |
| 8. 商务和生产服务 | | | | | | | | | | | | | | | | | | | | | | | | | |
| 9. 社区和社会服务 | | | | | | | | | | | | | | | | | | | | | | | | | |
| 10. 其他服务 | | | | | | | | | | | | | | | | | | | | | | | | | |
| 11. 公共管理 | | | | | | | | | | | | | | | | | | | | | | | | | |
| 12. 进口的CIF/FOB调整 | | | | | | | | | | | | | | | | | | | | | | | | | |
| 13. 常住居民在国外的直接购买 | | | | | | | | | | | | | | | | | | | | | | | | | |
| 14. 合计 | | | | | | | | | | | | | | | | | | | | | | | | | |

第十章 供给使用与投入产出核算

表10-2

使用表

| 产品的使用 | 按购买者价格计算的总供给 | 产品税 | 产品补贴 | 分产业的中间消耗（按ISIC的类别分组） | | | | | | | | | | | | | | | 出口 | 最终消费支出 | 资本形成总额 |
|---|---|---|---|---|---|---|---|---|---|---|---|---|---|---|---|---|---|---|---|---|---|
| | | | | 市场生产者 | | | | | | | | 自给性生产者 | | | 非市场生产者 | | | | | | |
| | | | | 农业、林业和渔业 | 制造业和其他工业 | 建筑业 | 贸易、运输、住宿、餐饮业 | 信息及通信业 | 金融和保险业 | 房地产业 | 商务服务业 | 教育、卫生及社会服务业 | 其他服务业 | 市场生产者小计 | 农业、林业和渔业 | 建筑业 | 房地产和私人住户服务 | 自给性生产者小计 | 教育、卫生及社会服务业 | 公共管理 | 非市场生产者小计 | 产业合计 | | | |
| 产品（按CPC的大部类分组） | | | | | | | | | | | | | | | | | | | | | | |
| 1. 农业、林业和渔业产品 | | | | | | | | | | | | | | | | | | | | | | |
| 2. 矿物和矿石、电、气、水 | | | | | | | | | | | | | | | | | | | | | | |
| 3. 制造业产品 | | | | | | | | | | | | | | | | | | | | | | |
| 4. 建筑 | | | | | | | | | | | | | | | | | | | | | | |
| 5. 贸易、住宿、餐饮、运输服务 | | | | | | | | | | | | | | | | | | | | | | |
| 6. 金融保险 | | | | | | | | | | | | | | | | | | | | | | |
| 7. 房地产服务、租赁服务 | | | | | | | | | | | | | | | | | | | | | | |
| 8. 商务和社会服务 | | | | | | | | | | | | | | | | | | | | | | |
| 9. 社区和社会服务 | | | | | | | | | | | | | | | | | | | | | | |
| 10. 其他服务 | | | | | | | | | | | | | | | | | | | | | | |
| 11. 公共管理 | | | | | | | | | | | | | | | | | | | | | | |
| 12. 进口的CIF/FOB调整 | | | | | | | | | | | | | | | | | | | | | | |
| 13. 常住居民在国外的直接购买 | | | | | | | | | | | | | | | | | | | | | | |
| 14. 合计 | | | | | | | | | | | | | | | | | | | | | | |
| 15. 总增加值合计/GDP | | | | | | | | | | | | | | | | | | | | | | |
| 16. 雇员报酬 | | | | | | | | | | | | | | | | | | | | | | |
| 17. 产品税与进口税减补贴 | | | | | | | | | | | | | | | | | | | | | | |
| 18. 混合收入总额 | | | | | | | | | | | | | | | | | | | | | | |
| 19. 混合收入：其他 | | | | | | | | | | | | | | | | | | | | | | |
| 20. 营业盈余总额 | | | | | | | | | | | | | | | | | | | | | | |
| 21. 固定资本消耗：混合收入 | | | | | | | | | | | | | | | | | | | | | | |
| 22. 固定资本消耗：其他 | | | | | | | | | | | | | | | | | | | | | | |
| 23. 总产出 | | | | | | | | | | | | | | | | | | | | | | |
| 24. 劳动投入（工作小时） | | | | | | | | | | | | | | | | | | | | | | |
| 25. 固定资本形成总额 | | | | | | | | | | | | | | | | | | | | | | |
| 26. 期末固定资产存量 | | | | | | | | | | | | | | | | | | | | | | |

### 三、使用表

使用表（见表10-2）可以认为是一张包括四个象限的矩形表，两个象限在上方、两个象限在下方。左上方的象限是一个表示不同生产单位对不同使用情况的子矩阵（U）。换句话说，这个象限是由中间消耗构成，行表示产品、列表示产业。右上方的象限是最终使用象限（F），包括一个表示最终消费者对不同产品使用情况的子矩阵、一个出口子矩阵和一个表示不同产品资本形成的子矩阵。这三个子矩阵合计起来就是最终需求。左下方的象限（V）是关于增加值的一些信息，它分为雇员报酬、营业盈余总额或混合收入总额、生产税减补贴，是收入形成的要素。右下象限是空的。从行项看，表示货物与服务如何被使用；从列项看，表示各产业部门的生产成本。

使用表采用购买者价格，包括中间产品象限的中间消耗，最终使用象限的出口、最终消费和资本形成，都按购买者价格估价。由于估价上与供给表不同，因而就无须贸易费用、产品税与补贴的价格调整项，以及到岸价/离岸价的调整项。

使用表的中间使用象限的行向与供给表一样，可以细分为市场产出、自给性使用产出与非市场产出三个部分。

## 第二节 投入产出表

供给使用表是SNA不可或缺的组成部分，编制供给使用表的过程就是确保各种数据来源之间一致性的有利方式。然而，把供给表和使用表转化为一张行和与列和相等的投入产出表，将会给分析带来相当大的优势。不经历编制供给表和使用表的阶段，是不可能编制出投入产出表的，除非在非常严格的假定条件下。因此，从本质上来说，投入产出表是根据使用表推导出来的。可以把使用表最左边两个象限中表示产业的列替换为产品，也可以把使用表最上方两个象限中表示产品的行替换为产业，从而中间消耗矩阵就是一个方阵，其行与列要么同时表示产品，要么同时表示产业。这个"产品×产品矩阵和产业×产业"的行和与列和是相等的，从而是对称矩阵。

这一节将主要介绍投入产出表的表式结构和平衡关系，把供给使用表转化为对称性的投入产出表将在下一节的编制方法中介绍。

### 一、表式结构

对称投入产出表，即我们通常所说的投入产出表（IO表），其中间流量矩阵为方阵。它在形式上与使用表相似,均包括三大部分,分别为中间流量矩阵、最终需求部分和增加值部分。对称投入产出表被称为"方型(投入产出)表"或"矩阵",也称为"里昂惕夫投入产出表"或"列昂惕夫矩阵"等。它是主栏和宾栏的分类、排列完全相同的"纯表",可以是"产品×产品"表(见表10-3),也可以是"产业×产业"表(见表10-4)。

表10-3　　　　　　　　　"产品×产品"纯部门投入产出表

| 项目 | | 产品 | | | | 最终需求 | 产品总产值 |
|---|---|---|---|---|---|---|---|
| | | 1 | 2 | ... | m | | |
| 产品 | 1 | Z | | | | F | X |
| | 2 | | | | | | |
| | ... | | | | | | |
| | n | | | | | | |
| 增加值 | | V | | | | | |
| 产品总投入 | | $X^1$ | | | | | |

表10-4　　　　　　　　"产业部门×产业部门"混部门投入产出表

| 项目 | | 产业部门 | | | | 最终需求 | 产品总产值 |
|---|---|---|---|---|---|---|---|
| | | 1 | 2 | ... | m | | |
| 产业部门 | 1 | R | | | | F | X |
| | 2 | | | | | | |
| | ... | | | | | | |
| | n | | | | | | |
| 增加值 | | $V_1$ | | | | | |
| 产品部门总投入 | | $X_1^1$ | | | | | |

## 二、平衡关系

类似于表10-3,"价值型产品×产品投入产出"表的结构如表10-5所示。

表10-5　　　　　　　　　　　价值型投入产出表

| 投入产出 | | 中间使用 | | | | 最终需求 | 产品总产值 |
|---|---|---|---|---|---|---|---|
| | | 1 | 2 | ... | m | | |
| 中间投入 | 1 | $X_{ij}$ 第Ⅰ象限 | | | | $Y_i$ 第Ⅱ象限 | $X_i$ |
| | 2 | | | | | | |
| | ... | | | | | | |
| | n | | | | | | |

续表

| 投入产出 | | 中间使用 | | | | 最终需求 | 产品总产值 |
|---|---|---|---|---|---|---|---|
| | | 1 | 2 | ⋯ | m | | |
| 增加值 | 固定资本折旧 | $V_1$<br>第Ⅲ象限 | | | | | |
| | 劳动者报酬 | | | | | | |
| | 生产税净额 | | | | | | |
| | 营业盈余 | | | | | | |
| | 合计 | | | | | | |
| 产品部门总投入 | | $X_j$ | | | | | |

## （一）行平衡关系

把第Ⅰ、第Ⅱ象限联系起来，反映产品的实物运动，即总产品的使用去向，存在着如下的平衡关系：

$$中间使用 + 最终使用 = 总产出$$

一般表达式为

$$\sum_{j=1}^{n} X_{ij} + Y_i = X_i (i = 1, 2, \cdots, n)$$

这一组线性方程从实物方面反映了每一种产品的产出总量与分配使用去向，所以也称为"分配方程组"：

$$全社会的中间使用 + 全社会的最终使用 = 社会总产出$$

$$\sum_{i=1}^{n} \sum_{j=1}^{n} X_{ij} + \sum_{i=1}^{n} Y_i = \sum_{i=1}^{n} X_i$$

## （二）列平衡关系

$$中间投入 + 增加值 = 总投入$$

一般表达式为

$$\sum_{i=1}^{n} X_{ij} + N_j = X_j (j = 1, 2, \cdots, n)$$

这一组线性方程从价值构成方面反映了每一种产品生产过程中的中间投入和最初投入（增加值）与总投入的关系，所以也称为"生产方程组"：

$$全社会的中间投入 + 国内生产总值 = 社会总投入$$

$$\sum_{j=1}^{n} \sum_{i=1}^{n} X_{ij} + \sum_{j=1}^{n} N_j = \sum_{j=1}^{n} X_j$$

## （三）同一个部门的平衡关系

从同一个部门的横行和纵列看，一种产品的总投入与总产出是相等的，即

$$\sum_{j=1}^{n} X_{ij} + Y_i = \sum_{i=1}^{n} X_{ij} + N_j (当 i = j 时)$$

## （四）全社会的平衡关系

从整个国民经济看，全社会所有产品的总投入与总产出是相等的，即

$$\sum_{i=1}^{n}\sum_{j=1}^{n} X_{ij} + \sum_{i=1}^{n} Y_i = \sum_{j=1}^{n}\sum_{i=1}^{n} X_{ij} + \sum_{j=1}^{n} N_j$$

式中，$\sum_{i=1}^{n}\sum_{j=1}^{n} X_{ij}$ 和 $\sum_{j=1}^{n}\sum_{i=1}^{n} X_{ij}$ 都是对第Ⅰ象限求和，当然是相等的，把它们消去后第Ⅱ象限合计等于第Ⅲ象限合计，实际上是全社会的最终使用之和等于国内生产总值，这正是国内生产总值的定义，即

$$\sum_{i=1}^{n} Y_i = \sum_{j=1}^{n} N_j$$

## 三、进口处理与非竞争型投入产出表

投入产出表按照对进口商品不同处理方式可以分为两类，即竞争型投入产出表和非竞争型投入产出表。前面讲述的投入产出表属于竞争型。在竞争型投入产出表中，不对进口商品的用途进行区分，隐含的假设前提是国内商品和国外商品具有完全替代性，进口是作为负值列于投入产出表的右边。这种进口品的处理方式只需要每种产品的进口总量数据，而不需要知道产品输入后都用在何处。这在核算上比较容易实现，因此应用最为广泛，竞争型投入产出表是国内外编制和应用最多的一种形式。使用竞争型投入产出表时需要注意两个问题：其一是第Ⅰ象限和第Ⅱ象限（进口列除外）中各个元素的数据都已包含了进口；其二是进口列虽然放在第Ⅱ象限，但其所记录的数据并非仅和最终使用有关，其中一部分是被生产过程当期消耗掉了，属于中间使用。

在非竞争型投入产出表中，则认为国内商品和国外商品虽有可能属于同一类商品，但两者的科技含量、品牌质量、档次等存在较大差异，不存在竞争关系，因此需要对进口商品的用途进行区分。从使用角度看，进口商品可以分为消费品、资本品和中间投入品。非竞争型投入产出表结构见表10-6，对中间投入品、消费品和资本形成总额进行国内外区分，$X_{ij}^d$、$C_i^d$ 和 $K_i^d$ 分别表示中间投入品、消费品和资本形成总额的国内部分，$X_{ij}^m$、$C_i^m$ 和 $K_i^m$ 则表示中间投入品、消费品和资本形成总额的国外部分，即进口部分。

基于非竞争型投入产出表，可以知道每个部门的中间投入中各种进口品所占的比例，消费和投资需求中依靠进口的比例。因此，非竞争型投入产出表能提供更为准确和微观的信息。在实际研究中，很多大型投入产出表数据库也都采用非竞争型投入产出表处理进口，如GTAP数据库和经济合作与发展组织（OECD）的各国投入产出数据库。与竞争型投入产出表相比，将进口品列为矩阵，结果使投入产出表

的规模几乎扩大了一倍。编制该矩阵需要掌握有关各种进口品的不同使用去向的数据资料,这大大增加了编表的难度和工作量。因此,绝大多数投入产出表都只对进口做一次性扣除,建立竞争型投入产出表。

表10-6　　　　　　　　　　非竞争型投入产出表

| 项目 | | 中间使用 | 最终使用 | | | 合计 | 总产出 |
|---|---|---|---|---|---|---|---|
| | 部门 | 1, 2, …, n | 消费 | 资本形成 | 出口 | | (或进口) |
| 国内部分 | 1<br>2<br>3<br>…<br>n | $X_{ij}^d$ | $C_i^d$ | $K_i^d$ | $EX_i$ | $Y_i^d$ | $X_i$ |
| 进口部分 | 1<br>2<br>3<br>…<br>n | $X_{ij}^m$ | $C_i^m$ | $K_i^m$ | | $Y_i^m$ | $M_i$ |
| 增加值 | $V_j$ | | | | | | |
| 总投入 | $X_j$ | | | | | | |

### 四、投入产出表的编表方法

投入产出表的编表方法和数据更新包括调查法编制与非调查法数据更新。调查法编表较为准确,但费时费力;非调查法数据更新,是在已有投入产出表的基础上,进行数据更新,较为便捷。

#### (一) 调查方法

调查方法属于编制投入产出表的正规方法,因其主要依据实际调查资料编制投入产出表,所以称为调查法。调查法通常有两种:直接分解法和间接推导法。直接分解法即从基层调查入手,由基层单位将其生产的各种不同产品的投入和产出按照投入产出的部门分类原则,分别划归到不同的产品部门中去,直接得到各个产品部门的投入产出资料。这一方法的特点是需要投入较多的人力、物力和财力,编表周期长。间接推导法则通过编制各企业部门的供给表(U表,也叫投入表)和使用表(V表,也叫产出表),然后根据一定的假定(产业部门工艺假定或产品工艺假定)。其特点是不在基层对各部门的投入和产出进行分解,而是通过数学方法进行转移和归并。这种编表方法简称为UV表法,也是联合国统计署向世界各国推荐的编表方法。目前,世界上大多数国家都采用间接推导法编表,其优点是工作量相对较小,缺点是需要依赖于一些特定假设。中国使用的则是直接分解法，这是纯粹的调查方法，在理论上精度最高，但工作量也最为浩大。投入产出表编制的重点在于两个词：分解、放大。分解的目标是获得产品部门口径的数据；放大则是要保证不遗漏规模以下单位的数据。

1. 直接分解法

投入产出表中的"部门"是"纯部门"或称为"产品部门"。实际上，一个企业往往生产多种产品。按"纯部门"要求属于本部门的产品叫主要产品，不属于本部门的产品叫次要产品。现行统计制度规定，企业的次要产品一律按企业主要产品所属产业部门或行政管理部门归口统计，因此企业部门或行政部门一般是"混合部门"。

直接分解法是将"混合部门"的数据资料分解为纯部门数据资料的一种方法。第一步，将基层企业的原始数据按照投入产出分析的要求，做"纯部门"的分解，就产品的投入结构、产品的工艺结构和经济用途三个方面的同类性，把基层单位生产的商品和劳务，按照上述三个基本相同的原则，分别划归到若干个不同的产品部门中去；第二步，逐级汇总编制投入产出表。详细内容将在本章第三节结合我国编制投入产出表的实践进行介绍。

2. 间接推导法

理论上，直接分解法可以得到最精确的投入产出表，是最理想的编表方法。但在实际应用中，由于成本太高，绝大多数国家都不采用这种方法来编表。另一种称为间接推导法（UV 表法）的编表技术反而有更广泛的应用，是目前国际上比较通用的方法。联合国统计局在其 SNA 体系中，一直致力于推荐使用这种编制方法。然而，间接推导法虽然工作量较小，但由于所依据假设离现实情况较远，比如，不能保证同一产业部门生产的各种产品具有相同的投入构成，也不能保证不同部门生产同一种产品具有相同的投入构成，所以间接推算带来的误差比较大。

推导出"产品×产品"表有两种途径：一是产业部门工艺假定，假设每个产业无论产品构成如何，都有自己特定的生产工艺，即生产的所有产品都具有相同的投入结构；二是产品工艺假定，假设每一种产品无论由哪个产业部门生产，都具有自己特定的生产工艺，即具有相同的投入结构。

"推导出产业×产业"表也有两种途径：一是固定产品的销售份额假定，假设使用者的需求结构取决于产品而非销售该产品的产业；二是固定产业的销售份额假定，假设使用者对同一产业的各种产品总是有相同的需求结构。

因此，对于投入产出表的编制，有四种基本方案可供选择：使用产品工艺假定编制"产品×产品"表；使用产业部门工艺假定编制"产品×产品"表；使用产品销售份额固定编制"产业×产业"表；使用产业销售份额固定编制"产业×产业"

表。"产品×产品"表和"产业×产业"表各自具有不同的分析功能,如果为了确保与价格指数严格保持一致,则编制"产品×产品"表更为合适;如果为了与劳动力市场问题衔接,则编制"产业×产业"表可能会更有用。目前,传统研究主要侧重"产品×产品"表的编制,未来随着不同产业之间的经济关联逐渐增强,"产业×产业"表的编制将可能会受到更多的关注。这里将主要介绍从 U 表、V 表推导出"产品×产品"投入产出表。

(1) 基本思想。与直接分解法先在基层单位层面从各个企业中分解出产品部门,然后再进行汇总的技术路线不同,间接推导法的基本思想:首先,将基层企业的原始数据不经分解地加以汇总,按照原始统计资料编制供给表和使用表;其次,基于 U 表和 V 表,根据一定的假定,采用数学方法直接推导出投入产出系数,编制"产品×产品"投入产出表,而非根据实际数据进行分解。因此,间接推导法大大降低了编表的工作量,使投入产出表的普遍编制与应用成为可能。间接推导法只要求企业填写各种产品的产量和原材料消耗总值,不要求把消耗的材料等进行分解。因此,基层企业填表的负担大大减轻,但同时对基础统计的要求较高。

为了从 U 表、V 表推导出"产品×产品"投入产出表,必须以下面两个假定之一为基础:一是产品工艺假定,即假定同一种产品无论在哪个部门生产,都有相同的投入结构;二是产业部门工艺假定,即假定同一个部门无论生产什么产品,都有相同的投入结构。在产品工艺假定下,只要计算出某个部门生产的产品的投入结构,就能以此作为该种产品的社会投入结构。在产业部门工艺假定下,某一产品部门的投入结构是生产该产品部门货物或服务的各产业部门投入结构的加权平均数。

该方法的统计基础为产业活动单位,按照产业活动单位主产品的性质将其划分到某产业部门。在产业活动单位中,它可以从事一种或多种次要生产活动,但相对于主产品,其规模应很小。如果一种次要生产活动的产品和主产品同等重要的话,则这种次要生产活动就应该分离出来,形成单独的产业活动单位。在产业活动单位中,其主产品所占的比重非常高,因此和以行业为基础取得的调查数据相比较,以产业活动单位为调查基础取得的数据可更大限度地满足产业部门工艺假定和产品工艺假定的要求,给利用推导法来编制投入产出对称表提供了前提。

(2) 数据基础。从数据可得性来看,U 表数据完全是产业部门口径的,不需要分解就能获得;V 表数据只需要对总产出按产品部门进行分解,从而避开了分解中间投入这一艰巨的工作。

(3) 推导公式。下面介绍应用 U 表、V 表推导中间投入矩阵的方法。

①计算系数。根据 U 表、V 表,以及产业部门总产出、产品部门总产出数据,可以计算出以下三个系数,所形成的三个系数矩阵就是推导"产品×产品"矩阵的

基础信息。

（A）投入系数 $h_{ij}$

$$h_{ij} = U_{ij}/X_j$$

式中，$h_{ij}$ 表示第 $j$ 个产业部门生产 1 单位总产出所投入的第 $i$ 种产品的数量。U 表示一个 $n \times m$ 矩阵，因此，共有 $n \times m$ 个投入系数，构成矩阵 $H$。

（B）部门的产品比例系数 $c_{ij}$

$$c_{ij} = V_{ij}/X_i$$

式中，$c_{ij}$ 表示第 $i$ 个产业部门总产出中，$j$ 产品产值所占比重。V 表示一个 $m \times n$ 矩阵，因此，共有 $m \times n$ 个产品比例系数构成矩阵，为以后推导方便，将该矩阵转置为一个 $n \times m$ 矩阵，记为 $C$。

（C）产品的比例系数 $d_{ij}$

$$d_{ij} = V_{ij}/X_j$$

式中，$d_{ij}$ 表示 $j$ 产品中由 $i$ 产业部门生产部分所占的比重，所有的比例系数构成 $m \times n$ 矩阵，记为 $D$。

②根据假定条件推导出"产品×产品"投入产出系数和中间投入矩阵。

目前，常用的假定条件包括产业部门工艺假定和产品工艺假定。

（A）在产业部门工艺假定下推导

部门工艺假定是指不论生产何种产品，同一产业部门生产的各种产品具有相同的投入构成。可以证明，按照部门工艺假定，"产品×产品"投入产出系数矩阵 $A_d$ 的计算公式是

$$A_d = HD$$

$A_d$ 中代表性元素 $a_{ij}$ 表示第 $j$ 个产品部门单位总产出所投入的数量。因此，$a_{ij(d)}$ 乘以 $Q_j$ 就是"产品×产品"中间投入矩阵中第 $ij$ 个元素的数值。

（B）在产品工艺假定下推导

产品工艺假定是指不论由哪个部门生产，同一种产品具有相同的投入构成。可以证明，如果按照产品工艺假定，"产品×产品"投入产出系数矩阵 $A_c$ 的计算公式是

$$A_c = HC^{-1}$$

$A_c$ 的含义与 $A_d$ 完全相同，其下标的差异只是为了说明所依假定之不同。从上式可知，根据产品工艺假定，计算目标系数需要对 C 求逆。因此，C 必须是方阵，即产品部门的分类数必须与产业部门相同。如果计划采用产品工艺假定，须首先设定相同的产品部门与产业部门分类，以保证 U 表、V 表都是方阵，而部门工艺假定则不需要这样的假定。

无论采用何种假定，在计算出"产品×产品"投入产出系数矩阵后，根据系数

的含义,将矩阵中每一列都乘以该列对应产品部门的总产出,就得到了"产品×产品"中间投入矩阵。

③将产业部门最初投入调整为产品部门

调整的方法与中间投入矩阵的调整方法类似且更简单。

(4) 一个简单的实例。前面介绍的推导公式主要是公式运算,不利于直观理解,这里采用 SNA(2008) 中的一个实例进行解释,便于理解这个推导过程。表 10-7 即为 SNA(2008) 中的表 28.5。第 2 列、第 3 列是该例子使用表中的数据;第 4 列、第 5 列为通过供给表测算得到的投入系数,例如,制造业生产一单位的产品需要使用 0.038 单位的农产品,以及 0.102 单位的矿石和矿物产品等;建筑业生产一单位的产品不需要农产品,需要使用 0.005 单位的矿石和矿物产品等。从其供给表[SNA(2008) 中的表 14.12]可知,建筑业生产的 208 单位的产品中有 6 单位是制造业产品。为了创建"产品×产品"矩阵,需要从建筑业一列中扣除生产 6 单位制造业产品的有关成本,加入制造业一列中。所有次要生产的调整完成之后,这些列表示的就是产品而不是产业了。

表 10-7　　　　一个例子:从建筑业到制造业重新分配产品

| 产品使用 | 制造业和其他工业 | 建筑业 | 制造业和其他工业 | 建筑业 | 制造业和其他工业 | 建筑业 | 制造业和其他工业 | 建筑业 |
|---|---|---|---|---|---|---|---|---|
| | 使用表 | | 投入系数(%) | | 产业部门工业 | | 产品工艺 | |
| 1. 农业、林业和渔业产品 | 71 | 0 | 3.8 | 0.0 | 71.0 | 0.0 | 71.2 | -0.2 |
| 2. 矿物和矿石、电、气、水 | 190 | 1 | 10.2 | 0.5 | 190.0 | 1.0 | 190.6 | 0.4 |
| 3. 制造业产品 | 675 | 63 | 36.3 | 30.3 | 676.8 | 61.2 | 677.2 | 60.8 |
| 4. 建筑 | 9 | 5 | 0.5 | 2.4 | 9.1 | 4.9 | 9.0 | 5.0 |
| 5. 贸易、住宿、餐饮、运输服务 | 65 | 3 | 3.5 | 1.4 | 65.1 | 2.9 | 65.2 | 2.8 |
| 6. 金融保险 | 36 | 3 | 1.9 | 2.4 | 36.1 | 4.9 | 36.1 | 4.9 |
| 7. 房地产服务、租赁服务 | 15 | 1 | 0.8 | 0.5 | 15.0 | 1.0 | 15.0 | 1.0 |
| 8. 商务和生产服务 | 70 | 12 | 3.8 | 5.8 | 70.3 | 11.7 | 70.2 | 11.8 |
| 9. 社区和社会服务 | 1 | 0 | 0.1 | 0.0 | 1.0 | 0.0 | 1.0 | 0.0 |
| 10. 其他服务 | 1 | 0 | 0.1 | 0.0 | 1.0 | 0.0 | 1.0 | 0.0 |
| 11. 公共管理 | 0 | 0 | 0.0 | 0.0 | 0.0 | 0.0 | 0.0 | 0.0 |
| 合计 | 1133 | 88 | 61 | 43.0 | 1135.4 | 87.6 | 1136.5 | 86.5 |
| 增加值 | 728 | 118 | 39 | 57 | 731 | 115 | 730 | 116 |
| 总产出 | 1861 | 208 | 100 | 100 | 1867 | 202 | 1867 | 202 |

①产业部门工艺假定

在产业部门工艺假定下,同一个部门无论生产什么产品,都有相同的投入结构。因此,为了从建筑业重新分配出 6 单位的制造业产品到制造业中(暂时忽略其他次要产品),要以 6 乘以建筑业系数,将所得数值作为一组投入从建筑业一列中减去,增加到制造业一列中。最终的测算结果见表 10-7 的第 5 列、第 6 列。

②产品工艺假定

在产品工艺假定下,同一种产品无论在哪个部门生产,都有相同的投入结构。

在这种情况下,为了从建筑业重新分配出 6 个单位的制造业产品,要以 6 乘以制造业系数,将所得数值从建筑业一列里减去,增加到制造业列中。最终的测算结果见表 10-7 的第 7 列、第 8 列。

(二)非调查方法

由于部门分类、数据口径等方面的原因,采用调查方法编制投入产出表是一项十分耗时耗力耗钱的工作。一方面需要大量时间和人工收集相关数据;另一方面即使有充分的数据支撑,将这些数据整合为一张投入产出表,往往也需要花费 2~3 年的时间。对于绝大多数国家来说,都只能每隔数年编制一次投入产出表,且表的公布存在很长的滞后性,一般表的公布年份距编表年份至少会有 2~3 年。为降低投入产出表的编制成本,简化编表对数据的需求,缩短编表时间,很多研究者一直在探讨并逐步发展出一类能以较快速度、较小成本完成编表工作并且精度损失不大的技术,此类技术称为非调查方法,用于编制延长表,及时更新投入产出表。

非调查方法是与调查方法相对应的一类编表技术。调查方法要求表中每个数据都必须依据国民经济核算系统中的相关资料来确定,由于数据来自普查或抽查等调查资料,所以称为调查方法;非调查方法则不要求每个数据都必须来自统计资料。投入产出表中有些数据可以从统计资料中直接或经简单调整后获取,有些数据则必须通过专门调查才能得到,编制投入产出表的主要成本集中于那些难以利用现有统计资料获得的部分。非调查方法降低成本的基本思想:从统计资料中获取那些容易获得的数据,然后采用一些数学或统计技术,或给出一定的假设条件,依据易得数据推算出那些不易取得的数据。由于主要关注的数据并非来自调查资料,而是通过某些技术获得的,所以称为非调查方法。

目前,应用最广泛的非调查方法包括 RAS 方法和优化方法中的熵方法。投入产出表中最难获取的数据当属第 I 象限的中间投入矩阵,目前在估计中间投入矩阵的非调查方法中,RAS 法的可操作性最强,估计精度也最高,因此应用最为广泛。这里主要介绍 RAS 方法。

RAS法又称双比例尺度法或双比例平衡法,是斯通在20世纪60年代最早提出的,经过40余年的发展,又产生了很多改进的形式。现在RAS已经成为一类算法的统称,在各种算法中应用最广泛的仍然是标准RAS法和改进RAS法。RAS法的特点是从行和列两个角度来更新和平衡矩阵。该方法是一种用目标年中间需求合计作为行向控制量,目标年中间投入合计作为列向控制量,对基年中间投入结构进行修正,从而得到目标年份投入产出表中间流量或中间消耗系数矩阵的算法。基年投入产出表的中间流量矩阵以及总产出属于已知信息,而目标年中间需求合计、目标年中间投入合计也比较容易从现有统计数据中推出。因此,采用这种方法可以方便地得到原本最难估计的目标年中间流量,从而以很小的代价建立一张新的投入产出表。

1. 所需数据

RAS法是一种在已知一些数据的条件下,估计目标年份投入产出表中间投入流量的算法。相关的数据包括:基年投入产出表的中间投入矩阵与总产出、目标年各部门的总产出、目标年各部门的中间投入合计、目标年各部门的中间使用合计。

2. 基本思想

RAS法的基本思想:如果基年和目标年的投入结构完全相同,即对每个部门而言,各种中间投入占其总投入的比例不变,那么用目标年的各部门总产出乘以基年相应部门各种中间投入占总投入的比例,所得到的中间投入矩阵,其行合计应该等于目标年的中间使用合计,其列合计应该等于目标年的中间投入合计。如果发现计算结果不相等,说明投入结构发生了变动,需要对基年结构进行调整,调整后的投入结构应该满足如下条件:依据目标年的各部门总产出计算出的中间投入矩阵的行合计、列合计,应与目标年中间使用合计、目标年中间投入合计相同。

用目标年中间使用合计作为行向控制量,目标年中间投入合计作为列向控制量,采用一定的算法,以基年投入结构为出发点进行调整,寻找一个能满足行与列双重约束条件的中间投入矩阵,这也是RAS法又称双比例尺度法的原因。

3. RAS法的求解步骤

若已知目标年中间需求合计向量和目标年中间投入合计向量这两个控制量,则RAS法的求解过程如下。

第一步,以基年直接消耗系数 $A^0$ 按列乘以对应的目标年总产出向量 $X'$,$A^0 X'$ 表示按基年中间投入结构所预测的目标年中间流量矩阵。若直接消耗系数没有发生变化,则该矩阵的行和与列和应该等于控制量,如果不等,说明直接消耗系数发生了变化，需要更新。

第二步，$A^0X'$ 矩阵的第 $i$ 行乘以一个调整系数 $r_i^1$，使该行之和等于目标年该行中间需求合计这一控制量或者说约束条件，这一步骤的结果用矩阵方式表达为 $R^1A^0X'$，$R^1$ 表示行调整系数所构成的对角阵，上角标"1"表示进行的第一次行调整，此时行平衡约束条件满足，但列平衡的约束条件肯定不满足，还需要继续求解。

第三步，$R^1A^0X'$ 矩阵的第 $j$ 列乘以一个调整系数 $s_j^1$，使该列之和等于目标年该列中间投入合计这一控制量，这一步骤的结果用矩阵方式表达为 $R^1A^0X'S^1$，$S^1$ 表示列调整系数所构成的对角阵，上角标"1"表示进行的第一次列调整。此时，列平衡约束条件满足，但行平衡约束条件肯定又会因为列的调整不满足。

第四步，依次类推，反复迭代，可以证明行和列调整系数将随着迭代步数的增加渐趋于1。当达到预先设定的可接受误差范围内时，迭代即停止。此时，调整后矩阵的行和与列和都非常接近于控制量，即已经同时满足了行、列双方向的约束条件。该矩阵即为 RAS 法所得到的目标年中间流量矩阵，矩阵中元素除以相应目标年总产出，就得到了新的目标年直接消耗系数矩阵 $A^U$。

通过上述分析，可知更新系数矩阵与基年矩阵的关系可表示为

$$A^U = RA^0X'S(X')^{-1}$$

如果求解过程经过 $n$ 次行列调整，调整系数才收敛到1，那么 $R = R^1R^2\cdots R^n$，$S = S^1S^2\cdots S^n$。

对于对角阵而言，$AB = BA$，所以，上式可变为

$$A^U = RA^0S$$

因为上式由 R、A 和 S 3 个英文字母组成，所以称其为 RAS 法公式。

### 五、社会核算矩阵

社会核算矩阵（SAM）是在国民经济核算框架内对投入产出表的扩展，在投入产出表的基础上增加了非生产性机构部门，如居民、政府、国外等，不仅反映生产部门之间、非生产部门之间以及生产部门与非生产门间的联系，而且反映了国民经济的再分配和决定社会福利水平的收入分配关系。投入产出表的重点是关注生产过程，SAM 表则扩大到各类机构部门之间的关系与影响。SAM 对生产活动、生产要素和社会经济主体进行分类，是一种描述经济系统运行的、矩阵式的、以单式记账形式反映复式记账内容的经济核算表。

（一）SAM 的一般矩阵形式

SAM 是一个单式记账的核算体系，以矩阵形式表示整个账户序列，矩阵中的每

一行和其相应的每一列代表一个宏观账户，行记录收入，列记录支出。如表10-8所示，SAM以一个 $n \times n$ 矩阵记录特定经济体中所包含的各类账户之间的交易。每个账户（或子账户）由一行和一列组成。以 $i$ 标记各个行账户，$j$ 标记各个列账户，表中元素 $t_{i,j}$ 既表示第 $i$ 个账户的收入，也表示第 $j$ 个账户的支出。

表10-8　　　　　　　　　　SAM的一般矩阵形式

| 项目 | | 支出列账户（$j$） | | | | 行合计 |
|---|---|---|---|---|---|---|
| | | 1 | 2 | … | n | |
| 收入行账户（$i$） | 1 | $t_{1,1}$ | $t_{1,2}$ | … | $t_{1,n}$ | $\sum_{j=1}^{n} t_{1j}$ |
| | 2 | $t_{2,1}$ | $t_{2,2}$ | … | $t_{2,n}$ | $\sum_{j=1}^{n} t_{2j}$ |
| | … | … | … | … | … | … |
| | n | $t_{n,1}$ | $t_{n,2}$ | … | $t_{n,n}$ | $\sum_{j=1}^{n} t_{nj}$ |
| 列合计 | | $\sum_{i=1}^{n} t_{i1}$ | $\sum_{i=1}^{n} t_{i2}$ | … | $\sum_{i=1}^{n} t_{in}$ | |

（二）SAM矩阵的实例

SAM的账户可以分为实体账户与金融账户两大类，简单的SAM通常不涉及金融账户，一般在特定的研究需求时对传统的SAM做必要的扩展。按照国民经济运行的过程，SAM的实体账户一般包括：生产要素账户、机构部门账户、生产活动账户、商品账户、贸易账户、积累账户。其中，生产要素账户包括劳动力和资本两个子账户；机构部门账户包括居民、企业和政府；生产活动账户包括不同的产业和行业部门；商品账户与部门生产活动账户中各部门的产品相对应；贸易账户即对外贸易对象，一般为"国外"。

在SAM的表式结构中，总收入等于总支出。我们以一个简化的关系进行说明。根据SAM中各账户收支相等（行和与列和相等）的原则。

表10-9的SAM可得到如下国民经济核算中的恒等关系：

活动账户：$X_p + Y_h + T_p = X$（总投入 = 总产出）

商品账户：$X + X_m = X_p + C_h + C_g + I + X_e$（总供给 = 总需求）

家庭机构：$S_h = Y_h - C_h - T_h$（居民储蓄 = 居民收入 - 居民支出）

政府机构：$S_g = T_p + T_h - C_g$（政府储蓄 = 政府收入 - 政府支出）

资本账户：$I = S_h + S_g + S_f$（总投资 = 总储蓄）

国外部门：$S_f = X_m - X_e$（外汇储蓄 = 总出口 - 总进口）

表10-9　一个简化的开放经济的SAM

| 项目 | 活动 | 商品 | 家庭 | 政府 | 储蓄 | 国外 | 合计 |
|---|---|---|---|---|---|---|---|
| 活动 |  | $X$ |  |  |  |  | 总产出 |
| 商品 | $X_p$ |  | $C_h$ | $C_g$ | $I$ | $X_e$ | 总需求 |
| 家庭 | $Y_h$ |  |  |  |  |  | 居民收入 |
| 政府 | $T_p$ |  | $T_h$ |  |  |  | 政府收入 |
| 储蓄 |  |  | $S_h$ | $S_g$ |  | $S_t$ | 总储蓄 |
| 国外 |  | $X_m$ |  |  |  |  | 总进口 |
| 合计 | 总投入 | 总供给 | 居民支出 | 政府支出 | 总投资 | 总出口 |  |

上述恒等关系的含义如下：各种生产活动的总投入等于总产出，各类机构账户的总收入等于总支出，各种商总供给等于总需求。

（三）SAM表与投入产出表

以矩阵形式表示的SNA账户，刻画了供给表、使用表与部门账户之间的关系（见表10-10），反映了一定时期内社会经济主体间的各种联系。SAM矩阵与国民经济核算账户有着密切的关系，它包含了各类交易与社会经济流量的详细信息，是表现社会经济系统各个部分之间相互关联的一种重要形式。从矩阵形式看，SAM与投入产出表或供给表、使用表非常接近，但投入产出表不反映增加值与最终支出之

表10-10　一个较为细化的SAM

| 项目 | | 支出 | | | | | | | 合计 |
|---|---|---|---|---|---|---|---|---|---|
| | | 生产活动 | 商品 | 要素 | 企业 | 居民 | 政府 | 资本积累 | 世界其他地区 | |
| 收入 | 生产活动 |  | 总产出（供给表） |  |  |  |  |  |  | 总产出 |
| | 商品 | 中间需求（使用表） |  |  |  | 居民消费 | 政府消费 | 投资 | 出口 | 总需求 |
| | 要素 | 增加值 |  |  |  |  |  |  | 要素服务出口 | 要素收入 |
| | 企业 |  |  | 总利润 |  |  |  |  |  | 企业收入 |
| | 居民 |  |  | 工资 | 利润分配 |  |  |  | 国外汇款 | 居民收入 |
| | 政府 | 间接税 | 关税 | 要素所得税 | 企业所得税 | 直接税 |  |  |  | 政府收入 |
| | 资本积累 |  |  |  | 留存收益 | 居民储蓄 | 政府储蓄 |  | 国外的资本转移 | 总储蓄 |
| | 世界其他地区 |  | 进口 | 要素服务进口 |  | 转移支付国外 | 转移支付国内 | 资本转移国外 |  | 外汇支付 |
| | 合计 | 总成本 | 总供给 | 要素支出 | 企业支出 | 居民支出 | 政府支出 | 总投资 | 外汇收入 | |

间的关系。通过扩展供给表、使用表或投入产出表,可以刻画收入在社会经济系统中的循环流动状况,SAM 就具备这一重要特征。因此,可以说,SAM 表是投入产出表的扩展,在表 10-11 中,$t_{1,2}$ 相当于一张"供给表",$t_{2,1}$ 相当于"使用表"。

表 10-11　　　　　　　　　　中国投入产出表表式

| 投入 | | 产出 | | | | | | | | | | | |
|---|---|---|---|---|---|---|---|---|---|---|---|---|---|
| | | 中间使用 | | | 最终使用 | | | | | | | 出口 | 进口税 | 总产出 |
| | | 产品部门1 | … | 产品部门n | 中间使用合计 | 最终消费支出 | | | 资本形成总额 | | | 最终使用合计 | | |
| | | | | | | 居民消费支出 | NPISH消费支出 | 政府消费支出 | 合计 | 固定资本形成总额 | 存货变动 | 贵重物品净获得 | 合计 | | | |
| 中间投入 | 产品部门1 | | | | | | | | | | | | | | | |
| | … | | | | | | | | | | | | | | | |
| | 产品部门n | | | | | | | | | | | | | | | |
| | 中间投入合计 | | | | | | | | | | | | | | | |
| 增加值 | 劳动者报酬 | | | | | | | | | | | | | | | |
| | 生产税净额 | | | | | | | | | | | | | | | |
| | 固定资产折旧 | | | | | | | | | | | | | | | |
| | 营业盈余 | | | | | | | | | | | | | | | |
| | 增加值合计 | | | | | | | | | | | | | | | |
| 总投入 | | | | | | | | | | | | | | | | |
| 不可抵扣增加值 | | | | | | | | | | | | | | | | |

资料来源:国家统计局,编. 中国国民经济核算体系(2016)[M]. 北京:中国统计出版社,2017。

然而,SAM 并不等同于扩展的投入产出表,SAM 和 IO 表之间的区别并不仅在于对机构部门账户的细分。投入产出表的核心并不在于对生产部门的细分,而是在于对这些部门之间交易关系的描述;SAM 的核心并不在于对机构部门的细分,而是在于对不同类型的机构部门之间的交易和转移进行描述。

投入产出表描述了收入的要素分配,即增加值(GDP)以报酬的形式分配给不同类型的劳动力、固定资本以及其他对 GDP 有贡献的或必要的初始投入。SAM 刻画的是我们通常所理解的收入分配,即将生产所获得的收入分配给社会经济体系中的各类机构账户——不同类型的住户、企业、政府等。因此,SAM 延展了投入产出表的核算内容和深度,描述了交易流从商品需求到生产对要素的需求,再回到对商品产生最终需求的机构账户的整个循环过程。

## 第三节　中国投入产出核算

本节首先概述中国投入产出核算的发展现状,其次介绍中国投入产出表的编制,再次剖析中国投入产出核算存在的不足,并在此基础上提出展望,最后简述投入产出核算结果的应用。

### 一、中国投入产出核算的发展

我国从20世纪50年代末60年代初开始引进投入产出技术,受传统经济体制的影响,研究的重点是投入产出技术的分析应用。我国第一张实物型投入产出表是1973年实物型投入产出表,该表包括61种实物产品。到20世纪80年代,我国已陆续编制出各种投入产出表,特别是成功编制1987年全国投入产出表及其在宏观经济调控等方面的成功应用,标志着投入产出技术在我国发展到了一个新的阶段。

(一) 全国投入产出表

到目前为止,国家统计局已经编制了1987年、1992年、1997年、2002年、2007年、2012年、2017年7张投入产出基本表,同时编制了1990年、1995年、2000年、2005年、2010年、2015年6张投入产出延长表。其中,1990年及以前的投入产出表沿用的均是物质产品平衡表体系(Material Product Balance System,MPS);在此之后,沿用的是联合国提倡的国民账户体系(System of National Account,SNA)。[①]

(二) 地区投入产出表的编制

截至目前,除西藏自治区外,中国30个省(自治区、直辖市)均与国家同步编制了地区投入产出表,2002年30个省区的投入产出表已经由国家统计局出版,2007年30个省区的投入产出表也已经出版发行。

(三) 中国投入产出核算发展的特点

回顾我国投入产出核算的发展历程,除了投入产出表编制工作制度化、规范化外,我国投入产出核算的变化还表现在以下几个方面。

1. 投入产出表基本表式的变化。我国投入产出表基本表式,从物质型投入产出表转变到价值型投入产出表,从MPS表式转变到SNA表式。在不定期编表阶段,我国投入产出表均有实物型表,与此相对应,1987年之后的全国投入产出表绝大部分为价值型表。中国投入产出表(见表10-11)中的主栏和宾栏使用的产品部门分类主要依据中国《统计用产品分类目录》,而供给表的宾栏和使用表的宾栏采用的产业部门分类主要依据的是中国《国民经济行业分类》。

2. 部门规模的不断扩大。我国1979年投入产出表的部门个数为21个,1981年为26个,1983年为22个,1987年为117个,1992年为118个,1997年为124个,

---

[①] 从2002年开始的投入产出表可以在国家统计局网站上查阅。

2002年为122个，2007年为135个，2012年为139个，2017年为149个。可见，逢2和逢7年份基于大规模投入产出调查得到的投入产出表部门数明显增多。同时，逢0、逢5年份基于上一个投入产出表得到的投入产出延长表的部门数也在不断增加，1990年投入产出表部门数是33个，1995年为33个，2000年为40个，2005年为40个，2010年为42个，2015年为42个。

3. 编表方式的改进。我国编制投入产出表的主要方法是以直接分解法为主、间接分解法为辅。在我国的统计实践中，统计单位是企业，而不是产业活动单位，不符合投入产出表对"纯"部门的要求。企业，特别是大中型企业，通常包含多个基层产业活动单位，此时会产生一个问题——自产自耗产品。只有将自产自耗产品进行分解还原，才能得到企业从事生产活动过程中从外部的各种生产投入量，才能使投入产出核算与我国现行核算体系相衔接。

## 二、中国投入产出表的编制

在中国，逢2、逢7年份编制基准年国家投入产出表采用的是调查方法，而逢0、逢5年份编制投入产出延长表就会部分地使用非调查方法。在调查方法中，直接分解法是我国目前编表的主要方法。

我国使用直接分解法的主要原因是我国基础统计比较薄弱，无法得到UV间接推导法所需要的基础资料。我国目前还没有根据中心产品分类对产品进行分产业部门的生产及使用数据的统计。我国现有的专业统计是按行业进行的，其统计单位既不是产业活动单位也不是机构单位。这造成我国行业数据所包含的产品非常复杂，并且在每个行业中其主产品所占的比重又不够高，因此破坏了用UV推导法来推导投入产出表的前提基础，使无论是产业部门工艺假定还是产品工艺假定均不能成立。所以我们无法按照SNA推荐的投入产出表编制方法来进行编表。总的来说，一张投入产出表涉及五部分：各部门增加值及其构成（第Ⅲ象限）、中间投入（第Ⅰ象限）、各产品各部门的总产出、最终使用、进出口数量。获得这五部分数据，组合在一起就可以得到一张投入产出表。

下面以2012年中国投入产出表的编制为例说明投入产出表的编制流程。

### （一）投入产出专项调查

以直接分解法编制投入产出表，其基本前提是要收集大量的基层数据，这是整个编表过程中工作量最大的一项工作，也是决定投入产出表编制质量的决定性阶段。

在我国的国民经济核算资料及其他统计资料中，主要是以各类总量数据为主，有关各部门之间消耗的数据非常少，而这部分又是投入产出表的核心。因此，需要通过投入产出专项调查来获取这部分数据。

### (二) 总量编制与流量分解

在现行的核算资料中,主要是以企业为基础的统计资料,这些资料不符合投入产出核算对"纯部门"的要求,需要根据归属分解到相应的投入产出产品部门。因此,这里在介绍总量编制的基础上,还介绍对总产值、中间投入、最终使用进行"纯"部门的流量分解。

1. 各产品部门总产出的编制与分解

投入产出中总产出核算的关键在于:第一,扩展总产出的核算范围,现有核算资料大多是规模以上企业的数据,而投入产出表中的总产出应包括全部企业的产值;第二,将按照产业部门分类的总产出转换为按照产品部门分类的总产出,主要是工业产值的调整。

根据各部门总产出计算和处理方法不同,分为工业部门和其他部门两部分。(1)对于工业部门,根据工业统计状况,将工业生产活动分为规模以上工业和规模以下工业分别计算。(2)除工业部门以外,其他产业部门的总产出视同为产品部门总产出,也就是说产业部门总产出等于产品部门总产出。[①]

在投入产出专项调查中,向不同类型的工业企业发放调查表,[②] 以调查企业为某个年度生产的产值中属于各个产品部门的数值,即要求企业填写总产值分解表。根据这些分解表,对总产值进行分解。首先,根据企业总产值包括的范围,列出本单位在报告期内生产的各种产品,并列出他们各自的产值,再根据投入产出的部门分类原则,划归到各有关产品部门中去。将基层调查资料进行汇总,可以得到企业总产值的样本资料,进行推算放大,就得到编制投入产出表所需的产品部门的总产值资料。

2. 中间投入编制与分解

中间投入构成是投入产出表的核心部分,但现行的核算资料不能直接提供中间投入结构的资料,因此必须借助于投入产出专项调查。这是投入产出调查中最重要的一部分,通过投入产出调查,取得具有代表性的按购买者价格计算的产品部门的中间投入结构,再结合总量指标进行推算。

要获得中间投入构成,需要对投入产出各部门成本和费用构成表进行调整,即将成本费用指标转换为投入产出部门指标。对于工业,还要进行自产自销产品的分解还原、中型工业企业各部门投入构成需要转换为产品部门投入构成,以及将消耗和产出数据调整为含增值税口径等几项工作。

---

① 如农业部门总产出核算采用"产品法",故农业部门总产出的口径与投入产出所要求的口径一致。
② 在2017年投入产出调查中,规模以上工业企业调查套表包括:规模以上工业企业产品制造成本构成表、规模以上工业企业购进材料来源表、规模以上工业企业产品初次去向表。

中间投入的分解最为复杂。中间投入包括直接投入与间接投入，根据投入产出表的部门分类原则，将基层单位生产部门生产所耗用的产品（包括劳务），遵照"投入跟着产出走"原则分别划归到不同的产品部门中去。即只要计算工业总产值，就一定要计算相应的中间消耗。分解可按以下步骤进行：首先，企业按要求填报外购材料和自产自耗产品的调查表；其次，按投入产出的产品部门分别列出对外购材料和自产自耗品的直接消耗汇总表；最后，将间接消耗的外购材料和自产自耗产品按某种比例分摊给各个投入产出产品部门，并汇总到对应的投入产出产品部门的直接消耗中。对基层资料加以汇总放大，根据各重点调查单位的中间投入加以汇总，即可得到按产品部门计算的中间投入样本，进而得到投入产出表的中间投入的数据资料。

3. 增加值（最初投入）的编制与分解

根据现行国内生产总值核算分类，农林牧渔业、工业、建筑业、交通运输邮电业、批发和零售贸易业以及其他部门的增加值，有的可以直接取自现行的国内生产总值核算资料，有的需要根据相关资料（如年报统计资料、财政决算和会计决算）进行计算。在与现行的国内生产总值核算资料进行衔接后，即可得到满足投入产出部门分类要求的产品部门增加值的控制数。对固定资产折旧（包括大修理）进行分解，是根据各种固定资产的实际使用情况，根据工时比例、直接费用比例或产值比例进行分解，进而分摊到各有关产品部门中去。对劳动者报酬进行分解，看专门从事某种产品生产服务或共同从事多种产品生产服务的情况，加以分解和分摊，归结到各个部门的劳动投入中去。对生产税净额和营业盈余的分解，处理方法大致相同，对有明确归属能够分清的税收和盈余，直接归属到有关产品部门，对无法直接归属的税收和盈余，则采取比例分摊的办法进行处理，归结到各有关产品部门中去。

增加值构成的编制方法有两种：一是根据有关统计、会计、业务核算资料，采用收入法计算；二是利用投入产出重点调查取得的增加值结构，结合总量指标推算。

4. 最终使用的编制与分解

最终使用总量数据主要来自按支出法计算的国内生产总值核算资料，包括农村居民消费、城镇居民消费、政府消费、固定资本形成总额、存货变化、出口、进口和其他八项。部分项目需要进行适当调整，如在出口和进口数据上分别加上我国运输业为进口商品提供的运输服务价值、进口关税和进口产品消费税。

最终使用项的构成主要利用农村住户调查、城市住户调查、财政决算、预算外支出、固定资产投资专项调查、海关统计、国际收支统计、有关部门的财务、统计和业务等资料计算。

资本形成包括固定资本形成和存货增加，固定资本形成根据固定资产投资统计和有关资料加以平衡和推算，库存增加包括工业、农业、商业等各个部门的库存以及国家储备增加额等。净出口为出口减去进口的差额，投入产出核算要求按生产口径核算各个部门的进出口数量，因此必须把海关统计的进出口商品的数量进行加工和核算。

对于居民消费，其数据均是以购买者价格计算，需要将相关费用分解至对应产品部门。对于出口，在海关统计中，出口商品的价值按离岸价计算，它是出口商品离开我国国境时的实际价格，包括了运费和其他流通费用，是一种购买者价格，在对应到生产者价格的投入产出表时，需要对其进行分解，分类商品的出口按一定比例换算成国内的生产者价格。对于进口，海关统计的进口数据是以到岸者价格计算的，而以生产者价格表示的投入产出表中的商品进口还要加上进口商品关税的价值。

（三）数据平衡与修订

在得到按购买者价格计算的中间投入构成、增加值构成、最终使用构成和总产出数据后，对根据不同资料来源计算的上述指标进行平衡和修订。这主要是因为：其一是编表资料来源于多个部门，有些资料不尽完整，口径不一致；其二是投入产出专项调查或者典型调查得到的毕竟只是样本数据，不能完全代表总体，样本的很小误差就可能带来总体的较大误差；在编制过程中加入一些假定和估算。因此，初步编制完成的投入产出表是平衡的，需要采取一些措施进行总表的平衡调整。

平衡与修订一般采取人工调整和机械调整相结合的方式进行。人工调整是根据经验进行调整，机械调整一般采用 RAS 法。一般地，平衡修订工作首先进行人工调整，再进行机械调整，分为以下三个步骤：第一步，从最终使用项出发，研究各项构成是否合理，对不合理的数据进行修订；第二步，研究中间投入构成中主要消耗是否合理，对不合理的数据进行修订；第三步，在达到基本平衡的基础上，利用修订的 RAS 法（固定重点系数的 RAS 法）进行机械性地调整，使其最终达到数学平衡。需要说明的是，在调整中间需求时应非常慎重，一方面是因为这些流量数据是经过投入产出基层专项调查和反复验证后得到的测算结果，基本上反映了实际的消耗情况；另一方面，是由中间流量数据矩阵的重要性决定的，对中间需求的调整容易产生"牵一发而动全身"的效应，如果调整一个流量元素，往往需要调整更多的流量元素，否则会引起更大的不平衡。

（四）流通费用矩阵

我国的投入产出表一直沿用生产者价格，由于编表所需要的资料主要来自使用部门，其核算价格为购买者价格，经过各类分解后得到的投入产出表为购买者价格表。要编制以生产者价格计算的投入产出表，还需要编制流通费用矩阵，并利用流通费用矩阵从购买者价格计算的投入产出表中扣除相应的流通费用，再分配到相应的投入产出部门。除农业、工业和建筑业部门以外，其他各部门的生产者价格与购买者价格相同，不存在流通费用。

编制流通费用矩阵的基本方法和步骤如下：第一步，确定外购总流通费用的控制数。第二步，计算流通费率，即单位购买者价格表示的产值中包含的流通费用，各产品部门的流通费用率可根据投入产出专项调查中"批发和零售贸易业毛利额调查汇总表"和"运输费用构成典型调查汇总表"中的相关数据计算。第三步，根据流通费率计算出各产品部门的初步流通费用。第四步，通过专家咨询法、RAS法等方法，在保持各产品部门外购总流通费用不变、各产品部门外购的某个流通部门的流通费用合计应等于该流通部门的外购总流通费用控制数的原则下，对第三步得到的各产品部门外购流通费用进行调整，实现其与相应的流通部门总产出数据的协调平衡。这主要是由于流通费率是通过典型调查获取得到的，可能与实际流通费用不一致，需要进行调整。

（五）编制生产者价格投入产出表

编制投入产出表所需资料大部分来自使用部门，其核算价格为购买者价格。为了编制生产者价格投入产出表，需要先根据投入产出调查中得到的投入结构数据编制按照购买者价格计算的投入产出表，然后扣除流通费用矩阵，将购买者价格投入产出表转换成生产者价格投入产出表。

总结起来，投入产出表的编制主要是分解和放大。分解是为了在现有产业部门分类数据的基础上获得产品部门分类的数据；放大是为了将常规统计范围外的经济活动纳入投入产出核算。

## 三、中国投入产出核算的不足与展望

经过多年的投入产出表编制的实践，我国积累了不少关于投入产出表编制的经验。但与国际标准相比存在着不足，这也为我国投入产出表的编制指明了改进的方向。

（一）中国投入产出核算的不足

为适应社会主义市场经济体制下企业的实际情况和宏观经济管理的需要，国家统计局不断改进投入产出调查方法和编表方法，核算人员不断进行着投入产出核算理论与实践的探索研究，中国投入产出核算工作也处于一个不断改进的过程之中。然而，由于政府统计尚未形成一个统一的有机整体，加上中国投入产出核算工作自身的不足，中国投入产出核算还存在着一些问题。

1. 部门分类

投入产出表的部门分类与现行的国民经济行业分类有所不同。投入产出表一般采用产品部门分类编制投入产出表。然而，我们所划分的产品部门不够"纯"，它们并非都只提供某一种产品（货物或服务）的"纯"部门。同时，在部门划分时对生产范围的界定与现行国民经济行业分类的一致化等问题都有待于进一步研究。

2. 编表价格

我国投入产出表采用的编表价格是含增值税的生产者价格。这与我国国民经济核算的价格相同，它等于购买者价格减去流通费用，与国际通行的基本价格不同，与 SNA 推荐的不含增值税的生产者价格也不同。

3. 调查对象

我国基础统计的调查对象是法人企业。从美国、日本、加拿大等大部分发达国家的情况看，其基础统计的调查对象均为产业活动单位。即使在亚洲部分发展中国家，也都按产业活动单位进行调查。现实中，一个法人企业常常包含不只一个产业活动单位。如果不加以区分调查，或者仅仅简单地把它们假定为只提供一种产品的"纯"部门，势必难以反映国民经济活动的真实面貌，更难以利用这种调查资料进行预测和决策提供依据。

4. 调查方案设计

我国的投入产出调查对减轻被调查对象的负担考虑不够。那些被抽中需要既投入构成又填报期间费用的大型企业的负担是很重的，而小型企业的统计力量明显不足以填报内容多、指标细、技术难度大的投入产出调查表。同时，投入产出调查和工业成本费用调查这两种调查数据不能相互衔接、配套和支撑；原材料的分解及归类困难，分类方式过多又增加难度。

5. 编表方法

投入产出表编制方法不同于联合国统计司所推荐的、先编制出长方形的供给使用表然后推导出对称的投入产出表的方法，尚不能起到协调生产法、收入法和支出法 GDP 核算的框架作用。与此同时，编表方法不够规范，编表过程不够透明，数据处理程序 5 年一变，投入产出部门分类常有变动，这些都对我国投入产出表的质量和功能造成了影响。

（二）对中国投入产出核算发展的展望

我国的投入产出核算实践仍面临较大的挑战和发展空间。

1. 改进编表方法，完善投入产出核算在国民经济核算中的作用

我国现行的投入产出表是基于企业单位编制的，先编制产品供给表和投入产出表，然后根据一定的数学假设反推使用表，这与 SNA 推荐的做法相反。当前，中国投入产出核算在整个国民经济核算体系中的作用并没有发达国家那样显著，特别是供给表和使用表在协调三种方法 GDP 的一致性、细化 GDP 的生产和使用、改善季

度 GDP 核算、完善价格指数编制、改进投入产出表编制方法等方面的重要作用均没有得到体现。今后，如何改进统计调查体系，将基础数据单位由企业向更小的产业活动单位过渡和转换，最大限度地发挥投入产出核算在国民经济核算体系中的作用应该成为我国投入产出核算重要的改进方向。

可分阶段逐步开展我国的供给使用核算工作，最终促成我国编制的供给使用表及投入产出表能够起到协调生产法、收入法、支出法三种方法计算出的 GDP 的框架作用，为准确分析预测我国宏观经济发展趋势格局提供更加全面、详细而可靠的数据基础。

2. 部门规模有待于进一步扩大

我国 2017 年投入产出表部门个数为 149 个，相比制度化之初的 1987 年投入产出表部门数（117 个）已有显著提升。然而，与发达国家相比，我国投入产出表的部门个数仍有较大提升空间。部门细化程度较高的投入产出表可以对国民经济进行更加细致的研究，在制定经济政策时也更有针对性，同时也可以避免由于部门分类过粗而导致的数据误差。因此，追求更加细致的部门分类始终是我国投入产出表核算实践的改进方向。当然，投入产出部门个数的多少与一个国家的统计体系、统计能力、行业分类细化程度都有密切关系。部门个数越多，对于基础数据的要求也越高。

3. 核算价格

我国的投入产出核算应该与 SNA 推荐的生产者价格接轨，以避免因计入购买者不可抵扣的增值税所带来的生产结构及经济结构上的这部分偏差。这可以通过按不含应交增值税的生产者价格计算投入产出各产品部门总产出，减去按购买者价格计算的中间投入，使投入产出各产品部门不含应交增值税的增加值得以实现。从而最终实现我国采用国际通行的基本价格进行投入产出核算和 GDP 核算，以期准确反映我国经济结构和生产成果，并在国际社会中承担相应的义务，发挥应有的作用。

4. 编制非竞争型投入产出表

非竞争型投入产出表将中间投入部分分为国内产品的中间投入和进口产品的中间投入，体现了中间需求和最终需求对本系统产品和进口产品的不完全替代性。非竞争型投入产出表的主要优点是可以较为清晰地反映生产过程和最终需求过程对进口产品的消耗，可以更真实地反映不同国家经济生产的实际情况，在国际贸易研究中作用重大。中国曾在 2002 年投入产出专项调查数据的基础上，结合其他调查数据试编了中国 2002 年非竞争型投入产出表。目前，我国非竞争型投入产出表的编制仍存在一些问题，如编制没有形成制度化、资料来源有待于进一步完善等问题。

## 四、投入产出核算结果的应用

投入产出问题涉及投入产出表的编制与投入产出表的应用。投入产出表的编制又称为投入产出核算，是国民经济核算的重要组成部分。投入产出表的应用习惯被称为投入产出分析或投入产出模型，是基于投入产出表而开发出各种模型用于经济分析。鉴于投入产出分析方面已有相关教材，这里主要是介绍投入产出分析中一些最基本的模型。

（一）投入产出系数的计算与应用

投入产出表的最基本应用是计算各类投入产出系数（见表 10 – 12）。

表 10 – 12 投入产出系数

| 投入 | | 产出 | | | | | 进口 | 总产出 |
|---|---|---|---|---|---|---|---|---|
| | | 中间使用 | 最终使用 | | | | | |
| | | n 个部门 | 居民消费 | 政府消费 | 固定资本形成总额 | 存货增加 | 出口 | |
| 中间投入 | n 个部门 | $a_{ij} = \dfrac{X_{ij}}{X_j}$ $r_{ij} = \dfrac{X_{ij}}{X_i}$ | 可以计算各种构成系数，如居民消费的产品构成系数等于某产品居民消费量与居民消费总量之比 | | | | | $X_i$ |
| 最初投入 | 固定资产折旧 | $a_{dj} = D_j / X_j$ | | | | | | |
| | 劳动者报酬 | $a_{lj} = L_j / X_j$ | | | | | | |
| | 生产税净额 | $a_{tj} = T_j / X_j$ | | | | | | |
| | 营业盈余 | $a_{mj} = M_j / X_j$ | | | | | | |
| | 增加值 | $a_{vj} = V_j / X_j$ | | | | | | |
| 总投入 | | $X_j$ | | | | | | |

表 10 – 12 中 $X_{ij}$ 表示 $j$ 部门当期为获得其总产出而对 $i$ 部门产品的消耗量。在各类投入产出系数中，如果第 I 象限的各元素除以所在列的部门总产出 $X_j$，得到的系数是直接消耗系数 $a_{ij}$（Direct Consumption Coefficients），其表示 $j$ 部门生产 1 单位总产出对 $i$ 部门的消耗，表现了国民经济各部门之间相互消耗产品的数量关系。因第 I 象限有 $n \times n$ 个元素，因此 $a_{ij}$ 是一个 $n \times n$ 阶矩阵，一般为 $A$。

如果第 I 象限的各元素除以所在行的部门总产出 $X_i$，得到的系数是直接分配系数 $r_{ij}$（Direct Allocation Coefficients），其表示 $i$ 部门产品分配给 $j$ 部门使用所占的比例。

在第 III 象限最初投入部分，可以计算各部门收入构成各项以及增加值各自占总产出的比例，即固定资产折旧系数 $a_{dj}$、劳动者报酬系数 $a_{lj}$、生产税净额系数 $a_{tj}$、

营业盈余系数 $a_{mj}$、增加值系数 $a_{vj}$。这些系数表示 $j$ 部门生产 1 单位总产出所需要的各种最初投入的数量。这些系数之间存在着关系：

$$a_{dj} + a_{lj} + a_{tj} + a_{mj} = a_{vj}$$

上述各种系数剔除了部门规模的影响，直接地反映出由经济技术因素决定的部门的投入结构以及部门间依赖程度。在投入产出表的应用中，分析的基础一般都是各类投入产出系数，尤其是直接消耗系数。

在以上系数的基础上，还可以进一步计算完全消耗系数、完全需求系数，以及进行影响力分析时计算影响力系数、感应度系数等。

（二）投入产出模型及应用

投入产出系数计算是整个投入产出分析的基础，要建立投入产出模型进行经济分析首先需要计算投入产出系数，特别是直接消耗系数。如同计量经济分析时，首先需要估计计量模型的系数。在列昂惕夫生产函数和同质性假定①的情况下，投入产出系数可以被视为是常数，以方便我们建立各种投入产出模型并应用。下面介绍一种最基本的投入产出模型。

在投入产出表行方向上，有着基本的平衡关系，中间使用之和加上最终使用等于总产出，用 $Y_i$ 表示居民消费、政府消费、固定资本形成总额、出口以及进口，其表示了家庭、政府、企业以及国外对国内产品的需求。上述平衡关系可以用数学公式表示为

$$X_{ij} + Y_i = X_i$$

引入直接消耗系数 $a_{ij}$，可以将上述公式变形为

$$a_{ij} X_j + Y_i = X_i$$

用矩阵表示为

$$AX + Y = X$$

式中，$A$ 为 $n \times n$ 阶直接消耗矩阵，$X$ 为 $n \times 1$ 阶总产出列向量，$Y$ 为 $n \times 1$ 阶最终使用列向量。将公式移项变形可得：

$$X = (I - A)^{-1} Y$$

利用上述公式，即可以由最终使用 $Y$ 推导出总产出 $X$。进一步地，由于 $A$ 和 $I$ 均是参数，所以下式成立

$$\Delta X = (I - A)^{-1} \Delta Y$$

上式即为投入产出行模型，又称需求拉动模型或列昂惕夫模型。利用需求拉动

---

① 属于同一部门的各种产品的生产消耗结构和使用方向结构均具有一致性，即有相同的直接消耗系数和直接分配系数。

模型可以分析需求变动对总产出的影响。例如，分析举办奥运会的经济影响。

## 本章小结

1. 供给表与使用表是投入产出核算的核心内容，既是对生产核算的补充，又是对编制投入产出表的准备。在供给使用表的基础上，推算转化出一张行和与列和相等的投入产出表，还可进一步扩展增加非生产性机构部门，形成社会核算矩阵。

2. 我国的制度化的投入产出核算从1987年开始，逢2、逢7编制投入产出基本表；逢0、逢5编制投入产出延长表。

3. 我国投入产出基本表采用直接分解法进行编制。编制投入产出表需要经过投入产出专项调查、总量编制和流量分解、数据平衡与修订、编制流通费用矩阵、编制生产者价格投入产出表五个步骤。

4. 我国投入产出表的编制在部门分类、编表价格、调查对象、调查方案、编表方法方面还存在着不足。

5. 投入产出模型的基础是计算各类投入产出系数，其中最重要的是直接消耗系数。在列昂惕夫生产函数和同质性假定下，各类投入产出系数可以被看成是常数。

6. 投入产出行模型，可以用来分析需求变动对总产出的影响。

## 本章重要概念

供给表　制造矩阵　使用表　投入产出表　直接分解法　间接推导法（UV表法）
非调查方法　社会核算矩阵　购买者价格　生产者价格　基本价格
竞争型投入产出表　非竞争型投入产出表　总投入　总产出　中间投入
最初投入　中间使用　最终使用　直接消耗系数　直接分配系数
需求拉动模型

## 本章复习思考题

1. 为什么投入产出核算要以供给使用核算为前提？
2. 购买者价格、生产者价格、基本价格之间的关系是什么？
3. 供给表的结构是怎样的？
4. 使用表的结构是怎样的？
5. 投入产出表的行平衡关系、列平衡关系分别是什么？
6. 非竞争型投入产出表对进口商品具体是怎样处理的？
7. 直接分解法和间接推导法的优劣势在哪里？我国使用的调查方法是什么？具体步骤有哪些？

8. SAM 表与投入产出表、供给表、使用表有什么异同？

9. 直接消耗系数和直接分配系数如何计算？反映了什么经济内容？

10. 投入产出行模型是什么？可以进行哪些应用？

## 本章参考文献

[1] 联合国,等.2008 国民账户体系［M］.国家统计局国民经济核算司,中国人民大学国民经济核算研究所,译.北京：中国统计出版社,2012.

[2] 陈杰.2008 SNA 与投入产出核算［J］.中国统计,2009（12）：4－5.

[3] 陈锡康,杨翠红,等.投入产出技术［M］.北京：科学出版社,2011.

[4] 王其文,李善同.社会核算矩阵原理、方法与应用［M］.北京：清华大学出版社,2008.

[5] 向蓉美,杨作廪,王青华.国民经济核算及分析［M］.成都：西南财经大学出版社,2005.

[6] 何继票,邱琼.中国投入产出核算的缺陷及其改进路径［J］.经济理论与经济管理,2011（6）：29－37.

[7] 钱伯海.国民经济统计学（国民经济核算原理）［M］.北京：中国统计出版社,2000.

[8] 国家统计局.2017 年投入产出表［EB/OL］.http：//data.stats.gov.cn.

[9] 高敏雪,李静萍,许健.国民经济核算原理与中国实践（第四版）［M］.北京：中国人民大学出版社,2018.

[10] 杜金富,等.国民经济核算原理与应用［M］.北京：中国金融出版社,2015.

[11] 国家统计局.中国 2012 年投入产出表编制办法［M］.北京：中国统计出版社,2014.

[12] 国家统计局.中国国民经济核算体系（2016）［M］.北京：中国统计出版社,2017.

[13] 国家统计局国民经济核算司.2017 年全国投入产出调查培训手册［M］.北京：中国统计出版社,2018.

[14] 王勇.中国投入产出核算：回顾与展望［J］.统计研究,2012（8）.

[15] EUROPEAN COMMISSION, INTERNATINONAL MONETARY FUND, ORGANIZATION FOR ECONOMIC COOPERATION AND DEVELOPMENT, et al. System of National Accounts 2008［M］. NewYork：2009.

# 第十一章
# 中国国内生产总值核算

本章将在前述章节讲述的国民经济核算原理的基础上,具体阐述中国国内生产总值(GDP)核算的方法。首先梳理中国GDP核算中的基本问题,然后依次阐述中国生产法和收入法、支出法核算GDP的具体做法,最后阐述如何应用GDP核算数据。

## 第一节 中国GDP核算的基本问题

### 一、中国GDP核算的建立与发展

我国国内生产总值(GDP)核算是随着经济体制改革和统计方法制度改革不断发展的。

(一)我国GDP核算的建立

1985年,我国建立了《国民生产总值计算方案》,其核心指标是MPS体系中的国民收入,为适应宏观经济分析和管理的需要,国家统计局也建立了SNA体系中的年度GDP生产核算,但GDP作为附属指标核算。在MPS体系向SNA体系转换的过程中,GDP逐步演化为核算体系中的主要总量指标,国民收入演化为核算体系中的附属指标。

1992年12月,根据《中国国民经济核算体系(试行方案)》的原则要求,我国制订了《国民生产总值、国民收入统计主要指标解释及测算方案》,首次建立起我国独立的、系统的国内生产总值测算方案。但这一文件仍然保留了MPS的部分内容,因此可以视为一种混合模式的核算体系。

1993年10月,根据我国新的会计制度和基层企业统计一套表的要求,制订了《国内生产总值指标解释及测算方案》,这一方案取消了原方案中国民收入核算方法,并对原方案中有关指标定义、计算方法等进行了修改。至此,以取消MPS体系中的国民收入为标志,中国国民经济核算体系完成了从MPS体系向SNA体系的转换过程。

## （二）我国 GDP 核算的发展

1997 年 5 月，根据联合国 SNA（1993）的原则和方法，国家统计局制定了《中国年度国内生产总值计算方法》和《中国季度国内生产总值计算方法》，对国内生产总值核算从原则和方法上进行了全面、系统的阐述。[①]

2001 年，在总结全国和地区国内生产总值核算经验、吸收国外的先进方法的基础上，编制了《中国国内生产总值核算手册》，通过公式化和表格化的形式，直观地描述了国内生产总值核算的操作过程。

2003 年形成了我国国民经济核算工作的第二本规范性文本《中国国民经济核算体系（2002）》。它对《中国国民经济核算体系（试行方案）》进行了全面系统的修订，取消了其中的 MPS 核算内容，清理了一系列基本概念，修订了机构部门和产业部门分类，调整了基本框架，补充了核算内容，修改和细化了有关表式的指标设置，基本上与最新国际标准相衔接。它总结了十年来我国国民经济核算实践经验和理论研究成果，采纳了 SNA（1993）的基本核算原则、内容和方法。

2004 年，中国开展了第一次全国经济普查。国家统计局利用这次机会对普查年度 GDP 核算做了多方面的修订。2005 年 9 月，国家统计局根据第一次经济普查资料，制定了《中国经济普查年度国内生产总值核算方法》，这一方案改进了间接计算的金融中介服务处理方法、规模以上工业和建筑业增加值核算方法、部分服务业和个体经营户增加值等核算方法；细化了产业部门分类，共分 94 个行业；拓宽了核算范围。

2006 年 4 月，根据经济普查获得的丰富的基础资料，结合常规年度的基础资料情况，在兼顾非普查年度与普查年度核算方法衔接的基础上，制定了《中国非经济普查年度国内生产总值核算方法》，为非经济普查年度 GDP 核算提供指导。[②]

2009 年，根据第二次经济普查资料，制订了《中国第二次经济普查年度国内生产总值核算方法》。2010 年，公布《中国非经济普查年度国内生产总值核算方法（修订版）》。2011 年 4 月起，国家统计局对外正式发布 GDP 环比数据。GDP 环比增长速度是季度增加值与上一个季度增加值数据对比的结果。

2017 年，国家统计局正式发布了第三本规范性文本《中国国民经济核算体系（2016）》。这一文本总结了此前中国国民经济核算工作已经取得的改进，并将其作为核算体系的一部分固定下来，同时也提出了未来的改进方向。

---

[①] 1997 年中国统计出版社出版了一套"中国新国民经济核算体系编制与计算方法系列丛书"，全面介绍了在我国如何在 SNA 体系下进行国民经济核算。

[②] 2007 年中国统计出版社出版了一套新的介绍我国国民经济核算实践的丛书——"中国国民经济核算体系编制方法丛书"。

## 二、中国 GDP 核算的基本方法

中国国内生产总值（GDP）的核算，从核算原理上看有生产法（价值形态）、收入法（收入形态）、支出法（产品形态）三种核算方法；从数据公布上看，有年度 GDP 和季度 GDP 两种。我国国内生产总值核算的结果采用的是统计报表的形式，而非采用账户的形式（见图 11-1，图中未画出国外部门的核算）。

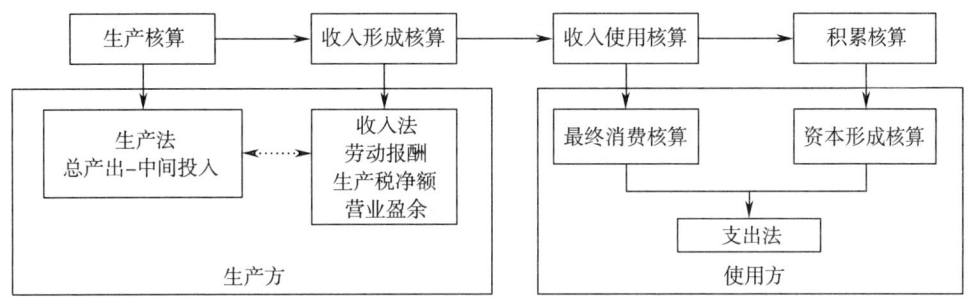

**图 11-1　国内生产总值核算**

图 11-1 的上半部分展示了国民经济核算中心框架的主体内容；下半部分展示了我国 GDP 核算的主要方法。我国 GDP 的核算在遵循了 SNA 的基本分类、基本原理等的基础上，充分考虑了当前我国国民经济核算实践的现实因素。我国的 GDP 核算表将生产法、收入法、支出法集中体现在一张表中，从不同角度反映了 GDP 及其构成。① 表的左边为生产方，右边为使用方（见表 11-1）。

表 11-1　　　　　　　　　　2016 年国内生产总值总表　　　　　　　　　　单位：亿元

| 生产 | 金额 | 使用 | 金额 |
|---|---|---|---|
| 1. 生产法国内生产总值 | 780070.0 | 1. 支出法国内生产总值 | 745632.4 |
| 总产出 | | 最终消费支出 | 399910.1 |
| 中间投入（-） | | 居民消费支出 | 293443.1 |
| 2. 收入法国内生产总值 | 780070.0 | 为住户服务的非营利机构消费支出 | |
| 劳动者报酬 | 370224.3 | 政府消费支出 | 106467.0 |
| 生产税净额 | 110762.5 | 资本形成总额 | 329137.6 |
| 生产税 | | 固定资本形成总额 | 318083.6 |
| 生产补贴（-） | | 存货变动 | 11054.0 |
| 固定资产折旧 | 107001.2 | 贵重物品获得减处置 | |
| 营业盈余 | 192082.0 | 货物和服务净出口 | 16584.7 |
| | | 货物和服务出口 | |
| | | 货物和服务进口（-） | |
| | | 2. 统计误差 | 34437.6 |

资料来源：中国国民经济核算体系（2016），中经网数据库。

---

① 我国国民经济核算不设国民账户，而是采用报表的形式。

表 11-1 左侧的生产方,是从价值创造和收入形成角度反映生产活动的最终成果,包括了生产法和收入法两种方法核算的 GDP。核算内容涉及生产核算和收入形成核算。各指标间的平衡关系为

生产法 GDP = 总产出 - 中间投入

收入法 GDP = 劳动者报酬 + 生产税净额 + 固定资产折旧 + 营业盈余

需要注意的是,生产法 GDP 核算采用产业部门分类法,[①] 不同的产业由于基础数据资料的不同,有些行业直接计算增加值;而有些行业则采用比例系数推算法和相关指标推算法间接计算增加值。在我国的实践中,生产法和收入法是配合使用的,以生产法为主(如图 11-1 中的虚线)。有些行业中间投入不易获得,需要根据收入法增加值和这些行业的总产出倒算中间投入。因此,中国生产法 GDP 和收入法 GDP 核算的主要内容是总产出核算、中间投入核算、各要素收入核算(见本章第二节)。

表 11-1 右侧的使用方是从使用去向角度反映生产活动的最终成果,涉及国民经济核算中心框架中收入使用核算、积累核算、国外账户以及货物和服务账户的核算。表中右侧的各指标间的平衡关系为

支出法 GDP = 最终消费支出 + 资本形成总额 + 货物和服务的净出口

因此,中国支出法 GDP 核算的主要内容是最终消费支出核算、资本形成核算、货物和服务净出口核算(见本章第三节)。

国内生产总值总表左右两端的平衡关系体现了国民经济核算中三方等价的原理,用公式可以表述为

生产法 GDP = 收入法 GDP = 支出法 GDP + 统计误差

## 三、季度 GDP 与年度 GDP

在不同核算方法的基础上,根据数据发布的频次,GDP 又可以分为季度 GDP 和年度 GDP。需要注意的是,我国的季度 GDP 采用的是生产法和收入法进行核算。支出法的季度 GDP 核算还处于研究阶段。而年度 GDP 则采用三种方法进行核算。

我国于 1992 年建立了季度 GDP 核算,2003 年确定的季度 GDP 核算程序包括初步核算、初步核实、最终核实三个步骤。我国季度 GDP 核算采用累计核算方式,前 4 个季度的 GDP 初步核算即为年度 GDP 初步核算。从 2003 年第四季度开始,对季度数据利用年度最终核实数进行基准化调整,实现季度数据与年度数据的协调。季度数据与年度数据衔接采用比例衔接法,也就是利用年度数据与年内 4 个季度汇总数的差率调整季度数据。在季度 GDP 核算时,将所有可以在核算时获得的、适用的

---

[①] SNA 生产账户采用的是机构部门分类。

经济统计调查数据都用于GDP核算。资料来源主要包括两部分：（1）国家统计调查资料，是指由国家统计系统实施的统计调查获得的各种统计资料，如农林牧渔业、工业、建筑业、批发和零售业、住宿和餐饮业、房地产业等统计调查资料、服务业抽样调查资料、人口与劳动工资统计资料、价格统计资料等。（2）行政管理部门的行政记录资料，主要包括：财政部、中国人民银行、国家税务总局、前保监会、证监会等行政管理部门的相关数据。例如，中国人民银行的金融机构本外币信贷收支情况、国家税务总局分行业的税收资料等。

中国年度GDP也要进行三次核算：第一次为"GDP初步核算"；第二次为"GDP初步核实"；第三次为"GDP最终核实"。年度GDP初步核算采用季度GDP核算方法及资料来源。而年度GDP初步核实和最终核实时，采用的资料更充实。前4个季度的GDP初步核算即为年度GDP初步核算。年度GDP初步核算在1月20日前完成。年度GDP初步核实在次年9月底前完成。年度GDP最终核实是在隔年1月完成。之所以做年度GDP最终核实，是因为在年度CDP初步核实后，又可以取得一些新的基础资料，主要包括财政决算资料和部分行业的年度财务资料。与年度GDP初步核算类似，利用这些资料可采用生产法或收入法分行业核算其增加值。

## 第二节 中国生产法与收入法核算 GDP 的实践

从国民经济核算原理上来说，生产法GDP核算与收入法GDP核算是两种独立方法。二者之间可以互相印证。但在我国的GDP核算实践中，这两种方法在核算季度GDP和年度GDP时是相互配合使用的。核算的总公式为

增加值 = 总产出 – 中间投入 = 增加值要素收入项目之和

### 一、GDP 核算的行业分类

我国的GDP核算以增加值核算为基石，增加值核算是对生产过程及其成果的核算。在各行业增加值核算的基础上，可以汇总得到国内生产总值（GDP）。因此，利用生产法和收入法对GDP进行核算，首先需要的是对国民经济的各行各业进行分类。我国目前采用的是第四版的《国民经济行业分类》（GB/T 4754—2017）。新版国民经济分类标准采用四级分类法，即门类20个、大类97个、中类473个、小类1381个。鉴于本教程前述章节已经对产业部门分类进行了详细讨论，本章不再赘述。生产法和收入法GDP核算表正是在行业层面呈现我国GDP的构成与结构的（见表11-2和表11-3）。

**表 11-2** 生产法国内生产总值表

| 项目 | 增加值 | 总产出 | 中间投入 |
|---|---|---|---|
| 合计 | | | |
| 1. 第一产业 | | | |
| 2. 第二产业 | | | |
| 3. 第三产业 | | | |
| | | | |
| 1. 农、林、牧、渔业 | | | |
| 2. 采矿业 | | | |
| 3. 制造业 | | | |
| 4. 电力、热力、燃气及水的生产和供应业 | | | |
| 5. 建筑业 | | | |
| 6. 批发和零售业 | | | |
| 7. 交通运输、仓储和邮政业 | | | |
| 8. 住宿和餐饮业 | | | |
| 9. 信息传输、软件和信息技术服务业 | | | |
| 10. 金融业 | | | |
| 11. 房地产业 | | | |
| 12. 租赁和商务服务业 | | | |
| 13. 科学研究和技术服务业 | | | |
| 14. 水利、环境和公共设施管理业 | | | |
| 15. 居民服务、修理和其他服务业 | | | |
| 16. 教育 | | | |
| 17. 卫生和社会工作 | | | |
| 18. 文化、体育和娱乐业 | | | |
| 19. 公共管理、社会保障和社会组织 | | | |

资料来源：中国国民经济核算体系（2016）。

**表 11-3** 收入法国内生产总值表

| 项目 | 增加值 | 劳动者报酬 | 生产税净额 | 固定资产折旧 | 营业盈余 |
|---|---|---|---|---|---|
| 合计 | | | | | |
| 1. 第一产业 | | | | | |
| 2. 第二产业 | | | | | |
| 3. 第三产业 | | | | | |
| | | | | | |
| 1. 农、林、牧、渔业 | | | | | |
| 2. 采矿业 | | | | | |
| 3. 制造业 | | | | | |
| 4. 电力、热力、燃气及水的生产和供应业 | | | | | |
| 5. 建筑业 | | | | | |
| 6. 批发和零售业 | | | | | |
| 7. 交通运输、仓储和邮政业 | | | | | |
| 8. 住宿和餐饮业 | | | | | |

续表

| 项目 | 增加值 | 劳动者报酬 | 生产税净额 | 固定资产折旧 | 营业盈余 |
|---|---|---|---|---|---|
| 9. 信息传输、软件和信息技术服务业 | | | | | |
| 10. 金融业 | | | | | |
| 11. 房地产业 | | | | | |
| 12. 租赁和商务服务业 | | | | | |
| 13. 科学研究和技术服务业 | | | | | |
| 14. 水利、环境和公共设施管理业 | | | | | |
| 15. 居民服务、修理和其他服务业 | | | | | |
| 16. 教育 | | | | | |
| 17. 卫生和社会工作 | | | | | |
| 18. 文化、体育和娱乐业 | | | | | |
| 19. 公共管理、社会保障和社会组织 | | | | | |

资料来源：中国国民经济核算体系（2016）。

## 二、分行业年度 GDP 核算

我们知道，只要能够分行业计算出总产出和中间消耗，两者相减后汇总即可得到生产法的 GDP。在中国实践中，由于我国的 GDP 核算是由 MPS 体系演进形成的，数据基础是农业、工业等行业统计。因此，我国的 GDP 核算一直以分行业的增加值核算为主。同时，受限于数据基础，我国生产法和收入法是相互配合来运用的，即部分行业增加值核算以生产法为主（如农业），收入法核算中的部分项目为倒推方式获得；部分行业增加值核算以收入法为主（如服务业），生产法核算中部分项目为倒推得到。本节将按照行业大类分类，依次介绍主要行业的增加值核算。

（一）农林牧渔业

农林牧渔业现价增加值以生产法和收入法两种方法计算，① 以生产法计算结果为准。

农林牧渔业增加值核算使用统计系统资料和部门资料。来自统计系统的数据资料主要来源于国家统计局农村司，具体为农林牧渔业总产值、农林牧渔业中间消耗、农村司农产品生产价格指数、农村居民家庭基本情况等。部门资料主要为财政部财政收支决算表。

利用生产法计算农林牧渔业总产值采用"产品法"。其基本思路：根据《农业产品目录》，以具体的农业产品为统计对象，按季节分期分批计算或调查有关农产品的数量，再乘以相应的市场价格得到总产出，而不论农产品是出售还是自用。②

---

① 注意：增加值的核算只有生产法和收入法。
② 严格来说，农产品的生产周期较长，必然存在跨核算期的在制品存货问题，考虑到估价问题的复杂，在核算时简化处理，不考虑在制品问题。

在分别计算五大类行业（农业、林业、牧业、渔业和农林牧渔服务业）数据后，汇总可得到农林牧渔业的数据。

利用收入法计算增加值时，首先将营业盈余与劳动者报酬合并，按照劳动者报酬处理。其次农林牧渔业全行业只征收烟叶税，因此农林牧渔业生产税净额＝农业生产税净额＝烟叶税，数据取自财政部财政收支决算表。农林牧渔业固定资产消耗利用农村住户抽样调查的农村居民家庭拥有的生产性固定资产原值的户均年末值进行推算。农村居民家庭户均拥有农林牧渔业生产性固定资产原值取自农村司农村居民家庭基本情况表调查。折旧率是按折旧年限为15年定的。

（二）工业

工业由采矿业、制造业、电力、燃气及水的生产和供应业组成。工业核算范围为规模以上工业企业（分为规模以上成本费用调查工业企业和规模以上非成本费用调查工业企业）、规模以下工业（包括规模以下工业企业和工业个体经营户）。

工业总产出的计算采用"企业法"，即把企业作为整体，统计企业当期从事工业生产活动的最终成果，同一企业不同生产环节相互之间提供的产品不能重复计算。

计算规模以上工业企业增加值时，首先根据工业企业财务状况及产销总值（限成本费用调查企业）中的相关资料，计算出规模以上成本费用调查工业企业的增加值及收入法各构成项，然后用全部规模以上工业企业总产出、规模以上成本费用调查工业企业收入法增加值及各构成项占总产出的比重推算出全部规模以上工业企业的增加值及收入法各构成项。工业企业总产出根据工业企业总产值、增值税、营业收入等数据计算获得，工业企业中间投入由工业企业总产出减去收入法工业企业增加值得到。计算规模以下工业增加值的资料取自规模以下工业企业样本调查表和个体工业调查表。

在核算现价工业增加值时，不同规模企业，核算方法有所不同，具体如表11-4所示。

表11-4　　　　　　　　不同企业工业增加值核算方法

| 项目 | 规模以上工业企业 | 规模以下工业企业 | 个体企业 |
| --- | --- | --- | --- |
| 劳动者报酬 | 总产出 × 调查企业劳动者报酬占其总产出的比例 + 实物报酬；<br>总产出 = 总产值 + 增值税；<br>调查企业劳动者报酬 = 工资、福利、社保与公积金 + 工费会 × 60% + 董事会费 × 50% + 差旅费 × 6.5%；<br>实物报酬 = 城镇居民人均非现金收入 × 城镇居民年平均人数 | 企业工资、福利、社会保险 | 总产出 × 经济普查年度个体工业劳动者报酬占其总产出的比重；<br>总产出 = 营业收入 |

续表

| 项目 | 规模以上工业企业 | 规模以下工业企业 | 个体企业 |
|---|---|---|---|
| 营业盈余 | 总产出×调查工业企业营业盈余占其总产出的比重；<br>营业盈余=（营业利润－投资收益－公允价值变动收益）+工会经费×40%+上交管理费+补贴收入+利息支出×50% | 营业利润 | 劳动者报酬和自身盈利无法分开，全部计入劳动者报酬 |
| 折旧 | 总产出×调查工业企业固定资产折旧占其总产出比重 | 折旧 | 个体工业总产出×经济普查年度个体工业固定资产折旧占其总产出的比重 |
| 生产税净额 | 总产出×调查工业企业生产税净额占其总产出的比重；<br>调查工业企业生产税净额=主营业务税金及附加+本年度应交增值税+排污费+管理费用中的税金及上交的各种专项费用+水电费中的税费－补贴收入 | 企业税金总额－所得税 | 总产出×经济普查年度个体生产税净额占其总产出的比重 |

资料来源：国家统计局国民经济核算司．中国非经济普查年度国内生产总值核算方法（修订版）[M]．北京：中国统计出版社，2011。

（三）建筑业

建筑业由房屋和土木工程建筑活动、建筑安装活动、建筑装饰活动和其他建筑业活动组成。建筑业总产出是指建筑业法人企业、产业活动单位和个体经营户在报告期内生产建筑业产品和服务的价值总和，包括建筑工程产值、安装工程产值和其他产值。建筑业总产出的核算采用"工厂法"与"产品法"相结合，即针对各建筑安装生产单位，分别核算各项建筑产品的总产出，得到建筑安装生产单位和自营施工单位在核算期内完成的建筑产品总价值。然后利用关系式"全社会建筑业总产出等于资质内建筑业企业总产出除以上一个经济普查年度资质内建筑业企业总产出占全社会建筑业总产出的比重"得到全社会建筑业总产出。

其中，资质内建筑业企业总产出=总承包和专业承包建筑业企业总产出+劳务分包建筑业企业总产出。数据资料来源于总承包和专业承包建筑业企业生产情况表、劳务分包建筑业企业生产经营状况表。中间投入利用总产出和收入法增加值推算。收入法增加值来源于总承包和专业承包建筑业企业财务状况、劳务分包建筑业企业生产经营情况等统计资料。

（四）服务业

服务业即第三产业，包括除农林牧渔业、工业、建筑业外的所有行业，其产出是各种无形产品"服务"。服务产出种类繁多，各不相同，不能使用"产品法"计算增加值。又由于产品的生产与使用不能分开，也不能使用"企业法"进行核算。总的来说，服务业现价增加值按生产法和收入法两种方法计算，以收入法的计算结果为准。而服务业总产出的核算主要有以下几种方法。

1. 追加价值法。主要用于商业和货物运输业的总产出计算。实际核算时，商业部门通常按照所经营商品的购销差价或相关资料计算总产出，货物运输业则根据运输费用计算。

2. 营业收入法。该方法用于各种营业性服务企业的总产出计算。例如，住宿业、生活服务业、信息咨询业、文化教育、卫生和科技服务业等。其基本方法是按照各个部门因提供服务而获得的总营业收入作为总产出。

3. 服务费用法。此方法与营业收入法类似。这种服务费用包括各种形式的佣金、手续费、交易费和其他服务费等。

4. 成本费用法。此方法主要用于计算政府部门以及其他非营利机构或非市场性的服务事业单位总产出的计算。这类服务因无法根据市场价格计量，只能以相应的成本价格去估算，主要包括劳动者报酬、固定资本消耗和中间消耗、少量的生产税净额，一般不包括或很少包括营业盈余。

5. 虚拟推算和抽样推断法。主要用于自有住房的自给性服务和付酬的家务劳动服务的总产出计算。可以按照相同或类似的市场化服务的价格计算，但如果缺乏这样的市场，则采用成本法，以成本减去收益进行估算。

### 三、分行业季度 GDP 核算

季度 GDP 与年度 GDP 在基本概念、口径范围上是一致的。与年度 GDP 相比，季度核算的资料来源和计算方法有所不同，季度 GDP 核算资料远不如年度 GDP 核算资料翔实，所以它更多地依赖相关指标进行推算。总的来说，季度 GDP 的核算在能够得到会计和财务资料的情况下，通过增加值构成项目直接计算得出。其基本方法为增加值率法和速度推算法。

增加值率法的计算公式为

$$报告期增加值 = 报告期总产出 \times 基期增加值率$$
$$基期增加值率 = 基期增加值/基期总产出$$

速度推断法的计算公式为

$$报告期增加值 = 基期增加值 \times 报告期相关指标发展速度$$

（一）农林牧渔业季度增加值核算

先计算现价增加值。按农业、林业、牧业、渔业、农林牧渔服务业五大类行业分别计算增加值。其中,农业、林业、牧业、渔业增加值按生产法计算,农林牧渔服务业用速度推算法计算,外推指标为农林牧渔服务业从业人员劳动报酬增长速度。

(二) 工业季度增加值核算

工业分为规模以上工业和规模以下工业两部分。规模以上工业现价增加值利用增加值率法计算,即规模以上现价增加值=总产出×增加值率。其中,总产出采用全面报表调查方式获得,增加值率参照上年年度增加值率确定。规模以下工业现价增加值也利用增加值率法计算,其中总产出采用抽样调查的方法获得,增加值率根据抽样调查的会计资料和投入产出调查资料分规模以下企业和个体户两部分分别确定。

(三) 建筑业增加值核算

先利用速度推算法计算不变价增加值,即不变价增加值=上年同期不变价增加值×外推指标。外推指标等于当期建筑安装工程投资不变价增长速度×上年年度不变价增加值增长速度与建筑安装工程投资不变价增长速度的比例系数。然后根据上述计算的不变价增加值,以固定资产投资价格指数为缩减指数,计算现价增加值。

(四) 交通运输仓储邮电通信业

先利用速度推算法计算不变价增加值。外推指标等于当期客货运周转量和邮电业务总量的加权平均增长速度(权数为上年度交通运输业和邮电通信业增加值的比重)×上年年度不变价增加值增长速度与加权平均增长速度的比例系数。然后根据上述计算的不变价增加值,以居民消费价格指数中的交通费价格指数为缩减指数,计算现价增加值。

(五) 批发零售贸易餐饮业

先计算现价增加值,然后计算不变价增加值。先利用速度推算法计算现价增加值。外推指标等于社会消费品零售额现价增长速度×上年年度批发零售贸易餐饮业现价增加值增长速度与社会消费品零售额增长速度的比例系数。然后根据上述计算的现价增加值,以商品零售价格指数为缩减指数,采用缩减法计算不变价增加值。

(六) 金融业

当期金融业不变价增加值=上年同期金融业不变价增加值×(1+当期金融业不变价增加值增长速度)。当期金融业不变价增加值增长速度为当期银行业和其他金融活动、证券业、保险业不变价增加值的加权平均增长速度。[①]

当期银行及其他金融活动不变价增加值增长速度 = {[(1+当期相关指标现价增长速度)÷当期价格指数[②]]−1}×转换系数

---

[①] 权数为上年年度银行及其他金融活动、证券、保险业不变价增加值在金融业不变价增加值中的比重。

[②] 当期价格指数=(当期固定资产投资价格指数+当期居民消费价格指数)÷2。

当期相关指标现价增长速度＝（当期人民币存贷款余额现价增长速度①＋当期银行及其他金融活动营业税现价增长速度）÷2。

转换系数＝上年年度银行及其他金融活动增加值不变价增长速度÷上年相关指标不变价增长速度

证券业和保险业不变价增加值增长速度核算方法、价格指数均与银行业相同。但相关指标变为股票交易额与保费收入。

（七）房地产业

先计算不变价增加值，然后计算现价增加值。利用速度推算法计算不变价增加值。外推指标利用商品房销售建筑面积增长速度、房地产业管理业从业人员劳动报酬增长速度（按不变价计算）、居民自有住房面积增长速度的加权平均增长速度②×上年年度房地产业不变价增加值增长速度与加权平均增长速度的比例系数。根据上述计算的不变价增加值，以房屋销售价格指数、土地交易价格指数、房屋租赁价格指数、物业管理价格指数的简单平均数为缩减指数，计算现价增加值。

（八）其他服务业

其他服务业是指除上述行业以外的所有行业。该行业先计算现价增加值，然后计算不变价增加值。利用速度推算法计算现价增加值。外推指标等于其他服务业营业税增长速度、行政管理费增长速度和从业人员劳动报酬增长速度的加权平均增长速度③×上年年度其他服务业现价增加值增长速度和加权平均增长速度的比例系数。

根据上述计算的现价增加值，以商品零售价格指数和居民消费价格指数中的服务项目价格指数的简单平均数为缩减指数，计算不变价增加值。

## 第三节 中国支出法 GDP 核算的实践

支出法 GDP 核算是从生产活动成果最终使用角度计算国内生产总值的一种方法，它从产品形态上反映了国内生产总值用于最终消费支出、资本形成和净出口的货物和服务的总量。支出法 GDP 的三个构成部分代表的是国内消费需求、国内投资

---

① 加权平均增长速度，权数为存、贷款余额占存贷款余额合计的比重。

② 商品房销售建筑面积增长速度的权数为房地产开发经营业不变价增加值的比重，房地产管理业从业人员劳动报酬增长速度的权数为房地产管理业不变价增加值的比重，居民自有住房面积增长速度的权数为居民自有住房虚拟折旧比重。

③ 营业税增长速度的权数为其他服务业中从事盈利性活动部分现价增加值的比重，行政管理费增长速度的权数为党政机关和社会团体现价增加值的比重，从业人员劳动报酬增长速度的权数为上述两部分以外的增加值比重。

需求、国外需求。因此,支出法 GDP 是分析研究我国国民经济发展中的三大需求增长的重要指标,同时也是制定国家宏观经济政策的科学依据。

表 11-5　　　　　　　　　　　支出法国内生产总值表

| 国内生产总值 | 金额 |
|---|---|
| 1. 最终消费支出 | |
| 　居民消费支出 | |
| 　　食品烟酒 | |
| 　　衣着 | |
| 　　居住 | |
| 　　生活用品及服务 | |
| 　　交通和通信 | |
| 　　教育、文化和娱乐 | |
| 　　医疗保健 | |
| 　　金融中介服务 | |
| 　　保险服务 | |
| 　　其他商品和服务 | |
| 　为住户服务的非营利机构消费支出 | |
| 　政府消费支出 | |
| 2. 资本形成总额 | |
| 　固定资本形成总额 | |
| 　　住宅 | |
| 　　其他建筑和构筑物 | |
| 　　机器和设备 | |
| 　　培育性生物资源 | |
| 　　知识产权产品 | |
| 　　非生产资产所有权转移费用 | |
| 　　其他 | |
| 　存货变动 | |
| 　贵重物品获得减处置 | |
| 3. 货物和服务净出口 | |
| 　货物和服务出口 | |
| 　　货物出口 | |
| 　　服务出口 | |
| 　货物和服务进口 | |
| 　　货物进口 | |
| 　　服务进口 | |

资料来源:中国国民经济核算体系(2016)。

注:表中在"政府消费服务支出"项后删去了"1. 实际最终消费"项的内容。

从核算原理来看，支出法 GDP 核算涉及收入使用核算、积累核算以及国外部门核算。支出法 GDP 核算的公式为

$$支出法 GDP = 最终消费支出 + 资本形成总额 + 净出口$$

支出法 GDP 核算表是从上述三个方面展示 GDP 的总值与构成的（见表 11-5），现分别论述如下。

## 一、我国最终消费支出的核算

最终消费支出包括居民消费支出、政府消费支出和为住户服务的非营利机构消费支出。

（一）居民消费支出核算[①]

居民消费支出是指常住居民在一定时期内对货物和服务的全部最终消费支出，包括以货币形式购买的货物和服务支出，以实物报酬和实物转移方式获得的货物和服务支出，自产自用的货物价值，自有住房服务支出，金融中介服务支出，保险服务支出。

按地域划分，居民消费支出分为农村居民消费支出和城镇居民消费支出。农村居民消费支出是指，农村常住居民在核算期内对于货物和服务的全部最终消费支出。主要利用农村住户抽样调查资料，按农村居民消费的主要类别和人数进行计算。人数来自农村人口调查资料。城镇居民消费支出是指城镇常住居民在核算期内对于货物和服务的全部最终消费支出。主要利用城市住户抽样调查资料，按城镇居民消费的主要类别和人数进行计算。人数来自城镇人口调查资料。

按消费类型分，居民消费分为食品类，衣着类，居住类，家庭设备、用品及服务类，医疗保健类，交通和通信类，文教娱乐用品及服务类，实物消费及其他，银行中介服务消费支出，保险服务消费支出，自有住房服务等。

1. 八类居民消费支出核算

食品类，衣着类，居住类，家庭设备、用品及服务类，医疗保健类，交通和通信类，文教娱乐用品及服务类，实物消费及其他这八类居民消费都是按照人均消费支出居民年平均人数计算获得。比如，农村居民食品类消费支出是指农村居民对于食品及相关服务的全部最终消费支出，包括谷物等十类食品、在外饮食、食品加工费、其他服务性支出，计算公式为

食品类消费支出 = 农村居民人均食品消费支出 × 农村居民年平均人数

---

[①] 本节中仅讨论现价 GDP 的核算方法，至于不变价 GDP 的核算通常是在现价 GDP 基础上利用价格指数进行缩减，具体方法可见本教程最后一章。

农村居民年平均人数 =（年初农村居民人数 + 年末农村居民人数）÷2

2. 银行服务消费支出核算

银行服务消费支出为城乡居民消费间接计算的银行中介服务和直接付费的银行服务加总获得。农村居民银行服务消费支出 = 银行服务消费支出 − 城镇居民银行服务支出。

居民消费的间接计算的银行中介服务支出为间接计算的银行中介服务产出分摊给居民的部分。居民直接付费的银行服务支出根据金融机构手续费、佣金和其他业务收入资料计算。

居民消费的间接计算的银行中介服务支出 = 间接计算的银行中介服务产出 ×（城镇居民储蓄存款年平均余额 + 住房公积金存款年平均余额 + 城镇居民消费贷款年平均余额）÷（金融机构存款年平均余额 + 金融机构贷款年平均余额）。

居民直接付费的银行服务支出 =［银行直接收费的服务产出 −（证券销售差价收入 + 证券发行差价收入）］× 居民存贷款余额占银行存贷款余额的比重

城镇居民直接付费的银行服务支出 = 直接收费的银行服务收入 × 城镇居民储蓄存款占储蓄存款的比重

银行直接收费的服务产出 = 直接收费的银行服务收入 = 手续费及佣金收入 + 其他业务收入

所需资料取自银行业及相关金融业资产负债表和损益表。居民存贷款余额占银行存贷款余额的比重、城镇居民储蓄存款占储蓄存款的比重取自中国人民银行信贷收支表。

3. 保险服务消费支出核算

保险服务也是根据城镇和农村支出分别核算。其中，农村居民保险服务消费支出 = 居民保险服务消费支出 − 城镇居民保险服务消费支出。

城镇居民保险服务消费支出是指城镇居民因参与生活保险活动消费的保险机构提供的保险服务的支出，计算公式为

城镇居民保险服务消费支出 = 居民保险服务消费支出 × 城镇居民保险服务消费支出占居民保险服务消费支出比重

居民保险服务消费支出 = 保险业总产出 ×［人寿险赔款及给付 + 家财险赔款及给付 + 机动车辆险赔款及给付 ×（私人小型和微型载客汽车拥有量 ÷ 民用汽车拥有总量）］÷ 赔款及给付合计

城镇居民保险服务消费支出占居民保险服务消费支出比重 = 城镇居民获得的保险赔款及给付 ÷（城镇居民获得的保险赔款及给付 + 农村居民获得的保险赔款及给付）

城镇居民获得的保险赔款及给付＝城镇居民人均获得的保险赔款及给付 × 城镇居民年平均人数

农村居民获得的保险赔款及支付＝农村居民人均获得的保险赔款及给付 × 农村居民年平均人数

保险业总产出为生产法核算数据，赔款及给付取自保险公司业务经济技术指标表，私人小型和微型载客汽车拥有量、民用汽车拥有量取自私人汽车拥有量表、民用汽车拥有量表；城镇居民人均获得的保险赔款及给付取自城市居民家庭现金收支调查表，农村居民人均获得的保险赔款及给付取自农村居民家庭现金收支日记账。

4. 自有住房服务消费支出核算

（1）农村居民自有住房服务虚拟消费支出指农村居民因自己拥有住房而虚拟计算的住房服务消费支出。其价值为农村居民自有住房的虚拟租金，在不能获得虚拟租金的情况下，可以利用住房成本计算。计算公式为

农村居民自有住房服务虚拟消费支出＝农村居民自有住房修理维护费 + 农村居民自有住房虚拟折旧

农村居民自有住房修理维护费＝农村居民人均维修用生活用房材料 × 农村居民年平均人数

农村居民人均维修生活用房材料取自农村居民家庭收入与支出表。

农村居民自有住房虚拟折旧＝农村居民自有住房价值 × 折旧率＝（农村居民人均住房面积 × 农村居民年平均人数）× 农村居民住房单位面积价值 × 折旧率

农村居民人均住房面积、农村居民住房单位面积价值取自农村居民家庭概况表。

（2）城镇居民自有住房服务虚拟消费支出是指城镇居民因自己拥有住房而虚拟计算的住房服务消费支出。其价值为城镇居民自有住房的虚拟租金，由于不能获得虚拟租金，可以利用住房成本计算。计算公式为

城镇居民自有住房服务虚拟消费支出＝城镇居民自有住房修理维护 + 城镇居民自有住房管理费 + 城镇居民自有住房虚拟折旧

城镇居民自有住房修理维护费＝[（城镇居民人均维修用建筑材料 + 城镇居民人均维修服务费）× 城镇居民年平均人数] × 城镇居民自有住房率

城镇居民自有住房率为"房屋产权"中的"原有私房""房改私房"和"商品房"所占比重之和。数据资料取自城市居民家庭住房基本情况调查表，城镇居民人均维修用建筑材料、人均维修服务费取自城市居民家庭消费支出调查表。

城镇居民自有住房管理费＝（城镇居民人均物业管理费 × 城镇居民年平均人数）× 城镇居民自有住房率

城镇居民人均物业管理费取自城市居民家庭消费支出调查表。

城镇居民自有住房虚拟折旧=［（城镇居民人均住房建筑面积×城镇住宅单位面积造价）×城镇居民年平均人数］×城镇居民自有住房率×折旧率

城镇居民人均住房建筑面积取自城市居民家庭住房基本情况调查表，城镇住宅单位面积造价取自固定资产投资统计年报中的各地区城镇住宅建筑面积和造价表。

（二）政府消费支出核算

政府消费支出是指政府部门为全社会提供公共服务的消费支出和免费或以较低价格向居民住户提供的货物和服务净支出。前者等于政府部门公共服务的产出价值减去政府部门所获得的经营收入的价值；后者等于政府部门免费或以较低价格向居民住户提供的货物和服务的市场价值减去向住户收取的价值。

政府部门包括以下行业的各种行政单位和非营利性事业单位：农林牧渔服务业，科学研究、技术服务和地质勘察业，水利、环境和公共设施管理业，居民服务和其他服务业中的托儿所和殡葬服务，教育，卫生、社会保障和社会福利业，文化、体育业，公共管理和社会组织等。

政府消费支出根据国家财政经常性业务支出进行计算。计算公式为

政府消费支出=经常性业务支出-政府部门市场性收入+固定资产折旧

经常性业务支出=（工资福利支出+商品和服务支出+对个人和家庭补助支出-抚恤费-生活补助-救济费-助学金-公费医疗-生产补贴-其他）×行政、事业、民间非营利性组织占全国预算单位资产比重+国防费经常性支出-政府部门市场性收入

行政、事业、民间非营利组织占全国预算单位资产比重=（全国预算单位年平均资产总额-企业化管理事业单位年平均资产）×全国预算单位年平均资产总额

政府部门市场性收入是指行政事业单位经营性收入和预算外收入中对居民收取的各种费用。

计算经常性业务支出的各指标取自财政部全国预算单位支出决算明细表。全国预算单位经营收入取自财政部全国预算单位收入决算表。全国预算单位年平均资产总额取自财政部全国预算单位资产情况表。企业化管理事业单位年平均资产取自财政部全国预算单位资产负债简表。行政单位固定资产原值、事业单位固定资产累计折旧、民间非营利组织固定资产累计折旧取自财政部全国预算单位资产负债简表。国防费取自财政部行政事业单位决算。人员生活费取自中国国防白皮书。

（三）为住户服务的非营利机构消费支出核算

我国对这个部门的消费支出核算正在推进中。

## 二、我国资本形成总额的核算

资本形成总额的核算包括固定资本形成总额核算与存货变化核算两个部分。需

要注意的是，在我国，贵重物品获得减处置因为发生数额较小且难以界定、难以收集数据，目前并没有作为单独的构成项目进行核算。

（一）我国固定资本形成总额核算

固定资本形成总额的核算按照资产分类，逐一进行核算。部分资产的核算方法论述如下：

1. 住宅是指用于专供居住的房屋，如别墅、公寓、职工宿舍等。

住宅资本形成＝住宅投资额＋住宅销售增值－住宅土地征用、购置及迁移补偿费

其中，住宅投资额取自统计局投资司全社会固定资产投资完成额分项数据。住宅销售增值是指住宅销售价值与投资完成额之间的差额。

住宅销售增值＝竣工住宅实际销售额－竣工住宅价值－住宅土地开发投资额

竣工住宅实际销售额＝（住宅实际销售额÷住宅销售面积）×住宅竣工面积

相关数据取自固定资产投资统计资料、国土资源部《中国国土资源统计年鉴》等。

2. 非住宅建筑物是指不属于住宅的建筑物，如办公楼、商业营业用房、企业厂房库房、公共基础设施等。

非住宅建筑物＝全社会固定资产投资额中的建筑安装工程－住宅投资额－购置旧建筑物的价值－用于非住宅建筑物土地征用、购置及迁移补偿费＋非住宅房屋销售增值

其中，购置旧建筑物的价值类同购置旧设备的价值，也不增加固定资本形成总额应从固定资产投资总额中扣除。用于非住宅建筑物土地征用、购置及迁移补偿费类同住宅的土地征用、购置及迁移补偿费，包括在固定资产投资完成额中，但不增加全社会的固定资本形成总额，应从固定资产投资完成额中扣除。资料取自国土资源部《中国国土资源统计年鉴》国有土地供应出让情况表中商业用地土地出让成交款数。

非住宅房屋销售增值是指在核算期内非住宅销售价值与相应的投资完成额（出售前的工程造价）之间的差额。

非住宅房屋销售增值＝商品房销售增值－住宅销售增值

商品房销售增值＝（商品房实际销售额÷商品房实际销售额面积）×竣工房屋面积－竣工房屋价值－土地开发投资额－土地购置费

3. 机器和设备是指用于购置或自制、达到固定资产标准的设备、工具、机器的投资额。

机器和设备固定资本形成＝全社会固定资产投资额中的设备工具器具购置投资

额+规模以下固定资产零星投资-购置旧设备的价值

其中，机器和设备投资额数据取自全社会固定资产投资总额数据中设备工器具购置投资额。规模以下零星固定资产投资按全部固定资产投资额一定比例进行推算。购置旧设备的价值这一费用包括在固定资产投资总额统计中，但因常住单位之间买卖不增加固定资本形成总额，应从全社会固定资产投资总额中扣除。数据取自固定资产投资统计资料。

4. 土地改良支出是指为增加土地数量、改善土地质量或提高土地生产率，以达到符合农业用地和各种建设用地的要求所形成的投资额。由国家、省、市、县级国土资源行政主管部门审查安排的各种土地整理复垦开发项目的投资额，被当作固定资本形成总额来处理。以往由于缺乏资料，土地改良支出包含在固定资产投资总额和固定资本形成总额中，未对此项内容进行单独核算，现可以根据国土资源部年度土地改良支出数据，从固定资本形成总额中单列出来。另外，为了避免重复计算，要在固定资本形成总额"其他"项中扣除这一数据。未正式立项的土地改良没有包括在全社会固定资产投资额中，但因缺乏基础资料，暂不计算。

5. 矿藏勘探费是指全社会各部门、单位勘探地下矿产资源投入的资金，属于无形固定资产。为了避免重复计算，要在固定资本形成总额"其他"项中扣除这一数据。

6. 计算机软件是指企业从事开发、研制、销售软件产品所获得的收入，也属于无形固定资产。

7. 其他是指除上述固定资本形成总额以外的内容，如大牲畜养殖培育支出、林木果园投资、城市绿化等及其他支出。

（二）我国存货变化核算

存货是指常住单位购进和拨入的原材料、燃料和储备物资以及常住单位生产的产成品、在制品和半成品等存货。存货增加等于核算期内存货实物量变动的市场价值，即期末存货价值减期初存货价值的差额，扣除当期由于价格变动而产生的持有收益或损失。

存货增加主要根据会计资料中的期末、期初价值计算。由于会计核算中的存货价值包含了核算期内价格变动引起的存货持有收益或损失，因此在计算存货增加时需要加以剔除。剔除方法：利用核算期有关价格指数，将会计核算的期初存货价值调整为按核算期期末价格计算的存货价值，并以此计算存货增加。计算公式为

存货增加 = 年末存货价值 - 调整后的年初存货价值

其中，调整后的年初存货 = 会计核算的年初存货价值 × 相关价格指数

需要注意的是，由于存货变化的核算有难度，许多国家并不直接核算存货变化

的价值，而是作为支出法 GDP 核算的一个平衡项，即以生产法 GDP 减去最终消费支出、减去固定资本形成总额、减去货物和服务净出口来倒推存货变化价值。但是我国并没有采用这种做法。我国存货变化核算直接利用分行业会计资料和其他相关资料直接计算，其间不进行价格调整。具体计算方法如下。

1. 农林牧渔业存货增加

农林牧渔业存货增加分农林牧渔业企业存货增加和农户存货增加两部分计算。核算国有农林牧渔业企业的存货增加时，年末年初存货资料取自国资委国有企业资产构成情况表；调整年初存货价值采用的价格指数为农产品生产价格指数。农户存货增加则包括农户饲养猪、羊、家禽形成的存货增加以及粮食储备形成的存货增加。农户存货增加的计算公式：存货增加 =（年末数 – 年初数）× 年末平均单价。

年初年末存栏数取自畜牧业生产情况年报；平均单价取自农产品生产价格指数表。农户人均存粮取自农村司农村居民家庭基本情况表，农村人口取自人口调查资料，粮食混合平均单价根据农村司农产品生产价格指数表中的谷类、薯类、豆类等作物的价格资料经加权平均计算得出。

2. 工业存货增加

工业存货增加由规模以上工业企业和规模以下工业企业两部分构成。

规模以上企业本年存货增加 = 本年年末存货 – 本年年初存货（用工业品出厂价格调整）。规模以下工业存货增加利用经济普查数据推算。

3. 建筑业存货增加

建筑业存货增加由总承包和专业承包建筑业企业，劳务分包及资质等级以外建筑业企业两部分构成，总承包和专业承包建筑业企业存货增加利用建筑业企业财务状况表计算，劳务分包及资质等级以外建筑业企业存货增加利用经济普查数据推算。用生产资料工业品出厂价格指数对建筑业年初存货价值进行调整。

4. 交通运输、仓储及邮政业存货增加

交通运输、仓储及邮政业存货增加主要利用国有企业资产构成情况表计算。利用生产资料工业品出厂价格指数对交通运输业年初存货价值进行调整；利用商品零售价格指数对仓储业年初存货价值进行调整；利用工业品出厂价格指数对邮政业年初存货价值进行调整。价格指数分别取自工业品出厂价格指数表和商品零售价格指数表。

5. 批发和零售业存货增加

批发和零售业企业存货增加由限额以上批发和零售业企业、限额以下批发和零售业企业两部分构成。限额以上批发和零售业企业存货增加根据限额以上批发和零售业法人企业主要财务数据计算；限额以下批发和零售业企业存货增加利用经济普查资料推算。利用商品零售价格指数对批发和零售业企业年初存货价值进行调整。

6. 住宿和餐饮业存货增加

住宿和餐饮业企业存货增加由限额以上住宿和餐饮业企业、限额以下住宿和餐饮业企业两部分构成。限额以上住宿和餐饮业企业存货增加根据限额以上住宿和餐饮业法人企业财务数据计算；限额以下批发和零售业企业存货增加利用经济普查资料推算。利用商品零售价格指数对住宿和餐饮业企业年初存货价值进行调整，商品零售价格指数取自商品零售价格指数表。

7. 房地产业存货增加

房地产业存货包括未出售的房屋、建筑材料两部分。在计算存货增加时，需要将未出售的房屋扣除（因已计入固定资本形成总额，不应重复计算）。利用建材类价格指数对房地产业年初存货进行调整。

8. 其他服务业企业存货增加

这些服务业企业的存货增加利用相关经济普查相关资料推算。

利用通信服务价格指数对信息传输、计算机和软件服务业年初存货价值进行调整；利用服务项目价格指数对租赁和商务服务业，科学研究、技术服务和地质勘察业，水利、环境和公共设施管理业，居民服务和其他服务业年初存货价值进行调整；利用娱乐教育文化用品及服务价格指数对教育、文化、体育和娱乐业年初存货价值进行调整；利用居民医疗保健及个人用品价格指数对卫生、社会保障福利业年初存货价值进行调整。

9. 其他存货增加

其他存货增加主要是指国家储备粮库存和个体经营户库存。由于这些活动的存货变动数量变化不大，暂忽略不计。

### 三、我国净出口的核算

支出法 GDP 中的货物和服务净出口，是指货物和服务出口减去货物和服务进口的差额。出口包括常住单位向非常住单位出售或无偿转让的各种货物和服务的价值；进口包括常住单位从非常住单位购买或无偿得到的各种货物和服务的价值。地区核算货物和服务净出口，除包括本地区对国外贸易和非贸易往来的净出口额外，还包括国内地区间货物和服务的净流出额。

货物进出口可分为一般贸易进出口、加工贸易进出口、其他贸易进出口。服务进出口可分为运输服务、旅游服务、通信服务、保险服务、计算机和信息服务及其他服务进出口。货物出口和进口价值都按离岸价格计算；服务出口和进口价值按交易发生时的市场价格计算。

货物和服务出口总额和进口总额直接取自国际收支平衡表。货物进出口中的一般贸易进出口，加工贸易进出口，其他贸易进出口数据取自海关统计的进出口贸易总额，由于海关统计的进口数据是按到岸价格计算，因此需利用调整系数将其调整为按离岸价格计算的数据。

服务进出口中的运输服务、旅游服务、通信服务、保险服务、计算机和信息服务及其他服务进出口直接取自国际收支平衡表。此外，还需将按美元计算的数据用当年平均汇率折算成按人民币计算的数据，计算公式为

按人民币计算的出口或进口 = 按美元计算的出口或进口 × 人民币兑美元的年平均汇率

## 第四节 国内生产总值核算结果的应用

我国的国内生产总值核算表，并没有采用账户的形式，而是直接以报表的形式给出。国内生产总值总表给出了以三种方法计算的 GDP 核算值，并提供了很多相关指标的数据。利用这些核算结果可以进一步地计算出一些重要指标用于经济分析。其中，各国都十分关注的 GDP 增长率是最常见的指标。因这一指标在相关学科的教材中已经有了详细介绍，这里不再赘述。但需注意的是，如果要对经济增长率进行跨期或跨国比较分析，需要进行一些相关处理。详细内容将在本教程最后一章阐述。接下来我们就依次讨论国内生产总值表的应用。

### 一、增加值率分析

增加值率是指增加值占总产出的比重。用公式表示为

$$增加值率 = \frac{增加值}{总产出}$$

根据增加值的定义，其是总产出减去用于中间投入后剩余的部分，反映了生产过程中新增加的价值。一般来说，增加值率越高意味着生产的附加值越大。因此，增加值率可以用来分析判断一个产业的经济效益。需要注意的是，我国当前国内生产总值核算中只提供各个产业的增加值，不能同时提供各个产业的总产出数据。因此，若要进行产业层面的增加值率分析还需借助投入产出表（见第十二章）。表 11-6 中显示了中国各产业增加值率的现状。

表 11-6　　　　　　　　　　　　中国各产业增加值率

| 产业分类 | 2002 年 | 2007 年 | 2012 年 |
| --- | --- | --- | --- |
| 国民经济总体 | 0.389 | 0.325 | 0.335 |
| 第一产业：农林牧渔业 | 0.582 | 0.586 | 0.586 |
| 第二产业 | 0.289 | 0.233 | 0.229 |
| 采矿业 | 0.578 | 0.473 | 0.490 |
| 食品、饮料制造及烟草制品业 | 0.311 | 0.244 | 0.235 |
| 纺织、服装及皮革产品制造业 | 0.247 | 0.207 | 0.200 |
| 其他制造业 | 0.350 | 0.380 | 0.273 |
| 电力、热力及水的生产和供应业 | 0.501 | 0.286 | 0.265 |
| 炼焦、燃气及石油加工业 | 0.174 | 0.179 | 0.188 |
| 化学工业 | 0.269 | 0.203 | 0.192 |
| 非金属矿物制品业 | 0.329 | 0.275 | 0.253 |
| 金属产品制造业 | 0.242 | 0.198 | 0.184 |
| 机械设备制造业 | 0.249 | 0.192 | 0.190 |
| 建筑业 | 0.234 | 0.231 | 0.266 |
| 第三产业 | 0.532 | 0.535 | 0.536 |
| 运输仓储邮政、信息传输、计算机服务和软件业 | 0.481 | 0.495 | 0.399 |
| 批发零售贸易、住宿和餐饮业 | 0.501 | 0.525 | 0.622 |
| 房地产业、租赁和商务服务业 | 0.639 | 0.607 | 0.556 |
| 金融业 | 0.589 | 0.689 | 0.596 |
| 其他服务业 | 0.521 | 0.489 | 0.537 |

资料来源：向书坚，等. 国民经济核算 [M]. 北京：北京大学出版社，2019：74。

在利用生产法 GDP 核算结果时，还有以下一些可以计算的指标：

$$中间投入率 = \frac{中间投入}{总产出}$$

$$单位中间投入创造的国内生产总值 = \frac{国内生产总值}{中间投入}$$

中间投入率与增加值率之和等于 1。因此，中间投入率越低，说明生产一定的总产出消耗的货物和服务越少，经济效益越好。更进一步地，可以计算单位中间投入创造的 GDP，这一值越大，表明经济效益越好。

## 二、产业结构分析

由于分行业的总产出需要借助于投入产出表，而我国投入产出表并不是逐年核算，这在一定程度上限制了增加值率的应用。然后在每年的 GDP 核算表中，各产业的增加值是已知的，我们可以利用增加值占 GDP 的比重进行时间序列上的分析。

产业结构的分析是国民经济分析中的重要问题。根据经济学理论，伴随着国民经济的发展，产业结构是不断升级的，这一升级过程表现为：初期，第一产业在国民经济所占比例逐步降低，第二、第三产业占比将逐步增大；后期，第一产业占比继续降低，第二产业占比开始下降，而第三产业占比越来越大。通过利用生产法GDP核算表提供的数据信息，我们可以计算三次产业增加值占GDP的比重来观察产业升级过程。具体的计算留给读者作为练习。从结果可以表明，从1978—2015年来看，我国第一产业占比从27.7%下降到8.8%；第二产业占比稳定在40%~48%，2016年时降至40%以下；第三产业占比从26.4%升高到50.2%，首次超过50%。

各次产业对国民经济整体发展的贡献度也是国民经济分析中的重要问题。我们可以利用GDP核算的结果，通过计算各次产业的贡献度来分析。需要注意的是要利用可比价数据。计算公式为[①]

$$某产业增长贡献率 = \frac{当期某产业可比价增加值增量}{当期可比价国内生产总值增量} \times 100\%$$

$$某产业增长拉动率 = 该产业增长贡献率 \times 国内生产总值增长率$$

### 三、要素收入比例分析

收入法GDP核算表中呈现了各生产要素的初次分配关系。可以通过计算政府、企业、住户所得占GDP的比重来分析各要素间的分配关系。计算公式为

$$住户所得比重 = \frac{劳动者报酬}{收入法GDP}$$

$$政府所得比重 = \frac{生产税净额}{收入法GDP}$$

$$企业所得比重 = \frac{营业盈余 + 固定资本消耗}{收入法GDP}$$

需要注意的是，利用收入法GDP核算表计算出来的各要素占GDP的比重，表明的只是初次分配关系。在形成初次分配后，国民经济还有收入再分配的过程。

表11-7表明，我国的初次分配结构相对稳定，政府所得占比一直约为14%。企业所得有一定的起伏，近年来呈现一定的下降。

表11-7　　　　　　　　　　初次分配结构表　　　　　　　　　　单位：%

| 年份 | 住户所得 | 政府所得 | 企业所得 |
|---|---|---|---|
| 2002 | 48.38 | 14.33 | 37.29 |
| 2007 | 41.36 | 14.48 | 44.16 |
| 2012 | 49.21 | 13.71 | 37.08 |

资料来源：2002年数据来自《中国统计年鉴（2006）》中的投入产出表；2007年数据来自《中国统计年鉴（2011）》中的投入产出表；2012年数据来自《中国统计年鉴（2015）》中的投入产出表。

---

① 对于某一分量对总量增长的贡献度，公式具有普遍意义。

## 四、最终使用结构分析

支出法 GDP 核算表提供了国内生产总值的三个去向，代表着消费、投资、国外对一国生产产品的需求。我们仍可以利用 GDP 的核算结果计算一些指标，从最终使用的角度对国民经济进行分析。常用指标的计算公式为

$$最终消费率 = \frac{最终消费}{支出法\ GDP}$$

$$资本形成率 = \frac{资本形成总额}{支出法\ GDP}$$

$$净出口率 = \frac{净出口}{支出法\ GDP}$$

上述三个指标展现了最终产品在积累和消费之间的比例关系，以及不同使用方向对 GDP 的需求。进一步地，我们还可以计算三大需求对 GDP 增长的贡献率，用于反映三大需求对 GDP 增长的拉动作用。其计算公式为

$$消费贡献率 = \frac{最终消费支出增量}{支出法\ GDP\ 增量}$$

$$投资贡献率 = \frac{资本形成总额增量}{支出法\ GDP\ 增量}$$

$$净出口贡献率 = \frac{净出口增量}{支出法\ GDP\ 增量}$$

利用上述公式，结合支出法 GDP 核算表，计算 2007—2016 年我国三大需求对 GDP 增长的作用，计算结果如表 11-8 所示。

表 11-8　　　　　　　　我国支出法 GDP 构成表　　　　　　　单位：%

| 年份 | 最终消费率 | 消费贡献率 | 资本形成率 | 投资贡献率 | 净出口率 | 净出口贡献率 |
|---|---|---|---|---|---|---|
| 2007 | 50.1 | 45.3 | 41.2 | 44.1 | 8.7 | 10.6 |
| 2008 | 49.2 | 44.2 | 43.2 | 53.2 | 7.6 | 2.6 |
| 2009 | 49.4 | 56.1 | 46.3 | 86.5 | 4.3 | -42.6 |
| 2010 | 48.5 | 44.9 | 47.9 | 66.3 | 3.6 | -11.2 |
| 2011 | 49.6 | 61.9 | 48.0 | 46.2 | 2.4 | -8.1 |
| 2012 | 50.1 | 54.9 | 47.2 | 43.4 | 2.7 | 1.7 |
| 2013 | 50.3 | 47.0 | 47.3 | 55.3 | 2.4 | -2.3 |
| 2014 | 50.7 | 48.8 | 46.8 | 46.9 | 2.5 | 4.3 |
| 2015 | 51.8 | 59.7 | 44.7 | 41.6 | 3.5 | -1.3 |
| 2016 | 53.6 | 66.5 | 44.2 | 43.1 | 2.2 | -9.6 |

资料来源：国家统计局网站。

## 本章小结

1. 我国正式根据 SNA 对国民经济进行核算开始于 1993 年。在此之前,我国以 MPS 框架为主对国民经济进行核算。我国 GDP 核算遵循了 SNA 的基本准则、基本方法。但在具体实施时兼顾了自身的统计基础。GDP 的核算结果采用了报表的形式,而没采用账户的形式。

2. GDP 核算方法共有生产法、收入法、支出法三种。在我国,生产法与收入法是相互配合使用的,应用于年度 GDP 和季度 GDP 的核算。而支出法只用于年度 GDP 核算。

3. 在用我国生产法和收入法核算 GDP 时,分行业计算总产出、中间消耗、劳动者报酬、生产税净额、营业盈余、固定资本消耗等指标。

4. 我国年度 GDP 的核算基于分行业的数据,采用生产法和收入法配合进行计算的。农业采用"产品法"核算总产出;工业采用"企业法"核算总产出;服务业总产出的核算方法:追加价值法、营业收入法、服务费用法、成本费用法以及虚拟推算和抽样调查法。中间消耗的核算部分行业直接利用行业数据测算;部分行业则采用生产法与收入法核算结果倒推的方式。

5. 我国季度 GDP 的核算采用生产法和收入法,在能够得到会计和财务资料的情况下,通过增加值构成项目直接计算得出。其基本方法为增加值率法和速度推算法。

6. 我国支出法 GDP 核算分别计算最终消费支出、资本形成总额、净出口。其中,最终消费支出分为住户最终消费与政府最终消费两个部分,资本形成总额分为固定资本形成总额与存货变化两个部分。

7. 利用 GDP 的核算数据可以对国民经济的运行进行分析,涉及四个方面:增加值率分析、产业结构分析、初次分配结构分析、最终使用方向分析。

## 本章重要概念

增加值  国内生产总值  生产法  收入法  支出法  年度 GDP  季度 GDP
劳动者报酬  营业盈余  生产税净额  固定资本消耗  最终消费
资本形成总额  固定资本形成总额  存货变化  增加值率  三次产业贡献率
最终消费率  资本形成率  消费贡献率  投资贡献率

## 本章复习思考题

1. 国内生产总值核算有哪些具体方法?

2. 我国在应用生产法和收入法 GDP 核算方法时有什么特点？与国际规则相比作出了哪些调整？

3. 简述我国年度 GDP 与季度 GDP 的核算方法有什么不同？

4. 服务业生产核算有哪些方法？

5. 我国在应用支出法 GDP 核算时与国际规则相比作出了哪些调整？

6. 最终消费可以分为哪几个方面？分别是如何核算的？

7. 我国的存货变化核算采用的是什么方法？

8. 国内生产总值的核算结果可用于哪些方面的经济分析？

9. 试计算我国的三次产业占比以及三次产业对 GDP 的贡献率。

## 本章参考文献

［1］联合国，等.2008 国民账户体系［M］.国家统计局国民经济核算司，中国人民大学国民经济核算研究所，译.北京：中国统计出版社，2012.

［2］国家统计局.中国国民经济核算体系（2016）［M］.北京：中国统计出版社，2017.

［3］国家统计局国民经济核算司.中国非经济普查年度国内生产总值核算方法（修订版）［M］.北京：中国统计出版社，2011.

［4］梨春，马丹.国民经济统计学［M］.北京：机械工业出版社，2019.

［5］向书坚，徐映梅，郑瑞坤.国民经济核算［M］.北京：北京大学出版社，2019.

［6］高敏雪，李静萍，许健.国民经济核算原理与中国实践（第四版）［M］.北京：中国人民大学出版社，2018.

［7］杜金富，等.国民经济核算原理与应用［M］.北京：中国金融出版社，2015.

［8］许宪春.我国国民经济核算工作的回顾与展望［J］.统计研究，2002（7）.

［9］许宪春.中国国民经济核算体系的建立、改革和发展［J］.中国社会科学，2009（6）.

［10］"SNA 的修订与中国国民经济核算体系改革"课题组.SNA 的修订及对中国国民经济核算体系改革的启示［J］.统计研究，2012（6）.

［11］曾五一，许永洪.中国国民经济核算研究 30 年回顾［J］.统计研究，2010（1）.

# 第十二章
# 中国资金流量核算

前面我们分别讨论了生产核算、收入分配核算、积累核算和资产负债存量核算，这些核算（账户）之间是什么关系，核算对象（资金）是如何循环的，这就是资金流量核算要研究的主要内容。

## 第一节 资金流量核算的基本概念

什么是资金流量核算，它与国民经济其他核算是什么关系，它是如何形成和发展的，这些就是本节介绍的主要内容。

### 一、资金流量核算的含义

资金流量核算，也称为资金流量循环账户，它从资金核算的角度反映新创造的价值在国民经济运行各环节、各经济主体之间流量和存量的循环情况。

（一）资金流量核算的范围

资金有狭义与广义之分：狭义资金是指金融交易和存量，如通货和存款、贷款等；广义资金是指金融交易和存量以及非金融交易和存量，如增加值、收入分配交易、消费支出、总储蓄等。受资金不同定义的影响，各国进行资金流量核算时，在范围上具有不同选择。一种选择是仅就金融交易和存量编制资金流量表，即狭义资金流量核算。实际上，从该核算方法的初衷看，资金流量核算主要是以金融交易和存量为对象的，到目前为止，在一些统计组织管理系统较为松散的国家，仍然会选择这种模式。在此模式下，资金流量表通常由中央银行编制，其优点是可以进行详细的金融交易项目分类，编表时间短，可按季度编制，实用性较强。但是，要使资金流量核算为宏观调控服务，仅仅关注金融流量和存量是不够的，必须将各种金融交易流量与整个实体经济资金流量联系起来，才能凸显其对宏观调控的重要性，作为宏观分析工具发挥作用。于是，其核算范围被进一步扩大为广义资金流量，形成以下两种选择：第一是以总储蓄为起点，将核算范围从金融交易扩展到非金融投资及其资金筹集；第二是将核算范围进一步扩展到包括收入分配交易，即以增加值作为初始流量，既包括收入分配、收入使用、非金融投资这些非金融交易，又包括金融交易。与前一种模式相比，后两种模式体现了与其他核算内容的衔接，信息量更加丰富。

从整个国民经济核算的内容组成看，资金流量核算在核算范围上做何选择，主要是看整个核算体系中各部分的组合，并不会影响核算的结果。以美国为例，其资金流量核算范围限于金融交易和非金融投资，不包括收入分配和收入使用，但这并不意味着美国国民经济核算体系中不包括收入分配和使用核算，其实际处理是，美国的收入分配和使用核算内容与国内生产核算合并在一起，称为国民收入和生产账户（NIPA）。

（二）资金流量核算既包括资金流量也包括资金存量

资金流量核算的并非只是资金的流量核算，还包括存量核算。这里的流量并非是指与存量向对应的概念，可以理解为"循环"的含义。资金流量核算就是资金循环核算，也就是整个社会资金的核算。

## 二、资金流量核算（账户）与国民核算体系（账户体系）的关系

与对资金的定义相对应，资金流量核算与国民经济核算体系的关系也分为广义资金流量账户与狭义资金流量账户。

（一）广义资金流量账户与国民经济账户体系的关系

广义资金流量账户实质是国民经济账户体系的综合。它既反映各经济部门经济活动，又反映社会再生产各环节的经济活动，是二者的综合。如果说前面我们在讨论国民经济账户体系时，侧重于经济循环各环节的账户，那么资金流量账户则是主体账户和环节账户的结合，并清楚反映各主体部门在各经济环节的作用。下面我们再把这些账户体系综合一下。

首先，国民账户体系按交易主体分为非金融性公司账户、金融性公司账户、广义政府账户、住户账户、为住户服务的非营利机构账户、国外账户；按国民经济运行的生产、收入分配、消费使用到投资的循环环节分为生产账户、收入分配账户、收入使用账户、资本账户、金融账户等；按交易规模和核算分为交易账户、资产数量的其他变化账户、重估价值账户及流量账户、存量账户等。这套体系系统地描述了交易主体是谁、交易的对象是什么、交易的规模如何核算等国民经济运行的立体画面。

其次，国民账户体系是所有国民经济的主体及活动内容的记录系统。它采用四分式记账，就是同时运用纵向和横向记账，其中每一个交易结果在系统中都被记做四个项目。纵向复式记账法，也被简称为复式记账，即交易结果被记录在通常称为贷方项目、借方项目的两个项目中。横向复式记账反映了两个单位之间的相互经济

关系。当交易发生时，两对项目被记录：第一对项目以记录商品、服务的供给，或单位资产以及商品、服务的获得，或因其他产生的负债；第二对项目通常出现在金融账户中，并记录一方提供付款方式（通过承担负债或减少资产）和另一方接受付款的方式。第二对交易可能因实物形式的无偿交易或交易而出现在经常账户或资本账户中。此外，假使交易是基于改变核算账户资产或负债组合结构，这两对项目都将出现在金融账户中。四式记账法体系的运用意味着从横向和纵向扩展了账户记录，使国民账户体系成为一个封闭的系统。所有的交易都有对应的横向和纵向项目。从理论上讲，单个部门和子部门的所有交易总和为零，就像交易贯穿所有部门一样；并且所有的负债存量除了作为储备资产的黄金外，都有对应的金融资产存量。表 12-1 提供了产生"自上而下"的数据例子。像这样"自上而下"的账户，能够用于包括金融性公司部门在内的每一个经济体部门。

表 12-1　　　　　　　　全序列账户（整个经济体资产负债表）

| | 使用 | 交易及平衡项目 | 来源 |
|---|---|---|---|
| 经常账户 | | 生产账户 | |
| | | 按基本价格计算的产出 | 3604 |
| | 1883 | 中间消费 | |
| | 1721 | 按基本价格计算的总增加值 | |
| | | 产品税收减补贴 | 133 |
| | 1854 | 国内生产总值 | |
| | 222 | 固定资本消耗 | |
| | 1632 | 国内生产净值 | |
| | | 收入初次分配账户 | |
| | | 国内生产总值 | 1854 |
| | 1150 | 雇员报酬 | |
| | 191 | 产品税费减补贴、进口税 | |
| | 513 | 经营盈余总额/混合收入 | |
| | | 基本收入的分配账户 | |
| | | 经营盈余总额/混合收入 | 513 |
| | | 雇员报酬 | 1150 |
| | | 产品税费减补贴、进口税 | 191 |
| | 391 | 财产收入 | 397 |
| | 1864 | 国民收入总额 | |
| | | 收入再分配账户 | |
| | | 国民收入总额 | 1864 |
| | 1212 | 经常转移 | 1174 |
| | 1826 | 可支配收入总额 | |

续表

| | | | |
|---|---|---|---|
| 经常账户 | | 收入使用账户 | |
| | | 可支配收入总额 | 1826 |
| | 1399 | 最终消费支出 | |
| | 11 | 养老金权益调整变化 | 11 |
| | 427 | 储蓄总额 | |
| | 222 | 固定资本消耗 | |
| | 205 | 储蓄净额 | |
| 累积账户 | 资产变化 | 交易及平衡项目 | 负债及净值变化 |
| | | 资本账户 | |
| | | 储蓄净额 | 205 |
| | 192 | 资本形成净值 | |
| | | 资本净转移 | 12 |
| | | 储蓄、资本转移引起的净值变化 | 217 |
| | 25 | 净贷款（+）/净借款（-） | |
| | | 金融账户 | |
| | | 净贷款（+）/净借款（-） | 25 |
| | 120 | 获得的金融净资产/负债 | 95 |
| | | 资产数量的其他变化账户 | |
| | 10 | 非金融性公司资产 | |
| | 3 | 金融资产/负债 | 3 |
| | | 资产数量的其他变化引起的净值变化 | 10 |
| | | 重新定值账户 | |
| | 280 | 非金融资产 | |
| | -9 | 金融资产/负债 | -9 |
| | | 持有收益/损失引起的净值变化 | -10 |
| 资产负债表 | | 资产负债表期初资产存量及变化 | |
| | 4621 | 非金融性资产 | |
| | 14342 | 金融资产/负债 | 14471 |
| | | 净值 | 4492 |
| | | 资产及负债的总变化 | |
| | 482 | 非金融性资产 | |
| | 114 | 金融资产/负债 | 89 |
| | | 净值总变化 | 25 |
| | | 资产负债表期末 | |
| | 5103 | 非金融性资产 | |
| | 14456 | 金融资产/负债 | 14560 |
| | | 净值 | 4999 |

续表

| | 备忘录：商品和服务账户 | | |
|---|---|---|---|
| | 使用 | | 资源 |
| 资产负债表 | | 产出 | 3604 |
| | | 进口 | 499 |
| | | 产品税费减补贴 | 133 |
| | 1883 | 中间消费 | |
| | 1399 | 最终消费支出 | |
| | 414 | 资本形成总额 | |
| | 540 | 出口 | |
| | 4236 | 总计 | 4236 |

以上我们只介绍了循环账户，如果以此为纵栏，以交易主体为横栏，就是广义资金流量表。请同学们根据我们前面讲的内容自己来完成。

(二) 狭义流量账户与国民经济账户体系的关系

国际货币基金组织出版的货币与金融统计手册，所指的资金流量核算由资金流量核算延伸到金融核算，实质就是狭义资金流量核算。SNA (2008) 也是在货币与金融统计中介绍资金流量的。

狭义资金流量账户核算的内容有：(1) 各经济部门之间的金融工具的流动；(2) 各经济部门的金融资产和金融负债。对应国民账户体系的积累账户和资产负债表。

资金流量账户核算经济体中各部门之间以及这些部门和世界其他地方之间所有金融存量和流量。如前所述，国民经济账户体系中的资产负债表和累积账户，为资金存量和流量纳入完整的账户体系中，提供了一套国际认可的指导原则。资金流量账户框架覆盖了金融账户、资本账户和资产负债表。让我们从国民账户体系的资产负债表、累积账户和资产数量的其他变化账户中分析它们是如何反映资金流量和存量的。

1. 资金流量账户

资金流量账户包含金融账户、资本账户等。因此，资金流量账户包含了经济体中各部门之间以及这些部门和世界其他地方之间的金融资产和负债的流量。

原则上，经常账户最后一项的储蓄应该与资本账户相匹配。净贷款表明特定部门借给其他部门的资金，净借款表明特定部门从其他部门借来的资金。与此对应，金融账户记录金融资产的净获得和金融负债净发生，并展示了净贷款或净借款是如何反映金融资产交易的。金融账户的净贷款（净借款）原则上等于资本账户的净贷款（净借款）。但在现实情况中，无论是统计误差还是因为分配每个金融工具给剩余部门的具体操作，都可能造成两者的不相等。

2. 资金存量账户

资金存量账户包括本国所有部门和国外部门的资产负债表。资产负债表展示了国家所有部门从开始到结束的资产负债的存量。

3. 资金流量账户的概括

资金流量账户的资金流量和存量，就是资产和负债的流量和存量。作为融资工具的金融资产和负债的流量和存量，实质反映了储蓄转化为投资的过程和结果。资金流量账户描述整个经济体运行的国民账户体系中，是如何反映储蓄转化为投资的过程和结果的。在国民账户体系中，经常项目账户反映了金融资产的物质基础——储蓄是如何形成的；积累账户的金融账户反映了净贷出或净借入，而各种金融交易的记录与经常账户和累积账户中的资本账户的记录是相对应的；资产负债表反映了整个经济体的金融资产、非金融资产和负债的存量。国民账户体系的资产负债表、金融账户和资产数量的其他变化账户反映了整个经济体的金融流量和存量。

## 三、资金流量核算的起源和发展

### （一）资金流量核算的起源

20 世纪 30 年代，美国经济危机引起经济学界对货币或货币政策的关注和研究。1944 年，受美国经济研究局的委托，美国康奈尔大学教授柯普兰主持了为货币流量提供完整统计描述的研究项目，开始了对资金流量核算的全面尝试，并于 1947 年 1 月在美国经济学年会上，发表了论文《通过美国经济跟踪货币流通》，引起经济学界的重视，该论文标志着资金流量核算的诞生。1952 年，柯普兰出版了专著《美国货币流量之研究》，详细阐述了货币流量核算的理论和方法，对美国 1936—1942 年的资金流量进行了估算。随后，美国联邦储备委员会采纳了这种资金流量核算方法，于 1955 年编制了第一份官方货币流量报告《美国资金流通 (1935—1953)》。

20 世纪 50 年代后期，为了把握急速变化的资金流动，许多国家如英国、加拿大、日本、德国、荷兰、前苏联和南斯拉夫等国，都编制了本国的资金流量表。1968 年，联合国对 SNA 进行修订，正式将资金流量核算纳入国民经济核算体系，推动了资金流量核算的国际化。20 世纪 70 年代以后，资金流量核算在世界许多国家得到推广和应用，在发达国家还出现了一批基于资金流量核算框架而建立的资金流量计量模型，进一步开拓了资金流量核算的应用领域。

## (二) 我国资金流量表的建立与发展

我国资金流量核算研究始于20世纪80年代初。随着经济体制改革，我国的财政金融体制发生了很大的变化，金融市场的作用日趋扩大，资金运动趋于多样化和复杂化。因此，宏观管理对资金流量核算提出了迫切的要求。

资金流量核算作为国民经济核算体系的一个重要组成部分，从1985年起，在国务院国民经济核算领导小组的领导下，成立了由国家计划委员会、财政部、中国人民银行和国家统计局四家组成的联合研制组，开始研究我国资金流量核算。国家统计局在1986年试编了第一张全国资金流量表，1987年组织7个省市统计局开展资金流量核算的试编工作，经过从理论到实践的过程，初步形成了符合我国国情的资金流量表及其编制方案。经反复实践和修订，基本确定出我国的资金流量表式，并纳入我国新国民经济核算体系中。

1992年，国家统计局、中国人民银行、财政部、国家计划委员会四家联合下发《关于编制资金流量表的通知》，确定各部门的组织分工情况：国家统计局负责编制资金流量表实物交易部分；中国人民银行负责编制资金流量表的金融交易部分；财政部负责提供省级以上资金流量核算需要的预算内和预算外收支明细表及企业事业单位有关财务资料；国家计划委员会参与和协调各部门在调查和编表过程中的工作，承担资金流量核算的分析与应用工作。

自编表以来，在资金流量核算表的设计上有过一些变化。20世纪90年代初期，资金流量表的机构部门分为企业、行政事业单位、财政、金融机构、居民、国外六个部门。这种分类与联合国标准有所不同，差别是我国把政府部门分成了两个部分：一是行政事业单位，二是财政。这样做是为了多反映财政的分配功能，这样做较好地满足了当时宏观经济管理的需要。随着我国市场化程度的不断提高和对外开放程度的不断扩大，当时的资金流量核算方法已逐渐暴露出它的局限性。它的机构部门设置与国民经济循环账户不配套，也不便于与其他国家进行对比。1997年初，在借鉴1993年SNA的基础上，根据国民经济核算体系的整体要求，我国对中国资金流量表进行了较大的修订。修订后的资金流量表，宾栏的机构部门与整个体系的机构部门相一致，主栏的交易项目与国民经济核算账户相衔接，层次更加分明，提高了分析应用功能。1997年4月，国家统计局组织人员根据新修订的资金流量表撰写了《中国资金流量表编制方法》，使资金流量核算工作趋于规范。1999年国家统计局首次在《中国统计年鉴》上公布了1992年以来的资金流量表，使资金流量核算在国家宏观经济管理和对外交流工作中发挥了重要作用。

此后十余年间，中国资金流量表在数据来源方面不断改进，其间比较重要的两次改进是：(1) 基于2004年第一次经济普查，制定了《中国经济普查年度资金流量表核算方法》；(2) 2011年基于政府财政统计基础进行了核算方法的改进，重新核算了2000年以来的资金流量表实物交易。伴随基础数据的改进，资金流量表数据也进行了较大幅度修订，最新数据公布在《中国统计年鉴（2014）》上。

## 第二节 我国资金流量核算框架和核算内容

### 一、中国资金流量核算的范围及对象

我国资金流量核算以整个收入分配和社会资金循环为对象，包括实物交易与金融交易两个相互联系但又相互独立的组成部分。

实物交易核算，覆盖从增加值作为初始流量到非金融投资的价值收支过程，从功能看，是对国内生产总值核算内容的进一步扩展和延伸，在与后者相衔接的基础上，集中提供了收入分配、收入使用、非金融投资以及资金筹集过程的详细信息。

金融交易核算，是对国民经济过程中的金融活动进行核算，反映由金融交易所形成的资金流量和流向，从宏观上勾画出一定时期与实体经济对应存在的金融经济的图景。

其中，实物交易部分由国家统计局负责编制，金融交易部分由中国人民银行负责编制。

### 二、中国资金流量核算的基本框架

（一）中国资金流量核算的基本结构

通过国内生产总值核算和投入产出核算，可以获得产品实物循环的详细信息：最终产品如何生产出来，如何被用于消费和资本形成以及出口。同时也可以反映利用生产要素创造价值的过程：形成增加值。在市场经济中，实物循环背后存在着资金循环，我们需要进一步知道：生产中创造的价值是如何分配的，如何形成用于最终消费的收入，又如何进一步为实现投资而筹集到资金。现实经济生活中，资金运动错综复杂，贯穿于经济运行的各个方面。为了突出反映资金运动的主要方面、主要过程，以及参与资金运动的各个主体，在国民经济核算体系中专门设置了这张资金流量表。以2011年资金流量表为例，资金流量表反映的资金流量过程可以通过图12-1表示。

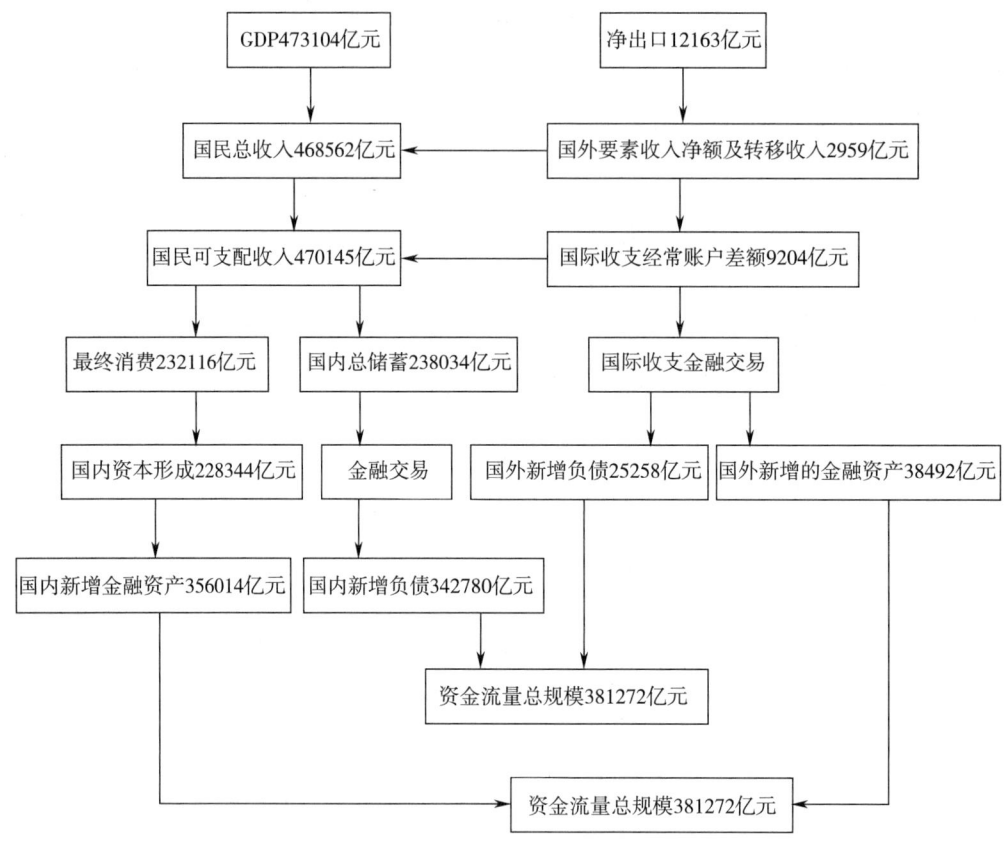

图 12-1　2011 年国民经济资金流动情况

(二) 中国资金流量核算的基本表式

资金流量核算以资金流量表为载体，整个框架可以通过资金流量表反映出来。

资金流量表采用矩阵结构。主栏表示交易项目，根据资金流量表的覆盖范围，具体包括收入分配、收入使用、非金融投资、金融交易等内容；宾栏代表机构部门，包括非金融企业、金融机构、政府、住户以及国外部门等内容。每个机构部门下面列出两栏，即"来源"栏与"运用"栏，分别代表机构部门资金的筹集和资金的使用，"来源"放在右端，"运用"放在左端。主栏交易项目按交易的不同性质分为实物交易和金融交易，这样资金流量表就分为主栏不同、宾栏相同的两大部分，即实物交易部分和金融交易部分。表 12-2 和表 12-3 是我国资金流量表实物交易和金融交易的基本表式。

## 第十二章 中国资金流量核算

表 12－2　　　　　　　　资金流量表（实物交易）基本表式

| 交易项目 | 机构部门 | | | | | | | | | | | | | | | |
|---|---|---|---|---|---|---|---|---|---|---|---|---|---|---|---|---|
| | 非金融企业部门 | | 金融机构部门 | | 广义政府部门 | | NPISH部门 | | 住户部门 | | 经济总体 | | 国外部门 | | 合计 | |
| | 运用 | 来源 | 运用 | 来源 | 运用 | 来源 | 运用 | 来源 | 运用 | 来源 | 运用 | 来源 | 运用 | 来源 | 运用 | 来源 |
| 1. 净出口 | | | | | | | | | | | | | | | | |
| 2. 增加值 | | | | | | | | | | | | | | | | |
| 3. 劳动者报酬 | | | | | | | | | | | | | | | | |
| 工资及工资性收入 | | | | | | | | | | | | | | | | |
| 单位社会保险付款 | | | | | | | | | | | | | | | | |
| 4. 生产税净额 | | | | | | | | | | | | | | | | |
| 生产税 | | | | | | | | | | | | | | | | |
| 生产补贴 | | | | | | | | | | | | | | | | |
| 5. 财产收入 | | | | | | | | | | | | | | | | |
| 利息 | | | | | | | | | | | | | | | | |
| 红利 | | | | | | | | | | | | | | | | |
| 地租 | | | | | | | | | | | | | | | | |
| 其他 | | | | | | | | | | | | | | | | |
| 6. 初次分配总收入 | | | | | | | | | | | | | | | | |
| 7. 经常转移 | | | | | | | | | | | | | | | | |
| 　所得税、财产税等经常税 | | | | | | | | | | | | | | | | |
| 社会保险缴款 | | | | | | | | | | | | | | | | |
| 社会保险支出 | | | | | | | | | | | | | | | | |
| 社会保险补助 | | | | | | | | | | | | | | | | |
| 其他经常转移 | | | | | | | | | | | | | | | | |
| 8. 可支配总收入 | | | | | | | | | | | | | | | | |
| 9. 实物社会转移 | | | | | | | | | | | | | | | | |
| 10. 调整后可支配收入总收入 | | | | | | | | | | | | | | | | |
| 11. 实际最终消费 | | | | | | | | | | | | | | | | |
| 12. 总储蓄/对外经常差额 | | | | | | | | | | | | | | | | |
| 13. 资本转移 | | | | | | | | | | | | | | | | |
| 资本税 | | | | | | | | | | | | | | | | |
| 投资性补助 | | | | | | | | | | | | | | | | |
| 其他 | | | | | | | | | | | | | | | | |
| 14. 资本形成总额 | | | | | | | | | | | | | | | | |
| 固定资本形成总额 | | | | | | | | | | | | | | | | |
| 存货增加 | | | | | | | | | | | | | | | | |
| 贵重物品减处置 | | | | | | | | | | | | | | | | |
| 15. 非生产非金融资产获得减处置 | | | | | | | | | | | | | | | | |
| 16. 净金融投资 | | | | | | | | | | | | | | | | |

表 12-3　　　　　　　　资金流量表（金融交易）基本表式

| 交易项目 | 机构部门 | | | | | | | | | | | | | |
|---|---|---|---|---|---|---|---|---|---|---|---|---|---|---|
| | 非金融企业部门 | | 金融机构部门 | | 广义政府部门 | | NPISH部门 | | 住户部门 | | 经济总体 | | 国外部门 | 合计 |
| | 运用 | 来源 | 运用 | 来源 | 运用 | 来源 | 运用 | 来源 | 运用 | 来源 | 运用 | 来源 | 运用 | 来源 |
| 1. 净金融投资 | | | | | | | | | | | | | | |
| 2. 通货 | | | | | | | | | | | | | | |
| 3. 存款 | | | | | | | | | | | | | | |
| 4. 贷款 | | | | | | | | | | | | | | |
| 5. 股权和投资基金份额 | | | | | | | | | | | | | | |
| 股权 | | | | | | | | | | | | | | |
| 投资基金份额 | | | | | | | | | | | | | | |
| 其他 | | | | | | | | | | | | | | |
| 6. 债务性证券 | | | | | | | | | | | | | | |
| 债券 | | | | | | | | | | | | | | |
| 未贴现银行承兑汇票 | | | | | | | | | | | | | | |
| 其他债务性证券 | | | | | | | | | | | | | | |
| 7. 保险准备金和社会保险基金权益 | | | | | | | | | | | | | | |
| 保险准备金 | | | | | | | | | | | | | | |
| 社会保险基金权益 | | | | | | | | | | | | | | |
| 8. 金融衍生品和雇员股票期权 | | | | | | | | | | | | | | |
| 期权 | | | | | | | | | | | | | | |
| 其他金融衍生品 | | | | | | | | | | | | | | |
| 雇员股票期权 | | | | | | | | | | | | | | |
| 9. 国际储备 | | | | | | | | | | | | | | |
| 货币黄金、特别提款权 | | | | | | | | | | | | | | |
| 在国际货币基金组织储备头寸 | | | | | | | | | | | | | | |
| 外汇 | | | | | | | | | | | | | | |
| 其他 | | | | | | | | | | | | | | |
| 10. 其他 | | | | | | | | | | | | | | |
| 11. 资金运用合计 | | | | | | | | | | | | | | |
| 12. 资金来源合计 | | | | | | | | | | | | | | |

### 三、中国资金流量核算的基本内容

资金流量核算是国内生产总值核算的进一步深化和逻辑延伸，这种深化和延伸体现在：活动主体按机构部门划分；较详细地核算了收入分配过程，不仅包含了 GDP 核算中的原始分配，还包括了各种形式的其他分配；增加了反映储蓄—投资缺口资金调剂的金融交易内容。

（一）资金流量核算实物交易部分

1. 收入初次分配核算

收入初次分配是按照各生产要素所有者对生产的参与程度和贡献，对生产成果所进行的直接分配，即生产活动形成的收入在参与生产活动的生产要素的所有者及政府之间的分配。生产要素包括劳动力、土地、资本。在资金流量表中，初次分配的核算是将增加值分解为劳动者报酬、生产税净额、固定资产折旧和营业盈余。初次分配收入的另一来源是财产收入。财产收入是金融投资或将土地等有形非生产资产提供给其他机构单位使用而获得的收入，包括利息、红利、土地租金等。一个部门获得的财产收入就是另一部门的支付。例如，企业或住户购买国库券获得利息，就是政府的支付。每个机构部门的财产收入净额，是该机构部门的财产收入减去财产收入支付后的差额。国内各机构部门的财产收入净额是相互抵销的，并不增加一国的原始收入总量。一个部门的初次分配收入等于由增加值初次分配所获得的收入加财产收入净额之和。

收入的初次分配也发生在本国与国外之间，从国外获得的劳动者报酬、财产收入等收入，与支付给国外的要素收入相抵后为来自国外的要素收入净额，这个净额会增加或减少本国的初次分配收入总量。一个国家的初次分配总收入等于国内生产总值加上来自国外的要素收入净额。一国的初次分配总收入也称为国民总收入（GNI）。

2. 收入再分配的核算

在初次分配总收入的基础上，通过经常转移的形式对收入进行再次分配。经常转移有现金和实物转移两种形式。在国民经济核算中，转移是一个很重要的概念。所谓转移，是指一个机构单位向另一个机构单位提供货物、服务或资产作为回报的一种交易。由转移产生的收支称为转移收支。经常转移的主要形式有收入税、社会保险付款、社会补助和其他经常转移。

3. 可支配总收入的核算

经过收入的初次分配和再分配，最终形成了各机构部门的可支配总收入，即各个部门属于自己的可支配资金。一个国家的可支配总收入称为国民可支配总收入。

国民可支配总收入是一国在一定时期内的国民总收入和该国常住机构单位与非常住机构单位之间发生的经常转移差额（净流入）之和。

4. 可支配收入使用的核算

可支配收入使用核算是收入分配核算的继续。可支配收入形成后，就进入最终使用阶段。最终使用包括最终消费和资本形成。最终消费是常住单位对货物和服务的全部最终消费支出。可支配收入扣除消费后的剩余是储蓄。分机构部门看，居民可支配总收入一部分用于消费，另一部分用于储蓄；非金融企业部门可支配总收入全部转化为储蓄，因为它没有最终消费；政府部门可支配总收入主要用于最终消费，如果有剩余则形成政府储蓄，如果不够用，政府储蓄就是负值，即经常性预算赤字。

储蓄是各机构部门实现实物投资（固定资本形成和存货增加）的主要资金来源。除此之外，各机构部门用于实物投资的资金来源还包括资本转移。资本转移是一个部门无偿地向另一个部门支付用于非金融投资的资金，是一种不从对方获得任何对应物作为回报的交易。各机构部门的储蓄加上资本转移净额就是该部门进行实物投资的自有资金来源总和。

（二）资金流量核算金融交易部分

各经济部门实际完成的实物投资即资本形成总额往往与自有资金不相等，即出现资金余缺。有些部门总储蓄加资本转移净额之和大于其实物投资，即资金有余，多余资金转化为金融投资；另一些部门总储蓄加资本转移净额之和小于其实物投资，出现资金缺口，缺口表现为负金融投资。机构部门之间的资金余缺调剂通过金融交易来完成。

金融交易的核算分为三个层次：一是国内金融交易，通货、活期存款、定期存款、短期贷款、长期贷款、债券、股票等金融资产的买卖是金融交易的主要形式。二是国外金融交易，主要指标有资本往来收入和资本往来支出。资本往来收入反映我国利用外资的增加，资本往来支出反映我国对外投资增加或对外金融债务的减少。三是国际储备资产，这个指标反映我国储备资产的变动情况。金融交易核算反映金融交易所形成的资金流动和流向。各机构部门的资金余缺通过金融交易活动实现平衡。

金融交易核算在国民经济核算体系中具有重要的意义：第一，它记录了机构部门在核算期内由于交易而引起的金融资产和负债变化，这种变化是期初期末金融资产和负债存量变化的主要原因；第二，它解释了非金融投资中资金盈余部门如何通过增加金融资产或减少金融负债将资金贷给其他部门，以及资金短缺部门如何通过减少金融资产或增加金融负债从其他部门借入资金，由此记录了当期整个经济的资金融通过程；第三，它反映了核算期内一国金融交易的总体状况，如交易规模、各项金融资产的相对贡献以及各部门的交易特点等。此外，它还可以反映一国参与国际金融交易的状况。

（三）基本指标之间的关系

在实物交易部分，一个部门的分配与转移支出，必定形成另一个部门的收入来源，在金融交易中，一个部门的金融资产，通常也会形成另一个部门的负债。资金流量表的结构十分严谨，将各机构单位和各个交易项目综合在一起，反映彼此之间的相互关系和资金的来龙去脉。资金流量表的结构有内部平衡和外部平衡两种。内部平衡是指各金融机构部门本身的资金来源总计等于资金运用总计；外部平衡是指各交易项目的资金来源总计等于资金运用总计。从资金流量表交易项目分析，构成资金流量核算的基础是初次分配总收入、可支配总收入、总储蓄、资本形成和净金融投资等主要指标。

资金流量表各交易项目有以下五个主要平衡关系。

（1）初次分配总收入＝增加值－支付的劳动者报酬和生产税净额＋收到的劳动者报酬和生产税净额－支付的财产收入＋收到的财产收入

（2）可支配总收入＝初次分配总收入＋经常转移收入－经常转移支出

（3）总储蓄＝可支配总收入－最终消费

（4）净金融投资＝总储蓄＋资本转移收入净额－资本形成总额－其他非金融资产获得减处置

（5）净金融投资＝金融资产增加－负债增加

## 第三节 资金流量核算在我国的分析应用

资金流量表涵盖了丰富的信息，在经济分析中具有重要的价值。既然资金流量表是一个矩阵表，那么资金流量分析既可以从行（交易项目）进行分析，得到部门之间的结构特征；也可以从列（机构部门）进行分析，得到部门内部的交易特征。当然，无论从哪个角度切入，都需要将二者结合起来进行分析。此外，还可以立足经济总体，解释国民经济总体运行过程中的一些特点。

### 一、交易项目分析——机构部门占有结构及流动结构分析

（一）收入分配分析

收入分配的对象是生产中所创造的增加值，整个收入分配核算以增加值为起点，目的是反映增加值如何通过不同途径分配给各经济主体单位，形成各机构部门的可

支配收入。收入分配包括初次分配和再分配,收入分配分析也从这两个方面进行。

1. 收入初次分配分析

初次分配是指生产活动形成的收入在参与生产活动的要素的所有者及政府之间的分配。前者是指劳动者报酬和财产收入,后者是指生产税和生产补贴。国内各机构部门的初次分配总收入之和称为国民总收入(GNI)。

中国国民总收入从2000年的9.8万亿元增至2011年的46.86万亿元,增长了3.8倍,年均增长15.3%。与同期国内生产总值相比,除2007年和2008年以外,其他年份均少于国内生产总值,说明大部分年份我国来自国外要素收入低于支付国外要素收入,主要原因是利用外资所产生的对外要素支出增长较快。

从国民总收入部门构成看,初次分配总收入主要向住户部门倾斜。2000—2011年,住户部门初次分配收入占国民总收入的平均比重为62.1%,分别高于企业部门和政府部门38.3个和47.9个百分点。从发展趋势看,住户部门初次分配收入占比有所下降,而企业部门和政府部门初次分配收入占比提高。与2000年相比,2011年住户部门初次分配收入占比下降6.5个百分点,而企业部门和政府部门初次分配收入占比分别提高4.2个和2.3个百分点(见表12-4)。

表12-4　　　　　　　　　国民总收入的部门构成　　　　　　　　单位:%

| 年份 | 企业部门 | | | 政府部门 | 住户部门 |
| --- | --- | --- | --- | --- | --- |
| | 非金融企业部门 | 金融机构部门 | 合计 | | |
| 2000 | 18.9 | 0.8 | 19.7 | 13.1 | 67.2 |
| 2001 | 20.0 | 1.4 | 21.4 | 12.7 | 65.9 |
| 2002 | 19.9 | 1.7 | 21.6 | 13.9 | 64.5 |
| 2003 | 20.1 | 2.2 | 22.3 | 13.6 | 64.1 |
| 2004 | 23.2 | 1.9 | 25.1 | 13.7 | 61.1 |
| 2005 | 22.6 | 1.9 | 24.5 | 14.2 | 61.3 |
| 2006 | 22.3 | 2.4 | 24.7 | 14.5 | 60.7 |
| 2007 | 23.1 | 2.6 | 25.7 | 14.7 | 59.6 |
| 2008 | 23.6 | 3.0 | 26.6 | 14.7 | 58.7 |
| 2009 | 21.5 | 3.2 | 24.7 | 14.6 | 60.7 |
| 2010 | 20.9 | 3.6 | 24.5 | 15.0 | 60.5 |
| 2011 | 20.2 | 3.7 | 23.9 | 15.4 | 60.7 |

2. 收入再分配分析

收入再分配是在收入初次分配基础上以经常转移的方式进行的收入分配。经常转移包括企业和个人向政府支付的所得税、企业和个人向社会保险部门支付的社会保险金、住户从社会保险部门得到的社会补助、投保人从保险公司得到的理赔,等等。收入再分配的结果形成国内各机构部门的可支配收入。国内各机构部门的可支配总收入之和等于国民可支配收入,也等于国民总收入加上来自国外的经常转移收入净额,是我国可用于最终消费和储蓄的资金量。

2011年,我国国民可支配收入为47.01万亿元,是2000年的4.77倍,年均增长15.3%,与国民总收入的年均增长率持平,说明来自国外的经常转移收入净额对国民可支配收入的增长率影响不大。历年来,我国国民可支配总收入均大于国民总收入,说明我国来自国外的经常转移收入大于支付国外的经常转移,呈现净收入状态。

从部门构成看,2000—2011年,住户部门可支配收入占国民可支配收入的平均比重为61.9%,企业部门占20.8%,政府部门占17.3%。与初次分配总收入占国民总收入的比重相比,住户部门和企业部门占比分别下降了0.2个和3.0个百分点,而政府部门上升了3.1个百分点。主要是在经常转移过程中,政府部门净收入较多,国家的再分配政策向政府部门倾斜。

表12-5　　　　　　　　我国国民可支配总收入的部门构成　　　　　　　单位:%

| 年份 | 企业部门 | | | 政府部门 | 住户部门 |
| --- | --- | --- | --- | --- | --- |
| | 非金融企业部门 | 金融机构部门 | 合计 | | |
| 2000 | 17.4 | 0.5 | 17.9 | 14.5 | 67.5 |
| 2001 | 17.8 | 1.2 | 18.9 | 15.0 | 66.1 |
| 2002 | 17.7 | 1.6 | 19.3 | 16.2 | 64.4 |
| 2003 | 17.8 | 2.1 | 19.9 | 16.1 | 64.0 |
| 2004 | 20.6 | 1.9 | 22.5 | 16.4 | 61.1 |
| 2005 | 19.9 | 1.7 | 21.6 | 17.6 | 60.8 |
| 2006 | 19.6 | 2.0 | 21.5 | 18.2 | 60.2 |
| 2007 | 20.1 | 2.0 | 22.1 | 19.0 | 58.9 |
| 2008 | 20.5 | 2.2 | 22.7 | 19.0 | 58.3 |
| 2009 | 18.7 | 2.5 | 21.2 | 18.3 | 60.5 |
| 2010 | 17.9 | 3.3 | 21.2 | 18.4 | 60.4 |
| 2011 | 16.8 | 3.2 | 20.0 | 19.2 | 60.8 |

(二) 储蓄投资分析

可支配收入用于最终消费后的剩余部分称为总储蓄,它是国内各机构部门非金融投资的主要资金来源。非金融投资的资金来源还包括资本转移净收入和借入资金。非金融投资及资本形成总额与其他非金融资产的获得减处置之和。当一机构部门储蓄与资本转移净收入之和大于非金融投资时,表现为资金的剩余;当一机构部门储蓄与资本转移净收入之和小于非金融投资时，表现为资金不足。这里的储蓄投资分析就是利用资金流量核算提供的有关资料分析我国的储蓄、非金融投资等方面的基本情况。

1. 储蓄分析

国民总储蓄等于国民可支配收入减去最终消费，也等于国内各机构部门储蓄之和。其中，政府部门总储蓄等于政府部门可支配收入减去消费，住户部门总储蓄等于住户部门可支配总收入减去居民消费，企业部门没有最终消费，其总储蓄等于可支配收入。

2011年，我国国民总储蓄达到23.80万亿元，是2000年的6.43倍，年均增长16.6%，比国民可支配收入年均收入高1.3个百分点。可见，我国国民总储蓄的增长快于最终消费的增长，说明随着收入水平的提高，我国将更多的收入用于储蓄，这提高了我国运用自有资金进行投资的能力。

2000—2011年，住户部门储蓄占国民总储蓄的比重最高，平均为48.8%；其次是企业部门，平均占比45.1%；而政府部门由于2000年、2001年储蓄为负，平均占比较低，仅为6.1%。住户部门总储蓄所占比重较高的主要原因是，住户部门在收入分配中获得的份额较大。但从历史时序看，住户部门和企业部门储蓄占比均呈下降趋势，分别由2000年的55.9%和47.7%降至2011年的49.1%和39.6%，政府部门储蓄占比提升较快，提高了15个百分点。企业部门储蓄占比下降较快，这将对其投资造成一定的负面影响（见表12-6）。

表12-6　　　　　　我国国民总储蓄的部门构成　　　　　　单位：%

| 年份 | 企业部门 | | | 政府部门 | 住户部门 |
| --- | --- | --- | --- | --- | --- |
| | 非金融企业部门 | 金融机构部门 | 合计 | | |
| 2000 | 46.3 | 1.4 | 47.7 | -3.6 | 55.9 |
| 2001 | 46.2 | 3.0 | 49.2 | -2.8 | 53.6 |
| 2002 | 44.1 | 4.0 | 48.1 | 1.5 | 50.4 |
| 2003 | 41.4 | 4.9 | 46.3 | 3.3 | 50.4 |
| 2004 | 45.1 | 4.2 | 49.2 | 5.7 | 45.1 |
| 2005 | 42.9 | 3.6 | 46.5 | 7.2 | 46.3 |
| 2006 | 40.6 | 4.1 | 44.7 | 8.8 | 46.5 |
| 2007 | 39.6 | 3.9 | 43.4 | 11.2 | 45.4 |
| 2008 | 39.5 | 4.3 | 43.8 | 11.3 | 44.8 |
| 2009 | 37.0 | 4.9 | 41.9 | 9.8 | 48.3 |
| 2010 | 34.6 | 6.3 | 40.9 | 10.0 | 49.1 |
| 2011 | 33.2 | 6.4 | 39.6 | 11.4 | 49.1 |

那么，经济总体和各部门的可支配收入是如何分配的，多少用于消费、多少用于储蓄？这要通过消费率、储蓄率来回答。以下主要分析储蓄率。储蓄率是总储蓄占可支配总收入的比重，其中企业部门的储蓄率等于1。

中国国民储蓄率呈逐渐上升趋势，由2000年的37.6%升至2011年的50.6%，提高了13.1个百分点，平均为46.3%，从2007年开始持续在50%以上。从部门储蓄率看，中国住户部门和政府部门储蓄均呈上升趋势。2000—2011年，政府部门储蓄率上升了39.4个百分点，平均储蓄率水平为16.6%；住户部门储蓄率上升了9.8个百分点，平均储蓄率水平为36.4%。可见，政府部门和住户部门逐年提高的储蓄率共同推动了中国国民总储蓄率的不断上升（见表12-7）。

表12-7 中国各部门储蓄率 单位:%

| 年份 | 政府储蓄率 | 住户储蓄率 | 国民储蓄率 |
| --- | --- | --- | --- |
| 2000 | -9.4 | 31.1 | 37.6 |
| 2001 | -7.2 | 31.2 | 38.5 |
| 2002 | 3.8 | 31.5 | 40.2 |
| 2003 | 8.7 | 33.9 | 43.1 |
| 2004 | 15.8 | 33.8 | 45.7 |
| 2005 | 19.0 | 35.4 | 46.5 |
| 2006 | 23.2 | 37.2 | 48.2 |
| 2007 | 29.9 | 39.2 | 50.9 |
| 2008 | 31.0 | 39.9 | 51.9 |
| 2009 | 27.0 | 40.4 | 50.6 |
| 2010 | 28.0 | 42.1 | 51.8 |
| 2011 | 30.0 | 40.9 | 50.6 |

2. 投资分析

各部门总储蓄与资本转移收入之和是其在不向外借入资金的情况下可用于非金融投资的最大资金量。国民总储蓄与来自国外的资本净转移收入是在向国外净借入资金为零的情况下，我国可用于非金融投资的最大资金量。那么我国投资的实际情况如何呢？我国经济总体及各部门的储蓄/投资缺口怎样？

2000—2008年，中国储蓄占GDP比重在不断上升，资本形成占GDP的比重小幅波动中略有上扬，2009年以后储蓄率略有下降，而投资率发展基本较为平稳。1997年以前，中国是储蓄缺口，1997年以后转为投资缺口，并且逐年加大，2007年最高达到9.8个百分点，2009年后随着储蓄率的下降和储蓄率的提高缺口快速缩小。说明当前我国资金有盈余，不仅支持国内的投资，还有部分资金流出国外支持国外部门投资。

2000—2011年，企业部门资本形成总额占全国资本形成总额的比重最大，平均为668%，其中非金融企业部门平均占比66.6%，政府部门和住户部门平均占比分别为10.4%和22.8%。而企业部门储蓄占比仅为45.1%，远低于投资占比，持续处于资金短缺状态，存在储蓄缺口；政府部门大部分年份为资金短缺部门，仅有2007年、2008年和2011年为资金盈余部门；住户部门平均储蓄占比为48.8%，高于投资占比26.0个百分点，是主要的资金盈余部门，为其他部门提供资金（见表12-8）。

表12-8　　　　　　　　资本形成总额的部门构成　　　　　　　　单位：%

| 年份 | 企业部门 | | | 政府部门 | 住户部门 |
|---|---|---|---|---|---|
| | 非金融企业部门 | 金融机构部门 | 合计 | | |
| 2000 | 69.0 | 0.3 | 69.3 | 8.6 | 22.1 |
| 2001 | 69.7 | 0.4 | 70.1 | 8.5 | 21.3 |
| 2002 | 67.3 | 0.4 | 67.7 | 8.8 | 23.5 |
| 2003 | 65.0 | 0.1 | 65.1 | 11.2 | 23.7 |
| 2004 | 63.7 | 0.1 | 63.8 | 10.9 | 25.2 |
| 2005 | 61.0 | 0.1 | 61.1 | 10.8 | 28.1 |
| 2006 | 66.7 | 0.1 | 66.8 | 11.0 | 22.2 |
| 2007 | 68.7 | 0.1 | 68.8 | 10.4 | 20.7 |
| 2008 | 69.1 | 0.1 | 69.3 | 10.9 | 19.8 |
| 2009 | 67.3 | 0.1 | 67.5 | 11.9 | 20.6 |
| 2010 | 67.0 | 0.2 | 67.2 | 11.8 | 21.0 |
| 2011 | 64.4 | 0.2 | 64.6 | 10.5 | 25.0 |

（三）金融投融资分析

金融投融资分析是研究资金不足的部门如何筹措资金，资金盈余的部门如何对外提供资金。其中，金融部门起着从资金盈余部门向资金不足的部门融通资金的媒介作用，因此我们将国内经济部门分为金融部门和非金融机构部门（包括非金融企业部门、政府部门和住户部门）进行分析。下面主要分析非金融机构部门的投融资行为。

1. 净金融投资部门分析

净金融投资可以体现部门间的资金净流出或净流入情况。从中国资金流量表看，国内部门由于储蓄大于投资，总体呈现资金净流出状况，为国外部门融资。除1993

年外，我国净金融投资均为正值，且呈现逐渐扩大的趋势，2005 年突破万亿元，并于 2008 年达到最高值 3.08 万亿元，其后逐步下降至 2011 年的 1.32 万亿元。净金融投资的持续增长，主要得益于住户部门，住户部门一直以来均是资金净流出部门，2011 年净金融投资为 4.86 万亿元；政府部门从 2005 年开始由资金融入部门变为资金融出部门，2011 年净金融投资 102 万亿元，与住户部门共同为社会中其他部门融资；而非金融企业部门一直均是资金净流入部门，2011 年净流入 4.43 万亿元。

2. 融资结构和部门分析

2007 年以前，国内非金融机构部门（包括住户、非金融企业和政府，下同）融资总量保持平稳增长，从 1992 年的 7713 亿元增至 2006 年的 4.87 万亿元，年均增长 14.1%。2007 年由于财政发行 1.55 万亿元特别国债作为中投公司注册资本金，融资额增加 3.08 万亿元至 7.94 万亿元（在以下分析中为便于比较，均剔除这一因素影响），2008 年小幅增至 8.00 万亿元。2008 年国际金融危机后，我国实行了适度宽松的货币政策和四万亿元投资政策，实体经济资金需求旺盛，融资额大幅攀升。2009 年，国内非金融机构部门融资额首次突破 10 万亿元，达 15.68 万亿元，2010 年，继续增至 16.01 万亿元，金融危机后两年年均增速达 41.5%。2011 年，融资额降至 14.67 万亿元。1992—2011 年，国内非金融机构部门融资额年均增长 16.8%。

从融资速度看，住户部门融资增速快于非金融企业部门和政府部门。住户部门融资额从 1992 年的 158 亿元增至 2011 年的 2.55 万亿元，年均增长 30.7%；非金融企业部门融资额从 1992 年的 6867 亿元增至 2011 年的 11.11 万亿元，年均增长 15.7%；政府部门融资额由 1992 年的 679 亿元增至 2011 年的 1.02 万亿元，年均增长 15.3%。住户部门融资额增长较快，年均增速高出非金融机构部门平均增速 13.9 个百分点，而非金融企业部门和政府部门年均增速分别低于非金融机构部门年均增速 1.1 个和 1.5 个百分点。

从融资份额看，住户部门融资份额逐渐上升，非金融企业融资份额总体呈下降趋势，而政府部门融资份额在经过一段时间的上升后重又回落。1992 年，住户部门、非金融企业部门和政府部门融资额占比分别为 2.0%、89.2% 和 8.8%，2011 年这一比重变为 17.4%、75.7% 和 6.9%。19 年间住户部门融资额占比上升 15.4 个百分点，非金融企业部门和政府部门融资额占比分别下降 13.5 个和 1.9 个百分点。

非金融机构部门从外部融资的主要方式是贷款，1992—2011 年的平均比重为 65.5%，其余项目融资额总共不足 40%。在其他项融资中，外商直接投资平均占比为 13.8%，债券平均比重为 11.5%，股票平均占比为 4.2%。中国目前的融资结构仍是以间接融资为主，但近年来随着金融市场的不断发展，直接融资比重有所提高，证券融资（包括债券、股票）比重由 2008 年的 12.4% 提高至 2011 年的 17.4%。

表 12-9　　　　中国非金融机构部门融资结构　　　　单位:%

| 年份 | 贷款 | 债券 | 股票 | 直接投资 | 其他 |
|---|---|---|---|---|---|
| 2000 | 57.3 | 14.7 | 9.6 | 14.5 | 3.9 |
| 2001 | 64.0 | 13.5 | 6.1 | 18.0 | -1.6 |
| 2002 | 64.3 | 13.3 | 3.2 | 13.4 | 5.9 |
| 2003 | 67.7 | 13.1 | 3.4 | 9.1 | 6.7 |
| 2004 | 61.6 | 9.1 | 4.4 | 11.9 | 13.0 |
| 2005 | 60.6 | 13.2 | 2.8 | 17.1 | 6.2 |
| 2006 | 68.2 | 10.2 | 5.8 | 12.8 | 3.1 |
| 2007 | 60.2 | 6.2 | 8.7 | 14.5 | 10.4 |
| 2008 | 72.2 | 8.2 | 4.2 | 12.8 | 2.5 |
| 2009 | 75.1 | 13.1 | 3.4 | 3.4 | 5.0 |
| 2010 | 59.8 | 13.0 | 2.6 | 7.8 | 16.7 |
| 2011 | 64.2 | 13.5 | 3.9 | 9.7 | 8.7 |

3. 新增金融资产结构及部门分析

中国非金融机构部门新增金融资产保持震荡上行态势,由 1992 年的 800 亿元升至 2011 年的 16.13 万亿元,年均增长 17.1%,高于同期新增金融负债年均增速 0.3 个百分点。

从新增金融资产增速看,非金融企业部门和政府部门新增金融资产增速快于住户部门。住户部门新增金融资产由 1992 年的 4449 亿元增至 2011 年的 741 万亿元,年均增长 16.0%;非金融企业部门新增金融资产由 1992 年的 3534 亿元增至 2011 年的 6.68 万亿元,年均增长 16.7%;政府部门新增金融资产由 1992 年的 24 亿元增至 2011 年的 2.04 万亿元,年均增长 42.6%。住户部门和非金融企业部门新增金融资产年均增速分别低于非金融机构部门平均增速 1.1 个和 0.4 个百分点,而政府部门年均增速高于非金融机构部门年均增速 25.5 个百分点。

从新增金融资产份额看,住户部门和非金融企业部门新增金融资产占比下降,而政府部门新增金融资产占比上升。2011 年,住户部门、非金融企业部门和政府部门新增金融资产占比分别为 46.0%、41.4% 和 12.6%,与 1992 年相比,住户部门和非金融企业部门新增金融资产占比分别下降 9.6 个和 2.7 个百分点,而政府部门大幅上升 12.3 个百分点。资金运用主导部门仍为住户部门,但占比大幅下降,在 2009 年和 2010 年占比曾低于非金融企业部门,非金融企业部门在 2009 年和 2010 年占比出现大幅上升,但 2011 年又回落至金融危机前的水平。

从金融资产产品配置看,中国非金融机构部门新增金融资产主要是存款, 2000—2011 年平均占比为 74.2%,但整体看呈现波动中下降趋势;通货平均占比为

3.9%，居民投资渠道狭窄，债券、股票投资占比不高；近两年来随着表外业务的发展，未贴现的银行承兑汇票增长较快，占比从 2009 年的 2.6%增至 2011 年的 6.4%。

## 二、机构部门内部的交易特征分析

机构部门的分析主要是针对某个部门内部的实物交易或金融交易特点进行分析，下面以住户部门为例加以说明。

（一）住户部门可支配收入的来源和构成

住户部门可支配收入由国民收入通过初次分配和再分配形成。住户初次分配收入主要由劳动者报酬、营业盈余总额[①]和财产净收入构成。21 世纪以来，收入分配格局发生了明显变化，住户部门可支配收入占比持续下降。2000—2011 年，住户初次分配收入从 6.58 万亿元上升到 28.43 万亿元，年均增长 14.2%，比同期国民总收入慢 1.1 个百分点，导致住户初次分配收入占 GNI 的比重由 67.2%下降至 60.7%，年均下降 0.6 个百分点。出现这种变化的主要原因是，占初次分配收入 80%左右的劳动者报酬增长持续慢于国民总收入（GNI）增长。2000—2011 年，劳动者报酬年均增速为 14.1%，慢于国民总收入 1.2 个百分点，占初次分配收入的比重由 2000 年的 79.4%降为 78.2%。

但近年来，住户部门财产净收入增长速度有所加快。财产收入包括住户持有的储蓄存款、债券等获得的利息收入，住户部门持有股票资产获得的红利收入和出让土地、出租房屋获得的租金收入等。2000—2011 年，住户部门财产净收入年均增长 16.6%，高于同周期国民总收入增长 1.3 个百分点。住户财产净收入占住户初次分配收入的比重由 2000 年的 3.0%升至 2011 年的 3.7%，但总体比重仍然偏低。

在国民收入的再分配阶段，住户部门的经常转移收入大于支出，住户是收入再分配的受益者。住户部门再分配收入的主要来源是社会补助收入和其他收入（保险索赔、来自国外的汇款等）。随着住户收入水平的快速提高，住户缴纳的个人所得税大幅增长，并超过社会补助的增幅，住户经常转移净收入比重下降，2000—2011 年，住户上交的收入税年均增长 22.3%，分别比住户同期获得的社会补助增速快 1.9 个百分点。2011 年，住户在再分配环节增加的收入占其可支配收入比重仅 0.3%，比 2000 年低 0.4 个百分点。

住户初次分配收入以及经常转移净收入的比重均下降，导致住户部门可支配收

---

[①] 我国住户部门包括农户和个体户，故住户部门也存在一定规模的营业盈余收入（包括折旧）。营业盈余是指常住单位创造的增加值扣除劳动者报酬、生产税净额和固定资产折旧后的余额，相当于营业利润加上生产补贴，但要扣除从利润中开支的工资和福利等。

入占比持续下降。2000—2011 年,住户可支配收入年均增长 14.2%,比同期国民可支配收入增长慢 1.1 个百分点,其占国民可支配收入的比重由 2000 年的 67.5% 回落到 2011 年的 60.8%。

表 12-10　　2000—2011 年中国住户部门可支配收入占 GDP 比重　　单位:%

| 年份 | 劳动者报酬 | 营业盈余 | 财产收入 | 初次分配收入 | 经常转移 | 可支配收入 |
| --- | --- | --- | --- | --- | --- | --- |
| 2000 | 52.7 | 11.7 | 2.0 | 66.3 | 0.7 | 67.1 |
| 2001 | 52.5 | 10.8 | 1.8 | 65.0 | 0.6 | 65.5 |
| 2002 | 53.6 | 8.5 | 1.7 | 63.8 | 0.5 | 64.3 |
| 2003 | 52.8 | 9.2 | 1.7 | 63.7 | 0.6 | 64.3 |
| 2004 | 50.6 | 8.6 | 1.7 | 61.0 | 0.6 | 61.6 |
| 2005 | 50.4 | 8.7 | 1.8 | 60.8 | 0.2 | 61.1 |
| 2006 | 49.2 | 9.0 | 2.4 | 60.6 | 0.1 | 60.8 |
| 2007 | 48.1 | 8.9 | 2.7 | 59.7 | -0.1 | 59.7 |
| 2008 | 47.9 | 8.5 | 2.6 | 59.0 | 0.2 | 59.2 |
| 2009 | 49.0 | 9.3 | 2.3 | 60.6 | 0.2 | 60.8 |
| 2010 | 47.5 | 10.6 | 2.1 | 60.2 | 0.3 | 60.6 |
| 2011 | 47.0 | 10.9 | 2.2 | 60.1 | 0.3 | 60.4 |

(二) 住户部门金融投融资方式分析

住户部门是最大的资金净流出部门,主要是住户部门储蓄率较高导致,住户部门储蓄率(总储蓄/可支配收入)由 1992 年的 29.5% 升至 2011 年的 40.9%,提高了 11.4 个百分点,储蓄率持续高于投资率,由此导致净金融投资从 1992 年的 4291 亿元增至 2008 年最高的 5.38 万亿元,年均增长 17.1%,2009 年、2010 年有所回落,分别为 3.85 万亿元和 3.71 万亿元,主要是这两年住户部门房屋投资较多、金融负债增长较快所致,而 2011 年又升至 4.86 万亿元。

1. 中国住户部门新增金融负债情况

住户部门的金融负债主要是贷款。国际金融危机后,住户部门贷款快速增长,由 2008 年新增 7085 亿元,增至 2009 年的 2.54 万亿元,增长了 2.6 倍;2010 年进一步增至 3.05 万亿元,两年年均增长了 107.6%。贷款的快速增长主要是由于金融危机后房价快速上涨导致的房地产贷款增长,这也是住户部门融资占比上升的主要原因。2011 年,由于房地产限购政策导致住户部门贷款增长有所放缓,仅新增 2.55 万亿元。2011 年,住户部门新增中长期贷款 1.46 万亿元,占新增贷款比重为 57.4%,比 2010 年低 6.9 个百分点,1997—2011 年中长期贷款平均比重为 65.8%。[①] 1992—2011 年,住户部门新增金融负债年均增长 30.7%。

---

① 1997 年之前,住户部门新增中长期贷款持续为零。

2. 中国住户部门新增金融资产情况

2007 年以前，我国住户部门新增金融资产发展较为平稳，由 1992 年的 4449 亿元逐渐增至 2007 年的 3.51 万亿元，年均增长 14.8%；2008 年，住户部门金融资产出现快速增长，新增至 6.08 万亿元，2009 年、2010 年新增量基本保持平稳，2011 年新增至 7.41 万亿元。1992—2011 年，中国住户部门新增金融资产年均增长 16.0%，比新增金融负债年均增速低 14.7 个百分点。从结构看，占新增金融资产 65% 左右的存款保持较快增长，新增额从 1992 年的 2694 亿元增至 2011 年的 4.77 万亿元，年均增长 16.3%，比新增金融资产年均增速高 0.3 个百分点，占新增金融资产的比重由 1992 年的 60.6% 升至 2008 年最高的 76.8%，其后逐步降至 2011 年的 64.3%。住房、医疗、教育改革以来，预防性动机加大了居民对保险投资的需求，新增保险准备金由 1992 年的 52.5 亿元增至 2011 年的 6417 亿元，年均增长 28.8%，成为增长最快的资金应用渠道。其次是股票投资，由 1992 年的 174.8 亿元增至 2011 年的 3278 亿元，年均增长 16.7%。增长较慢的是通货和债券。主要是近年来随着支付手段的多元化，居民持有现金比例逐步降低，1992—2011 年年均增长 9.7%，占新增金融资产的比重由 1992 年的 19.3% 降至 6.7%。债券由于投资品种少，收益不高，2011 年下降 794 亿元。基金一度成为住户部门投资热点，从 2005 年的 546 亿元迅速增至 2007 年的 3438 亿元，占新增资产比重由 1.8% 增至 9.8%，其后随着股票市场的沉寂，证券投资基金份额呈下降趋势，2009 年和 2010 年分别减少 1018 亿元和 90 亿元，2011 年新增 606 亿元（见表 12-11）。

表 12-11　　　　　　　　中国住户部门新增金融资产结构　　　　　　单位：亿元

| 年份 | 通货和存款 | 基金 | 债券 | 股票 | 保险 | 金融资产合计 |
| --- | --- | --- | --- | --- | --- | --- |
| 2002 | 15571 | — | 879 | 636 | 2543 | 19721 |
| 2003 | 18608 | — | 626 | 681 | 3036 | 23110 |
| 2004 | 17112 | — | -206 | 717 | 3516 | 21253 |
| 2005 | 23181 | 546 | 240 | 30 | 4202 | 29913 |
| 2006 | 23808 | 1519 | 410 | 672 | 4365 | 34370 |
| 2007 | 13148 | 3438 | -236 | 2148 | 6221 | 35098 |
| 2008 | 50126 | 2936 | -613 | 2870 | 8084 | 60838 |
| 2009 | 46822 | -1018 | 746 | 3359 | 8396 | 64199 |
| 2010 | 49933 | -90 | 112 | 5158 | 5638 | 67402 |
| 2011 | 52651 | 606 | -794 | 3278 | 6417 | 74140 |

货币化改革之前，由于传统的借贷观念，我国住户部门新增金融负债率（新增金融负债/新增金融资产）一直处于较低水平，在 7% 以下；1999 年后迅速提升至

25%左右；2007年以后，随着房价的迅速提升，新增金融负债率也快速上升，2010年升至45.3%，2011年随着金融负债的降低降至34.4%，仍处历史较高水平。

资金流量分析能够实现对社会整体资金监测，考察各部门在货币和其他金融资产方面的投资组合选择、资金来源等，能够评估金融的稳定性，因此国外学者对资金流量表开展了较为广阔的分析和应用，已经形成了较为完善的分析框架与体系，如部门收支分析、流动性分析、固定技术系数分析、利率预测和短期资金流动预测、金融危机预测等。相比较而言，由于我国资金流量表内容较为简单，只公布流量而没有存量，且发布比较滞后，并没有引起学者足够重视，对资金流量表分析方法的应用还有待拓展。

需要指出的是，上面介绍的主要是资金流量分析的一些基本内容，在实际研究中，资金流量分析的内容可以更为丰富。如通过将资金流量核算中的相关指标结合起来，揭示国民经济资金循环过程中的特点，最典型的就是消费率和投资率分析；通过将中国的资金流量数据与其他国家比较，来揭示我国资金流动过程中的一些典型特征及原因分析，如我国储蓄率偏高的原因等。更有学者根据资金流量表的基础数据，编制部门间矩阵金融资金流量表，反映部门间资金流入流出动态；或建立金融模型，研究各种负面冲击在经济金融系统中的传导过程和对宏观经济金融系统稳定性的影响。

## 本章小结

1. 资金流量核算，也称资金流量循环账户，它从资金核算的角度反映新创造的价值在国民经济运行各环节、各经济主体之间流量和存量的循环情况。

2. 广义资金流量账户实质是国民经济账户体系的综合；狭义资金流量账户核算经济体中各部门之间以及这些部门和国外之间所有金融存量和流量。

3. 我国资金流量核算以整个收入分配和社会资金循环为对象，包括实物交易与金融交易两个相互联系但又相互独立的组成部分。

4. 资金流量表各交易项目的主要平衡关系：(1) 初次分配总收入 = 增加值 − 支付的劳动者报酬和生产税净额 + 收到的劳动者报酬和生产税净额 − 支付的财产收入 + 收到的财产收入；(2) 可支配总收入 = 初次分配总收入 + 经常转移收入经常转移支出；(3) 总储蓄 = 可支配总收入 − 最终消费；(4) 净金融投资 = 总储蓄 + 资本转移收入净额 − 资本形成总额 − 其他非金融资产获得减处置；(5) 净金融投资 = 金融资产增加 − 负债增加。

5. 资金流量分析包括交易分析和机构分析等方面。

## 本章重要概念

资金流量核算　广义资金流量账户　狭义资金流量账户　实物交易　金融交易　储蓄

## 本章复习思考题

1. 什么是资金流量核算？
2. 简述资金流量核算与国民核算的关系。
3. 简述中国资金流量核算的基本框架。
4. 简述中国资金流量核算的内容。
5. 如何分析中国资金流量表？

## 本章参考文献

[1] 联合国，等.2008 国民账户体系［M］.国家统计局国民经济核算司，中国人民大学国民经济核算研究所，译.北京：中国统计出版社，2012.

[2] 联合国，等.2008 国民账户体系［M］.国家统计局国民经济核算司，中国人民大学国民经济核算研究所，译.北京：中国统计出版社，2016.

[3] 国家统计局.中国资金流量表编制方法［M］.北京：中国统计出版社，1997.

[4] 高敏雪，李静萍，许健.国民经济核算原理与中国实践（第四版）［M］.北京：中国人民大学出版社，2019.

[5] 贝多广，骆峰.中国资金流量分析方法的发展与应用［J］.经济研究，2006.

[6] 许宪春.中国资金流量分析［J］.经济研究，2002.

[7] 中国人民银行调查统计司.中国资金流量核算（金融交易）1992—2010 年［M］.北京：中国金融出版社，2014.

[8] 杜金富，等.国民经济核算基本原理与应用［M］.北京：中国金融出版社，2015.

# 第十三章
# 中国对外经济核算

前面我们介绍的国民经济核算的内容，主要侧重国内经济循环环节的核算。国民经济的运行或循环就要涉及对外国经济活动，涉及常住单位与非常住单位的核算问题。这一章我们从经济部门核算的角度集中讨论对外经济核算。

## 第一节 中国对国外经济核算的基本问题

对外经济核算，需要界定对外经济核算的范围，明确对外经济核算的内容，确定对外经济核算的方式方法。这些就是本节讨论的主要内容。

### 一、对外经济核算的范围

对外经济核算是对外经济往来的核算，对外经济往来是指常住单位与非常住单位之间的各种经济往来。也就是说，对外经济核算是常住单位与非常住单位之间的各种经济往来的核算。如第四章所述，常住单位，又称居民，是指一个机构单位在一国的经济领土内具有经济利益中心。识别单位的常住性与非常住性就成为划分国内与国外经济核算界限的标志。

（一）机构单位常住性的识别原则

1. 住户的常住性

住户的常住性取决于它的住所所在地，而不是其成员的工作所在地。如果一个住户的成员在一国经济领土内保留一个经常性或永久性住所，则该住户是该国的常住单位。依据这一原则，每天或经常越境在邻国工作的边境工人仍然属于其经常性或永久性住所所在国的常住单位。需要注意的是，一个住户的所有成员必须是同一个国家的常住单位。如果住户的某些成员连续在国外生活或工作一年以上，其经济利益中心已经发生转移，则它不再是原住户的成员，而成为生活或工作所在国的常住单位。

住户常住性的识别有两个例外的情况。第一个例外是一国在其国外领土飞地所雇用的武官与文官。由于领土飞地属于该国的经济领土，因此政府派往飞地的这些工作人员属于该国的常住单位，即使他们长期住在飞地以外的住宅里，常住性依然不改变。第二个例外是留学生和在国外就医的病人。无论留学生在国外学习多长时间，只要他们仍然是原住户的成员，就被视为原籍国的常住单位。类似地，无论病人在国外就医的时间有多长，只要他们仍然是原住户的成员，就被视为原籍国的常住单位。

2. 公司和准公司的常住性

如果公司和准公司在较长时期内或无限期地在一国经济领土内从事相当规模的生产活动，或在那里拥有土地或建筑物，则为该国的常住单位。

遵照上面的原则就可以解决公司的所属国与所在国不同时，公司或准公司的常住性问题。（1）对于一国常住单位所拥有的公司或准公司，如果它们在国外保留一个准备长期经营的生产单位，并从事相当规模的货物或服务的生产，或在国外拥有土地或建筑物，则为所在国的常住单位。这样的单位通常有一套完整而独立的账户（损益表、资产负债表以及与母公司的交易表）来反映在所在国的活动，向所在国支付所得税，且拥有一个相当规模的实际场所，以自己的名义筹集工作所需的资金，等等。（2）对于一国常住单位所拥有的经营流动设备（船只、飞机、钻井井架和井台、铁路车辆等）的单位，如果这些单位在其他国家境内经营，且被所在国税务和工商部门认可，那么该单位是所在国的常住单位。但是，如果这些单位在国际水域或空间经营，则仍属于所属国的常住单位。

3. 政府单位的常住性

由经济领土的定义很容易知道，一国的中央政府和各级地方政府所拥有的部门、机关、驻外使领馆、军事单位或其他政府实体属于该国的常住单位，而外国政府和国际组织设在该国的使领馆、军事单位或其他政府实体是该国的非常住单位。

4. 非营利机构的常住性

在大多数情况下，非营利机构是依照所在国法律和规章而建立起来的，并作为一个法律或社会实体得到所在国官方的承认和登记，属于所在国的常住单位。例外的情况是，从事跨国慈善事业或救济工作的非营利机构，如果它在某一国设有分支机构达一年以上，则该分支机构应视为所在国的常住单位。

（二）对外经济核算的界限

对外经济核算是常住单位与非常住单位经济往来的核算，不是核算非常住单位本身的、与常住单位无关的其他经济活动，如生产、消费、资本形成等。也就是说，对外经济核算主要是从经济活动主体进行划分的。

## 二、对外经济核算的主要内容

对外经济核算的内容就是核算对外经济活动的内容。对外经济活动可以进行多种分类，如国际收支核算的分类等。这里我们主要是对活动的内容有个大概了解，可分为：对外贸易活动、对外投资活动、对外收入分配活动、对外转移活动及非交易流量等。对外贸易活动包括货物贸易和服务贸易；对外投资活动包括直接投资、证券投资和其他投资等；对外收入分配活动包括提供劳务、金融资产和出租自然资源而获得的回报；对外转移活动包括无偿捐献、赔偿等经常转移和非生产、非金融资产的资本转移；对外非交易流量包括对外资产其他物量变化和重估价值等。除了核算对外经济活动的流量之外，还要核算对外经济活动的存量。对外经济核算的具体内容我们在接下来的两节还要详细介绍。

## 三、对外经济核算的方式方法

对外经济核算主要有两种方式方法：设置国外账户和国际账户。

设置国外账户，就是把它与非金融公司、金融公司、住户、政府、为住户服务的非营利机构等部门一样看待，核算常住单位与非常住单位的经济活动。国外账户包括经常交易账户、积累账户和资产负债表。

国际账户是系统地反映一国对外的经济状况，包括国际收支平衡表、国际收支头寸和金融资产和负债的其他变化账户。国际账户与国外账户并不是截然不同的两种做法。两者对国外具有一致的定义，在核算范围上保持了一致，在分类上也大体一致。在实际操作中，国外账户常以国际账户核算的资料为基础来编制。之所以在编制国际账户之后还要编制国外账户，是因为国际账户是相对的独立核算表，国外账户是国民账户体系的组成部分；国际账户是站在国内的角度来核算流量和存量，国外账户是站在国外角度来编制的。国际账户的内容我们将在第二节、第三节做详细介绍。这里我们主要讨论国外账户核算。

## 四、国外账户核算的内容

### （一）经常账户

国外账户以这种方式显示：流往国外的流量就显示为国外的使用，来自国外的流量显示为来源。例如，出口显示为国外账户的使用，进口显示为国外账户的来源。进口和出口项目形成了核算账户序列中货物和服务账户的一部分。

国外账户不涉及中间消耗、最终消费（或固定资本形成）这两个项目。因为非常住单位所生产的货物和服务，除了出口到常住单位的总量外，与常住单位经济无关。

国外账户不对每一单个账户计算平衡项。例如，有的公司出口，有的公司进口，国外账户并不针对每一个进出口国及其单位核算平衡项。但要核算对外货物和服务、对外经常性平衡项，即核算进口与出口之差和所有来自国外来源之和减去所有去往国外之和。

（二）积累账户

在国外的资本账户中，没有固定资本形成这一项目。对外交易中可能因涉及自然资源，合约、租约许可或者商誉和营销资产而被记录。但是，按照这些资产的性质，并考虑到土地几乎总是为常住单位所获得，此类项目应不常见，对国外的资本转移和来自国外的资本转移可能非常重要。

国外金融账户和资产负债表记录非常住者的金融资产和负债的交易与存量。这部分内容我们将在国际账户中加以介绍。

## 第二节 国际收支核算的基本原理

这一节我们主要介绍国际账户核算的基本原理，包括国际收支的概念，国际收支核算中经常账户、资本账户、金融账户、储备资产和国际投资头寸的核算。

### 一、国际收支核算的基本概念

（一）国际收支核算的定义

国际收支核算记录的是居民与非居民之间发生的各项经济交易，由国际收支平衡表和国际投资头寸表组成。其中，国际收支平衡表是从流量的角度反映各项交易；国际投资头寸表是从存量的角度反映国内与国外之间发生的金融资产与负债。国际投资头寸表没有包括实物资产的原因在于，除个别情况，一般来说，存在于一国的经济领土之内的多数实物资产是该国的经济资产，不具有跨经济国界的所有权。而金融交易体现的资产负债关系可跨经济国界存在。

（二）国际收支核算的内容

国际收支核算包括对外经常交易、资本交易、金融交易、储备资产、金融资产的重估价和国际投资头寸等。国际收支核算采用的是与国民经济账户体系一致的概念和方法，国际收支核算即国际账户转换为平衡表的形式就是国际收支平衡表和国际投资头寸表。国际收支平衡表一般包括四类账户：经常账户、资本账户、金融账户和储备资产账户。

经常账户核算对象是货物、服务、收入和经常转移等经济交易。资本账户主要包括居民和非居民之间的资本转移和非生产、非金融资产的收买或放弃。其中，资本转移主要包括实物资产所有权的无偿转移和债务的无条件取消。非生产、非金融资产的收买或放弃主要包括无形资产的交易以及使馆在相互国家购买或出售的土地。金融账户反映一国对外金融资产和负债所有权交易，主要包括直接投资、证券投资和其他投资。储备资产账户是国际收支核算的重要组成部分。储备资产是指货币当局随时可利用并控制的外部资产，是货币当局对非居民的金融债权。储备资产通常包括货币当局持有的货币黄金、特别提款权、在基金组织的储备头寸、外汇资产（包括货币、存款和证券）及其他对外债权。

在实际中，由于各种原因，会产生统计误差。因此，实际的国际收支平衡表除上述四个账户外，还包括误差与遗漏。

（三）国际收支核算与国民经济核算的关系

作为反映一个国家对外交易的核算框架，国际收支核算所包括对外的经济交易与国内经济之间，以及它们自身之间，存在着内在的经济联系，表现为以下几个重要等式。

1. 一国在一定时期内生产最终货物和服务的价值为国内生产总值。一方面，本国生产的产品和服务中的一部分出口到国外；另一方面，本国通过进口获得部分国外生产的产品和服务。因此，一国的GDP为居民实际获得的最终产品和服务，加上从国外获得的产品和服务，扣除向国外提供的产品和服务，即

$$GDP = 总投资(资本形成总额) + 最终消费 + 净出口$$

2. 净出口形成居民通过贸易从非居民处得到的净收入，该收入与居民和非居民之间的财产净收入以及经常转移净收入一并，形成居民对非居民的储蓄。这个储蓄从国际收支的角度看，是经常账户差额，也是居民对非居民的净投资，即资本和金融账户的差额。

$$经常账户差额 = 资本和金融账户差额$$

3. 国内生产总值经过多次分配，形成本国的国民可支配收入；国民可支配收入用于最终消费支出后的差额为国民总储蓄。如果总储蓄大于总投资，则该国发生资本净流出；如果总储蓄小于总投资，则该国发生资本净流入。体现的经济关系为，一国的总储蓄与总投资差额即为国际收支资本和金融账户的差额，考虑到经常账户差额和资本和金融账户差额的关系。连等式为：

$$一国总储蓄与总投资差额 = 该国国际收支经常账户差额$$
$$= 该国国际收支资本和金融账户差额$$

4. 前面讲到，储备资产账户在国际收支统计中具有重要的地位。在分析国际收

支平衡状况时，经常使用国际收支总差额指标。所谓的国际收支总差额即经常账户差额、资本账户差额、金融账户差额和错误与遗漏差额之和。该差额为正，表示国际收支顺差，储备资产增加；该差额为负，表示国际收支逆差，储备资产减少。等式为

$$储备资产增（减）= 国际收支顺（逆）差$$

5. 国际投资头寸表是居民与非居民之间金融交易（包括储备资产）的存量。因此，等式为

$$期初国际投资头寸表 + 本期金融与储备资产账户$$
$$+ 本期金融与储备资产的重估价 = 期末国际投资头寸表$$

## 二、经常账户的核算

经常账户的核算包括货物交易、服务交易、初次收入和二次收入等核算内容。

货物交易是指居民和非居民之间的进出口交易，这类交易一般伴随着货物所有权在居民和非居民之间的变更。货物交易的主要内容有：一般商品、转手买卖的货物、非货币黄金。货物交易的实际交易价格以离岸价为准。

服务交易包括对他人拥有的实物投入的加工制造、维护维修、运输、旅行、建设、保险和养老金、金融、知识产权使用费、电信和计算机及信息、其他商业服务、个人和文化及娱乐、政府货物和服务等。

初次收入包括雇员报酬、投资收益、租金、生产和进口税及补贴等内容。

二次收入主要包括居民与非居民的经常转移，主要内容有以下两部分：一是居民与非居民之间出于援助、馈赠等；二是居民与非居民之间相互缴纳的各种税费、非人寿保险等。

## 三、资本账户的核算

资本账户主要记录居民和非居民之间资本转移和非生产、非金融资产的获得或出让（自然资源、契约租约和许可、营销资产和商誉、债务减免、异常大额非人寿保险索赔、投资捐赠、一次性担保及其他债务负担、资本及其转移税、移民的转移等）。

资本转移主要包括五项内容：与资本形成相关的现金转移；固定资产所有权的转移；债权债务双方根据协定无偿减免债务人的债务；对转移资产价值征收的税款，如继承税、遗产税和赠与税，以及向非居民提供的补偿资本损失的非保险赔偿等，如由于原油泄漏、战争等造成的损害支付；土地及无形资产的无偿转让。

### 四、金融账户的核算

金融账户反映居民与非居民之间的债权债务关系，分类较为复杂。这里主要介绍直接投资、证券投资、金融衍生产品（储备除外）和雇员期权以及其他投资的核算。

（1）直接投资

直接投资包括居民和非居民之间的股本投资、再投资收益和其他资本投资。国际上通行的反映这种影响的量化指标为直接投资者对企业拥有10%及以上的普通股或投票权。股本投资可采用现金形式，但更多的是以机器设备甚至无形资产作价进行的投资，形成直接投资者再直接投资企业的股份。再投资收益包括归直接投资者所有的作为红利分配的收益和未汇回直接投资者的收益。

（2）证券投资

证券投资包括居民与非居民之间股本证券和债券的交易。股本证券包括一切表明在全部债权人的债权得到清偿以后对公司型企业剩余资产拥有所有权的凭证。股票、参股文件、参与分红的优先股以及在互助基金和投资信托机构的投资都包括在内。债券交易包括中长期债券、货币市场工具以及衍生金融工具。

（3）金融衍生产品（储备除外）和雇员期权

金融衍生产品（储备除外）是通过与在未来某日某项金融工具的买卖、某类指数的水平、某些商品的买卖联系在一起，而产生的新的金融工具。

（4）其他投资

其他投资主要是指居民和非居民之间发生的其他股权、货币和存款、贷款、保险及养老金和标准担保计划、贸易信贷、其他应收应付款等金融交易。

### 五、储备资产的核算

储备资产是由货币当局控制，并随时可供货币当局用来满足国际收支资金需求，用于干预汇兑市场，影响货币汇率，以及用于其他目的（如维护对货币和经济的信心，作为向国外借款的基础）的对外资产。

储备资产主要包括货币黄金、特别提款权、在基金组织的储备头寸和其他储备资产。其中，其他储备资产包括存款、证券、金融衍生产品和其他债权。

### 六、国际投资头寸

国际投资头寸表是反映一个经济体在某个时点上对外金融资产和负债的存量统计，资产反映一经济体的对外债权和作为储备资产持有的金块等，负债反映一经济体的对外债务，对外金融资产和负债的差额为该经济体的净国际投资头寸，头寸为正表明对外债权大于债务，为负则是债务大于债权。

国际投资头寸有两种表式：一是按职能类别和金融工具划分的国际投资头寸表，二是按机构部门和职能类别划分的国际投资头寸表。

第一种表式重点展示期初国际投资头寸、当期金融交易账户以及金融资产负债的其他变化对期末国际投资头寸的影响。四者之间的数量关系：

$$期末国际投资头寸 = 期初国际投资头寸 + 金融账户交易 + 金融资产和负债账户的其他变化$$

第二种表式将一国的对外资产和负债按机构部门持有、借出、借入情况加以分解，强调国内各机构部门在国际投资头寸构成中的角色。

国际投资头寸表是资产负债表，上述两个表式全面反映了一个经济体对外的金融总量、投融资结构、金融工具结构、金融市场参与者结构。

## 第三节 中国国际收支核算

中国国际收支核算主要包括编制中国国际收支平衡表和国际投资头寸表。

### 一、我国国际收支平衡表

我国国际收支平衡表的主要内容体现在我国国际收支平衡表的项目上。我国国际收支平衡表根据《国际收支手册（第六版）》的标准分类，将我国的国际经济往来分为：经常项目、资本和金融项目、净误差与遗漏三个部分（见表13-1）。

表13-1　　　　　　　　中国国际收支平衡表　　　　　　　单位：亿美元

| 项目 | 2011年 | 2012年 | 2013年 | 2014年 | 2015年 | 2016年 |
| --- | --- | --- | --- | --- | --- | --- |
| 1. 经常账户 | 1361 | 2154 | 1482 | 2360 | 3042 | 1964 |
| 贷方 | 22087 | 23933 | 25927 | 27434 | 26193 | 24546 |
| 借方 | -20726 | -21779 | -24445 | -25074 | -23151 | -22583 |
| 1.A　货物和服务 | 1819 | 2318 | 2354 | 2213 | 3579 | 2499 |
| 贷方 | 20089 | 21751 | 23556 | 24629 | 23602 | 21979 |
| 借方 | -18269 | -19432 | -21202 | -22416 | -20023 | -19480 |
| 1.A.a　货物 | 2287 | 3116 | 3590 | 4350 | 5762 | 4941 |
| 贷方 | 18078 | 19735 | 21486 | 22438 | 21428 | 19895 |
| 借方 | -15791 | -16619 | -17896 | -18087 | -15666 | -14954 |

续表

| 项目 | 2011年 | 2012年 | 2013年 | 2014年 | 2015年 | 2016年 |
|---|---|---|---|---|---|---|
| 1.A.b　服务 | -468 | -797 | -1236 | -2137 | -2183 | -2442 |
| 贷方 | 2010 | 2016 | 2070 | 2191 | 2174 | 2084 |
| 借方 | -2478 | -2813 | -3306 | -4329 | -4357 | -4526 |
| 1.A.b.1　加工服务 | 263 | 256 | 232 | 213 | 203 | 184 |
| 贷方 | 265 | 257 | 233 | 214 | 204 | 185 |
| 借方 | -2 | -1 | -1 | -1 | -2 | -2 |
| 1.A.b.2　维护和维修服务 | 0 | 0 | 0 | 0 | 23 | 32 |
| 贷方 | 0 | 0 | 0 | 0 | 36 | 52 |
| 借方 | 0 | 0 | 0 | 0 | -13 | -20 |
| 1.A.b.3　运输 | -449 | -469 | -567 | -579 | -467 | -468 |
| 贷方 | 356 | 389 | 376 | 382 | 386 | 338 |
| 借方 | -804 | -859 | -943 | -962 | -853 | -806 |
| 1.A.b.4　旅行 | -241 | -519 | -769 | -1833 | -2049 | -2167 |
| 贷方 | 485 | 500 | 517 | 440 | 450 | 444 |
| 借方 | -726 | -1020 | -1286 | -2273 | -2498 | -2611 |
| 1.A.b.5　建设 | 110 | 86 | 68 | 105 | 65 | 42 |
| 贷方 | 147 | 122 | 107 | 154 | 167 | 127 |
| 借方 | -37 | -36 | -39 | -49 | -102 | -85 |
| 1.A.b.6　保险和养老金服务 | -167 | -173 | -181 | -179 | -38 | -88 |
| 贷方 | 30 | 33 | 40 | 46 | 50 | 41 |
| 借方 | -197 | -206 | -221 | -225 | -88 | -129 |
| 1.A.b.7　金融服务 | 1 | 0 | -5 | -4 | -3 | 11 |
| 贷方 | 8 | 19 | 32 | 45 | 23 | 32 |
| 借方 | -7 | -19 | -37 | -49 | -26 | -20 |
| 1.A.b.8　知识产权使用费 | -140 | -167 | -201 | -219 | -209 | -228 |
| 贷方 | 7 | 10 | 9 | 7 | 11 | 12 |
| 借方 | -147 | -177 | -210 | -226 | -220 | -240 |
| 1.A.b.9　电信、计算机和信息服务 | 89 | 108 | 95 | 94 | 131 | 127 |
| 贷方 | 139 | 162 | 171 | 202 | 245 | 254 |
| 借方 | -50 | -55 | -76 | -107 | -114 | -127 |
| 1.A.b.10　其他商业服务 | 72 | 87 | 99 | 282 | 189 | 147 |
| 贷方 | 564 | 510 | 572 | 689 | 584 | 580 |
| 借方 | -492 | -424 | -473 | -407 | -395 | -432 |
| 1.A.b.11　个人、文化和娱乐服务 | -3 | -4 | -6 | -7 | -12 | -14 |
| 贷方 | 1 | 1 | 1 | 2 | 7 | 7 |
| 借方 | -4 | -6 | -8 | -9 | -19 | -21 |

续表

| 项目 | 2011年 | 2012年 | 2013年 | 2014年 | 2015年 | 2016年 |
|---|---|---|---|---|---|---|
| 1.A.b.12 别处未提及的政府服务 | -3 | -1 | 0 | -10 | -15 | -20 |
| 贷方 | 8 | 10 | 12 | 11 | 11 | 12 |
| 借方 | -11 | -10 | -12 | -20 | -26 | -32 |
| 1.B 初次收入 | -703 | -199 | -784 | 133 | -411 | -440 |
| 贷方 | 1443 | 1670 | 1840 | 2394 | 2232 | 2258 |
| 借方 | -2146 | -1869 | -2624 | -2261 | -2643 | -2698 |
| 1.B.1 雇员报酬 | 150 | 153 | 161 | 258 | 274 | 207 |
| 贷方 | 166 | 171 | 178 | 299 | 331 | 269 |
| 借方 | -16 | -18 | -17 | -42 | -57 | -62 |
| 1.B.2 投资收益 | -853 | -352 | -945 | -125 | -691 | -650 |
| 贷方 | 1277 | 1500 | 1662 | 2095 | 1893 | 1984 |
| 借方 | -2130 | -1851 | -2607 | -2219 | -2584 | -2634 |
| 1.B.3 其他初次收入 | 0 | 0 | 0 | 0 | 7 | 3 |
| 贷方 | 0 | 0 | 0 | 0 | 8 | 6 |
| 借方 | 0 | 0 | 0 | 0 | -2 | -2 |
| 1.C 二次收入 | 245 | 34 | -87 | 14 | -126 | -95 |
| 贷方 | 556 | 512 | 532 | 411 | 359 | 309 |
| 借方 | -311 | -477 | -619 | -397 | -486 | -404 |
| 2. 资本和金融账户 | -1223 | -1283 | -853 | -1692 | -912 | 263 |
| 2.1 资本账户 | 54 | 43 | 31 | 0 | 3 | -3 |
| 贷方 | 56 | 45 | 45 | 19 | 5 | 3 |
| 借方 | -2 | -3 | -14 | -20 | -2 | -7 |
| 2.2 金融账户 | -1278 | -1326 | -883 | -1691 | -915 | 267 |
| 资产 | -6136 | -3996 | -6517 | -5806 | 95 | -2174 |
| 负债 | 4858 | 2670 | 5633 | 4115 | -1010 | 2441 |
| 2.2.1 非储备性质的金融账户 | 2600 | -360 | 3430 | -514 | -4345 | -4170 |
| 资产 | -2258 | -3030 | -2203 | -4629 | -3335 | -6611 |
| 负债 | 4858 | 2670 | 5633 | 4115 | -1010 | 2441 |
| 2.2.1.1 直接投资 | 2317 | 1763 | 2180 | 1450 | 681 | -466 |
| 2.2.1.1.1 资产 | -484 | -650 | -730 | -1231 | -1744 | -2172 |
| 2.2.1.1.1.1 股权 | -577 | -728 | -882 | -1424 | -1039 | -1484 |
| 2.2.1.1.1.2 关联企业债务 | 92 | 78 | 153 | 193 | -705 | -688 |
| 2.2.1.1.2 负债 | 2801 | 2412 | 2909 | 2681 | 2425 | 1706 |
| 2.2.1.1.2.1 股权 | 2508 | 2145 | 2654 | 2108 | 2118 | 1642 |
| 2.2.1.1.2.2 关联企业债务 | 293 | 267 | 255 | 573 | 307 | 64 |

续表

| 项目 | 2011年 | 2012年 | 2013年 | 2014年 | 2015年 | 2016年 |
|---|---|---|---|---|---|---|
| 2.2.1.2　证券投资 | 196 | 478 | 529 | 824 | −665 | −622 |
| 2.2.1.2.1　资产 | 62 | −64 | −54 | −108 | −732 | −1034 |
| 2.2.1.2.1.1　股权 | 11 | 20 | −25 | −14 | −397 | −385 |
| 2.2.1.2.1.2　债券 | 51 | −84 | −28 | −94 | −335 | −649 |
| 2.2.1.2.2　负债 | 134 | 542 | 582 | 932 | 67 | 412 |
| 2.2.1.2.2.1　股权 | 53 | 299 | 326 | 519 | 150 | 189 |
| 2.2.1.2.2.2　债券 | 81 | 243 | 256 | 413 | −82 | 223 |
| 2.2.1.3　金融衍生工具 | 0 | 0 | 0 | 0 | −21 | −47 |
| 2.2.1.3.1　资产 | 0 | 0 | 0 | 0 | −34 | −69 |
| 2.2.1.3.2　负债 | 0 | 0 | 0 | 0 | 13 | 22 |
| 2.2.1.4　其他投资 | 87 | −2601 | 722 | −2788 | −4340 | −3035 |
| 2.2.1.4.1　资产 | −1836 | −2317 | −1420 | −3289 | −825 | −3336 |
| 2.2.1.4.1.1　其他股权 | 0 | 0 | 0 | 0 | 0 | 0 |
| 2.2.1.4.1.2　货币和存款 | −1155 | −1048 | −74 | −1856 | −550 | −435 |
| 2.2.1.4.1.3　贷款 | −453 | −653 | −319 | −738 | −475 | −1147 |
| 2.2.1.4.1.4　保险和养老金 | 0 | 0 | 0 | 0 | −32 | −3 |
| 2.2.1.4.1.5　贸易信贷 | −710 | −618 | −603 | −688 | −460 | −1008 |
| 2.2.1.4.1.6　其他 | 482 | 3 | −423 | −8 | 692 | −743 |
| 2.2.1.4.2　负债 | 1923 | −284 | 2142 | 502 | −3515 | 301 |
| 2.2.1.4.2.1　其他股权 | 0 | 0 | 0 | 0 | 0 | 0 |
| 2.2.1.4.2.2　货币和存款 | 483 | −594 | 758 | 814 | −1226 | 102 |
| 2.2.1.4.2.3　贷款 | 1051 | −168 | 934 | −343 | −1667 | −196 |
| 2.2.1.4.2.4　保险和养老金 | 0 | 0 | 0 | 0 | 24 | −6 |
| 2.2.1.4.2.5　贸易信贷 | 380 | 423 | 449 | −21 | −623 | 162 |
| 2.2.1.4.2.6　其他 | 10 | 54 | 0 | 52 | −24 | 239 |
| 2.2.1.4.2.7　特别提款权 | 0 | 0 | 0 | 0 | 0 | 0 |
| 2.2.2　储备资产 | −3878 | −966 | −4314 | −1178 | 3429 | 4437 |
| 2.2.2.1　货币黄金 | 0 | 0 | 0 | 0 | 0 | 0 |
| 2.2.2.2　特别提款权 | 5 | 5 | 2 | 1 | −3 | 3 |
| 2.2.2.3　在国际货币基金组织的储备头寸 | −34 | 16 | 11 | 10 | 9 | −53 |
| 2.2.2.4　外汇储备 | −3848 | −987 | −4327 | −1188 | 3423 | 4487 |
| 2.2.2.5　其他储备资产 | 0 | 0 | 0 | 0 | 0 | 0 |
| 3. 净误差与遗漏 | −138 | −871 | −629 | −669 | −2130 | −2227 |

资料来源：国家外汇管理局网站，www.safe.gov.cn。

（一）经常项目

经常项目包括货物和服务、初次收入以及二次收入三项。

1. 货物和服务

货物是指经济所有权在我国居民与非居民之间发生转移的货物交易。服务所涉及的内容比较繁杂，涵盖了加工、维护和维修、运输、旅行、建设、保险和养老金、金融、实施产权使用费、电信、计算机和信息、其他商业服务、个人、文化和娱乐服务、别处未提及的政府服务等形式多样的商业服务以及部分政府服务。具体项目及其含义如下：（1）加工服务，又称"对他人拥有的实物投入的制造服务"，是指货物的所有权没有在所有者和加工方之间发生转移，加工方仅提供加工、装配、包装等服务，并从货物所有者处收取加工服务费用；（2）维护和维修服务是指居民或非居民向对方所拥有的货物和设备（如船舶、飞机及其他运输工具）提供的维修和保养工作；（3）运输是指将人和物体从一地点运送至另一地点的过程以及相关辅助和附属服务，以及邮政和邮递服务；（4）旅行是指旅行者在其作为非居民的经济体旅行期间消费的物品和购买的服务；（5）建设是指建筑形式的固定资产的建立、翻修、维修或扩建，工程性质的土地改良、道路、桥梁和水坝等工程建筑，相关的安装、组装、油漆、管道施工、拆迁和工程管理等，以及场地准备、测量和爆破等专项服务；（6）保险和养老金服务是指各种保险服务，以及同保险交易有关的代理商的佣金；（7）金融服务是指金融中介和辅助服务，但不包括保险和养老金服务项目所涉及的服务；（8）知识产权使用费是指居民和非居民之间经许可使用无形的、非生产/非金融资产和专有权以及经特许安排使用已问世的原作或原型的行为；（9）电信、计算机和信息服务是指居民和非居民之间的通信服务以及与计算机数据和新闻有关的服务交易，但不包括以电话、计算机和互联网为媒介交付的商业服务；（10）其他商业服务是指居民和非居民之间其他类型的服务，包括研发服务，专业和管理咨询服务，技术、贸易相关等服务；（11）个人、文化和娱乐服务是指居民和非居民之间与个人、文化和娱乐有关的服务交易，包括视听和相关服务（电影、收音机、电视节目和音乐录制品），其他个人、文化娱乐服务（健康、教育等）；（12）其他政府服务是指在其他货物和服务类别中未包括的政府和国际组织提供和购买的各项货物和服务。

2. 初次收入

初次收入是指由于提供劳务、金融资产和出租自然资源而获得的回报，包括雇员报酬、投资收益和其他初次收入三部分。

雇员报酬是指根据企业与雇员的雇用关系，因雇员在生产过程中的劳务投入而获得的酬金回报。贷方记录我国居民个人从非居民雇主处获得的薪资、津贴、福利及社保缴款等。

投资收益与资本和金融项目直接相关，是指因金融资产投资而获得的利润、股息（红利）、再投资收益和利息，但金融资产投资的资本利得或损失不是投资收益，而是金融账户统计范畴。

其他初次收入是指将自然资源让渡给另一主体使用而获得的租金收入，以及跨境产品和生产的征税和补贴。

3. 二次收入

二次收入又称经常转移，是不以收入或者支出为目的的单方面交易行为，包括侨汇、无偿捐赠和赔偿等项目，包括货物和现金形式。贷方记录我国居民从非居民处获得的经常转移，借方记录我国向非居民提供的经常转移。

（二）资本项目和金融项目

资本项目是指居民与非居民之间的资本转移，以及居民与非居民之间非生产非金融资产的取得和处置。

金融项目是指发生在居民与非居民之间，涉及金融资产与负债的各类交易。金融账户细分为非储备性质的金融账户和国际储备资产。非储备性质的金融账户包括直接投资、证券投资、金融衍生工具和其他投资。

1. 直接投资

以投资者寻求在本国以外运行企业获取有效发言权为目的的投资，包括直接投资资产和直接投资负债两部分。相关投资工具可划分为股权和关联企业债务。股权包括股权和投资基金份额，以及再投资收益。关联企业债务包括关联企业间可流通和不可流通的债权和债务。

直接投资资产是指我国作为直接投资者对在外直接投资企业的净资产，作为直接投资企业对直接投资者的净资产，以及对境外联属企业的净资产。

直接投资负债是指我国作为直接投资企业对外国直接投资者的净负债，作为直接投资企业对直接投资者的净负债，以及对境外联属企业的净负债。

2. 证券投资

包括证券投资资产和证券投资负债，相关投资工具可划分为股权和债券。股权包括股权和投资基金份额，记录在证券投资项下的股权和投资基金份额均应可流通（可交易）。股权通常以股份、股票、参股、存托凭证或类似单据作为凭证。投资基金份额是指投资者持有的共同基金等集合投资产品的份额。债券是指可流通的债务工具，是证明其持有人（债权人）有权在未来某个（些）时点向其发行人（债务人）收回本金或收取利息的凭证，包括可转让存单、商业票据、公司债券、有资产担保的证券、货币市场工具以及通常在金融市场上交易的类似工具。

证券投资资产用于记录我国居民投资非居民发行或管理的股权、投资基金份额的当期净交易额。

证券投资负债用于记录非居民投资于我国居民发行或管理的股权、投资基金份额的当期净交易额。

3. 金融衍生工具

又称金融衍生工具和雇员认股权，用于记录我国居民与非居民金融工具和雇员认股权交易情况。

金融衍生工具资产，又称金融衍生工具和雇员认股权资产，用于记录我国居民作为金融衍生工具和雇员认股权资产方，与非居民的交易。

金融衍生工具负债，又称金融衍生工具和雇员认股权负债，用于记录我国居民作为金融衍生工具和雇员认股权负债方，与非居民的交易。

4. 其他投资

除直接投资、证券投资、金融衍生工具和储备资产外，居民与非居民之间的其他金融交易。包括其他股权、货币和存款、贷款、保险和养老金、贸易信贷和其他。

其他股权是指不以证券投资形式（上市和非上市股份）存在的、未包括在直接投资项下的股权，通常包括在准公司或非公司制企业中的、表决权小于10%的股权（如分支机构、信托、有限责任和其他合伙企业以及房地产和其他自然资源中的所有权名义单位）、在国际组织中的股份等。资产项记录我国居民投资于非居民的其他股权。负债项记录非居民投资于我国居民的其他股权。

货币和存款。货币包括由中央银行或政府发行或授权的，有固定面值的纸币或硬币。存款是指对中央银行、中央银行以外的存款性公司以及某些情况下其他机构单位的、由存单表示的所有债权。资产项记录我国居民持有外币及开在非居民处的存款资产变动。负债项记录非居民持有的人民币及开在我国居民处的存款变动。

贷款是指通过债权人直接借给债务人资金而形成的金融资产，其合约不可转让。贷款包括普通贷款、贸易融资、透支、金融租赁、证券回购和黄金掉期等。资产项记录我国居民对非居民的贷款债权变动。负债项记录我国居民对非居民的贷款债务变动。

保险和养老金又称保险、养老金和标准化担保计划，主要包括非人寿保险技术准备金、人寿保险和年金权益、养老金权益以及启动标准化担保的准备金。资产项记录我国居民作为保单持有人或受益人所享有的资产或权益。负债项记录我国作为保险公司、养老金或标准化担保发行者所承担的负债。

贸易信贷又称贸易信贷和预付款，是因款项支付与货物所有权转移或服务提供非同步进行而与直接对手方形成的金融债权债务。如相关债权债务不是发生在货物或服务的直接交易双方，即不是基于商业信用，而是通过第三方或银行信用形式发生，则不纳入本项统计，而纳入贷款或其他项目统计。资产项记录我国居民与非居民之间因贸易等发生的应收款或预付款。负债项记录我国居民与非居民之间因贸易等发生的应付款或预收款。

其他（资产/负债）。除直接投资、证券投资、金融衍生工具、储备资产、其他股权、货币和存款、贷款、保险准备金、贸易信贷、特别提款权负债外的对非居民的其他金融债权或债务。资产项记录债权，负债项记录债务。

特别提款权负债是指作为基金组织成员国分配的特别提款权，是成员国的负债。

5. 储备资产

我国的储备资产是指我国中央银行拥有的对外资产，包括外汇、货币黄金、特别提款权、在基金组织的储备头寸。

货币黄金是指我国中央银行作为国际储备持有的黄金。

特别提款权是国际货币基金组织根据会员国认缴的份额分配的，可用于偿还国际货币基金组织债务、弥补会员国政府之间国际收支赤字的一种账面资产。

在国际货币基金组织的储备头寸是指在国际货币基金组织普通账户中会员国可自由提取使用的资产。

外汇储备是指我国中央银行持有的可用作国际清偿的流动性资产和债权。

其他储备资产是指不包括在以上储备资产中的、我国中央银行持有的可用作国际清偿的流动性资产和债权。

（三）净误差与遗漏

从理论上讲，国际收支平衡表是复式记账，借方合计与贷方合计应该一致，总差额为零。但在各国的实践中，由于统计资料来源和时点不同，以及经济交易主体绕过贸易和外汇管理领域，在管理缝隙中运作灰色资金等原因，很难做到每一项经济交往都得到正确反映，借贷双方总量会有一定差额，形成经常账户与资本和金融账户不平衡，形成统计残差项，称为净误差与遗漏。

## 二、我国国际投资头寸表

我国国际投资头寸表记录了在特定时点上我国（不含香港、澳门和台湾）对其他国家或地区金融资产和负债的存量状况，包括其间内分别由交易、价格变动、汇率变化和其他调整引起存量变化的具体构成情况（见表13-2）。

表 13-2　　中国国际投资头寸表　　单位：亿美元

| 项目 | 2011年 | 2012年 | 2013年 | 2014年 | 2015年 | 2016年 |
|---|---|---|---|---|---|---|
| 净头寸 | 16884 | 18665 | 19960 | 16028 | 16728 | 18005 |
| 资产 | 47345 | 52132 | 59861 | 64383 | 61558 | 64666 |
| 1　直接投资 | 4248 | 5319 | 6605 | 8826 | 10959 | 13172 |
| 　1.1　股权 | 3125 | 3917 | 4693 | 7408 | 9123 | 10650 |
| 　1.2　关联企业债务 | 1123 | 1403 | 1911 | 1418 | 1836 | 2522 |
| 　1.a　金融部门 | — | — | — | — | — | — |
| 　　1.1.a　股权 | — | — | — | — | — | — |
| 　　1.2.a　关联企业债务 | — | — | — | — | — | — |
| 　1.b　非金融部门 | — | — | — | — | — | — |
| 　　1.1.b　股权 | — | — | — | — | — | — |
| 　　1.2.b　关联企业债务 | — | — | — | — | — | — |
| 2　证券投资 | 2044 | 2406 | 2585 | 2625 | 2613 | 3651 |
| 　2.1　股权 | 864 | 1298 | 1530 | 1613 | 1620 | 2149 |
| 　2.2　债券 | 1180 | 1108 | 1055 | 1012 | 993 | 1502 |
| 3　金融衍生工具 | 0 | 0 | 0 | 0 | 36 | 52 |
| 4　其他投资 | 8495 | 10527 | 11867 | 13938 | 13889 | 16811 |
| 　4.1　其他股权 | 0 | 0 | 0 | 0 | 1 | 1 |
| 　4.2　货币和存款 | 2942 | 3906 | 3751 | 4453 | 3598 | 3816 |
| 　4.3　贷款 | 2232 | 2778 | 3089 | 3747 | 4569 | 5622 |
| 　4.4　保险和养老金 | 0 | 0 | 0 | 0 | 172 | 123 |
| 　4.5　贸易信贷 | 2769 | 3387 | 3990 | 4677 | 5137 | 6145 |
| 　4.6　其他 | 552 | 457 | 1038 | 1061 | 412 | 1105 |
| 5　储备资产 | 32558 | 33879 | 38804 | 38993 | 34061 | 30978 |
| 　5.1　货币黄金 | 530 | 567 | 408 | 401 | 602 | 679 |
| 　5.2　特别提款权 | 119 | 114 | 112 | 105 | 103 | 97 |
| 　5.3　在国际货币基金组织的储备头寸 | 98 | 82 | 71 | 57 | 45 | 96 |
| 　5.4　外汇储备 | 31811 | 33116 | 38213 | 38430 | 33304 | 30105 |
| 　5.5　其他储备资产 | 0 | 0 | 0 | 0 | 7 | 2 |
| 负债 | 30461 | 33467 | 39901 | 48355 | 44830 | 46660 |
| 1　直接投资 | 19069 | 20680 | 23312 | 25991 | 26963 | 28659 |
| 　1.1　股权 | 17842 | 19425 | 22149 | 24076 | 24962 | 26543 |
| 　1.2　关联企业债务 | 1227 | 1255 | 1163 | 1915 | 2002 | 2117 |
| 　1.a　金融部门 | — | — | — | — | — | — |
| 　　1.1.a　股权 | — | — | — | — | — | — |

续表

| 项目 | 2011年 | 2012年 | 2013年 | 2014年 | 2015年 | 2016年 |
|---|---|---|---|---|---|---|
| 1.2.a 关联企业债务 | — | — | — | — | — | — |
| 1.b 非金融部门 | — | — | — | — | — | — |
| 1.1.b 股权 | — | — | — | — | — | — |
| 1.2.b 关联企业债务 | — | — | — | — | — | — |
| 2 证券投资 | 2485 | 3361 | 3865 | 7962 | 8170 | 8086 |
| 2.1 股权 | 2114 | 2619 | 2977 | 6513 | 5971 | 5927 |
| 2.2 债券 | 371 | 742 | 889 | 1449 | 2200 | 2159 |
| 3 金融衍生工具 | 0 | 0 | 0 | 0 | 53 | 66 |
| 4 其他投资 | 8907 | 9426 | 12724 | 14402 | 9643 | 9849 |
| 4.1 其他股权 | 0 | 0 | 0 | 0 | 0 | 0 |
| 4.2 货币和存款 | 2477 | 2446 | 3466 | 5030 | 3267 | 3156 |
| 4.3 贷款 | 3724 | 3680 | 5642 | 5720 | 3293 | 3236 |
| 4.4 保险和养老金 | 0 | 0 | 0 | 0 | 93 | 88 |
| 4.5 贸易信贷 | 2492 | 2915 | 3365 | 3344 | 2721 | 2883 |
| 4.6 其他 | 106 | 277 | 144 | 207 | 172 | 391 |
| 4.7 特别提款权 | 107 | 107 | 108 | 101 | 97 | 94 |

资料来源：国家外汇管理局网站，www.safe.gov.cn。

根据国际货币基金组织的标准，我国国际投资头寸表的项目按对外金融资产和对外负债设置。资产细分为直接投资、证券投资、金融衍生工具、其他投资、储备资产五部分；负债细分为直接投资、证券投资、金融衍生工具、其他投资四部分。净头寸是指对外金融资产减去对外负债。

(1) 直接投资。以投资者寻求在本国以外运行企业获取有效发言权为目的的投资，包括直接投资资产和直接投资负债两部分。相关投资工具可划分为股权和关联企业债务。股权包括股权和投资基金份额，以及再投资收益。关联企业债务包括关联企业间可流通和不可流通的债权和债务。

(2) 证券投资。包括证券投资资产和证券投资负债，相关投资工具可划分为股权和债券。

股权包括股权和投资基金份额，记录在证券投资项下的股权和投资基金份额均应可流通（可交易）。股权通常以股份、股票、参股、存托凭证或类似单据作为凭证。投资基金份额是指投资者持有的共同基金等集合投资产品的份额。

债券包括可流通的债务工具，是证明其持有人（债权人）有权在未来某个（些）时点向其发行人（债务人）收回本金或收取利息的凭证，包括可转让存单、商业票据、公司债券、有资产担保的证券、货币市场工具以及通常在金融市场上交易的类似工具。

（3）金融衍生工具。全称为金融衍生工具和雇员认股权。金融衍生工具是一种金融工具，该金融工具与另一特定的金融工具、指标或商品相联系，可以独立在金融市场上针对特定金融风险（如利率风险、外汇风险、股权和商品价格风险、信用风险等）进行交易；雇员认股权是指向公司雇员提供的一种购买公司股权的期权，通常作为公司对其雇员的一种报酬。

（4）其他投资。其是指除直接投资、证券投资、金融衍生工具和储备资产之外的金融资产/负债，包括其他股权、货币和存款、贷款、贸易信贷、特别提款权等形式。其中，长期是指合同期为一年期以上的金融资产/负债，短期为一年期（含一年）以下的金融资产/负债。

其他股权是指不以证券投资形式（上市和非上市股份）存在的、未包括在直接投资项下的股权，通常包括在准公司或非公司制企业中的、表决权小于10%的股权（如分支机构、信托、有限责任和其他合伙企业以及房地产和其他自然资源中的所有权名义单位）、在国际组织中认缴的股本金等。资产表示我国居民投资于非居民的其他股权。负债表示非居民投资于我国居民的其他股权。

货币和存款。资产表示我国金融机构存放境外资金和库存外汇现金，负债表示我国金融机构吸收的海外私人存款、国外银行短期资金及向国外出口商和私人的借款等短期资金。

贷款。资产表示我国境内机构通过向境外提供贷款和拆放等形式而持有的对外资产；负债表示我国机构借入的各类贷款，如外国政府贷款、国际组织贷款、国外银行贷款和卖方信贷。

保险和养老金全称为保险、养老金和标准化担保计划，主要包括非人寿保险技术准备金、人寿保险和年金权益、养老金权益以及启动标准化担保的准备金。资产表示我国居民作为保单持有人或受益人所享有的资产或权益。负债表示我国作为保险公司、养老金或标准化担保发行者所承担的负债。

贸易信贷又称贸易信贷和预付款，是指我国与世界其他国家或地区间，伴随货物进出口产生的直接商业信用。资产表示我国出口商的出口应收款以及我国进口商支付的进口预付款；负债表示我国进口商的进口应付款以及我国出口商预收的货款。

其他是指除其他股权、货币和存款、贷款、保险准备金、贸易信贷、特别提款权以外的其他投资资产/负债等。

特别提款权是指作为国际货币基金组织成员国分配的特别提款权，是成员国的负债。

（5）储备资产。其是指我国中央银行可随时动用和有效控制的对外资产，包括货币黄金、特别提款权、在国际货币基金组织的储备头寸和外汇。

货币黄金是指我国中央银行作为储备持有的黄金。

特别提款权是指国际货币基金组织根据会员国认缴的份额分配的，可用于偿还国际货币基金组织债务、弥补会员国政府之间国际收支逆差的一种账面资产。

在基金组织的储备头寸是指我国在国际货币基金组织普通账户中可自由动用的资产。

外汇储备是指我国中央银行持有的可用作国际清偿的流动性资产和债权。

其他储备资产是指不包括在以上储备资产中的、由我国中央银行持有的可用作国际清偿的流动性资产和负债。

## 本章小结

1. 对外经济核算是常住单位与非常住单位之间的各种经济往来的核算。

2. 对外经济核算主要有两种方式：设置国外账户和国际账户。国外账户包括经常交易账户、积累账户和资产负债表。国际账户包括国际收支平衡表、国际收支头寸和金融资产和负债的其他变化账户。国际收支平衡表是从流量的角度反映各项交易；国际投资头寸表是从存量的角度反映国内与国外之间发生的金融资产与负债。

3. 国际账户与国外账户并不是截然不同的两种做法。两者对国外具有一致的定义，在核算范围上保持了一致，在分类上也大体一致。在实际操作中，国外账户常以国际账户核算的资料为基础来编制。之所以在编制国际账户之后还要编制国外账户，是因为国际账户是相对的独立核算表，国外账户是国民账户体系的组成部分；国际账户是站在国内的角度来核算流量和存量，国外账户是站在国外角度来编制的。

4. 在国外部门经常账户中，不涉及中间消耗、最终消费（或固定资本形成）这两个项目；不对每一单个账户计算平衡项。

5. 在国外部门资本户中，没有固定资本形成这一项目。国外的资本转移和来自国外的资本转移可能非常重要。国外金融账户和资产负债表记录非常住者的金融资产和负债的交易与存量。

6. 以下几个重要等式反映国际收支活动经济与国民经济活动之间的关系：(1) GDP = 总投资 + 最终消费 + 净出口；(2) 一国总储蓄与总投资差额 = 该国国际收支经常账户差额 = 该国国际收支资本和金融账户差额；(3) 储备资产增（减）= 国际收支顺（逆）差；(4) 期初国际投资头寸表 + 本期金融与储备资产账户 + 本期金融和储备资产的重估价 = 期末国际投资头寸表。

7. 国际账户即国际收支核算，包括经常账户、资本账户、金融账户、储备资产和国际投资头寸的核算。

8. 在对外核算中，经常账户记录的是居民与非居民之间货物和服务交易、收入以及经常转移；资本账户记录的是居民与非居民之间的资本转移和非生产、非金融资产的转让；金融账户记录的是居民与非居民之间的金融交易，具体方式：直接投资、证券投资和其他投资；储备资产账户记录的是货币当局储备资产的变动；国际投资头寸表是反映某个时点上一个经济体对外金融资产和负债的存量。

9. 我国国际收支平衡表和国际投资头寸表都是按国际规则编制的。

## 本章重要概念

对外经济核算　国外账户　国际账户　国际收支平衡表　国际投资头寸表
国外经常账户　国外积累账户　国际金融账户　储备资产账户

## 本章复习思考题

1. 什么是国外账户？什么是国际账户？二者有何联系和区别？
2. 简述国际账户与国民经济账户体系的关系。
3. 简述国外账户核算的主要内容。
4. 简述国际账户核算的主要内容。

## 本章参考文献

[1] 联合国，等. 2008 国民账户体系 [M]. 国家统计局国民经济核算司，中国人民大学国民经济核算研究所，译. 北京：中国统计出版社，2012.

[2] 国际货币基金组织. 国际收支和国际投资头寸手册（第六版）[R]. 华盛顿，国际货币基金组织，2009.

[3] 国家统计局国民经济核算司. 中国国民经济核算 [M]. 北京：中国统计出版社，2004.

[4] 杜金富. 货币与金融统计学（第四版）[M]. 北京：中国金融出版社，2018.

[5] 杜金富，等. 国民经济核算原理与应用 [M]. 北京：中国金融出版社，2015.

# 第十四章
# 国民经济核算的比较

国民经济核算是一套完整的概念与方法体系，其核算的结果提供了一套以 GDP 为核心的指标体系，用来记录一国国民经济运行的全过程。但就核算结果的使用而言，指标的绝对值是多少固然重要，但更重要的是与相应的参照物进行对比看改变了多少。而用于对比的参照物一种是纵向的，即时间上与以往本国的相应指标比较，增长或减少了多少；另一种是横向的，即空间上与其他国家或地区在同一核算期内相比较，看相应指标的变化程度。本章将详细介绍国民经济核算在纵向与横向上比较的思路与方法。

## 第一节 国民经济核算的比较概述

本节先对国民经济核算的比较进行一个概括性的阐述，介绍国民经济核算比较的基本思路与基本方法。

### 一、国民经济核算比较的内容与基本思路

我们知道，一国的国民经济涉及众多部门与众多产品。为了实现宏观性的核算，必然需要将各种不同的产品进行加总。然而，对于单一产品而言，如汽车、粮食等可以将产品数量直接加总。而不同产品的数量是不具有可加性的，要实现宏观核算，就需要借助于产品的价格，将单一产品的数量加总后乘以产品的价格得到的产品价值是可以加总的。这也是我们将国民经济核算体系称为价值型核算体系的原因。

产品价值（Value）是单位价格（Price）与数量（Quantity）的乘积，即 $V = pq$，是用特定货币单位表示的价值额。多种产品的价格与物量①是在单一同质产品价格与数量基础上综合的结果。综合的手段是借助对方作为同度量因素转化为价值

---

① 物量与数量的区别在于：物量包括数量以及质量等其他因素。

后加总。例如，对于物量来说，价格是同度量因素，反过来，价格以物量作为同度量因素。国民经济核算的是价值额，由于涉及多种产品的相加，我们在总量上考察核算结果时，难以再分辨出价格与数量变化的程度。例如，虽然我们可以知道某国当年的 GDP 较上年增加了 5 万亿美元或增加了 10%，但我们并不能从这一数据中单独看到 GDP 中各种产品的数量与价格分别改变了多少。价值额的变化可能是由于物量变化引起的，可能是因为价格变化引起的，也可能是由于两种共同变化引起的。但我们仅从价值额数据上已经不能分辨出这些因素。虽然我们从国民经济核算中直观看到的是价值额数据，但对于考察一国国民经济的规模及其变化时，重要的是一国在核算期内生产了多少货物和服务，形成了多少经济资产等物量因素。为了实现多种产品的加总，我们需要借助价值额的形式，但在核算结果的应用时，我们又需要单独考察物量因素。

为了解决上述矛盾，以便从物量上揭示国民经济的特征，需要采用一定的方法，对国民经济核算的价值额数据进行加工，将价格和价格变化的因素分离出去，单独显示其中的物量变化。

分离出价格及其变化因素，即把价格作为同度量因素予以分离。那么，从时间上看，一国内不同时期的价格是不同的，国民经济核算是用当期的价格。要考察各个时期的物量因素，需要将各个时期的价值额数据均分离出相应时期的价格。从空间上看，不同国家或地区的价格也是不同的，考察同一核算期不同国家和地区的物量因素时，需要将不同国家或地区的价值额数据分离出相应地区的价格。由此也引出国民经济核算比较的两个方面。

1. 国民经济核算的动态比较

国民经济核算的动态比较，是从纵向角度考察一国的国民经济在各个历史时期的水平。当我们考察一国不同时期的物量因素时，需要分离出不同时期的价格及其变化因素。动态比较所采用的基本思路：首先，编制价格指数；其次，将价值额除以对应的价格指数得到仅仅包括物量因素的数据，即物量指数。由于，此时使用的价格指数是在一国各个历史时期角度编制的，因此，又称为时间价格指数。

国民经济核算是一个综合的价值核算体系，其中涉及大量的经济流量与存量。根据国民经济核算的内容与物量的对应程度，各种总量可以分为三种类型。

（1）与货物和服务有关的流量以及非金融资产存量，涉及生产核算、积累核算（非金融交易）、资产核算。例如，总产出、最终消费支出、资本形成总额、非金融资产，等等。这些价值总量都明确地包含着相应的物量。

（2）与收入形成与分配有关的流量和相关平衡项，主要是收入形成与分配核算的内容。这些总量本身并没有与之相对应的物量，但在一定的假设下，可以使其与某一组物量对应起来。如可支配收入，本身并不是某一些物量的加总值，但收入主要用于消费，由此可与消费的物量联系起来。

(3) 积累核算中的金融交易相关的金融流量和金融资产、金融负债存量。这些总量既不是某些物量的加总值，也不能在假设下与某些物量对应起来。

严格来说，国民经济核算的动态比较只涉及那些直接对应物量的、可以在动态上分解为物量变化和价格变化的内容。放松限制，可以将动态比较扩展到包括一些收入总量，如"实际收入"。但这样的扩展很难延伸到包括金融流量与存量。因为尽管某些金融工具有"价"和"量"的概念，但都是金融经济的构成要素，与考察的实体经济无关。

因此，很难就国民经济核算的所有内容编制仅包括物量因素的可比价账户。主要涉及的是与货物和服务有关的部分，即便如此，也涉及众多的指标。考虑到 GDP 在所有国民经济核算指标中的核心地位，本章只就可比价 GDP 的核算进行介绍。

2. 国民经济核算的国际比较

国民经济核算的国际比较是从横向角度，考察一国的国民经济规模相对于其他经济体（国家或地区）的水平。当我们考察不同经济体的物量因素时，需要将不同经济体的价格及其变化因素从价值额中分离出去。由于不同经济体在国民经济核算时的计价货币不同，因此在国际比较时，主要涉及利用某种方法将不同经济体的货币转换到同一计价货币。国际比较所采用的基本思路与动态比较的基本思路是类似的，即都需要找到一个货币转换因子（相当于一个价格指数），然后将本国的某一项指标的价值额除以这一货币转换因子，得到可供比较的物量因素数据。此时的货币转换因子可以被称为"空间价格指数"。两种比较基本思路的不同点在于：国际比较时不光要考虑到商品相对价格的因素，还需要考虑到不同经济体计价货币的汇率问题。

## 二、价格指数与物量指数

我们已经知道，国民经济核算的比较不论是动态比较还是地区比较，基本的思路都是价值额中（$V = pq$）分离出价格及其变化因素，所采取的方法就是编制价格指数。那么，需要首先来了解指数的相关概念。

（一）价格指数与物量指数

在国民经济核算中，最基本的指数包括两类：(1) 物量指数。其反映的是在两段时间之内各种经济活动实物量的平均变化程度。例如，生产物量指数，或简称为生产指数。(2) 价格指数。在国民经济核算的动态比较中，使用的价格指数反映的是价格水平在不同时间的动态变化程度。而在国民经济核算的国际比较中,使用的货币转换因子实质上也是一个价格指数,反映的是两个货币购买力的对比。

由于价值额是数量和价格的乘积($V = pq$),因此一个可以用价值额表现的现象,物量指数和价格指数是对应存在的。一个统计指标用价值额直接计算的指数,以及构造同一指标的物量指数和价格指数,一起构成了一个统计指标体系。由它们之间的相互关系可知,同一指标的三个指数,知道其中两个,就能推算出最后一个。相比较而言,价值额指数的编制,资料更容易取得,计算也很容易。而价格方面的统计,因为价格及其变化本身是重要的宏观经济变量,在各国的统计实践中,已经建立了相关的统计制度与体系。因此,当我们进行国民经济核算的比较时,不论是动态比较还是国际比较,需要的物量指数通常不是直接计算得到的,而是通过独立编制各种价格指数去缩减价值额。

(二)价格指数和物量指数的基本形式

由于价格指数和物量指数是同时存在的。价格指数以物量作为同度量因素;物量指数以价格作为同度量因素。因此,价格指数和物量指数的理论公式可以对称地表示为

$$\text{价格指数} = \frac{\sum p_1 q}{\sum p_0 q} \tag{14.1}$$

$$\text{物量指数} = \frac{\sum p \, q_1}{\sum p \, q_2} \tag{14.2}$$

式中,$p$ 表示价格,$q$ 表示物量;下标 1 表示报告期,下标 0 表示基期。若是在国际比较时,下标 1 代表对比国,下标 0 代表基准国。

从式(14.1)和式(14.2)可以看到,要实现物量和价格的比较,需要使价格(物量)指数中分子、分母中的物量(价格)这一同度量因素保持不变。那么在两个时期(经济体)的比较中,选择哪一个时期(经济体)固定呢?不同的选择形成了拉氏指数和帕氏指数两种基本指数形式。拉氏指数是将同度量因素固定在基期(基准国);帕氏指数是将同度量因素固定在报告期(对比国)。拉氏指数和帕氏指数的一般公式可以表示为

$$\text{拉氏价格指数} L_p = \frac{\sum p_1 q_0}{\sum p_0 q_0} \tag{14.3}$$

$$\text{拉氏物量指数} L_q = \frac{\sum p_0 q_1}{\sum p_0 q_0} \tag{14.4}$$

$$帕氏价格指数 P_p = \frac{\sum p_1 q_1}{\sum p_0 q_1} \tag{14.5}$$

$$帕氏物量指数 P_q = \frac{\sum p_1 q_1}{\sum p_1 q_0} \tag{14.6}$$

拉氏指数与帕氏指数选择了不同的时期（经济体）作为固定的同度量因素，由于不同时期（经济体）的数据不同，这样通过上述公式计算出来的指数也会出现不同的数值。对于同一组数据计算，拉氏指数总是大于帕氏指数。

针对拉氏指数和帕氏指数的缺点，[①] 统计学家给出了一个折中的处理办法：对称地使用基期和报告期的权重，将二者信息综合，克服单一指数形式带来的弊端。这就是所谓的理想指数，其中最经典的是费舍指数。费舍指数是拉氏指数和帕氏指数的几何平均值。

$$费舍价格指数 F_p = \sqrt{L_p P_p} \tag{14.7}$$

$$费舍物量指数 F_q = \sqrt{L_q P_q} \tag{14.8}$$

理想指数同样也存在着缺点。从上述公式可以看到，要编制理想指数，需要分别编制拉氏和帕氏两种指数，这将大大地增加指数编制的成本。而且理想指数在含义上并不如拉氏或帕氏指数易于理解。因此，虽然在国际上有编制理想指数的应用，但在中国仍然广泛采用单独的拉氏指数或帕氏指数作为基本的指数形式。

以上关于价格指数与物量指数基本形式的内容虽然是以时间上的动态比较为例进行说明，但结论能推广到空间上的国际比较中。在国际比较中，编制货币转换因子（相当于空间价格指数）时，指数的基本形式仍然是从拉氏、帕氏或理想指数中选择，同样拉氏指数总是大于帕氏指数。

## 第二节 价格指数的编制

我们已经知道了在国民经济核算的比较中，不论是动态比较还是国际比较，都利用了同一指标的指数体系，利用价格指数来缩减价值额得到仅反映物量的"实际值"。同时，价格指数因为其本身就是度量国民经济运行的重要指数，因此各国都存在独立编制价格指数的实践。本节在价格指数基本形式的基础上，进一步介绍价格指数的具体编制方法以及实践中有哪些可供利用的价格指数。

---

[①] 不能通过指数的时间互换检验和因子转换检验。

## 一、价格指数的具体编制方法

### (一) 价格指数的具体公式

价格指数的基本形式有拉氏指数、帕氏指数,根据式(14.3)和式(14.5)的理论公式,要编制价格指数,需要掌握该指数内容覆盖范围内的每一种商品的基期和报告期的价格和数量。在实践中,若我们要编制针对国民经济整体的价格指数,那么需要收集整理国民经济核算中涉及的各种商品和服务的价格。这几乎很难完成且也没有必要。更符合统计学思想的现实办法:选取一部分商品作为代表品,通过观测这些代表品的价格变化,构造个体价格指数,进而汇总成反映价格整体变化的总指数。总指数以个体指数平均数的形式给出。

1. 帕氏价格指数的总指数

帕氏价格指数的总指数是以个体指数为变量的调和平均数方式构造的。用公式可以表示为

$$\bar{P}_p = \frac{\sum p_1 q_1}{\sum \frac{1}{k} \cdot p_1 q_1} \tag{14.9}$$

式中,$k = \frac{p_1}{p_0}$ 为个体价格指数;$\frac{p_1 q_1}{\sum p_1 q_1}$ 为权数(以倒数呈现),是 $k$ 所代表的商品类别在报告期的销售额在报告期总销售额中的比例。

帕氏价格指数以报告期加权,从而要求每年都要更换权数时期,这给实际的指数编制工作带来了很大的工作量。在实践中,考虑到帕氏价格指数和拉氏价格指数各有优势,所以一般采用拉氏价格指数的形式。

2. 拉氏价格指数的总指数

中国目前众多价格指数都采用的是拉氏价格指数的形式。采用拉氏指数形式,以基期销售额权数加权,可以将权重固定下来,在很长一段时期使用。拉氏价格指数的总指数是以个体指数为变量的算术平均数方式构造的。用公式表示为

$$\overline{L_p} = \sum \frac{p_1}{p_0} \cdot \frac{\omega}{\sum \omega} \tag{14.10}$$

式中,$\frac{p_1}{p_0}$ 为个体价格指数;$\frac{\omega}{\sum \omega}$ 为代表品所代表的商品类型在基期的销售额在基期总销售额中的比重。

### (二) 总指数的编制程序

从上述的价格指数具体计算公式可以看到,要编制一个价格指数,需要掌握多

种信息。因此，在实践中价格指数的编制有一个工作流程：

第一步，根据一定原则（随机抽样或分类选样）确定代表品和调查点。

第二步，按照选定的代表品在选定的调查点定期采集价格。

第三步，计算代表品的平均价格和个体价格指数。

第四步，结合各个代表品所代表类别的销售额权重，对个体价格指数予以加权平均，得到小类价格指数。

第五步，以小类价格指数作为个体价格指数，按照小类所代表类别的销售额权重再次平均，得到中类价格指数，并以同样方法求得大类价格指数。

第六步，最后对大类价格指数进行加权平均，求得总指数。

需要注意的是，计算代表品的平均价格和个体价格指数，可以采用简单算术平均法等不同的方法。但是，在分层加权计算类指数和总指数的过程中，则要采用选定的指数公式：算术平均法、调和平均法、拉氏公式或帕氏公式。

此外，如果是先编制月度环比价格指数，然后编制年度价格指数，则需要先计算个体价格指数的年度指数（或累计指数），然后通过加权计算各层次的类指数和总指数。把月度指数转化为年度指数（或累计指数），一般采用月度环比指数连乘法（得到的是定基年度指数）或几何平均法（得到的是年度环比平均指数）。

## 二、实践中的各类价格指数

由于价格指数本身是重要的宏观经济指标，在实践中，它是独立编制的。根据不同的需要，针对不同的事物，存在着不同的价格指数。从国民经济核算的角度来说，价格指数的重要应用在于用来进行可比价 GDP 的核算。回顾 GDP 核算的内容，我们可以发现，各种价格指数与国民经济核算的内容不一定是完全对应的。比如，股票价格指数不会在可比价 GDP 核算中应用；而 GDP 核算中包括的一些非市场性经济活动又难以找到直接对应的价格指数。

在可比价 GDP 核算中，主要关注的是两个方向的价格指数：一是生产者价格指数；二是购买者价格指数，分别关系到可比价 GDP 的两种核算方法。中国国家统计局目前系统编制的各种价格指数如表 14－1 所示。

表 14－1　　　　　　　　　　　中国各类价格指数

| 价格指数类别 | | 有关说明 |
| --- | --- | --- |
| 生产者价格指数 | 农产品价格指数 | 以抽选的农业生产单位为调查对象，以被调查单位生产并出售的主要农产品出售价格为调查内容，按季度编制，采用固定权重拉氏指数公式 |

续表

| 价格指数类别 | | 有关说明 |
| --- | --- | --- |
| 生产者价格指数 | 农业生产资料价格指数 | 以对农民出售农业生产资料的工业、商业企业及其他单位和个人为调查对象，以农民用农业生产资料及生产性服务为调查内容，采用固定权重拉氏指数公式，按月度编制 |
| | 工业品出厂价格指数 | 以工业生产者出厂价格为调查内容，采用固定权重拉氏指数公式，按月度编制 |
| | 工业生产者购进价格指数 | 以工业企业原材料、燃料、动力购进价格为调查内容，采用拉氏指数公式 |
| | 房地产价格指数 | 包括土地交易价格指数、住宅销售价格指数、住宅租赁和物业服务价格指数，分别以土地交易价格、新建住宅和二手房住宅销售价格、住宅租赁和物业服务价格为调查内容，采用帕氏指数公式，按季度编制 |
| 购买者价格指数 | 固定资产投资价格指数 | 包括建筑安装工程价格指数、设备工器具价格指数、其他投资费用价格指数三个分类指数。以构成固定资产投资额实体的各种购进价格和结算价格为调查对象，采用帕氏指数公式，按季度编制 |
| | 居民消费价格指数 | 以城乡居民购买并用于日常生活消费的商品和服务项目价格为调查内容，以城乡居民家庭生活消费支出为权重，采用固定权重拉氏指数公式，按月度编制 |
| | 商品零售价格指数 | 以各类工业、商业、餐饮业和其他零售企业为调查对象，以上述行业零售商品以及农民对非农民出售商品的价格为调查内容，采用固定权重拉氏指数公式，按月度编制 |

资料来源：国家统计局. 国家统计调查制度（2017）[M]. 北京：中国统计出版社，2017。

生产者价格指数是生产环节的价格指数，如表 14-1 中的农产品生产价格指数、工业品出厂价格指数。购买者价格指数是关于使用者购买产品的价格指数，如表中居民消费价格指数、固定资产投资价格指数。从经济循环过程看，购买者主要是最终产品的购买者。因此，虽然生产者也会购买原材料等，但此时的价格指数常归类于生产者价格指数而不是购买者价格指数，如表中的工业生产者购进价格指数、农业生产资料价格指数。有一些价格指数不是从购买者角度，而是从出售者角度命名的，但只要是对最终使用者出售的商品价格指数，就属于购买者价格指数，如表中的商品零售价格指数、住宅租赁价格指数。有些产品（主要是服务和大型资本品）的交易是直接从生产者到使用者，故这些价格既有生产者价格的性质又有购买者价格的性质。例如，建筑安装工程价格指数既可以作为固定资产投资价格指数，也可以作为建筑业生产者价格指数。

不同的价格指数有着不同的命名角度，以及不同的核算内容与核算频率。在利用价格指数进行可比价 GDP 核算时要特别注意相关价格指数的核算范围与 GDP 核算范围的对应性。一般情况下，可比价 GDP 核算并不是直接应用某一个总指数，而是要深入细分的类别指数，以类别指数对应 GDP 的某一个构成项目灵活应用。

### 三、GDP 价格指数

从前述的内容我们已经知道，价格指数的编制是从代表品选取及其价格采集开始，逐步向上按照商品分类，逐步汇总得到的。各种价格指数都反映了特定范围内的价格动态变化的信息。但从国民经济管理的角度看，我们不仅需要各种核算范围与层次的价格指数，还需要一个综合的、能够全面表现国民经济整体价格水平的指数。从国民经济核算出发，这样的价格指数首先应该是以 GDP 所覆盖的 "一篮子" 货物和服务为对象的综合价格指数，即国民经济综合价格指数，简称 GDP 价格指数，也称 GDP 平减指数。

GDP 价格指数的编制，不可能按照价格指数的一般编制方法，毕竟涉及过多的商品和服务的价格。因此，GDP 价格指数的编制，我们采用的是同一指标的指数体系来推算，即借助于 GDP 所包含的物量来综合计算价格从基期到报告期的变动。如果采用帕氏指数形式，该指数应该是报告期 GDP（报告期物量和报告期价格的积和）与报告期可比价 GDP（报告期物量与基期价格的积和）之间的比值，即

$$\text{GDP 价格指数} = \frac{\text{报告期现价 GDP}}{\text{报告期可比价 GDP}} \quad (14.11)$$

报告期现价 GDP 是已知的，因此，GDP 价格指数的计算取决于报告期可比价 GDP 的计算，这涉及下一节的内容。

## 第三节　可比价 GDP 的核算

GDP 是分层次核算再汇总的，所以需要利用对应内容的价格指数进行缩减后汇总得到可比价 GDP。

### 一、可比价 GDP

（一）可比价 GDP 的概念

可比价 GDP，又称不变价 GDP，是借助于价格所表示的 GDP 物量值。为了使

各种不同的商品和服务能够加总，国民经济核算统计的是以同期价格为同度量因素的各种产品的价值的总和。当我们观察国民经济核算的结果时，看到的只是价值额，而不是当期物量的直接表达。因此，需要与特定的基期比较，将作为同度量因素的价格固定在基期的价格水平上，所得到的价值额才是相对于基期的报告期物量值。可比价 GDP 就是这样一个相对于基期的报告期物量值。可比的含义是指，与基期相比价格没有发生变化，与基期 GDP 处于同一价格水平，这样得到的报告期 GDP 就是可以与基期 GDP 相比较的物量值。那如何核算可比价 GDP 呢？

（二）可比价 GDP 的核算思路

我们知道，现价 GDP 的核算有三种方法，分别是生产法、收入法、支出法。其中，只有生产法和支出法能够直接与货物和服务相联系，可以分解出物量和价格两个元素。① 因此，可比价 GDP 是从生产法和支出法两个角度计算的，即生产法可比价 GDP 与支出法可比价 GDP。②

根据生产法现价 GDP 的基本公式，我们可以将生产法可比价 GDP 的基本公式表示为

$$\text{生产法可比价 GDP} = \text{可比价总产出} - \text{可比价中间投入} \quad (14.12)$$

支出法现价 GDP 等于最终消费、资本形成、货物和服务的净出口之和。因此，支出法可比价 GDP 的基本公式可以表示为

$$\text{支出法可比价 GDP} = \text{可比价最终消费} + \text{可比价资本形成}$$
$$+ \text{可比价货物和服务出口} \quad (14.13)$$
$$- \text{可比价货物和服务进口}$$

从式（14.12）和式（14.13）可以看到，不论以哪种方法进行可比价 GDP 的核算，都涉及一系列的内容。因此，可比价 GDP 的核算并非 GDP 单个总量的核算，而是可比价 GDP 账户的核算，最后的结果是一个按照可比价编制的 GDP 核算表，如表 14-2 所示。

从表 14-2 可以看到，可比价 GDP 的核算关键在于获得有关分项的可比价指标。问题的关键被转化为如何获得可比价 GDP 各分项指标。

---

① 收入法是各要素报酬项目的加总，其本身与货物和服务没有关系。劳动者报酬与生产税净额还能在假设条件下，与分解出物量和价格因素。但固定资本消耗在技术上很难进行物量和价格分解。而营业盈余本身是一个余值，有着增加值的性质，无法分解。

② 或称为"最终使用法 GDP"。

表 14 – 2  可比价国内生产总值核算表

| 生产 | | 使用 | |
|---|---|---|---|
| 可比价总产出 | | 可比价最终消费 | |
|  第一产业 | |  居民消费 | |
|  第二产业 | |  政府消费 | |
|  第三产业 | | 可比价资本形成总额 | |
| 可比价中间投入（-） | |  固定资本形成 | |
|  第一产业 | |  存货变化 | |
|  第二产业 | | 可比价净出口 | |
|  第三产业 | |  出口 | |
| 可比价增加值 | |  进口（-） | |
|  第一产业 | | | |
|  第二产业 | | | |
|  第三产业 | | 统计误差 | |
| 可比价国内生产总值 | | 可比价国内生产总值 | |

（三）可比价 GDP 物量值的获取办法

可比价 GDP 的核算关键在于获得 GDP 各构成项的可比价指标。获得各构成项可比价指标的方法有以下几种。

1. 直接估价法。利用各种货物和服务的基期价格，直接计算报告期可比价各指标。或者以某一特定时期的价格作为固定价格，在基期和报告期同时使用，计算报告期各物量指标（也被称为固定价格法）。

2. 物量指数外推法。利用主要参照指标编制物量指数，以基期价值 $\sum V_0$（$V_0 = p_0 q_0$）为基础进行外推，计算各指标报告期的物量值。

3. 价格指数缩减法。在报告期价值 $\sum V_1$（$V_1 = p_1 q_1$）的基础上，利用一套对应的价格指数进行缩减，得到报告期的可比价物量指标。用公式表示为

$$\sum p_0 q_1 = \frac{\sum V_1}{P_p} \tag{14.14}$$

在实践中，一般难以实现直接采用基期价格进行估价。要应用固定价格法，则需要每隔一段时间编制一套固定价格，同时需要对每一种产品计算两套价值额，一套当期价格的价值额，一套固定价格的价值额。这样做的工作量是巨大的。[1]

物量指数外推法应用的前提是具备相关指标的物量指数。价格指数缩减法的应用

---

[1] 我国直到 2001 年一直主要采用固定价格的直接估价法计算可比价产出指标，曾经使用过的不变价有：1952 年不变价、1957 年不变价、1970 年不变价、1980 年不变价、1990 年不变价。2002 年开始，我国才主要采用价格指数缩减法计算各项可比价物量指标。

前提是,要具备一套与 GDP 核算范围相对应的价格指数体系。相比较而言,价格指数在各国的统计中会独立编制,这为应用价格指数缩减法核算可比价 GDP 提供了很大的便利条件。事实上,世界各国目前大多采用价格指数缩减法核算可比价物量指标。

## 二、可比价 GDP 核算原理

我们已经知道,可比价 GDP 的核算主要是核算生产法或支出法 GDP 核算分项的可比价物量值。这些分项的可比价物量值主要采用的是价格指数缩减法。接下来,我们介绍各分项可比价物量值核算中的具体做法。

（一）生产法可比价 GDP 的核算

生产法可比价 GDP 核算存在两种常用方法:双缩法（双折算法）和单缩法（单折算法）。

1. 双缩法

生产法 GDP 的各部门增加值,是各产业部门总产出减去中间投入后的余值。尽管增加值本身无法与一组货物和服务相对应,所以无法直接将增加值分解为价格和物量两个维度。但是构成增加值的两个计算项的总产出和中间投入,明显直接对应着两组货物和服务:一组是当期生产的货物和服务;另一组是当期消耗的货物和服务。可以看到,价格及其变化对增加值有着双重影响且方向相反:产出价格上升会加大增加值,中间投入价格上升会减少增加值。因此,要想求得可比价 GDP,必须分别考虑价格对总产出和对中间投入的影响。如果用价格指数缩减法求物量值,需要从两个方向上缩减,即

$$
\begin{aligned}
\text{可比价 GDP} &= \sum \text{各产业可比价增加值} \\
&= \sum \frac{\text{现价总产出}}{\text{产出价格指数}} - \sum \frac{\text{现价中间投入}}{\text{中间投入价格指数}}
\end{aligned} \quad (14.15)
$$

上述即为可比价增加值的双缩法（Double-deflation Method）。其中,用于总产出缩减的产出价格指数,一般是生产者价格指数,即生产者出售其产品的价格指数;用于中间投入缩减的是中间投入价格指数,是中间使用者购买产品所付价格的指数。

理论上,双缩法分别从总产出和中间投入两个方面剔除了价格变化的影响,最符合可比价增加值的计算要求。但是,首先,从实施现实性考虑,采用双缩法需要各产业产出的生产者价格指数,还需要各产业投入的生产者价格指数。但各国生产者价格指数（PPI）侧重于产出的生产者价格指数的编制。这一点从价格指数的可获得性上限制了双缩法的应用。其次,即使具有了两个方向上的价格指数,双缩法还要面对来自两方面的测量误差。在产业层次上对增加值这样一个余值而言,其影响可能更显著。因此,实践中常采用简化的方法进行价格缩减。

2. 单缩法

可比价 GDP 核算的单缩法是指，以各产业部门的产出价格指数直接缩减其现价增加值，即

$$可比价 GDP = \sum 各产业可比价增加值 = \sum \frac{各产业现价增加值}{产出价格指数} \quad (14.16)$$

对比式（14.16）与式（14.15）可以发现，应用单缩法的前提条件是，中间投入价格变化与产出价格变化类似。但这一点在实践中常常并不成立，以至于利用单缩法计算的可比价 GDP 可能会存在一定的误差。当产出价格指数低于中间投入价格指数时，单缩法会低估可比价 GDP；相反会高估可变价 GDP，高估或低估的程度取决于两个价格指数之间的背离程度。单缩法有自身的缺陷，但由于其简单易行，在实践中常常被采用。

采用单缩法核算可比价 GDP 的关键在于，根据不同产业的基础统计资料情况，选择适当的价格指数用于缩减。例如，工业不变价增加值可选择利用工业生产者出厂价格指数缩减工业现价增加值得到；居民服务、修理和其他服务业不变价增加值可利用居民消费价格指数（CPI）中的服务项目价格指数缩减现价增加值得到。

需要注意的是，不论是双缩法还是单缩法，在实践中都不存在一套完全可以对应于 GDP 核算的生产者价格指数。因此，在具体核算中仍然需要针对不同产业部门作出相机抉择，必要时需要辅之以物量指数外推法等其他方法。例如，交通运输和邮政业不变价增加值主要利用客货运周转量和邮政业务总量等物量指数外推基期增加值得到。

（二）支出法可比价 GDP 的核算

类似地，支出法可比价 GDP 的核算也是要分别计算支出法 GDP 的各构成部分的可比价物量值，然后再汇总。计算支出法可比价 GDP 各构成部分可比价物量值一般采用的仍然是价格指数缩减法。即

$$\begin{aligned}可比价 GDP =\ & 可比价个人最终消费支出 + 可比价公共消费支出 \\ & + 可比价固定资本形成总额 + 可比价存货变化 \\ & + 可比价货物和服务出口 - 可比价货物和服务进口 \quad (14.17)\end{aligned}$$

对应于每一个支出分项，其价格指数的选择以及缩减过程中需要注意以下问题。

1. 个人消费支出。通常，个人最终消费支出对应的缩减价格指数主要是居民消费价格指数，两者之间有着大体对应的范围。但个人消费支出中仍有一些类别是不包括在 CPI 中的，如自有住房的虚拟房租。

2. 公共消费支出。从构成看，公共消费支出是政府等部门公共服务产出减去出售过程中回收的收入，再加上从市场中购置货物和服务转交给使用者所支出的部分。

原则上应该对各个构成部分选择相应的价格指数进行缩减，但实际操作中可能会采用各种便于处理的方法。

3. 固定资本形成总额。固定资本形成总额的缩减需要按照资产类别分别考虑。一方面，作为资本形成标准产品的可以采用分类生产者价格指数，如机器设备等；另一方面，有关知识产权产品的资本形成常常难以找到合适的价格指数，如研究开发等，为此需要寻找各种替代方法。

4. 存货变化。存货变化虽然在数额上只占 GDP 的很小一部分，但是对存货变化的可比价物量值核算具有很大的难度。理想的做法是，分别按照存货的类别选择不同的价格指数进行缩减，这涉及多种价格指数，如生产者价格指数、消费者价格指数、进口价格指数、劳动成本指数等。

5. 货物和服务的进出口。货物和服务的进出口有着不同的源头，在计算可比价物量值时需要采用不同的价格指数进行缩减。对于货物的进出口，出口可比价物量值利用出口商品价值指数（XPI）进行缩减；进口则利用进口商品价格指数（MPI）缩减。对于服务的进出口，价格指数更难以全面获取，实际操作中将寻找其他可替代的办法。

需要补充说明的是，不论生产法还是支出法可比价 GDP 核算，都存在一个在何种层次上应用价格指数缩减法的问题。价格指数是独立编制的，编制的过程中每一个价格指数都包括不同层次的类指数。总指数是通过类指数层层加权平均得到的。较低层次的价格指数更加接近初始价格的变动，可以更好地与 GDP 各构成项对应起来，避免拉氏或帕氏指数中物量权重选择本身存在的问题。因此，在可比价 GDP 的核算中，最好采用较低层次的价格指数在较细分类别上进行缩减，然后再对缩减结果层次加总，得到最终的可比价 GDP 总量。对那些没有直接对应的价格指数，需要借助相关价格指数的替代项目，减少缩减层次尤其必要。

（三）中国可比价 GDP 的核算

可比价 GDP 的核算有生产法和支出法两种基本方法。从两个方向上对可比价 GDP 进行核算是有好处的。第一，可以通过不同方法验证核算结果，使数据质量和精度得到相对可靠的保障。第二，可以提供关于生产和使用的可比价项目数据，进而为各种实际价值动态比较、物量指数编制提供便利。

为了实现两个方向上的可比价 GDP 核算结果的协调一致，国际文献建议，最好的办法是以基期供给使用表为基础，把最终使用的价格缩减法与增加值的双缩法合并起来使用。然而，实践中若不具备理想的供给使用表，就无法按照上述思路进行精细计算，或者即使同时运用两种方法也难以保证不出现较大的统计误差。一般的处理方式是，以某一种方向的核算为主，将统计误差归结于另一个方向。如何选择核算的方向，一方面取决于选择何种现价 GDP 核算的方法；另一方面取决于价格指数的完备和详细程度。

在中国,到目前为止,可比价 GDP 的核算主要依赖于生产法一方的核算,尚没有公布有关支出法可比价 GDP 的整套数据。总结来说,中国的可比价 GDP 核算是在分产业基础上的(生产法),采用价格指数缩减法进行核算的。核算的关键是在分产业的基础上选择合适的价格指数进行缩减,必要时可采用物量指数外推法。将中国可比价 GDP 核算的方法整理成表 14-3。

表 14-3　　　　　　　　　中国可比价 GDP 核算方法汇总

| 项目 | 可比价 GDP 构成内容 | 方法 | 方法说明 |
|---|---|---|---|
| 生产法 | 农业可比价增加值 | 双缩法 | 分别采用农产品价格指数和农业生产资料价格指数 |
| | 工业可比价增加值 | 单缩法 | 采用工业品出厂价格指数 |
| | 建筑业可比价增加 | 单缩法 | 采用固定资产投资价格指数中的建筑安装工程价格指数 |
| | 交通运输和邮政业可比价增加值 | 外推法 | 以反映行业趋势的客(货)运周转量等速度指标乘以基期可比价增加值,推算报告期可比价增加值 |
| | 批零商业和住宿餐饮业可比价增加值 | 单缩法 | 采用商品零售价格指数 |
| | 金融业可比价增加值 | 单缩法 | 采用居民消费价格指数和固定资产投资价格指数两者的加权平均数 |
| | 房地产业可比价增加值 | 单缩法 | 采用固定资产投资价格指数和房地产价格指数缩减折旧和净增加值 |
| | 其他服务业可比价增加值 | 单缩法 | 采用居民消费价格指数或适当的类指数 |
| 支出法 | 可比价居民消费 | 缩减法 | 采用细分类的居民消费价格指数缩减相应各类消费支出 |
| | 可比价政府消费 | 缩减法 | 采用城市居民消费价格、居民消费服务价格指数、商品零售价格指数分别缩减政府消费支出中的工资支出、服务支出、货物支出 |
| | 可比价资本形成总额 | 缩减法 | 采用固定资产投资价格指数缩减现价固定资产形成总额 |
| | 可比价存货变动 | 直接法 | 直接按基期价格计算存货总值(部分农业) |
| | 可比价货物和服务的净出口 | 缩减法 | 分别采用生产资料出厂价格指数、生活资料出厂价格指数、农副产品收购价格指数等(其他产业部门) |
| | | 缩减法 | 采用出口货物价格指数和进口货物价格指数分别缩减现价出口额和进口额 |

资料来源:向书坚,等. 国民经济核算[M]. 北京:北京大学出版社,2019:372.

### 三、GDP 物量指数

在获得报告期可比价 GDP 后，就可以计算相对于基期的 GDP 物量指数。由于已经剔除了价格变化的影响，该指数可以反映针对 GDP 的整个经济的实际变化。如果用于缩减的价格取帕氏形式，这里得到的是一个拉氏物量指数，即

$$GDP\text{ 物量指数} = \frac{\text{报告期可比价} GDP}{\text{基期} GDP} \tag{14.18}$$

回顾一下上一节介绍的 GDP 价格指数（报告期现价 GDP/报告期可比价 GDP），两个指数相乘即为 GDP 价值额指数。GDP 物量指数度量了整个国民经济的物量变化，利用这一指数就可以得到相对于基期的经济增长率。计算公式为

$$\text{经济增长率} = \frac{\text{报告期可比价} GDP - \text{基期} GDP}{\text{基期} GDP} = GDP\text{ 物量指数} - 1 \tag{14.19}$$

## 第四节　GDP 国际比较的汇率法

汇率法是 GDP 国际比较最常用的方法之一。其基本思想是，直观地看，两个国家 GDP 不可比较是因为货币单位不同，中国以人民币为单位，美国以美元为单位等。因此，利用现成的汇率数据调整货币单位，便可以进行不同国家的 GDP 具有可比较性。由于美元的强势地位，一般都将各国 GDP 转换成美元计值。汇率法操作简便，这是运用汇率法进行国际比较的主要优点。但是，由于种种原因，实践中运用汇率法进行 GDP 的国际比较并不能取得很好的效果。本节主要介绍汇率法的基本理论和缺陷。

### 一、汇率法的理论基础

汇率法的理论基础是所谓的一价定律。一价定律认为，在没有运输费用和官方贸易壁垒的自由竞争市场上，同样的货物在不同国家出售，按同一货币计量的价格应是相等的。假定人民币/美元汇率是 5，一个麦当劳鸡腿汉堡在中国卖 15 元，在美国应该卖 3 美元，两者价格一样。因为当贸易是开放的且交易费用为零时，同样的货物无论在何地出售，价格必然会相同，否则无法达到均衡。即人民币/美元汇率就是人民币价格和美元价格之比。

将讨论扩展到在多产品的背景下，可以从购买力平价的角度理解汇率。一国的价格总水平是指一个基准商品和服务篮子的价格，反映该国货币的国内购买力。在

B国购买与A国1货币单位在A国能买到的相同数目的商品或服务，所需的B国货币单位数目，这个值通常被称为两种货币间的购买力平价。

瑞典经济学家古斯塔夫·卡塞尔提出的购买力平价理论认为，在一个充分开放、充分贸易和市场充分有效的世界经济中，汇率是购买力平价的无偏估计量，即汇率的变动收敛于购买力平价。该理论认为，两国货币汇率等于两国的价格总水平之比。如果两国市场之间存在套利空间，汇率只有处于能消除套利空间的水平，才能达到均衡。如果某种货币国内价格水平上升即国内购买力下降，会引起该货币在外汇市场上等比例贬值，反之国内购买力上升则引起相应的货币升值。一价定律是购买力平价的一个特例。一价定律适用于单个商品，如果一价定律对所有商品都成立，只要各国计算价格总水平的篮子一样，那么购买力平价理论自然也成立。在购买力平价理论下，汇率就是两国价格水平的比值，即我们要估计的货币转换因子，或者称为空间价格指数。

## 二、汇率法的实践

汇率的变动由各国经济金融发展水平、国际竞争力等多种因素决定。各国采取的汇率政策也不尽相同。受国际贸易市场、资本流动、货币政策等诸多因素影响，市场汇率频繁变动。如直接采取市场汇率作为货币转换因子，各国的经济实力将随之频繁变化，造成比较结果失真。例如，当一国货币贬值时，可能会低估该国经济规模；反之当货币升值时，可能会高估其经济实力。在GDP国际比较中，一般不直接采用市场汇率或官方汇率，而是对其作一定调整，以消除短期因素和偶然因素的影响，反映各国货币在国际市场上购买力的长期变动趋势。常用的调整汇率法有国际货币基金组织的市场平均汇率法、世界银行的图表集法和联合国的价格调整汇率。

（一）市场平均汇率法

该方法采用国际货币基金组织定期公布的各国年均市场汇率，作为GDP国际比较的货币转换因子。各国的汇率主要有三种形式：一是完全浮动汇率；二是与某一国家货币挂钩的联系汇率；三是固定官方汇率。非基金组织成员国通常采用在官方商业往来和国际旅游结算中应用的平均业务汇率。

（二）世界银行图表集法

世界银行采用图表集法（ATLAS）计算美元计值的国民总收入和人均国民总收入。每年的图表集转换系数是一个国家当年汇率（或替代转换系数）和之前两年汇率的平均值，同时还按该国与规定国家的通货膨胀率之间的差别进行调整。使用这一转换系数的目的是在对国民收入作跨国比较时减少汇率波动的影响。

2000年之前，规定的国家为5个，包括法国、德国、日本、英国和美国，用这

5个国家的通货膨胀率代表国际通货膨胀；从2001年开始，规定国家为欧元区、日本、英国和美国，用它们的通货膨胀率代表国际通货膨胀，以SDR平减指数衡量（SDR即特别提款权，是国际货币基金组织的记账单位）。通货膨胀率用GDP平减指数表示。SDR平减指数是这些国家以SDR表示的GDP平减指数的加权平均值。权重由一个SDR单位中所含的各国货币量来决定，随时间而改变，因为每种货币出现价值波动时，SDR的构成及每种货币的相对汇率都要改变。SDR平减指数先以SDR为单位进行计算，然后再按SDR对美元的图表集转换系数转换成美元计算。如果一国的官方汇率被认为不可靠或不能代表这一时期的实际汇率，就要使用图表集公式中汇率的替代估计值。

具体的价格调整方法是：第一年调整后的汇率等于该年平均汇率（$e_{t-2}$）乘以第三年对第一年本国GDP平减指数变动率，除以同期以美元计值的SDR平减指数变动率；第二年调整后的汇率等于该年平均汇率（$e_{t-1}$）乘以第三年对第二年本国GDP平减指数变动率，除以同期以美元计值的SDR平减指数变动率。

当年图表集转换系数$e_t^*$的计算公式如下：

$$e_t^* = \frac{1}{3}\left(e_{t-2}\frac{P_t}{P_{t-2}}\frac{P_{t-2}^S}{P_t^S} + e_{t-1}\frac{P_t}{P_{t-1}}\frac{P_{t-1}^S}{P_t^S} + e_t\right) \quad (14.20)$$

式中，$P_t$表示本国$t$年GDP平减指数，$P_t^S$表示$t$年以美元计值的SDR平减指数，$e_t$表示$t$年本国货币对美元的年度平均汇率。

按世界银行的图表集法，2012年中国国民总收入为77313亿美元，是美国GNI的47.1%，占全球GNI的10.8%；中国人均国民总收入为5720美元，是美国人均GNI的10.9%，是全球人均GNI的56.2%。

（三）联合国价格调整汇率法

价格调整汇率法（PARE），以某一年或某一时期平均市场汇率作为基准汇率，用各国的价格指数（一般采用定基比GDP平减指数）调整后外推到其他年份，以此作为货币转换因子。这种方法假定基准汇率能基本真实地反映对比国之间商品和服务的比价关系，不受各年汇率波动的影响，完全消除了一定时期价格变动的影响。该方法的关键在于基准汇率的设定是否准确，基准年份的汇率外推时间不宜过长。用此方法转换后的国内生产总值在时间上具有可比性，能真实反映各国经济发展情况。联合国利用此方法计算成员国收入，用作各国缴纳会费的依据之一。

市场平均汇率、图表集法和价格调整汇率法分别从现价水平和不变价水平比较各国的国内生产总值。按前两种方法得到的货币转换因子换算后的GDP在时间上不可比，按第三种方法转换后的GDP在空间和时间上都可比。

### 三、汇率法的缺陷

汇率法的优点就是它的简便易行，但由于它理论基础的假定条件太理想化，同时汇率还受国际收支、国际贸易政策、国际金融市场、汇率制度以及生产消费结构等因素的影响，存在频繁变动和偏离真实汇率等缺点，汇率不能完全反映对比国家间的综合价格水平的比例关系。使用汇率法调整各国 GDP 的结果可能会扭曲各国经济规模的真实情况，产生系统偏差，尤其是对发展中国家。

（一）交易成本的存在，使汇率法的理论基础背离现实

与一价定律的假定相反，现实生活中运输费用和贸易管制确实存在。有些贸易壁垒可能会高到使一些商品和服务无法在两国间相互贸易。由于国际交易成本的存在，各国商品和劳务的价格更多的是受本国供需情况的影响。各个国家的要素禀赋不同、资源稀缺程度不同、消费模式不同，使产品的供需情况不同，相应的价格也不同，使一价定律失效。

在国际贸易领域，大量的交易成本可能会导致套利行为无利可图。同时，由于一国价格水平指数与其篮子内商品和服务的结构有关，如 GDP 平减指数受本国产业结构影响，而发达国家和发展中国家的产业结构差异较大，这也使购买力平价理论失效。

（二）各国市场化程度不同，使用汇率法可能会产生系统偏误

购买力平价理论成立基于套利行为的机制，这要求所有产品都能在国际市场上方便地流通。但实际上，发达国家和发展中国家的市场化程度、开放程度差异较大。一般认为，汇率法倾向于低估发展中国家的真实 GDP。

（三）汇率还受外汇市场供求关系和汇率制度的影响

对于浮动汇率制，外汇市场供求等因素影响汇率水平；对于固定汇率制，汇率水平受政府管制，与购买力平价无关。

正因为汇率法存在上述的一系列问题，迫使人们转变思路，寻求另外的方法用于 GDP 的国际比较。

## 第五节  GDP 国际比较的购买力平价法

由于汇率法的种种缺陷，后来逐渐发展出以购买力平价理论为核心的国际经济实力比较的核算方法，即购买力平价法。购买力平价法通过构造并估算各国的购买力平价指数（Purchasing Power Parity，PPP）来调整各国 GDP 规模，可以从生产法

GDP 和支出法 GDP 角度分别测算购买力平价指数。

## 一、购买力平价法的基本原理

我们知道在一定的假设条件下，汇率是购买力平价的无偏估计。那么，我们可以跳出汇率限制，直接从测算购买力平价入手来实现 GDP 的国际比较。购买力平价法认为，在本国货币和共同货币单位之间，存在一种购买力平价，它可以将本国货币表示的支出换算成可比的共同货币单位，即 PPP 便于在各国间进行国际比较。所谓 PPP，是指 1 单位 A 国货币在 A 国所购买的货品和服务数量，在 B 国购买相同数量时所需的 B 国货币单位数。PPP 通常以基国货币表示，一般使用美元。将 PPP 作为缩减因子，可对国家间的 GDP 及其支出结构进行比较。

构造购买力平价指数，需要区分双边比较和多边比较。双边比较是指比较两个国家的 GDP；多边比较是指比较多个国家的 GDP。双边比较是多边比较的基础，多边比较是双边比较的延伸。但多边比较在指数设计、构造思想等方面与双边比较有所不同。

不管是双边比较还是多边比较，指数的基本构造思路是一样的。首先，确定不同国家间用于比较的商品；其次，根据双边比较和多边比较的不同目的，选择具体的指数形式并确定权重；再次，搜集各国的商品和服务价格以及销量信息；最后，根据选定的指数计算得到指数。

构造的购买力平价指数需要满足指数检验的要求。对于双边比较而言，购买力平价指数通常需满足两个检验，即国家互换检验，又称基国不变性检验（Base-country Invariance）和要素反向检验（Factor Reversal Test）。（1）国家互换检验，是指无论以哪一个国家做基国来构造购买力平价指数，国际比较的结果应一致，得到的购买力平价指数应互为倒数。以中美对比为例，假如以中国为基国，得到的购买力平价指数为 0.2USD/RMB，那么当以美国为基国时，购买力平价指数应为 5RMB/USD。这样，无论以中美哪个国家为基国，得到的国际比较结果都会一致。（2）要素反向检验，是指构造的购买力平价指数与 GDP 国际比较得到的物量指数的乘积，应等于两国 GDP 直接比较的比值，这是指数一致性的要求。

对于多边比较而言，传递性检验最重要。若 A 国与 B 国之间的购买力平价指数为 2，C 国与 B 国之间的购买力平价指数为 4，则 A 国与 C 国之间购买力平价指数应为 0.5（2/4）。如果多边比较不能满足传递性检验，不同的传递路径将得到不同的比较结果，导致无法满足指数体系的内部一致性，不能实现多边比较的目的。

## 二、生产法购买力平价

荷兰格林根大学的产出和生产率国际比较项目（International Comparison of Output and Productivity，ICOP）是从生产法角度测算 PPP 的。

生产法购买力平价从生产法 GDP 角度测算平价指数，可进行产业部门实际产出和生产率水平的国际比较。基本思路：在收集不同产业部门产品产值和产量信息的基础上，测算部门的单位价值比率（Unit Value Ratio，UVR），以此作为货币转换因子，把对比国间各部门产出转换成统一货币。

单位价值比率（UVR）是指对比国生产单位产品的价值量之比。由于部门增加值等于总产出减去中间投入的差额，需要同时计算总产出和中间投入的单位价值比率，进行所谓的双缩法。在实践中，类似可比价支出法的核算过程。通常假定中间投入的产品比价与总产出的产品比价一致，这样只需计算部门总产出的单位价值比率（单缩法），用总产出的单位价值比率作为比较各国生产法 GDP 的货币转换因子。

首先，将 GDP 按经济活动同质性原则划分为若干个基本产业部门，收集各产业部门经济总产出或增加值数据，通常按照国际产业标准分类（ISIC）划分整个国民经济。

其次，在每一基本产业部门下，选择对比国之间可匹配的若干代表产品样本，利用产业普查、生产统计、投入产出表等资料，收集代表产品的产值和产量数据，计算代表产品的单位价值。

再次，计算每一基本产业部门的单位价值比率。假设 A、B 两国在第 $j$ 个基本产业部门下有 $n$ 种代表产品，其单位价值记为 $UV_{ikj}$，$i = A$ 或 $B, k = 1, 2, \cdots, n$。两国第 $j$ 个基本产业部门的单位价值比率是各个代表产品单位价值比率的几何平均数。以 A 国为基准国，计算公式为

$$UVR_{(B/A)j} = \left[ \frac{UV_{B1j}}{UV_{A1j}} \times \frac{UV_{B2j}}{UV_{A2j}} \times \cdots \times \frac{UV_{Bnj}}{UV_{Anj}} \right]^{\frac{1}{n}} \qquad (14.21)$$

最后，以各国基本产业部门的产出或增加值为权重，运用拉氏、帕氏或费雪指数公式，逐级汇总，得到各产业部门和 GDP 综合单位价值比率。

在生产法购买力平价的计算中，服务部门增加值和生产率水平的比较是一大难点，其国际比较研究仍处于探索和尝试阶段。

## 三、支出法购买力平价

支出法购买力平价从支出法 GDP 角度测算各国代表规格品的综合价格比率，用以缩减支出法 GDP 及其构成指标，进行实际收入、支出结构等指标的国际比较。

测算支出法购买力平价需要两个方面的数据：一是支出法 GDP 基本分类，作为计算购买力平价指数的权重。例如，国际比较项目（ICP）要求参加国收集居民消费、政府消费、固定资本形成总额、库存变化、净出口等约 155 项 GDP 基本分类支

出数据。二是代表品的价格数据。要求参加国收集每一个基本分类支出下既有代表性又有可比性的若干商品和服务的价格数据。用于计算 PPP 的定价产品数据应遵循如下原则。

1. 一致性原则。原则上所用规格品的价格数据应是全国年均价格,这样才能与国民经济核算数据吻合。据此测算的 PPP,能完全消除各国价格因素的影响,真正反映实际物量。

2. 代表性原则。选择的规格品应在比较国间具有代表性,能反映各国的支出结构和消费结构,是居民住户经常购买的产品,在一国内广泛销售。在 ICP 活动中,为了选出在各国都有代表性的产品,规格品目录必须经过各国共同讨论协商后才能确定。

3. 可比性原则。原则上要求各国所选的规格品完全一致,但在实际操作中满足这点较为困难,一般要求产品在不同国家至少可比。只要满足下列条件其一,就认为它们具有可比性:一是物理和经济属性一样,二是产品足够类似可相互替代。在实践中,用于计算 PPP 的产品清单,是在权衡所选规格品在国家内的代表性和国家间的可比性这两个相互竞争的目标基础上开发的。

假设有两个国家 A 和 B,某一规格品的价格分别为 $p_A$ 和 $p_B$,消费数量分别为 $q_A$ 和 $q_B$,如果以 A 国为基国,则按照 PPP 的定义,1 单位 A 国货币在 A 国购买的该规格品数量 ($\frac{1}{p_A}$),在 B 国购买时所需的 B 国货币单位数 ($p_B \cdot \frac{1}{p_A}$)。

两国在该规格品上价格转换因子为

$$PPP_{B/A} = \frac{p_B}{p_A} \tag{14.22}$$

式中,$PPP_{B/A}$ 是指 B 国相对 A 国在该规格品上的货币转换因子,即两国在该规格品上的价格之比。如果将一种规格品推广到国内生产总值所包含的所有商品和服务,可以得到 GDP 层面上的 PPP。套用拉氏公式和帕氏公式,可以得到购买力平价指数的基本表达式:

$$L = \frac{\sum p_B q_A}{\sum p_A q_A} \tag{14.23}$$

$$P = \frac{\sum p_B q_B}{\sum p_A q_B} \tag{14.24}$$

拉氏指数以基准国的产品数量为权重,经济含义是购买者在基准国所购商品和服务组合如果在对比国购买,所需花费的支出与基准国购买支出的比率。帕氏指数以对比国的产品数量为权重,其经济含义是购买者在对比国所购商品和服务组合的支出与同样商品和服务组合在基准国购买所需花费支出的比率。由于商品和服务的购买组合不同，两个指数的结果并不相同。拉氏指数会高估价格变动幅度，而帕氏指数会低估价格变动幅度。

由此可见，利用支出法购买力平价指数的构建类似于支出法可比价 GDP 的使用的各种价格指数的构建。依据各国价格和 GDP 支出数据调查，测算购买力平价指数的基本步骤：先估计细类的价格转换因子，再逐级汇总，得到 GDP 总量层次上的购买力平价指数。

## 第六节 支出法购买力平价指数的编制

支出法 PPP 指数是目前国际上流行的方法，本节我们详细介绍有关内容。支出法购买力平价指数众多测算方法的主要区别就是数据汇总方式不同。在这里我们需要区分双边比较和多边比较。

### 一、双边比较中购买力平价指数的编制

如果我们可以获得各比较国每一规格品的价格和销售量数据，依据前文中式（14.23）或式（14.24）可以直接得到 GDP 总量的购买力平价指数，无须考虑其他分类层次。但在实际中，收集的资料一般限于细类层次的支出数据（$E_i$）和通过调查得到的代表规格品的价格数据（$P_i$），难以直接得到代表规格品的产量数据（$Q_i$），因此需要对式（14.23）和式（14.24）做些改进。首先，绕过代表品产量，直接利用细类的支出数据；其次，计算只能在细类层次上进行，需要将代表规格品的价格关系综合为细类的价格关系。

考虑 A、B 两个国家，A 国是基国，B 国是对比国，$m$ 表示细类数量。式（14.23）可以改写成：

$$L_{B/A} = \frac{\sum_{i=1}^{m}(P_{i,B}\,Q_{i,A})}{\sum_{i=1}^{m}(P_{i,A}\,Q_{i,A})} = \frac{\sum_{i=1}^{m}\left(\frac{P_{i,B}}{P_{i,A}}\,P_{i,A}\,Q_{i,A}\right)}{\sum_{i=1}^{m}(P_{i,A}\,Q_{i,A})} = \sum_{i=1}^{m}\left[\frac{P_{i,B}}{P_{i,A}} \times \frac{P_{i,A}\,Q_{i,A}}{\sum_{i=1}^{m}(P_{i,A}\,Q_{i,A})}\right]$$

(14.25)

用 $W_{i,A}$ 表示基国 A 第 $i$ 个细类支出占基国总支出的比重，式（14.25）可写成：

$$L_{B/A} = \sum_{i=1}^{m}\left(\frac{P_{i,B}}{P_{i,A}} \times W_{i,A}\right)$$

(14.26)

式中，$\frac{P_{i,B}}{P_{i,A}}$ 是指对比国 B 与基国 A 间的细类价格比，是该细类下各个商品或服务价格比的简单几何平均数，计算公式为

$$\frac{P_{i,B}}{P_{i,A}} = \left(\prod_{k=1}^{n_i} \frac{P_{i,k,B}}{P_{i,k,A}}\right)^{\frac{1}{n_i}} \tag{14.27}$$

式中，$P_{i,k,B}$ 表示对比国 B 第 $i$ 个细类第 $k$ 种代表规格品的价格，$P_{i,k,A}$ 表示基国 A 第 $i$ 个细类第 $k$ 种代表规格品的价格，$n_i$ 表示第 $i$ 细类所包含代表规格品的种数。式（14.27）满足国家互换检验。

类似地，可将式（14.24）改写成：

$$P_{B/A} = \frac{1}{\sum_{i=1}^{m}\left(\frac{P_{i,A}}{P_{i,B}} \times W_{i,B}\right)} \tag{14.28}$$

式中，$W_{i,B}$ 表示对比国 B 第 $i$ 个细类支出占对比国总支出的比重。

最后，用费雪理想指数汇总 $L_{B/A}$ 和 $P_{B/A}$，得到最终的购买力平价指数：

$$PPP_{B/A} = \sqrt{L_{B/A} \times P_{B/A}} \tag{14.29}$$

可以证明，式（14.29）构造的 PPP 满足国家互换检验，但不满足传递性检验；而拉氏指数公式（14.26）满足传递性检验，但不满足国家互换检验。因此，理想指数适宜双边比较，不适用于多边比较。

## 二、多边比较中购买力平价指数的编制

多边比较是双边比较的自然延伸，但由于多边比较需要满足传递性检验，不能简单地应用双边比较中的汇总公式。在过去几十年的全球多边国际比较研究中，发展出了很多汇总方法。

### （一）星形法

星形法是在双边分块基础上的多边比较方法。它的基本原理：首先确定一个基准国，然后进行其他各个国家与基准国的双边比较，再利用传递性准则获得其他国家之间的相互比较结果。由于需要利用传递性准则，星形法不能使用式（14.29）这样的理想指数，只能选择满足传递性要求的拉氏指数公式（14.26），即使它存在系统偏差。

图 14-1 是关于星形法如何运用的一个假想案例。考虑中、美、英、德、日 5 国的多边比较，选择美国为基准国，利用拉氏指数计算各国与美国的购买力平价指数，假定分别为 6 元/美元、0.6 英镑/美元、0.8 欧元/美元和 100 日元/美元，如图 14-1 中实线所示。虚线表示利用传递性准则得到的购买力平价指数，如中国和英

国之间的购买力平价（以英国为基准国）可由如下公式得到：

$$PPP_{中国/英国} = \frac{PPP_{中国/美元}}{PPP_{英国/美元}} = \frac{6 元/美元}{0.6 英镑/美元} = 10 元/英镑$$

使用相同方法，可以得到其他国家之间两两比较的购买力平价指数。

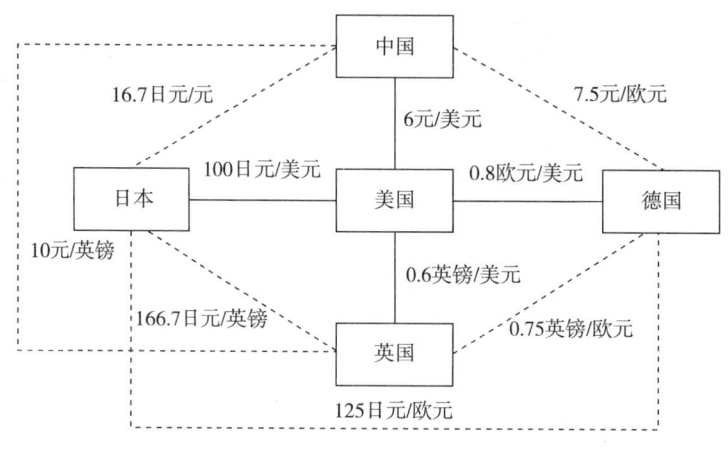

图 14-1 星形法示例

由图 14-1 可见，星形法是一种桥梁国法，优点是简单易行。假设有 $n$ 个国家做多边比较，只需进行 $n-1$ 次双边比较，就可以得到其余 $(n-1)(n-2)/2$ 对双边比较的结果。缺点是因为使用拉氏指数，导致结果有偏差，而且拉氏指数不满足国家互换检验，选择不同的基准国会出现不同的比较结果。

（二）EKS 法

EKS 法是两个匈牙利统计学家 Elteto 和 Köves 以及波兰统计学家 Szulc 于 1972 年提出的一种多边比较方法。EKS 法基于双边比较结果，对两国直接比较与间接比较结果进行几何平均，它的基本公式是

$$EKS_{j,k} = \left( PPP_{j,k}^2 \times \prod_{\substack{l=1 \\ l \neq j,k}}^{n} \frac{PPP_{j,l}}{PPP_{k,l}} \right)^{\frac{1}{n}} \tag{14.30}$$

式中，$PPP_{j,l}$ 表示按理想指数形式公式（14.29）计算的第 $j$ 国对于第 $l$ 国的购买力平价指数，$EKS_{j,k}$ 表示采用 EKS 法计算的第 $j$ 国对于第 $k$ 国的购买力平价指数，$n$ 为多边比较的国家个数。式（14.30）等号右边包含了 $n-1$ 个第 $j$ 国对于第 $k$ 国的购买力平价指数结果，$PPP_{j,k}$ 是直接双边比较的结果，$\frac{PPP_{j,l}}{PPP_{k,l}}$ 是通过桥梁国 $l$ 间接得到的购买力平价指数。当 $n$ 个国家进行多边比较时，共有 $n-2$ 个国家可作桥梁国，因此有 $n-2$ 个间接比较结果。EKS 法通过对这 $n-1$ 个结果做几何平均得到最终 PPP。考虑到直接双边比较得到的结果可靠性应高于其他通过桥梁国间接得到的比较结果，

EKS 法给予了它更高的权重,是任一间接比较结果权重的两倍。

按理想指数公式(14.29)计算的双边购买力平价指数本身不具有传递性,但按式(14.30)处理后的 EKS 法购买力平价指数具有了传递性,同时还保留了理想指数的优点。EKS 法要求有 $n$ 个国家所有的双边比较结果[$n(n-1)/2$ 个],且所有比较国使用相同的篮子产品结构。因此,它不同于星形法以简洁方式获得各种双边比较结果,而是综合利用各种信息修正两国的双边比较结果,使其具有更好的性质。

实践中,同一规格品在不同国家的代表性并不一样。对某些国家来说,某些产品的代表性很弱,无法反映这些国家经济的真实发展情况,而且由于代表性不足也可能使价格数据质量不高,这些都会对最终 PPP 结果产生不良影响。根据对规格品代表性和代表性强弱的不同处理方法,在 EKS 法的基础上,发展出 $EKS^*$ 法(考虑代表性)和 EKS-S 法(按代表性强弱给予不同的权数)。

(三) CPD 法

CPD 法又称国家产品虚拟法(Country Product Dummy Method)。它针对国际比较中普遍存在的代表规格品价格数据缺失的情况,引入国家和规格品的虚拟变量,通过回归分析求出每一个细类的购买力平价。

CPD 法认为,一个细类中同一规格品在两国间的价格之比主要由该细类的购买力平价决定,同时还受到一些其他次要因素的影响。表达式为

$$\frac{P_{i,j}}{P_{i,k}} = PPP_{j,k} \times \omega_i^{ik} \quad (14.31)$$

式中,$P_{i,j}$ 和 $P_{i,k}$ 分别表示某个细类中第 $i$ 种规格品在第 $j$ 国和第 $k$ 国的价格;$PPP_{j,k}$ 表示第 $j$ 国相对第 $k$ 国该细类的购买力平价指数;$\omega_i^{ik}$ 为随机误差项,包含了影响第 $i$ 种规格品两国价格之比的次要因素,服从对数正态分布,且满足回归模型的经典假定。

对式(14.31)两边取对数后移项得到

$$\ln P_{i,j} = \ln PPP_{j,k} + \ln P_{i,k} + \ln \omega_i^{ik} \quad (14.32)$$

式(14.32)右边前两项为参数,可以理解为这个公式的截距项,第三项为服从正态分布的随机误差项。式(14.32)的截距项不是常数,会随 $i$ 和 $j$ 的变化而变化。为此,我们引入虚拟变量,$\ln PPP_{j,k}$ 因国家不同而数值不同,所以引入国家虚拟变量 $X_{i,j}$,$j = 1, 2, \cdots, n-1$(均为 0、1 变量,$n$ 为多边比较的国家数,基准国为 $n$);$\ln P_{i,k}$ 因规格品不同而不同,所以引入规格品虚拟变量 $Y_{i,j}$,$i = 1, 2, \cdots, m$(均为 0、1 变量,$m$ 为该细类中规格品的数目)。引入虚拟变量后,式(14.32)可写成如下形式:

$$\ln P_{i,j} = \sum_{j=1}^{n-1} \beta_i X_{i,j} + \sum_{i=1}^{m} \gamma_i Y_{i,j} + \mu_{ij} \quad (14.33)$$

$n-1$ 个国家中的每个国家比较时，除基准国外，均由一个 $X$ 虚拟变量表示。细类中每一个规格品均由一个 $Y$ 虚拟变量表示。指定 $i$、$j$ 后，如果 $j' = j$，那么 $X_{i,j'} = 1$，否则 $X_{i,j'} = 0$；如果 $i' = i$，那么 $Y_{i',j} = 1$，否则 $Y_{i',j} = 0$。国家虚拟变量回归系数 $\beta_i$ 是第 $j$ 国相对基准国第 $n$ 国的细类购买力平价指数的自然对数，规格品虚拟变量系数 $\gamma_i$ 是以基准国货币计算的商品价格估计的自然对数。利用 $n$ 个国家 $m$ 个规格品的价格数据信息，对式（14.33）进行回归估计，得到估计值。对 $\beta_i$ 取指数，就得到第 $j$ 国相对基准国的细类购买力平价指数估计。

CPD 法的回归模型对所有的价格数据都赋予了相同的权重，忽略了规格品的代表性问题。为此，ICP 技术咨询小组提出了改进方法，将代表性作为新的虚拟变量（根据规格品代表性的强弱赋予不同的数值）引入 CPD 回归模型，称为 CPRD 法。

### （四）Geary – Khamis 法

Geary – Khamis（GK）法通过构造一组理论上的国际价格，将以本币衡量的支出和以国际价格衡量的支出之比作为购买力平价指数。具体做法是建立形如式（14.34）和式（14.35）的联立方程组，求出各国相对国际价格的购买力平价。

$$\pi_i = \sum_{j=1}^{n} \frac{P_{ij}}{PPP_j} \left[ \frac{Q_{ij}}{\sum_{j=1}^{n} Q_{ij}} \right], i = 1, 2, \cdots, m \quad (14.34)$$

$$PPP_j = \frac{\sum_{i=1}^{m} P_{ij} Q_{ij}}{\sum_{i=1}^{m} \pi_i Q_{ij}}, j = 1, 2, \cdots, n \quad (14.35)$$

式中，$\pi_i$ 表示第 $i$ 类商品的国际价格，$PPP_j$ 表示第 $j$ 国用本国价格购买的商品组合的支出，与使用国际价格购买相同产品组合支出的比值。式（14.34）的含义：第 $i$ 类商品的国际价格是所有 $n$ 个国家该类商品用本币计算的价格经购买力平价调整后的加权平均，权重是各国第 $i$ 类商品产品数量占全部 $n$ 个第 $i$ 类商品产品数量的比重。式（14.35）是第 $j$ 国相对于使用国际价格的虚拟国家的帕氏购买力平价指数，满足可传递性和可加性的要求。通过求解由式（14.34）和式（14.35）组成的联立方程组，可以同时得到国际价格和购买力平价指数的解。

GK 法将所有比较国看成一个整体，作为比较的基准国（使用国际价格的虚拟国家），类似星形法的中心国。因此，它受大国、富国的支出权数影响较大，虚拟的国际价格结构倾向于大国的价格结构，偏离穷国、小国的价格结构。因此，在比较大小、贫富悬殊的国家和地区之间，GK 法可能高估小国的实际经济水平，从而低估各国经济实力之间的差距。理论上，GK 法适用于经济规模相当的国家之间的比较。

（五）最小生成树法（MST）

最小生成树法又称最佳组合树法（The Minimum Spanning Tree Method，MST）。该方法由澳大利亚学者罗伯特·希尔（Robert J. Hill）提出，通过选择和建立"最小生成树"，[①] 使对比国之间帕氏和拉氏指数的数值差最小，以保证比较结果的偏差最小。

在国际比较中，各参加国可看作生成树的一个顶点，任意两国之间的双边指数看作生成树连接两点的边，每一条边都对应一个帕氏指数和一个拉氏指数，将两个数值的差记为 PLS（Paasche – Laspeyres Spread），对任意两个国家 $j$、$k$ 用公式表示如下：

$$PLS_{jk} = \log[\max(P_{jk}^P, P_{jk}^L)/\min(P_{jk}^P, P_{jk}^L)] \tag{14.36}$$

式中，$P_{jk}^P$，$P_{jk}^L$ 分别表示 $j$、$k$ 两国之间的帕氏 PPP 指数和拉氏 PPP 指数。由于 $P_{jk}^P = \frac{1}{P_{kj}^L}$，$P_{jk}^L = \frac{1}{P_{kj}^P}$，$PLS_{jk} = PLS_{kj}$；且 $PLS_{jk} \geq 0$，当 $j = k$ 时，$PLS_{jj} = 0$。

假设有 $K$ 个国家参与比较，那么理论上有 $K^{K-2}$ 种不同的构建生成树的方式。每两个国家相互比较一次，共有 $K \times K$ 个 PLS 值，可以构成一个 $K \times K$ 阶的对称矩阵，该矩阵的主对角线上都为 0，共有 $K(K-1)/2$ 个不同的 PLS 值。而 $K$ 个顶点的生成树只有 $K-1$ 条边，每一条边对应一个 PLS 值。因此，$K(K-1)/2$ 个不同的 PLS 值中仅有 $K-1$ 个能用于构建生成树。根据两国帕氏和拉氏指数差最小，比较结果更准确的原则，从 $K^{K-2}$ 个生成树中选出 $K-1$ 个 PLS 值之和最小的组合，即最小生成树，作为对比国家的最佳组合。根据最小生成树的国家组合，进行各国之间的双边比较，再连接成多边比较。利用数学计算软件，运用 Prim 算法或 Kruskal 算法具体计算，很容易就能算出最小生成树组合。

通过 MST 法的筛选，经济发展水平、经济规模和消费水平等条件相当的国家被组合在一起，根据相近程度由高到低依次比较，最终连接成多边比较。通过 PLS 值的客观判断，最大限度地保证了对比国之间的同质可比，从而极大地缩小了估计偏差，因此 MST 法更适用于经济发展差距较大的区域的国家进行比较。

（六）多边比较的各种方法总结

大部分多边比较方法是在双边比较方法的基础上形成的。与双边比较需要满足

---

[①] 在一个具有 $N$ 个顶点的连通图 $G = (V, E)$ 中，$V$ 表示所有顶点的集合，$E$ 表示所有边的集合，如果存在某一子图包含连通图中所有的顶点和一部分边，并且不形成回路，则称该子图为连通图的生成树。用 $(u,v)$ 表示连接顶点 $u$ 和 $v$ 的边，$\omega(u,v)$ 表示该边的权重，若存在 $E$ 的子集 $T$ 且无循环图，使 $\omega(T) = \sum_{(u,v) \in T} \omega(u,v)$ 最小，则称 $T$ 为 $G$ 的最小生成树。

的要求不同,多边比较方法需满足以下三个基本要求:(1)可传递性,以保证比较结果的一致性;(2)可代表性,比较方法能否区别对待代表程度不同的产品,将影响比较结果的真实性;(3)可加性,比较方法满足可加性将有助于分析和比较各国的经济结构。

上文介绍的任何一种多边比较汇总方法都不能同时满足这些基本要求。每一种方法都是以尽可能地反映经济真实发展状况为基础,在改进完善中使方法满足更多的优良性质。

EKS 法最大的作用是将不具有可传递性的双边指数转化为具有可传递性的多边指数。GK 法构建了一个虚拟国家和一组虚拟的国际价格(参加国的加权平均价格),以这个虚拟国家为基准国,将各国本币购买力与这个虚拟国家和虚拟国际价格确定的支出作对比,通过联立方程使所有参加国与虚拟国家的比较结果具有可传递性,以用于多边比较。GK 法的基本思想和星形法类似,将构建的虚拟国家看做中心国。星形法的中心国是主观选定的,而 GK 法的中心国是所有参加国的平均,GK 法构建的国际价格有明确的经济含义,其比较结果比星形法更具说服力。星形法和最小生成树法(MST)都是双边比较的简单连接,无法保证结果的可传递性。最小生成树法的优势在于增强了双边比较国家间的同质性,最小化估计偏差。表 14-4 综合了主要多边比较的优良性质。

表 14-4  多边比较方法性质汇总

| 方法 | 优良性质 |
| --- | --- |
| 星形法 | 能够直接反映中心国与其余国家间的价格和支出结构 |
| EKS 法 | 可传递性、代表性 |
| CPD 法 | 可传递性、可加性,充分利用价格数据资料,能提供 PPP 估计值的标准差和置信区间 |
| GK 法 | 可传递性、可加性、充分利用价格数据资料 |
| 最小生成树法 | 增强双边比较国家的同质性 |

### 三、购买力平价法的实践——国际比较项目

国际比较项目(International Comparison Project, ICP),是由联合国、世界银行等国际机构牵头组织,在世界范围内展开价格调查活动,通过这个项目推算各国的 PPP 指数。中国从 20 世纪 90 年代开始逐渐加入这个国际比较项目。

ICP 从 1968 年开始,已经完成了八轮全球性比较活动。参与 ICP 的国家(地区)由最初的 10 个增加到约 180 个,核心技术也有了重大发展,产生了大量的比较成果。前述介绍的多边比较方法都是在 ICP 发展过程中不断开发出来的。

第一轮 ICP,开始于 1968 年,以 1970 年为基期,有 10 个国家参加,其中有 6

个国家在 1967 年已进行过比较。第二轮 ICP，分别以 1970 年和 1973 年为基期，参加国增至 16 个。这两轮 ICP 都采用双边比较方法，每一个国家都与基准国（美国）作比较。第三轮 ICP，以 1975 年为基期，有 34 个国家（地区）参加。国际比较方法由双边发展到多边，形成了 GK 法。第四轮 ICP，以 1980 年为基年，参加国家（地区）增至 60 个。第五轮 ICP，以 1985 年为基年，有 64 个国家（地区）参与。第六轮 ICP，以 1993 年为基年，包括 83 个国家（地区）。随着参与国的增多，联合国统计局设立了区域协调管理机构。第七轮 ICP，以 2005 年为基期，参加国家增加到 153 个，约占全球国家总数的 70%。第四至第七轮 ICP，发展出了多种多边方法，ICP 先进行区域内比较，再将各区域比较结果连接（Link）为全球比较结果。第八轮 ICP，调查年份为 2009—2013 年，以 2011 年为基期，全球约 180 个国家（地区）参与。第八轮 ICP 活动的主要目标：一是收集、编制和发布购买力平价数据，进行支出法 GDP 及其构成项目的比较，满足国际社会分析研究和决策的需要；二是测算贫困 PPP 数据，为"千年发展目标"的减贫监测提供统计依据；三是通过 ICP 活动，帮助发展中国家提高统计核算能力，改善宏观经济数据的可比性。世界银行于 2014 年 4 月 30 日公布了 2011 年度的国际比较项目的研究报告。

经过多轮活动的开展，ICP 已经形成了一套规范性执行机制，每六年进行一次基准年全面调查，在非基准年依据不同方法进行数据推算。

ICP 的基本工作流程：(1) 根据参与国情况确定整体比较方法，目前采用按地理和经济结构相近原则将国家分组，在组内先进行多边比较，然后再进行区域扩展。(2) 从支出法角度确定 GDP 的分类体系和代表规格品。代表规格品需要参与国共同协商确定，使规格品尽量满足代表性与可比性。(3) 收集细类支出数据和代表规格品的价格资料。(4) 计算购买力平价指数。在基准年，按照事先选择的购买力平价指数进行实际计算；在非基准年，利用各国 GDP 平减指数相对于基准年的比率，根据基准年结果外推。

中国参与全球国际比较项目的时间相对较晚，比 ICP 设立时间晚了 25 年。1993 年，中国首次接触 ICP，国家统计局以部分地区和双边比较方式参加联合国亚太区域第六轮 ICP，在上海市和广东省开展了试点调查，进行了上海与日本、广东与香港的试验性双边比较。1996 年，国家统计局组织北京、上海、重庆、广州、武汉、哈尔滨和西安 7 个城市开展试点调查，与香港作了双边比较的内部测算工作。1999 年，国家统计局参加了 OECD 新一轮 ICP 的试验性合作研究活动，在上述 7 个城市进行了试点调查。第七轮 ICP，中国有 11 个城市（北京、上海、重庆、哈尔滨、武汉、广州、西安、厦门、宁波、青岛和大连）参与，开展了代表规格品价格数据和 GDP 支出数据的调查。第八轮 ICP 是中国第一次全面参加的国际比较项目，调查范围由此前的 11 个城市扩展到全国，调查内容涉及居民消费价格、建筑品价格、机械设备价格、住房调查和政府职务报酬调查等许多领域。

## 本章小结

1. 国民经济核算的比较根据参照物的不同，可以分为纵向上的动态比较和横向上的国际比较。

2. 国民经济核算的动态比较和国际比较在总体的思路上是一致的，即利用价格指数缩减现价 GDP，以得到可用于比较的可比价 GDP 或同一货币计量的 GDP。

3. 同一指标的价值额指数、物量指数、价格指数构成了一个统计指标体系。物量指数和价格指数的基本形式有三种：拉氏指数、帕氏指数、理想指数。

4. 价格指数编制的基础是选择代表品并采集代表品价格，然后逐步向上汇总得到各层次分类指数和总指数。

5. 可比价 GDP 的核算主要从生产法和支出法两个角度计算。核算的关键在于先得到 GDP 构成项的可比价物量值，然后再加总得到可比价 GDP。获得 GDP 构成项可比价物量值的方法有三种：直接估价法、物量指数外推法、价格指数缩减法。在生产法可比价 GDP 核算时有双缩法和单缩法两种可供选择的方法。

6. GDP 的国际比较实际上是动态物量指数向空间物量指数的推广。为了剔除价格的国别差异，需要一个类似于价格指数的空间价格比较指数，即比价指数进行价格缩减。

7. 汇率法是 GDP 国际比较中最常用的方法。其利用现成的汇率数据，对货币单位进行调整，以获得基本的可比较性。国际上习惯将各种非美元货币单位转换为美元，以美元作为国际比较的基准货币。在实践运用时，常用的汇率法有国际货币基金组织的市场平价汇率法、世界银行的图表集法、联合国的价格调整汇率法。

8. 购买力平价法是 GDP 国际比较中另一种最常用方法。根据 GDP 的不同核算方法，购买力平价法又可以分为生产法购买力平价法和支出法购买力平价法。生产法购买力平价指数与支出法购买力平价指数的编制相同点在于都要计算两个或多个要进行比较的国家中购买相同的产品组合（称为一篮子货币和服务）各自所需支出（以本国货币单位计量）的比例；不同之处在于核算方向以及数据归集汇总的方式不同。

9. 支出法购买力平价指数的编制需要区分双边比较和多边比较。在多边比较中，目前开发的方法有：星形法、EKS 法、CPD 法、GK 法、MST 法。

10. 国际比较项目是支出法购买力平价的具体应用。在应用中，该项目一直面临着可比规格品的选择、数据获得、项目组织等方面的困难。到目前为止，按购买力平价计算的 GDP 还不能完全取代汇率法的结果。

## 本章重要概念

动态比较　物量指数　价格指数　拉氏指数　帕氏指数　理想指数
可比价 GDP　直接估价法　物量指数外推法　价格指数缩减法　双缩法
单缩法　GDP 价格指数　GDP 物量指数　比价指数　汇率法　购买力平价法
PPP 指数　双边比较　多边比较　星形法　EKS 法　CPD 法　GK 法　MST 法

## 本章复习思考题

1. 国民经济核算动态比较的实质是什么？它包括哪些内容？
2. 国民经济核算动态比较的基本思路是什么？
3. 价值额指标的动态变化受到哪两类因素的影响？
4. 价格指数和物量指数的基本形式是什么？
5. 如何编制价格指数？
6. 分别阐述生产法和支出法可比价 GDP 核算的思路。
7. 可比价 GDP 核算中的双缩法与单缩法的差异表现在什么地方？
8. 实现 GDP 国际比较的难点是什么？如何解决？
9. 简述汇率法进行国际比较的思路与具体做法。
10. 简述购买力评价法进行国际比较的思路与具体做法。
11. 论述支出法购买力平价指数的编制方法。
12. 简述生产法购买力平价指数的编制方法。

## 本章参考文献

［1］向书坚，徐映梅，郑瑞坤. 国民经济核算［M］. 北京：北京大学出版社，2019.

［2］高敏雪，李静萍，许健. 国民经济核算原理与中国实践（第四版）［M］. 北京：中国人民大学出版社，2018.

［3］杜金富，等. 国民经济核算原理与应用［M］. 北京：中国金融出版社，2015.

［4］余芳东. 中国购买力平价和经济实力的国际比较研究［M］. 北京：中国统计出版社，2005.

［5］张迎春. 中国距离全面参与国际比较项目还有多远——基于 ICP 最新进展的研究［D］. 大连：东北财经大学博士学位论文，2007.

［6］任若恩. 国际可比国内生产总值和购买力平价估计及其在经济研究中的应用［J］. 统计与精算，2000（6）.